Fadongji yu Cheliang Ceshi Gongcheng

发动机与车辆测试工程

李　牧　编著

人民交通出版社股份有限公司

北　京

内 容 提 要

这是一本关于发动机与车辆测试的书籍，主要内容包括发动机与车辆测试技术发展历程、测试项目及测试原理、发动机及车辆测试试验室建立、测试项目实施。

本书可供发动机及汽车厂商试验部门技术人员、科研院所相关专业技术人员使用，还可供高等院校车辆工程专业学生参考使用。

图书在版编目(CIP)数据

发动机与车辆测试工程/李牧编著. —北京：人民交通出版社股份有限公司，2024.2

ISBN 978-7-114-19191-6

Ⅰ.①发… Ⅱ.①李… Ⅲ.①汽车—发动机②汽车试验—测试技术 Ⅳ.①U464②U467.5

中国国家版本馆 CIP 数据核字(2024)第 011705 号

书　　名：发动机与车辆测试工程
著 作 者：李　牧
责任编辑：戴慧莉
责任校对：刘　芹
责任印制：刘高彤
出版发行：人民交通出版社股份有限公司
地　　址：(100011)北京市朝阳区安定门外外馆斜街 3 号
网　　址：http://www.ccpcl.com.cn
销售电话：(010)59757973
总 经 销：人民交通出版社股份有限公司发行部
经　　销：各地新华书店
印　　刷：北京虎彩文化传播有限公司
开　　本：787×1092　1/16
印　　张：16
字　　数：396 千
版　　次：2024 年 2 月　第 1 版
印　　次：2024 年 2 月　第 1 次印刷
书　　号：ISBN 978-7-114-19191-6
定　　价：79.00 元

关 于 作 者

李牧,1955 年生于北京，高级工程师,硕士研究生,毕业于美国韦恩州立大学电机工程专业,曾就职于欧洲著名汽车研究开发研究所,从事发动机及车辆测试工程 24 年多。

About the author

Mu Li, born in Beijing in 1955, senior engineer, Master's degree in the United States, graduated from Wayne State University, majoring in electrical engineering, Worked in a famous European automotive research and development institute for more than 24 years on engine and vehicle development.

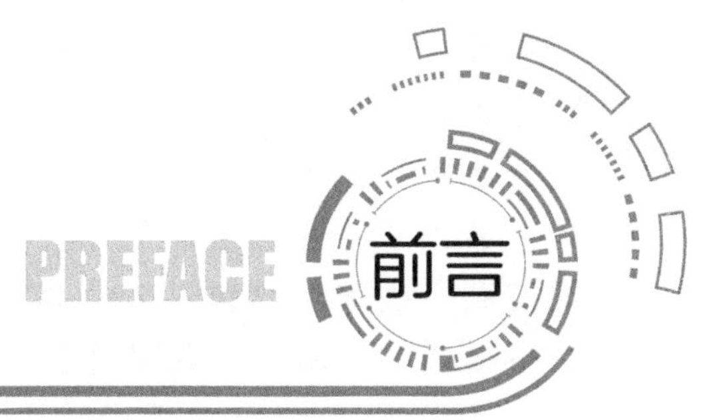

我想把这本书献给从事发动机及车辆研究、开发和评价的工程师们，以及相关专业的科研人员和在校学生们。

撰写本书，希望能与大家分享一些自己的经验，我想通过一些通俗易懂或更直观的方法解释在发动机测试专业中遇到的问题，避免大家走弯路，提高工作效率。

从伐木发动机到船舶发动机，人们渴望不断提高它们的性能，花更少的钱，获得更大动力和更佳性能，于是，人们开始想办法弄清楚起决定因素的参数，并研发了与其相应的测量设备。发动机测试专业自内燃机诞生之日起，就伴随其发展，从 1870 年尼古拉斯 · 奥托(Nikolaus Otto)制造了第一台四冲程内燃机至今，测试技术一代一代更迭发展，而一代一代的写作者也留下各自年代技术的历史烙印。本书所谈技术是 21 世纪 90 年代以来的。

发动机测试是涉及多种学科技术原理的领域。从 1993 年涉足此行业，我感到像进入了五彩斑斓的科学迷宫，既好奇，又敬畏与神往。回顾走过的近三十年工作历程，足迹踏及中国大江南北，开展客户服务、技术培训与交流、学习总结和再实践，现在静下来，需要的是回忆与思考，最难忘的是夜渡黄河赶赴用户现场、寻阅美国底特律大学图书馆求知解惑。今天能奉献此书，回味无限，感慨万分。

本书所涉及工程主要针对新生产机动车的研发与评价，侧重点燃与压燃式发动机，内容共 4 章，从工程设计到售后服务都有描述。

第 1 章对发动机及车辆测试技术的历史进行了简要的回顾。

第 2 章对发动机及车辆测试从测试项目、原理到测试设备的使用与维护进行了较为系统的分析。

第 3 章针对试验台及外围设备的设计、安装进行了系统阐述。笔者认为这一章内容不可忽视。一台先进测试设备加上不合格的安装等于糟糕的结果；一台测功机可能由于一个接点的接触不良，造成系统瘫痪；一个质量不足且非弹性的基础可能引发后续无尽的振动苦恼。历史的教训很沉重,美国航天飞机因几块绝热瓦没贴牢,造成机体烧穿、飞机爆炸。所以,发动机测试试验室安装是一门专业性很强的工作,而且这一阶段工作对后续工程的顺利进行起决定作用。

第4章论述了控制器调整、发动机试验室干扰防治及测功机台架振动与对策问题。这里讲的控制器为发动机试验台诸多变量,但控制原理普遍适用。干扰防治列举了笔者经历的干扰问题与解决案例。

写成此书,我想对帮助过我的人表达深深谢意:感谢 Michael D. Laske 先生;感谢我的大学同窗好友张文博士;感谢中国国家图书馆工作人员辛勤的默默协助;感谢我的同事与客户提出了许多良好建议与问题,启发我更多地思考与改善;感谢所有参阅的、但不限于书后所列文献的作者;感谢我的妻子、女儿和家人在本书编写过程中的爱心、耐心和理解。非常感谢!

李 牧

2023年12月于北京

CONTENTS 目录

第1章 发动机与车辆测试技术发展历程

在汽车发展史上,人们最初的努力方向是提高车辆的动力性能、速度和扭矩等,于是开发了测力器或测功机以评价车辆的动力性、耐久性。从 1821 年法国工程师 de Prony Brake 发明的一种简单装置——普罗尼测力器开始,发动机功率测量走过了漫长的历程。

普罗尼测力器也称绳制动测力器、摩擦式测力器,是将皮带或绳索缠绕在发动机的输出轴上,通过拉紧皮带或绳索增加摩擦,直到轴的旋转速度降低到期望的数值时,测量传递到皮带或绳索上的力来进行发动机功率测量的。测力器还可测量发动机产生的扭矩。在实践中,摩擦可以对应更大发动机功率,直到达到发动机的极限。

自普罗尼测力器之后,相继出现弗劳德测功机(水力测功机,1877 年)、直流测功机、电涡流测功机(1931 年左右,由 Martin 和 Anthony Winther 发明)和现在广泛使用的电力感应测功机。

1838 年,被历史学家称为计算机之父的查尔斯·巴贝奇(Charles Babbage)推出了一种测功机车厢,用来测量英国铁路机车的牵引力。1877 年,英国工程师威廉·弗劳德发明了第一台水力测功机,并于 1881 年生产了第一台商用型号。威廉·弗劳德应英国海军部的要求发明了水制动测功机,以生产能够吸收和测量大型海军用发动机功率的机器。1931 年,丹麦人 Martin 和 Anthony Winther 在美国威斯康星州推出第一台电涡流测功机。此后,在电机技术成熟年代,人们又开发了电力测功机。

人们设计了许多发动机,但勒努瓦(Lenoir)发动机是有记录以来第一个通过测试的发动机,它以当时街道和家庭照明使用的煤气为燃料。

1862 年,法国工程师 Alphonse Beau de Rochas 获得了四冲程循环专利。

1870 年,德国人尼古拉斯·奥托(Nikolaus Otto)(1832—1891)制造了第一台四冲程汽油内燃机。

1885 年,德国人卡尔·本茨(Carl Benz)作为第一辆汽车发明人进入史册。

1890 年,法国人鲁道夫·迪塞尔(Rudolf Diesel)完成了他的柴油机理论研究,并于 1893 年获得柴油机专利,后来以他的姓氏“Diesel”命名这种发动机。

伴随与此,在成熟的内燃机技术出现以后,人们已经发明了一些测量整车动力机性能的手段。1928 年,德国公司"Carl Schenck Eisengießerei & Waagenfabrik"制造了第一台用于制动测试的车辆测功机。

1910 年,张学良牵头制造中国第一台汽车,于 1931 年 5 月 31 日试制成功了中国第一辆民生牌 75 型 2.5t 国产载货汽车。该车采用六缸水冷汽油发动机,最高车速为 40km/h。1931 年 9 月 18 日,日本发动侵华战争,沈阳沦陷,日军将生产厂的材料掠夺一空,以致前功尽弃。

1950 年年初,毛泽东主席在苏联访问时就提出要建设第一汽车制造厂(简称一汽),亲自为一汽选定厂长,题写厂名,调集精兵强将,举全国之力建设一汽,后又决定建设第二汽车制造厂(简称二汽)。1950 年,一汽技术中心的前身,中国第一个汽车实验室在北京成立,之后迁到长春,即中国一汽技术中心长春汽车研究所。1956 年 7 月 13 日,第一汽车制造厂生产出第一辆解放牌 4t 载货汽车。1958 年 5 月 5 日,第一汽车制造厂试制成功第一辆东风牌 CA71 型轿车。1960 年,我国第一辆 8t 重型汽车黄河 JN150 在济南诞生,它的生产者就是中国重型汽车集团有限公司(简称重汽集团)的前身——济南汽车制造厂。

改革开放以后,中国汽车工业进入新的发展阶段。从 1979 年上海汽车制造厂与德国大众合作生产桑塔纳轿车开始,1983 年中国重型汽车集团引进奥地利斯泰尔公司 WD615 系列柴油机,一汽引进德国大众奥迪项目,二汽引进康明斯发动机项目,天津市微型汽车厂引进日本大发微型车项目,1984 年北京吉普汽车有限公司引进美国汽车 AMC 切诺基项目,1986 年南京汽车制造厂引进意大利依维柯项目,等等,中国汽车工业开始了全方位的引进,一直延续至今。在引进汽车和发动机生产线的同时,也引进了各类试验室与测试设备。

20 世纪 50 年代初期,一位美国研究人员首次将空气污染与汽车联系起来,他确定交通污染物是造成洛杉矶天空中烟雾缭绕的罪魁祸首。当时,一辆新车每英里排放近 13g 碳氢化合物(HC),3.6g 氮氧化物(NO_x)和 87g 一氧化碳(CO)。

1970 年,美国国会通过了具有里程碑意义的《清洁空气法》,要求到 1975 年将新汽车的排放量减少 90%。同年,美国成立了美国环境保护署(U.S. Environmental Protection Agency, EPA),这个新机构被赋予了监管机动车污染的责任。《清洁空气法》规定,新车必须符合 EPA 碳氢化合物(HC)、一氧化碳(CO)、氮氧化物(NO_x)排放标准。

美国根据《清洁空气法》实施的机动车污染控制在很多方面都取得了重大成功:与 20 世纪 60 年代相比,新乘用车的大多数尾气污染物的清洁度提高了 98% ~99%。燃料更清洁,铅已被从燃料中消除,硫含量比监管前低 90% 以上。

1990 年,EPA 对柴油燃料的硫含量施加限制,以帮助公共汽车和卡车达到 1985 年制定的排放标准(该标准于 20 世纪 90 年代初生效)。美国国会修订了《清洁空气法》,要求进一步减少 HC、CO、NO_x 和颗粒物(PM)排放。

1996 年,EPA 完成了其为之努力了 25 年的任务,即完全去除汽油中的铅。自 1996 年 1 月 1 日起,铅被禁止在汽油中使用。

1956 年,联邦德国议会要求该国工程师协会制定减少空气污染的一般准则,包括车辆废气排放。1970 年,欧洲共同体推出了第一个车辆排放限制。对于轻型车辆的标准,这些阶段通常称为欧Ⅰ、欧Ⅱ、欧Ⅲ、欧Ⅳ、欧Ⅴ和欧Ⅵ。法律框架由一系列指令组成,每个指令都是对《1970 指令来控制机动车辆主动点燃式发动机气体污染物的措施》(70/220/EEC)的修正。

欧洲排放法规阶段、欧洲乘用车排放标准及欧洲重型柴油发动机排放标准举例见表1-1。

欧洲排放法规阶段 表1-1

阶段	生效时间	适用范围
欧Ⅰ	1992年	91/441/EEC针对乘用车； 93/59/EEC针对乘用车和轻型卡车
欧Ⅱ	1996年	94/12/EC(和96/69/EC)针对乘用车； 2002/51/EC—2006/120/EC针对摩托车
欧Ⅲ	2000年	98/69/EC适用于任何车辆； 2002/51/EC(B行)—2006/120/EC适用于摩托车
欧Ⅳ	2005年	98/69/EC和2002/80/EC适用于任何车辆
欧Ⅴ	2009年	715/2007/EC针对轻型乘用车和商用车
欧Ⅵ	2014年	459/2012/EC和2016/646/EU针对轻型乘用车和商用车

我国自20世纪80年代开始汽车排放控制，对于新车型检验制定了一系列相关法规。到21世纪初，我国开始采用欧盟排放法规。《车用压燃式发动机排气污染物排放限值及测量方法》(GB 17691—2001)等同于欧Ⅰ水平，于2000年9月1日施行。《轻型汽车污染物排放限值及测量方法(Ⅰ)》(GB 18352.1—2001)等同于欧Ⅰ水平，自2001年1月1日起实施。《车用点燃式发动机及装用点燃式发动机汽车排气污染物排放限值及测量方法》(GB 14762—2002)，于2002年7月1日施行。

CHAPTER 2 第2章

测试项目及测试原理

2.1 发动机与车辆测试项目

发动机与车辆的测试项目很多,不同的生产厂家可以根据自身产品与测试目标,制订专门的测试项目。例如,为了开发喷油泵进行的比较试验,最常见的发动机外特性试验、发动机万有特性试验、抗寒试验及车辆排放试验。试验可以有许多种,但最终围绕型式认证涉及的最关键项目,如油耗、废气排放、动力性能、驾驶舒适性(噪声、振动、声振粗糙度)、安全、耐久等指标,还比如摩擦功测试、电动汽车测试、轮胎试验、蓄电池测试、逆变器测试、电机测试、燃料电池测试、废气排放认证等。

在进行各项目测试之前,还要明确测试标准,制订试验大纲。例如,我国于2001年颁布的《汽车发动机性能试验方法》(GB/T 18297—2001)。

2.2 功率测试与功率计算

2.2.1 扭矩测量

2.2.1.1 摆式扭矩传感器测量原理

摆式测功机扭矩测量原理如图2-1所示。

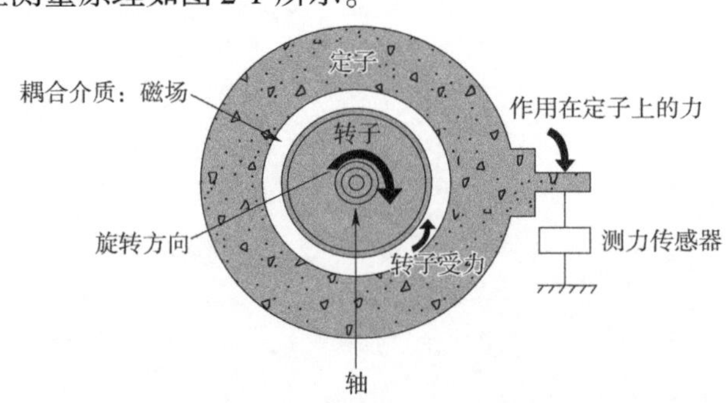

图2-1 摆式测功机扭矩测量原理

图2-2所示为摆式测功机应变扭矩传感器及安装实例。其中,图2-2a)所示传感器应用于水力和电涡流测功机,图2-2b)所示传感器应用于电力测功机。应变力传感器利用惠斯顿电桥原理测量力或扭矩。图2-2c)所示测力传感器左侧杆为运输锁定。

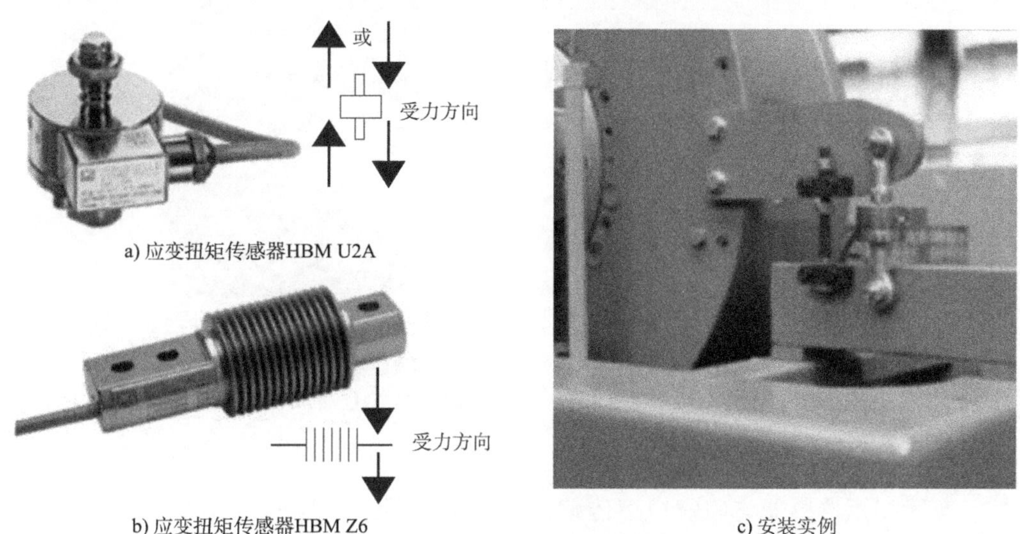

图2-2 摆式测功机应变扭矩传感器及安装实例

图2-3所示为应变传感器HBM Z6针脚Sense功能。图2-3a)所示为HBM Z6传感器接线图,其中,Sense(-)和Sense(+)不是多余的线,其作用为通过应变传感器中的针脚Sense实现激励电压监控或自动补偿。譬如,在图2-3b)中脚6点电位下降,导致脚6与脚7产生ΔU电压,致使K点电位下降,上方放大器输出又使脚1电位升高,从而补偿了激励电压的波动。

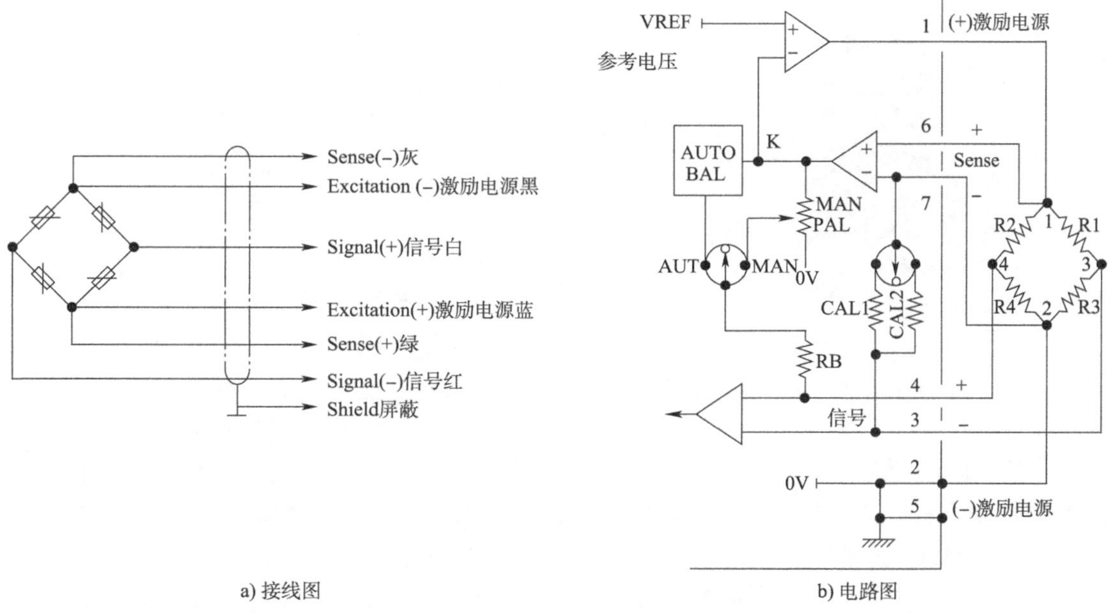

图2-3 应变传感器HBM Z6针脚Sense功能

图 2-4 所示为异步感应测功机结构与安装实例。

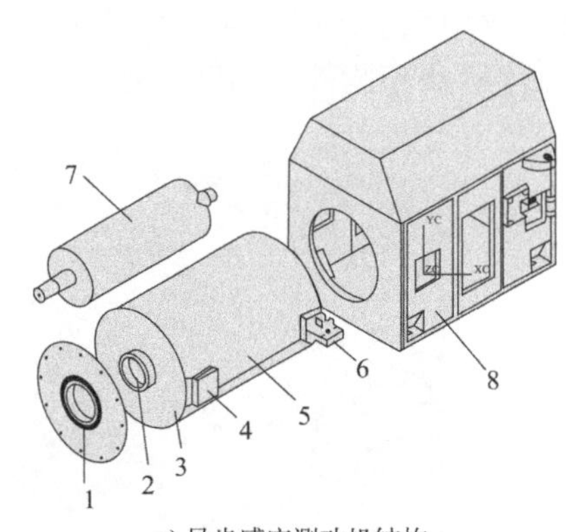

a) 异步感应测功机结构

b) Z6扭矩传感器安装实例

图 2-4　异步感应测功机结构与安装实例

1-定子轴承和座(驱动端侧);2-转子轴承;3-转子轴承座;4-标定臂钩;5-(会摆动的)定子;6-定子凸舌;7-转子;8-外壳

2.2.1.2　法兰盘式扭矩传感器测量原理

法兰盘式扭矩传感器与摆式扭矩传感器的连接不同。法兰盘式传感器与连接轴连接,而摆式扭矩传感器与摆体连接。

法兰盘式扭矩传感器由两个独立的部分组成:转子和定子。转子包括测量体和法兰过渡。定子包括天线和定子底座,如图 2-5 所示。应变片埋设在测量体中。接收电桥激励电压和发射测量信号的电子电路位于转子中心。非接触式传输激励电压和接收测量信号的天线环包围测量体。天线环安装在定子底座上,底座包括用于电压接口和信号调节的电子系统,还包括扭矩信号和电源连接插座。

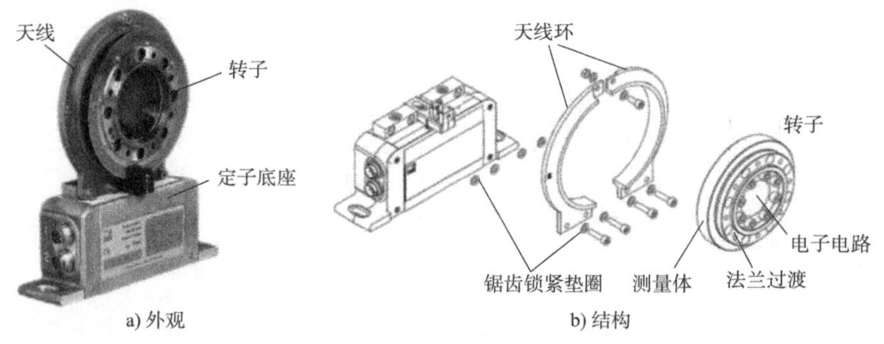

a) 外观　　b) 结构

图 2-5　法兰盘式扭矩传感器

应变片分布在转子体内,将扭矩信号通过天线传给定子底座。而应变片惠斯顿电桥电源由定子通过天线以感应方式传给转子。如图 2-6 所示,扭矩使电桥输出电压发生变化,来自电桥输出电压控制方波电压波形频率 F。该方波电压调制 MHz 范围载频信号 G,被调制波形送到转子线圈 H。天线 B 接收该载频信号,前置放大器 J、窄带滤波器 K 和解调器 L,将调频信号解调,追回测量信号,以(10 ±5)kHz 方波电压的形式输出。

所有无接触法兰盘式扭矩传感器有一个分流标定电阻装在转子上,它与电桥电路并联。当一个非对称 5V 直流电压施加到插头某个针脚时,分流电阻被激活。分流电阻标定是一个纯粹的电子过程。标定信号被产生在转子上，测量标定信号时，不应有负载加在法兰盘式扭矩传感器上。标定之前需预热15min。

以HBM T10F为例，测量扭矩范围0～500N·m对应输出信号为频率或电压，譬如，扭矩在0～500N·m对应输出频率为10～5kHz或电压为0～10V。电源电压为18～30VDC，或激励电压为54V_{pp}/14kHz，方波。

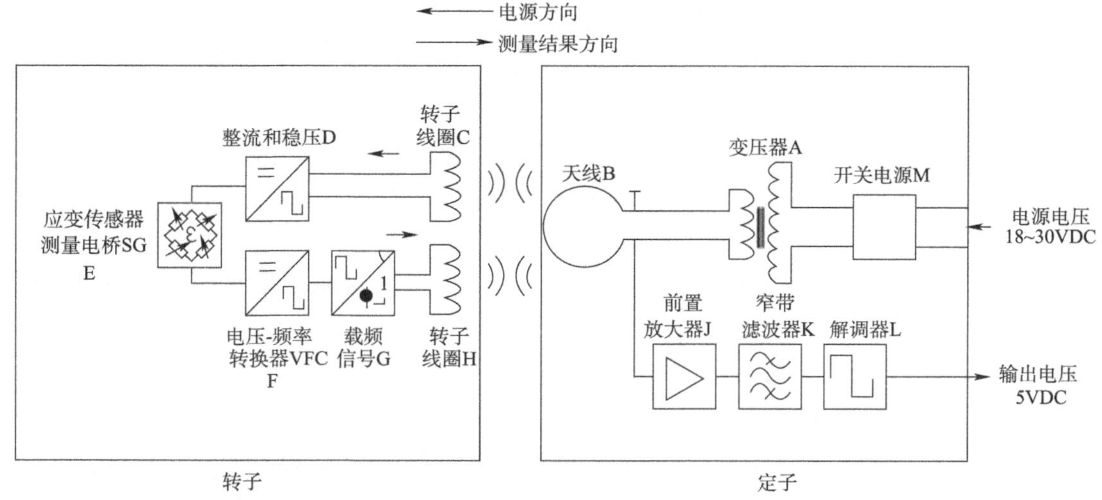

图2-6 法兰盘式扭矩传感器工作原理

2.2.1.3 两种扭矩测量方法的利与弊

(1)摆式扭矩传感器测量法。

该方法的优点是测量电机(与定子摆相反的)精确的反作用力基本不受温度因素影响，可得到高精度动态扭矩测量值。其缺点是无摩擦支持轴承引起的成本上升，以及为了实现动态校正测量，需要实时计算补偿。该方法属于多点标定，所以，扭矩标定及检查过程比较烦琐。

(2)法兰盘式扭矩传感器测量法。

法兰盘式扭矩传感器安装于测功机与被测体之间的轴上，是在高动态下测量扭矩。该方法的优点是总体成本低。另外，由于应用两点标定，扭矩标定与检查步骤简单快捷。其缺点是测量受高温影响且误差得不到完全补偿。所以，倘若电机转子和轴的温度达到60℃，会导致测量误差。

2.2.2 转速测量

2.2.2.1 水力和电涡流测功机速度传感器测量原理

电涡流测功机最早使用电感式速度传感器，后使用霍尔传感器及数字式传感器，不使用光学译码式速度传感器的原因是水汽环境存在污染光学码盘的隐患。霍尔速度传感器FGL3/1和数字式速度传感器GEL248如图2-7所示。

数字式速度传感器GEL248可以提供A和B两个脉冲序列，只使用一路信号即可。如果安装电感式传感器，水力和电涡流测功机只需要一只即可以。因为这两种测功机属于被动式测功机。而电力测功机需要确定转向,故应用两只传感器,两只传感器输出方波信号相位差 90°,频率范围为 0 ~25kHz。

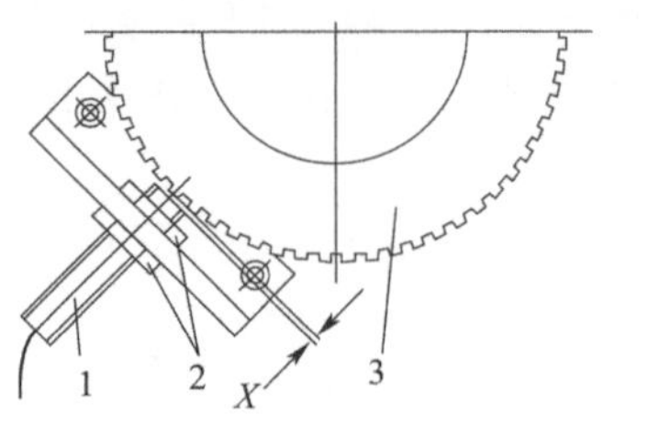

a) 霍尔速度传感器FGL3/1

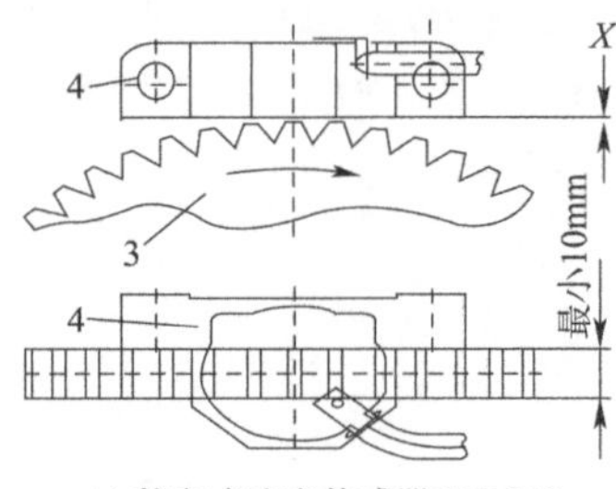

b) 数字式速度传感器GEL248

图 2-7　霍尔速度传感器 FGL3/1 和数字式速度传感器 GEL248

1-霍尔速度传感器;2-锁母;3-牙轮;4-数字式速度传感器; X-间距

图 2-7a)中,X 在 0.6 ~0.9mm 之间。安装工具:两只开口扳手 24mm,厚薄规 0.05 ~1.0mm。图 2-7b)中,X =0.5mm。工作温度范围: -20 ~85℃。

2.2.2.2　电力测功机转速传感器测量原理

转动轴译码器分为两类,一类是增量译码器(或编码器 Rotary encoder),另一类是绝对译码器。增量译码器输出脉冲信号,通过计数脉冲数,测量角位移或转速。绝对译码器由制作在传感器盘上许多脉冲轨道构成,当圆盘旋转时,同时产生几个脉冲序列,在一给定时刻,每个脉冲信号幅值将是二进制状态两个信号电平之一,即信号电平对应二进制数字 0 和 1,因此,在任何给定时刻,脉冲序列集给出一个编码二进制数。

发动机试验采用增量译码器。这类译码器可有两种可能的轨道与探头结构设计,即偏移探头结构和偏移轨道结构。常用的增量光学译码器速度传感器如图 2-8 所示。

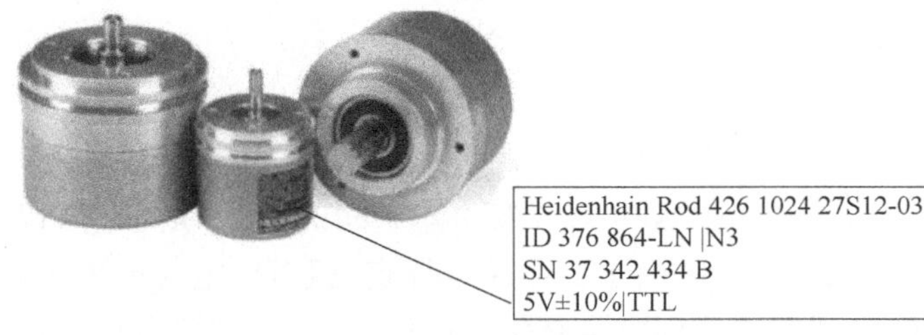

图 2-8　增量光学译码器速度传感器

(1)偏移探头结构。

偏移探头结构增量译码器如图 2-9 所示。码盘上制有单一圆轨,轨上布有等距透明窗口,邻近窗口间的遮光面积等于窗口面积。两个光二极管传感器(探头 1 和探头 2)面对轨道定位,以 1/4 周期即半个窗口长度间隔布设。

(2)确定旋转方向。

增量编码器的整形脉冲信号如图 2-10 所示。确定旋转方向的方法有两种。

方法一:传感器位置的四分之一偏移量用于确定码盘的旋转方向。例如,图 2-10a)显示了当码盘沿顺时针方向旋转时,成形的理想化脉冲传感器输出(v_1 和 v_2)。图 2-10b)显示了码盘沿逆时针方向旋转时的输出。从这两个图可以清楚地看出,在顺时针旋转中,v_1 滞后于 v_2 四分之一周期(即相位滞后 90°),在逆时针旋转中,v_1 领先于 v_2 四分之一周期。因此,通过使用相位检测电路确定两个输出信号的相位差来获得旋转方向。

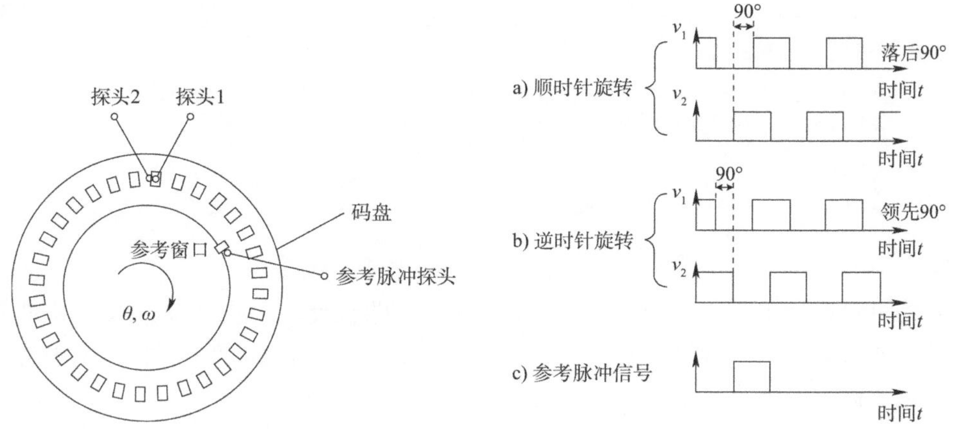

图 2-9　偏移探头结构增量译码器

图 2-10　增量译码器的整形脉冲信号

方法二:首先检测信号 v_2 中的高电平(逻辑高或二进制 1),然后检查在此期间信号 v_1 中的边沿是上升还是下降:

如果 v_2 逻辑高时,v_1 是上升沿,则顺时针旋转;

如果 v_2 逻辑高时,v_1 是下降沿,则反时针旋转。

事实上,对于发动机试验,发动机曲轴旋转方向一旦确定,就总是朝同一方向旋转。感应测功机的旋转方向需要在数据库如 AVL EMCON 中确定。发动机曲轴只有一个旋转方向,所以,车辆要前进与倒车就需要一个转换装置与发动机配接,这个装置即变速器。

如果强迫发动机曲轴朝与设计方向相反的方向旋转,会发生什么呢?气门将以错误的顺序打开,发动机将无法运行并存在损坏的可能。

既然发动机曲轴只能朝一个确定的方向旋转。为什么电力测功机需要两只电感式速度传感器判断转子轴转向?感兴趣的读者可思考一下。

(3)确定旋转速度。

增量编码器确定速度是使用固定时间段内的脉冲计数来计算角速度。如图 2-11 所示,假设在时间段 T 期间内计数为 p 个脉冲,如果光栅盘(码盘)上有 N 个窗口,则转速 n(单位为 r/min 或 1/min)为:

$$n = \frac{60p}{NT} \tag{2-1}$$

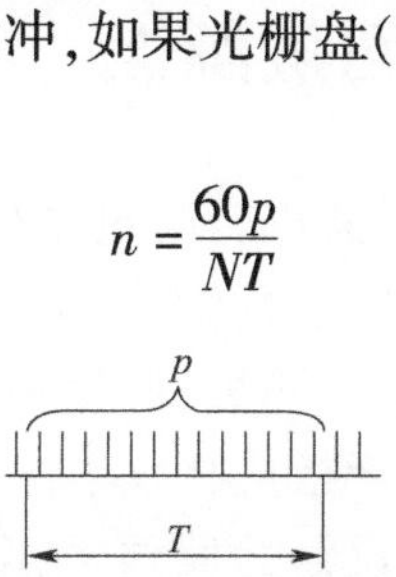

图 2-11　脉冲计数法测量转速

在测功机调试过程中,需要将增量译码速度传感器铭牌上数值设定在测试软件中。例如,将其中的 1024 键入计数器模块,即:$N = 1024$,如图 2-12 所示。

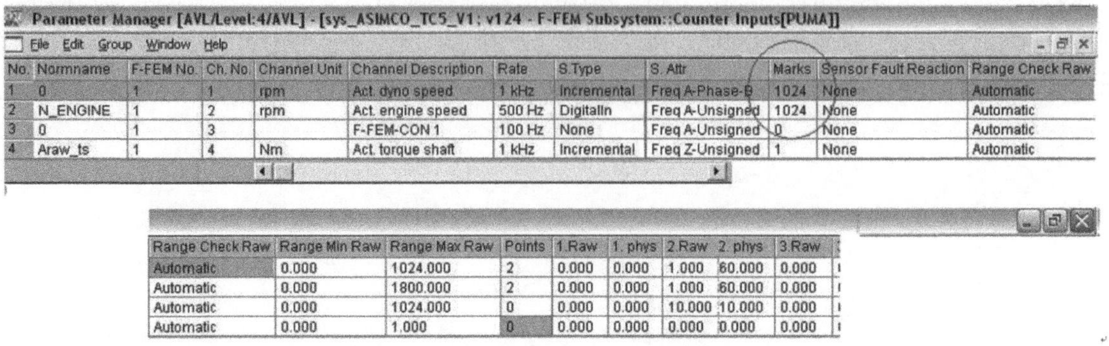

Parameter Manager [AVL/Level:4/AVL] - [sys_ASIMCO_TC5_V1; v124 - F-FEM Subsystem::Counter Inputs[PUMA]]

File Edit Group Window Help

No.	Normname	F-FEM No.	Ch. No.	Channel Unit	Channel Description	Rate	S.Type	S. Attr	Marks	Sensor Fault Reaction	Range Check Raw
1	0	1	1	rpm	Act. dyno speed	1 kHz	Incremental	Freq A-Phase-B	1024	None	Automatic
2	N_ENGINE	1	2	rpm	Act. engine speed	500 Hz	DigitalIn	Freq A-Unsigned	1024	None	Automatic
3	0	1	3		F-FEM-CON 1	100 Hz	None	Freq A-Unsigned	0	None	Automatic
4	Araw_ts	1	4	Nm	Act. torque shaft	1 kHz	Incremental	Freq Z-Unsigned	1	None	Automatic

Range Check Raw	Range Min Raw	Range Max Raw	Points	1.Raw	1. phys	2.Raw	2. phys	3.Raw
Automatic	0.000	1024.000	2	0.000	0.000	1.000	60.000	0.000
Automatic	0.000	1800.000	2	0.000	0.000	1.000	60.000	0.000
Automatic	0.000	1024.000	0	0.000	0.000	10.000	10.000	0.000
Automatic	0.000	1.000	0	0.000	0.000	0.000	0.000	0.000

图 2-12　采集系统计数器模块速度软件设置

在发动机测试台上,测功电机旋转方向由发动机曲轴旋转方向决定。发动机曲轴只有一个旋转方向,即面对飞轮端飞轮逆时针旋转。所以,面对测功机驱动端,转子轴应当顺时针旋转才是正确的。

2.2.3　功率计算

测功机拖动发动机旋转时,扭力方向与转速方向相同(第一象限,称为“倒拖”);发动机一旦起动,发动机驱动测功机旋转,轴扭矩与转速方向相反,变频柜进入发电状态(第二象限)。无论工作在哪个象限,磁场都对定子外壳有一个转动趋势作用力,由此作用在扭矩传感器上。测功机95%以上工况处于被发动机驱动状态,故人为定义倒拖时所受驱动扭矩为负扭矩,发动机起动后驱动转子转动扭矩值为正扭矩。转速由安装在非驱动端的增量光学译码速度传感器测量,功率值就可以计算出来。测功机被设计为负载设备兼有测量转速与扭矩的功能,计算公式为:

$$P = \frac{Tn}{9550} \tag{2-2}$$

式中:P ——功率,kW;

T——扭矩,N · m;

n ——转速,r/min。

2.3　标定的一般概念和可溯源性

使用已知数值的标准物理目标,对其进行测量,以确认所测数值是否与标准目标数值一致,若测得值与目标标准值存在偏差,则进行调整(或校准,或校正),使再测值与标准值对齐或相等的过程即为标定。所以,标定是由测量、调整两个步骤组成的。

术语测量可追溯性或可溯源性用于指代将仪器的测量与已知标准相关联的不间断的比较链。标定到可溯源标准可用于确定仪器的偏差、精度和准确度。

正如NIST(美国国家标准与技术研究院)所定义的那样,“测量的可追溯性需要建立一个完整的比较链,与所述参考值进行比较,每个参考值都具有规定的不确定性”。比如,温度标准可追溯性示例,铂电阻温度计测量不确定性为±0.05℃所指。

传感器或测量仪器必须针对特定材料进行标定。但注意:可追溯性不总是可能的。有的测量方法没有。

2.4 油耗测试

2.4.1 称重法油耗仪测量

油耗值为单位时间内消耗燃油的质量,通常以 kg/h 表示。为了直接确定效率,典型做法是测量比油耗,以 g/(kW·h)表达。比油耗 b_e 由单位时间喷入燃油质量 B 和有效功率输出 P_e 求得:

$$b_e = \frac{B}{P_e} \tag{2-3}$$

测功机采集系统的好处之一是可以在测量结果中方便地得到比油耗值。目前,我国油耗标准有《乘用车燃料消耗量限值》(GB 19578—2021)、《重型商用车辆燃料消耗量限值》(GB 30510—2018)等。

2.4.1.1 称重法油耗仪测量原理

称重法是使用一只油称连续测量油罐质量,精确测量发动机消耗的燃油质量的方法。该方法的缺点是在油罐短暂间歇性加油期间,燃油消耗仪不提供油耗读数。瞬态流量是由在不同时刻称量的油罐质量结果之差确定的。称重法油耗仪如图 2-13 所示。

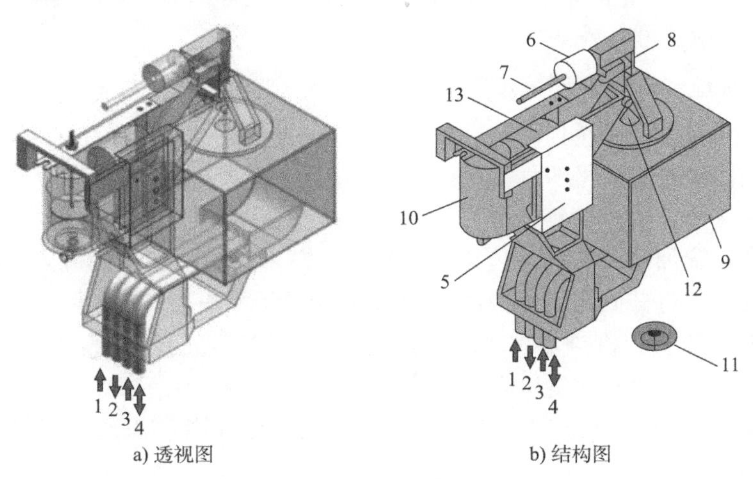

图 2-13 称重法油耗仪

1-供油;2-至发动机;3-发动机回油;4-通气管;5-电容传感器;6-配重;7-称杆;8-支点;9-测量容器(油罐);10-缓冲罐;11-砝码(90g);12-砝码座;13-标定电机

称重法油耗仪既不采用体积法也不采用质量流量法(如科里奥利法、温斯顿质量流量计法等),而是采用测量质量法。燃油消耗总和可以通过积分所有瞬间值决定,也可以通过测试循环开始或结束的油罐质量差来确定。

油罐还可实现多种功能,例如,油料蒸气气泡放气、管道压力波动衰减。在现代燃油准备系统中对这些功能要求日益增高,譬如共轨装置要求高喷射压力。

油罐被悬挂在弯曲弹簧片上，油罐上下起伏，一种非接触式电容位移传感器将其路径转换为电压。微计算机评价电压，执行全自动测量和标定过程。

油罐还提供消除气泡方案，与油罐连接的有发动机返回油管和通气管，这样提供了测量油路中空气和蒸汽泡的连续分离，故不再需要附加气泡分离器。气泡对测量精度有不利影响，油罐使气泡在进入油路前就消失了。

循环或任何指定循环阶段消耗燃油值的计算公式为：

$$M = \frac{1}{3.6}\int_{i=n}^{i=1} BH_i \mathrm{d}t_i = M_1 - M_2 \tag{2-4}$$

式中：M——循环或任何指定循环阶段消耗燃油值，g；

BH——瞬间油耗值，kg/h；

$\mathrm{d}t$——时间分辨率，s；

M_1——测量开始时刻油罐内燃油质量，g；

M_2——测量终止时刻油罐内燃油质量，g。

电容传感器充当了油罐的液位传感器，它在测量、标定和启动充油、停止充油的操作中都起到了决定作用。

重量测量允许对消耗油质量直接测量，没有体积测量过程中因油温度与密度变化造成测量精度减小的问题，测量精度可达 0.1%，测量范围一般在 0 ~ 150kg/h，特殊应用可达 400kg/h。

1800g 油罐容量满足所有客用车车型测试程序的近似 95% 连续油耗测量要求，例如 FTP75、ECE 等。基于测量原理，总油耗被直接确定，在循环结束时给出结果。在短暂的充油过后，油耗仪为新测量准备就绪。

2.4.1.2 称重法油耗仪调试步骤

称重法油耗仪调试步骤如下。

(1)利用机内水平泡调平机体。

(2)释放运输锁定。运输锁定分别为油罐下方螺栓、缓冲油罐上方螺栓。

(3)为缓冲油罐加注缓冲油。使用注射器注入总量约 200ml 硅油进入缓冲罐。

(4)砝码就位。将砝码用干布擦净，放在砝码座上(可常态驻留)。

(5)检查 DIL 开关和检查 24VDC 电源。检查 RS232 通信。检查 24V 电源极性，J4：1-24VDC；2-GND。检查通信。J9：RS232 通信，1-Tx，2-Rx，3-GND，4-Gate(不接)。若油耗仪与采集系统或控制器不通信，可在 J9 将 1 与 2 对调。J9 与 D 型插头连接，使用 D 型插头针脚 2(TxD)、3(RxD)、5(地)。

(6)检查 DIL 开关设置是否符合应用要求。

(7)确认电缆是否干涉电容传感器动作。

(8)将油耗仪机壳 PE 接线柱与等电位接地端子连接。

注意：不要调节配重位置，否则，油耗仪需送回厂家重新调整。

2.4.1.3 称重法油耗仪标定

油耗仪有两种充油方式，即候用方式和测量方式。在发动机运转过程中，测量方式生效；其余时间，若油耗仪无故障，则处在候用方式充油。测量方式充油时间在 10s 左右。

在 PUMA 中,监控(MONITOR)或手动(MANUAL)下都可以进行标定。称重法油耗仪标定步骤如下。

在专用软件来到标定界面。

(1)将油耗仪复位,开关位于机箱上方电路板上。

(2)关断供油阀。

(3)打开通向发动机的阀(Fuel to engine)放油,直到屏幕上"FB_LEV"显示 -50g 或 -60g(近似),然后将该阀迅速关闭。

(4)点击"Calibration"键,然后迅速打开供油阀,油罐充油。

(5)标定即自动开始。自动进行*,等待出现"Calibration finished"信息。

*分别在三个充油位"高""中""低"处,标定电机驱动叉托将90g砝码放在测量容器上称重。例如,在油位"中"的位置,先称一下油重,然后将砝码放到油箱上再称一次砝码与油箱的总重,之后电机将砝码提走,再称一次油重,最后在此油位得到 ΔW,ΔW 的理想值为90g。

(6)标定检查。将供油阀和"fuel to engine"的阀全关。双击"Accuracy check",在"FB_ACRD"处将显示精度值,小于0.12%即可,标定完成。

$$测量中断的总时间 = 充油时间 + 缓冲时间 = 10s$$

注意:测量中断,但耗油并不中断,因为软件认为开始充油时刻油罐内的油为0g,但不意味油罐全空,此时油罐内仍存有若干残油。油耗仪使用最大测量重量1800g的应用范围是0~160kg/h,取160kg/h=44.4g/s,则测量中断的残油为:44.4g/s×10s=444g,即油罐里存留的燃油大于444g即可。设计残油为500g,大于444g。称重法油耗仪油罐油位如图2-14所示。

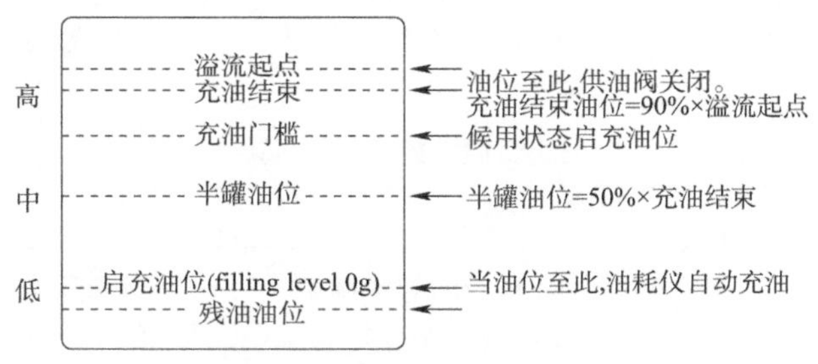

图2-14 称重法油耗仪油罐油位

2.4.1.4 油耗仪与AK命令

AK命令语法

在计算机中启用超级终端(HyperTerminal)程序, Ctrl + B 空格 AK 命令 Ctrl + C 回车 例如,Ctrl + B 空格 ASTF Ctrl + C 回车

以S开头的命令为执行命令;以A开头的命令为查询命令;以E开头的为设置命令。油耗仪AK命令举例见表2-1。AK命令语法对所有使用它的仪器相同,只是内容有所增减,使用时需要查看操作手册获得细节描述。

油耗仪 AK 命令举例　　表 2-1

AK 命令	功能	AK 命令	功能
SRES	复位	AKEN	查询版本
SMAN	切换称重法到手动方式	EHPA	设定主参数
SREM	切换至由 PUMA 遥控	ASTF	错误查询(回馈第一位:错误数;以后位:故障码)

2.4.1.5 油耗仪与温控器常见故障与排除

称重法油耗仪常见故障与排除见表 2-2。燃油温控常见故障与排除见表 2-3。

称重法油耗仪常见故障与排除　　表 2-2

故障症状	原因	措施
测量罐溢流	充油电磁阀损坏或污染	更换电磁阀或清洁
即使无燃油消耗仍可见充油油位波动	油路漏油	消除泄漏
测量结果重复性不佳	油路漏油	消除泄漏
测量值荒谬	发动机侧未接旁通管	连接旁通管
测量无法进行或测量值不正确	通气管堵塞	疏通通气管
在同一稳定工作点下油耗测量值波动	进油口压力太高,大于 0.8bar	安装稳压器,控制压力在 0.1 ~ 0.8bar
油耗仪不测量	进油压力不足,小于 0.1bar,过滤器污染或油库存油告罄或压力不足	清洗过滤器;油库充油;提高安装高度或加设油泵,控制压力在 0.1 ~ 0.8bar

燃油温控常见故障与排除　　表 2-3

症状	原因	措施
无冷却水	水泵放气螺栓过紧;陷污器太脏;水泵卡住;水泵或熔断器 F2 损坏	拧开水泵放气螺栓一圈;清洗陷污器;可用手盘动转子释放;替换水泵或熔断器 F2
油路中有气泡	油路中有空气;油路漏油或油温设置太高	放气;检查漏油,将油温设置低些
水路不畅	陷污器堵塞	清洗陷污器
不工作	工作时间超过仪器设定的服务小时数	可将时间改设至更高值

2.4.2 电容法机油消耗仪测量

电容传感器与发动机油底壳形成连通器。油作为电容间电介质,液位差产生电容差,电容差产生电压差,然后经过信号处理测量油耗量。电容传感器经压力平衡管连至曲轴箱以构成同样气压。发动机机油消耗仪原理简图如图 2-15 所示。

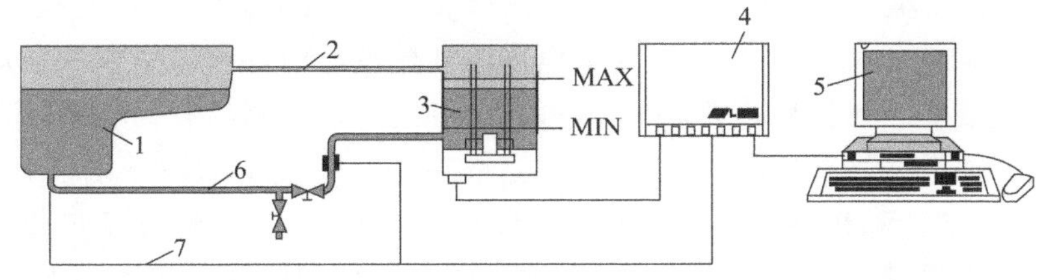

图2-15 发动机机油消耗仪原理简图

1-发动机油底壳;2-曲轴箱压力平衡管;3-电容传感器;4-采集控制电子单元;5-分析计算软件计算机;6-油管;7-信号线

2.5 排放测试

2.5.1 废气排放法规

汽车新车废气排放测量或评价需要统一的标准,包括使用统一原理的测试设备、测试方法、测试循环、校准手段和排放限值等。我国轻型汽车新车型检验依据如第1章所述。

2.5.2 驾驶循环

2.5.2.1 发动机循环和车辆驾驶循环定义

二维坐标 x 轴设定为时间 t,纵轴 y 轴设定为车辆速度 v(km/h),如此记录某车辆一段时间内的车速变化,就绘出了车速-时间曲线(或包络)。车辆运行的各个阶段都有自己的包络,例如,起动、怠速、匀加速、匀速和减速等。如果我们统计出100辆车平日使用最频繁的具有共性的车速-时间曲线,作为测量车辆废气排放的工况代表,就具有真实性,这样的一段车速-时间曲线可称为循环。在发动机测功台架上运行的循环可称为发动机循环,现在发动机测功台架用于早期开发。

车辆驾驶循环是一系列怠速、加速、恒速和减速运行的组合,模拟拥挤的交通状况及其他路况,并对应于排放法规适用的区域。

从20世纪60年代初开始,测试车辆(型式认证)已经按照排放标准进行,这些标准化测试被称为车辆测试循环或驾驶循环(或瞬态循环)。型式认证标准来源包含在欧洲共同体(EC)和欧洲经济委员会(ENECE)所发布的指令和法规中。对于发动机或车辆制造商而言,认证是一项复杂且昂贵的活动过程,因为所有主要车辆版本都必须满足在每个销售该车辆的国家的现行认证要求。许多认证的测试方法涵盖排放和燃料消耗驾驶循环以及路边噪声测试。

车辆测试循环被定义为一系列的测试点,每个测试点都有一个确定的速度,被研究的车辆要跟随该速度行驶,或发动机遵循定义好的转速/扭矩。用于型式认证的测试循环应当是平均车辆或发动机在真实世界运行的代表。

2.5.2.2 循环目的与用途

美国开发的驾驶循环是基于加利福尼亚公共道路交通中的实际车辆驾驶行为。记录城市和高速公路驾驶环境中车速对应时间的痕迹。欧洲和日本也确定了典型操作模式,并且创建了表示这些典型模式的驾驶循环。无论哪种情况,其目的都是一致的:按照沿时间轨迹的车速厘清动力总成的运行条件,并提供车辆排放和燃油经济性可以依据的法规限值。

测试循环很重要。在世界许多地区的型式认证过程中,测试循环被用作测量污染物排放量和燃料消耗经济性标准的方法。排放标准在很大程度上取决于所采用的循环和测试程序,制造商会设计和校准车辆,以使其符合相关测试程序设定的标准,甚至严格按照测试程序的限制来设计其发动机。此外,世界上许多国家和地区都将测试循环用于检查和维护。

2.5.2.3 循环种类

测试循环的分类有许多种。

一种分类是测试主要针对整车或者发动机,并根据法规采用底盘测功机循环或发动机测功机循环。底盘测功机循环是简化的“模态”类型或“真实”瞬态,发动机测功机循环是稳态的,或者(当今几乎)是瞬态的。

另一种分类是依据循环是否被立法。循环被立法的,在认证程序中采用。循环未被立法但仍被使用的,主要目的是从事各种研究(通常与被立法的比较)。

一些测试循环可以在本地或国家基础上,适合特定城市或国家的特定交通状况、习惯和车辆使用情况制订,例如美国、欧洲或日本。还有一些测试循环可以在全球范围内使用,许多国家采用这种测试循环。一致的测试循环降低了认证成本,还可以更轻松地比较各个地区的排放限值和燃料消耗,最终提高空气质量目标以及二氧化碳减排策略的有效性,从而使制造商和消费者都受益。

一些国家制订特有驾驶循环的原因是根据自己国家的特定情况,考虑各种因素,力图使循环更有代表性。一方面,影响日常驾驶车速—时间曲线(包络)的因素很多,包括驾驶人(年龄、性别、身体状况、经验)、旅途特性(距离、驾驶时长等)、街道环境(街道类型、交通管理)、交通拥堵(车速)、车辆状况(使用年限、维护等)和天气(温度、湿度、风、可见度)等。例如,日本传统上的驾驶最高速度低,并且车辆闲置时间长;印度大多数车辆动力不足,交通状况通常拥挤;而在欧洲和美国,车辆的平均功率要高得多,行驶速度也要快得多。另一方面,专家发现,无论是欧洲、美国还是日本循环,都无法充分模拟澳大利亚在速度和加速度以及燃料消耗和排放方面的驾驶行为。表2-4为目前车辆驾驶循环和发动机循环举例。主要循环举例。

测功机需要具有模拟道路负载的能力,以FTP-75车速—时间包络为例,包络上的每个点都要对应测功机速度(频率)与扭矩(电压或电流)控制。

2.5.2.4 底盘测功机循环

汽车在底盘测功机上按照驾驶循环行驶。底盘测功机循环既可以是简单模态,也可以是真正瞬态。模态循环是最初发展的驾驶循环,瞬态循环是在后来阶段采用的。

为了建立一个驾驶循环,首先要进行驾驶调查。在20世纪50年代,由于测量能力的限制,驾驶调查只能识别有限的驾驶模式,即:怠速、恒定速度、从车辆起动直至特定车速的加速度、以某一恒定速度行驶,并以类似恒定速率减速。然后,选择这些模式中最频繁的一种并将其组合在一起。

车辆驾驶循环和发动机循环举例 表2-4

<table>
<tr><td rowspan="5">组织
或国家</td><td colspan="4">车辆类型</td></tr>
<tr><td colspan="2">轻型车</td><td>商用车</td><td>非道路车</td></tr>
<tr><td>乘用车和轻型卡车</td><td>摩托车</td><td>重型车发动机</td><td>非道路车发动机</td></tr>
<tr><td colspan="4">循环</td></tr>
<tr><td>底盘测功机循环/
发动机测功机循环</td><td>底盘测功机循环</td><td>发动机测功机循环</td><td>发动机测功机循环</td></tr>
<tr><td>欧共体</td><td>-ECE + EUDC/NEDC;
-非立法循环</td><td>-ECE R47;
-ECE R40</td><td>-自由加速测试;
-稳态 R49;
-底盘测功机 FIGE;
-稳态 ESC;
-ELR 烟度测试;
-瞬态 ETC;
-非立法循环;
-WHSC(稳态);
-WHTC(瞬态)</td><td>-ISO 8178 循环;
-NRTC</td></tr>
<tr><td>美国</td><td>加利福尼亚 7-工况;
FTP-72; FTP-75;
US06; SC03;
NYCC 纽约测试循环
加利福尼亚 LA-92;
特殊目的循环</td><td>FTP-72</td><td>-稳态汽油机 9 工况;
-稳态柴油机 13 工况;
-联邦烟度测试;
-底盘测功机重型 UDDS
-瞬态 FTP;
-快速加速测试;
-非立法循环</td><td>-ISO 8178 循环;
-NRTC;
-EPA Tier 4</td></tr>
<tr><td>中国</td><td>ECE + EUDC/NEDC;
WLTC;
《轻型汽车污染物排放限值及测量方法(中国第六阶段)》(GB 18352.6—2016)</td><td>WMTC
《摩托车排气污染物限值及测试方法》(GB 14622—2000)</td><td>-稳态 ESC;
-ELR 烟度测试;
-瞬态 ETC;
-WHSC(稳态);
-WHTC(瞬态);
《重型柴油车污染物排放限值及测量方法(中国第六阶段)》(GB 17691—2018)</td><td>-ISO 8178 循环;
-NRTC;
《非道路移动机械用柴油机排气污染物排放限值及测量方法(中国第三、四阶段)》(GB 20891—2014)</td></tr>
<tr><td>日本</td><td>4 工况-J4;
10 工况-J10;
11 工况-J11;
10-15 工-J10-15;
JC08</td><td>—</td><td>-稳态 6 工况,
-稳态 13 工况,
-底盘测功机 JE05</td><td>-ISO 8178 循环;
-NRTC</td></tr>
<tr><td>全球</td><td>WLTC</td><td>WMTC;
全球摩托车测试循环</td><td>-底盘测功机 WTVC;
-瞬态 WHTC;
-稳态 WHSC</td><td>—</td></tr>
<tr><td>印度</td><td>遵循欧洲法规</td><td>印度驾驶循环-IDC</td><td>—</td><td>ISO 8178 循环</td></tr>
<tr><td>澳大利亚</td><td>CUEDC</td><td>—</td><td>—</td><td>—</td></tr>
</table>

图 2-16 中,实线为典型模拟城市驾驶条件的瞬态循环,虚线代表三个重复模态循环。重复循环(也称为模态式)的结构可在测试台上轻松复制,由于其不需要来自操作车辆的大量实际驾驶数据,因此也更易于开发,但是,这显然与日常驾驶习惯不兼容,因此,很可能导致错误的排放结果。驾驶人无法获得恒定加速度,并且肯定不会长时间保持恒定速度。由于交通和道路状况的不断变化,加速踏板很少保持在固定位置,即使加速踏板位置有些微小变化,也会导致空燃比发生变化,空燃比变化无论多么微小,都是导致发动机扭矩(和排放)变化的原因。因此,为了更准确地表示真实的驾驶模式,底盘测功机循环从简单的结构演变为复杂的瞬态类型。瞬态类型是基于从仪表车或追逐车收集的数据(即实际驾驶数据)开发的。

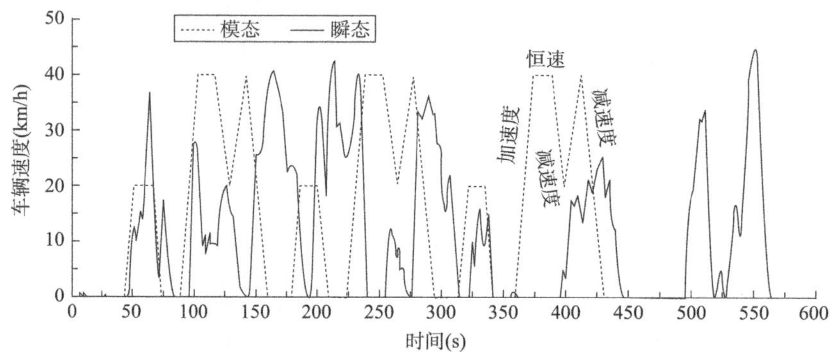

图 2-16　典型模拟城市驾驶条件的瞬态循环和代表三个重复模态循环

术语“模态”也用于重型汽车的稳态循环,该循环由一系列发动机转速和扭矩稳态点或模式定义。模态循环和瞬态循环之间的根本区别在于,前者以包含特定驾驶模式的表格形式定义,而后者则是每个时间点(s)的车速序列。毫无疑问,结构简单的模态循环(图 2-16 中虚线)具有代表性,对于今天的车辆和驾驶习惯尤其如此;另一方面,瞬态循环更为现实。

型式认证需要通过 CVS 恒定体积采样系统测试。美国 FTP-72 是第一个采用 CVS 采样方法的循环。

2.5.2.5　发动机测功机循环

底盘测功机循环应用于大多数车辆(客车、轻型货车和摩托车等),是整台车辆都放在底盘测功机上进行测试。但是,对于重型车辆(公共汽车和卡车)或非道路车辆(拖拉机、挖掘机、轮式装载机),车辆测试要困难得多。这是由于发动机、传动系统和车辆的组合种类繁多,而且重型车辆尺寸和质量较大,尽管确实存在重型车辆在底盘测功机上测试的情况,但重型车废气排放认证通常是在发动机测功机台架上实现的,而且也不执行车辆测试循环。

发动机与卡车的大多数部件不是一起设计的,相互缺少垂直整合,在发动机测功机测试时,所研究的发动机遵循规定工作点顺序,以相对于时间的速度和扭矩形式运行。这样的发动机转速对应时间、扭矩对应时间的工作点顺序由重型车车速与时间的关系导出。轻型车耐久试验可在专用试验跑道上、道路上、底盘测功机上完成里程累积循环(AMA)或标准道路循环(SRC),但无论采用哪种方法,里程不得少于 160000km。试验完成后,仍然要求其排放指标合格。

按照《重型柴油车污染物排放限值及测量方法(中国第六阶段)》(GB 17691—2018),整车和发动机台架上的耐久试验行驶里程不能低于最短行驶里程,见表2-5。

整车和发动机台架上的耐久试验举例 表2-5

车辆分类	最短行驶里程(km)
N_1	160000
N_2	188000
$N_3>16t$	233000

2.5.2.6 立法分类

汽车排放相关法规中,大部分测试主题的分类是由车辆尺寸而不是发动机尺寸和类型界定,主要分类如下:轻型车(汽油车、柴油车)、中型车和重型车。这些类别中,每一类都有法定污染物限制、测试方法和专门为其设计的测试仪器。

轻型车尾气排放测试是将整车放在底盘测功机上从稀释通道取样完成,而中型车和重型车(卡车和公共汽车)的排放测试与证书测试是在发动机测功机台架上从排气尾管采样完成,而且废气排放限值以每单位能量的排放气体质量(g/kWh)定义。《轻型汽车污染物排放限值及测量方法(中国第六阶段)》(GB 18352.6—2016)侧重于道路上车辆的实际排放量,因此,台架测试仪也参与了车载方式测量。

2.5.2.7 废气排放测量

在欧洲的轻型客车排放标准中所列废气组分为法规监管废气组分。还有一种称为"未监管的废气组分(Unregulated exhaust gas components)",即相对很小的剩余废气组分组成小于废气排放重量的0.05 %,在发动机不带催化转换器情况下,是无限制(或无监管法规)的废气组分,其主要代表是氢、硫化合物、醛类(部分氧化碳氢化合物)和氨,其浓度(% 按重量计)属于微量物质。

测量 NH_3 的仪器有红外光谱仪(FTIR)、激光二极管光谱仪(LDS)、QCL、质谱法和紫外线吸收法。NH_3 必须从排气尾管测量。商用车欧Ⅵ法规见表2-6。

商用车欧Ⅵ法规 表2-6

排放水平(申请日期)	测试循环	监视污染物	欧盟指令
欧Ⅵ(2013.1.1)	WHSC + WHTC	CO、HC、NMHC、CH_4、NO_x、PM、NH_3、PN	595/2009/EC (GTR No. 4,R49/06)

废气流量与排气管排出物体积流量(每秒的质量)和瞬时质量浓度相关,其计算公式为:

$$M_t(t)=C_x(t)F_{exh}(t) \tag{2-5}$$

式中:$M_t(t)$——废气流量;

x——HC、CO、NO_x、PM 或其他物质;

C_x——瞬时浓度;

$F_{exh}(t)$——排气体积流量。

在式(2-5)中有两个重要考虑因素:第一,浓度和流量测量必须在时间上准确对齐

(<1s);第二,仪器记录组分 x 浓度的时间响应和排气流量必须具有可比性。

可以通过以下几种方式测量排气体积流量。

(1)第一种方法是通过进气和燃油消耗以及从燃烧化学计量推导出的体积流量。供给发动机的这些质量由发动机等量地排放出,不受燃烧影响(质量守恒原理)。此法虽然在发动机试验台上是标准方法(因为记录燃料流量和空气消耗很方便),但车辆测试中却并不方便。

(2)第二种方法是通过 CO_2 示踪法确定发动机废气体积流量或质量流量。CO_2 示踪技术结合 CVS 系统,CVS 的稀释比由 CO_2 示踪技术确定。采用这种方法,通过将原始废气中的 CO_2 浓度与稀释废气中 CO_2 浓度比较确定稀释比。基于 CVS 稀释废气流量和稀释比,计算出废气体积流量。应用燃烧化学法,将废气中的 CO_2 与总流量(包括水蒸气和剩余的空气)相关联。这种方法适用于汽油发动机,因为汽油机空气和燃料化学当量保持恒定比。而对于柴油发动机就存在问题,其空气和燃料比独立变化。

(3)第三种方法是 CVS 方法。文丘里管可用于记录稀释空气流量,此流量与恒定总流量之差等于汽车尾气流量。该方法适用于车辆测试。

(4)第四种方法是来自发动机控制单元 ECU 废气流量信号。此方法用于道路测试中的移动测量设备,但不在测试台上。如果在路测上使用,它还需要使用测试台方法进行检查,以验证准确性。

2.5.2.8 发动机测功机循环期间发动机排放计算

稳态、斜坡和瞬态发动机测功机循环期间发动机排放计算按照全球技术法规(Global Technical Regulation,GTR)No. 11 进行,如图 2-17 所示。

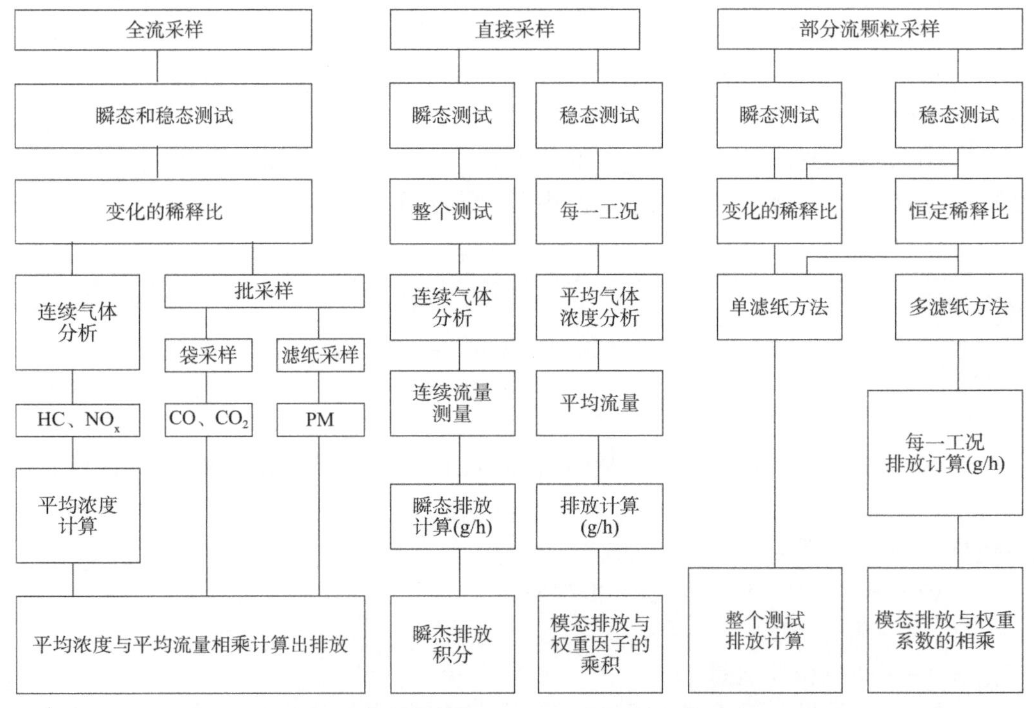

图 2-17　稳态、斜坡和瞬态发动机测功机循环期间发动机排放计算流程

2.5.3 全流采样系统

恒定体积采样(Constant Volume Sample,CVS)既可以应用于车辆测试台,又可以用于发动机测试台。CVS与发动机测功机试验台集成可以完成类似于车辆试验台情况下的测量。

当前,无论是汽油机还是柴油机,测量废气排放的采样方法大概有三种:第一种方法是从发动机尾管直接采集原始废气;第二种方法是由CVS稀释通道中采集稀释废气,连续测量;第三种方法则是从CVS袋采集稀释废气,如图2-18所示。

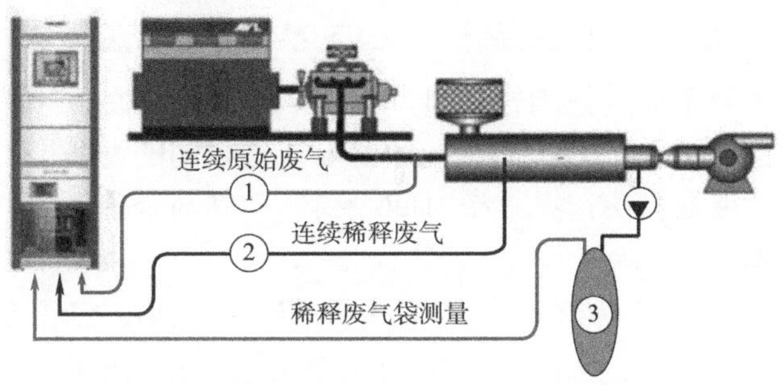

图2-18 简化废气排放质量计算方法示意图

①-原始废气;②-稀释废气;③-CVS定容取样

计算废气中污染物成分质量采用以下术语:

Q_{exh}——发动机体积流量;

Q_{CVS}——CVS体积流量;

V_{CVS}——采样时间内稀释废气总体积;

C_{raw}——未稀释废气中污染物组分浓度;

C_{dil}——稀释废气中污染物组分浓度;

C_{bag}——在尾气样品袋中污染物成分浓度;

q——CVS的稀释比例;

ρ——污染物组分的密度;

T——采样时间(测试循环的持续时间);

m——污染物组分质量。

使用原始废气,污染物组分质量为:

$$m = \int_0^T C_{raw} \cdot Q_{exh} \cdot \rho \mathrm{d}t \tag{2-6}$$

使用稀释废气,式(2-6)变为:

$$Q_{exh} = \frac{Q_{CVS}}{q}, m = \int_0^T C_{raw} \cdot \frac{Q_{CVS}}{q} \cdot \rho \mathrm{d}t$$

因为

$$C_{raw} = C_{dil} \cdot q$$

所以

$$m = \int_0^T C_{dil} \cdot Q_{CVS} \cdot \rho \mathrm{d}t,$$

因为 Q_{CVS} = 常数,ρ = 常数,所示:

$$m = Q_{CVS} \cdot \rho \int_0^T C_{dil} \cdot \mathrm{d}t \tag{2-7}$$

由 CVS 定容废弃袋中采样，式(2-7)变为：

$$\int_0^T C_{dil} \cdot \mathrm{d}t = T \cdot (C_{dil})_{mean} = T \cdot C_{bag}$$

$$m = Q_{CVS} \cdot \rho \cdot T \cdot C_{bag}$$

$$V_{CVS} = Q_{CVS} \cdot T$$

$$m = V_{CVS} \cdot \rho \cdot C_{bag} \tag{2-8}$$

2.5.3.1　轻型车底盘测功机试验循环与 CVS 系统排放测量

汽车制造商在将新型车辆送往国家认证机构检验前，需要拥有与认证部门相同的检验设备以使车辆经由其检验符合相关认证法规的要求。这相同的设备即 CVS 恒定体积采样系统或全流采样系统。全流稀释法指在某个时间段稀释空气与全部排气充分混合后抽取一部分进行分析的测量过程。

有两种方法可供选择保证稀释废气的恒定体积流量：PDP 容积泵方法和 CFV 方法。PDP 容积泵方法的泵速度与体积之间存在恒定比率关系，或者使用可由流量测量信号调节控制的泵。CFV 方法使用一套文丘里管组和一台标准抽风机。

图 2-19 所示为轻型车底盘测功机和全流采样系统。其中，抽风机风量为 20 ~ 30m^3/min，环境仓或测量室内温度湿度需要满足试验法规要求；司机助为整车试验台上的为被测车辆驾驶员提示测试的需驾驶速度的计算机。目前，几种温度包括，低温 -7℃、10℃、环境温度 20 ~ 30℃、23℃和高温 35℃。

为什么废气需要通过 CVS 稀释再进行测量呢？其原因有三个。第一，直接由废气管采样完成式(2-5)的计算，浓度和流量测量需要对齐(即所测流量恰好是浓度最大发生时)，这不容易做到；第二，废气在测量系统中被稀释以获得非常接近于真实环境中存在的颗粒物；第三，废气的稀释可使废气排放物中的水蒸气含量相对减少，足够高的稀释度可防止水在测量系统中凝结，否则会污染测量系统，使测量结果失真。所以，稀释通道建立了稳定测量环境。

原则上，废气中与环境相关的污染物的质量由特定废气成分浓度、密度和发动机废气体积流量决定。虽然在稳态发动机工况下测量废气中污染物质量相对简单，但在瞬态工况下测量方法是相对复杂的。因为它必须跟随废气快速变化并精确测量。此外，还必须测量极端动态的废气体积流量。由于每个信号具有不同的时间延迟，因此，在进一步计算之前测量数据必须准确地时间对齐。因为在排放控制立法初期满足此类要求是不可能的，于是以当时的仪器和计算机条件找到替代方法完成任务，即采用全流稀释实现。即使现在不稀释废气(由于技术手段的提高)满足这些要求是可能的，但全流量稀释在几乎所有排放控制立法中仍是强制的，唯一例外是商用车辆的稳态和瞬态排放测试，例如欧Ⅳ(2005)。

发动机废气的稀释也降低了稀释废气中水的浓度，使得测量系统没有水凝结发生。为了防止测试结果出现偏差，稀释空气也被收集在样品袋中并进行分析。当计算最终结果时，通过稀释添加的污染物质量需要被减去。

常见 CVS 流量范围：不同流量范围的 CVS 实施取决于应用和发动机尺寸。流量一定要足够大，以防止水在系统中凝结，对于柴油发动机，颗粒物测量期间保持稀释废气温度低于 52℃。

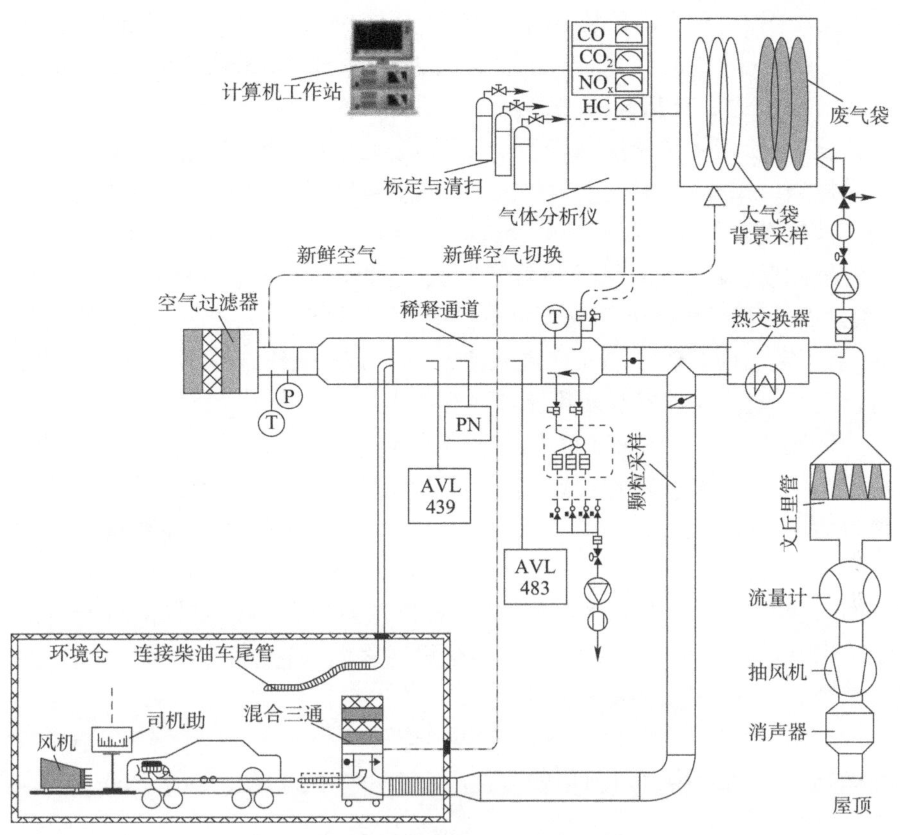

图 2-19 轻型车底盘测功机和全流采样系统

发动机的所有废气排放均进入 CVS,并在稀释通道中立即用过滤的环境空气稀释。该系统使总流量(废气和稀释空气)保持恒定,这通常是使用超临界文丘里管完成的。

在 CVS 系统的总流量恒定的情况下,废气被稀释的程度取决于发动机产生的废气体积流量。如果来自发动机的排气流量低,则需要大量的稀释空气,而在满负荷运行的发动机中,需要较少的稀释空气以维持总流量。

利用上述 CVS 方法,根据发动机的尺寸和循环程序,需要不同 CVS 总流量。特定应用典型总流量如下:重型车发动机为 120 ~ 180m^3/min;乘用车发动机为 8 ~ 30m^3/min;摩托车发动机为:1 ~ 5m^3/min。

图 2-19 中稀释通道长度约 3800mm,直径 280mm。在欧Ⅵ标准中,汽油机也要求测量颗粒排放,这样汽油机与柴油机可分享管道。稀释通道由一混合区构成,一混合模块快速将废气与稀释空气混合,然后在湍流条件下快速通过管道,流体雷诺数 >4000,保证稀释混合均匀。稀释通道需要接地连接。

汽油机废气稀释则在设置于车辆附近的混合三通处完成。按法规方法,将稀释的废气取样到特氟龙气袋中,记录在一个驾驶循环中总排放量。同时,稀释空气抽样到“大气袋”中,以说明稀释空气(背景)中存在的 HC、CO 和 NO_x 含量。稀释通道最左端空气过滤器用于柴油车测试。

文丘里管或阀片:排放柜使用 4 只不同规格文丘里管并联组合可提供约 15 个(理论计

算)不同的试验流量。各路文丘里通道由电磁阀控制。由于4只文丘里管流量分别为$2m^3/min$、$4m^3/min$、$6m^3/min$和$8m^3/min$,或其他数值例如$3m^3/min$、$5m^3/min$、$9m^3/min$、$138m^3/min$,组合后流量数有相同的,故流量数少于15个。

热交换器:热交换器将稀释废气流调整到法规规定的温度限值内。文丘里管和电磁阀将气体导入采样袋。采样袋的清扫与腾空经由腾空泵完成。通向袋气流由流量计测量。袋中的采样废气被传送至气体分析仪机柜AMA。一组三个袋可用于三个阶段(phase)。大气袋测量用于背景测量,废气袋测量后将背景减去。对柴油机而言,为了获得颗粒采样,设置了约5m稀释通道。而汽油机废气也走过自己的一定长度稀释通道。为了检查整个系统以确认无泄漏,引入定量丙烷C_3H_8或CO进入CVS,若CVS工作在正常测量废气状态,分析仪所测值应与预定义(注入)值相差无几或者在容差内。

底盘测功机设计方式必须保证每小时可以进行一次车辆测试。在预定义测试循环内测量排放的污染物量。通常,先模拟冷起动,然后模拟驾驶循环。底盘测功机系统模拟行驶中遇到的行驶阻力,从而可以模拟道路真实驾驶情况。带有排气后处理系统的先进车辆在起动后的前10~30s内会产生最高的排放量,这是因为在排气温度达到几百摄氏度之前,排气后处理系统尚未变得有效。从生效时起,排气后处理系统最多可将发动机产生的排放降低98%。这就是测试还包括车辆起动的原因。在测试之前,必须将车辆置于20~30℃的环境温度下调节至少6h,而不启动(浸车)。

在法规方法中,稀释废气取样到特氟隆袋中记录一个驾驶循环内综合排放量。稀释空气同时被抽样到"大气袋"中,以便计算存在于稀释空气中的HC、CO和NO_x。

$$M_x = \frac{C_{x,CVS} \times V_{CVS} - C_{x,Air} \times V_{Air}}{d} \tag{2-9}$$

式中:M_x——平均质量排放率;

d——行驶距离;

$C_{x,CVS}$——采样袋中组分x的平均质量浓度;

$C_{x,Air}$——组分x在大气袋(背景)中的浓度;

V_{Air}——整个测试过程稀释剂总体积;

V_{CVS}——整个测试过程废气加稀释剂总体积。

以g/km或g/mile(或粒子数/km)的形式输出。消耗的燃油确定为L/百公里或km/L。

如果体积流量保持恒定,采样时间采用定义的时长,鉴定排放是否合格的标准就确定了。

稀释比是多少呢?稀释比是变化的量。通过将过滤后的环境空气吸入稀释通道中并与废气混合,废气以连续变化的比率被稀释和混合。由测试车辆排出的废气对应稀释空气,以一个平均的比率1:5,…,1:10混合。

驾驶员遵循选定驾驶循环,在底盘测功机上按照司机助给出的循环定义随时间推移所需车速驾驶。驾驶员必须确保车速保持在设定值轨迹的容许误差内。测功机模拟了道路负载。风机模拟车辆前方来风,以逼真地再现与发动机冷却有关的路况。

实际废气排放测量是在车辆达到定义的初始条件后进行的,即:

(1)车辆的油箱中加注了精确规定的燃料量,该步骤在准备蒸发排放物测量时也需要;

(2)填充用于燃油蒸气的炭罐;

(3)车辆行驶几公里以确保一切正常磨合,测量之前,在底盘测功机上执行精确定义的测试循环以对车辆进行预处理;

(4)在进行测试之前,将车辆的最低温度调节为20~30℃。在此期间,不允许对车辆状态进行任何更改或起动车辆。因为打开点火开关,燃油泵就会连续运行,这可能导致排放开始,此时的排放与燃油管路未完全充满油时产生的排放有所不同。

2.5.3.2 发动机测功试验室与CVS系统重型车排放测量

直采的优点是可以保留污染物的浓度,主要缺点是必须涉及潮湿的高温样气(水蒸气大,温度足够低时会产生凝结),这可能会导致损失、测量干扰以及潜在的仪器损坏风险。一种简单的方法是采用加热的传输管和防止整个采样和测量过程中水冷凝的检测器。加热管线可减少污染物在运输过程中的损失,例如,通过冷凝和热泳附着到传输管线壁上而损失的重质碳氢、氨和颗粒。柴油发动机排放物加热管典型温度为191℃。图2-20所示为CVS商用汽车发动机测试台。

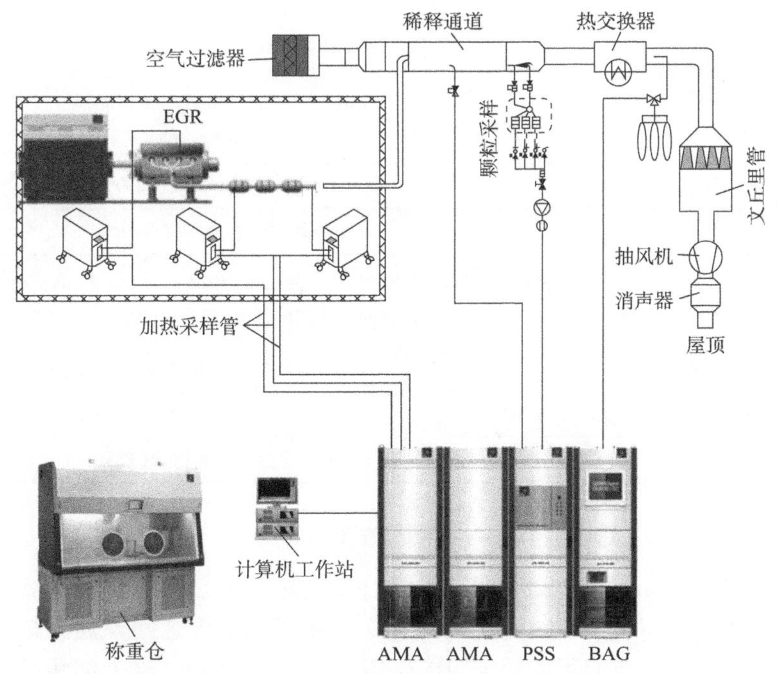

图2-20 CVS商用汽车发动机测试台

按法规不同,颗粒采样探头有所不同,如美国US型、欧洲ECE型。轻型车过滤架装备三个过滤器,各分初级、次级,滤纸直径47mm;重型车滤纸架装备两个过滤器,各分初级、次级,滤纸直径70mm。流量设定由采样泵和质量流量控制器完成。在滤纸承载颗粒期间,流量按法规规定保持恒定。负载滤纸在电子秤上确定重量。

滤纸称重仓内装备有精密秤、电离装置等。称重之前使用电离装置,放掉一切可能的静电。法规方法规定了颗粒质量的测量。目前的做法是引导车辆或发动机的废气进入CVS稀释通道,采样稀释废气的一小部分通过过滤器(47mm直径,2μm毛孔径),并记录试验前后滤纸质量变化(增加)。对于直径小于70mm的滤纸,《重型柴油车污染物排放限值及测量方法(中国第六阶段)》(GB 17691—2018)要求使用准确率和分辨率分别为2μg和1μg天平称量滤纸。在此,灵敏度、温度、湿度、气流、环境压力和静电荷明显影响着电子秤的表现。为了减少这些影响,称重必须在温度和湿度可控的封闭环境中进行(例如,温度为22℃ ±3℃,相对湿度为45% ±8%)。

2.5.4 气体分析仪

虽然有的仪器可以同时测量多种气体成分或某种气体可用其他原理的仪器测量,但法规明确规定,特定测量原理用于特定气体成分或组分的测量。通常这些仪器不仅仅用于认证法规测量,而且在发动机开发阶段就使用了。气态污染物成分与对应测量仪器及原理见表2-7。

气态污染物成分与对应测量仪器及原理　　表2-7

气体	仪器和原理
总碳氢(THC) 甲烷(CH_4)	火焰离子探测器(FID) Shed FID 蒸发室氢离子火焰光度探测仪
非甲烷碳氢化合物(NMHC) (= THC-CH_4)	FID 和气体色谱红外离子探测器 (Gas Chromatograph,GC)
氮氧化物(NO,NO_2)	化学发光法分析仪(CLD)
碳氧化物(CO,CO_2)	非分散型红外分析仪(NDIR)
一氧化二氮(笑气)(N_2O)	量子级联激光吸收光谱法(Quantum Cascade Laser Absorption Spectroscopy,QCL);或采用 NDIR 方法,还有 FTIR 方法、ECD 方法
氧气(O_2)	顺磁补偿法分析仪(PMD)
氨气(NH_3)	FTIR、QCL 或 LDS
多种气体(30 种以上)	傅里叶变换红外光谱仪(FTIR)

2.5.4.1 火焰离子探测器(FID)——测量HC

火焰离子探测器(Flame Ionization Detector,FID)用来确定汽油发动机和柴油发动机废气内THC或HC浓度。如图2-21a)所示,废气送至阳极与阴极之间高温火焰(2100℃)中燃烧,产生离子和自由电子,增加了阳极与阴极之间电流,所诱发电流为测量信号。废气中碳氢浓度越高,电流越大。在浓度与电流之间存在近似线性相关性。FID方法对气体O_2、N_2、H_2O、CO、SO_2和NO皆无反应,故为有利因素。FID由排放柜内MSR单板机通过以太网连接的计算机控制。

为了测量样气中CH_4的比例,可以使用碳氢切割器(双通道AVL CUTTER FID i60带转换器)或气体色谱红外离子探测器(Gas Chromatography,GC)。

当使用碳氢切割器时,在进行测量之前样气通过一转换器。在转换器中,所有NMHC被氧化成CO_2和H_2O,所以,CH_4是样气中唯一的碳氢化合物。为了稳定转换器的效率,燃料(氢气)在转换器之前被添加到样气中,以这种方式样气中的湿度变化被平衡。在蒸发室

(SHED)碳氢应用中,不参加测量的样气返回蒸发室。

使用气体色谱红外离子探测仪时,充在一定采样体积内的 CH_4 被设计与 NMHC 分离。分离在一个非常长的分离管内完成,然后 CH_4 浓度被测量。当分析仪使用在稀释系统中测定废气中 CH_4 部分时,采样废气与空气氧混合。多数情况下,必须添加 O_2,因为用作氧化的 O_2 部分在采样气中太少。在浓度确定之前,CH_4 和 NMHC 部分在分离管内分离开。分离管上游与采样管连接。载气(例如氦气)送入采样管和分离管。测量时,采样废气(或 THC = NMHC + CH_4)进入采样管,一定量的采样废气送入充有载气的分离管,如图 2-21b)所示。

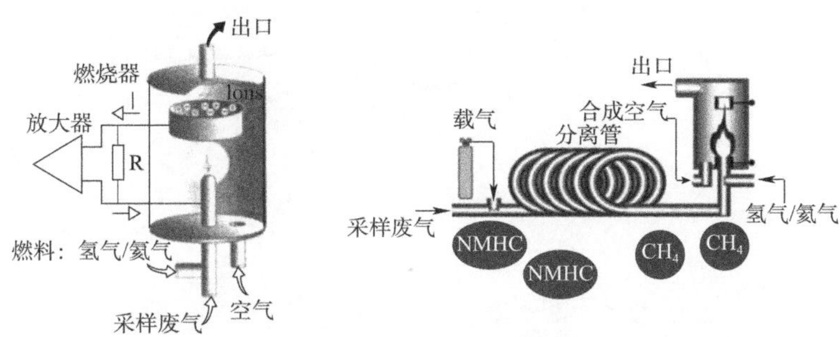

a) 碳氢分析仪原理(火焰离子探测器) b) 气体色谱火焰离子探测器原理

图 2-21 火焰离子光度探测器

由于 CH_4 与 NMHC 的分子差别,CH_4 分子通过分离管速度快于 NMHC 分子流动速度,则在预定时间内探测器测定到 CH_4 浓度的峰值,然后载气的流向被改变(即设备在 CH_4 到达测量点后,反吹管道,将落在后面的 NMHC 从其他口吹出)。分离管内的 NMHC 部分被吹出,之后载气清扫分离管。为了避免凝结,气管、开关阀和泵等部件被加热。

2.5.4.2 化学发光法分析仪(CLD)——测量 NO_x

化学发光法分析仪(Chemical Luminescence Detector,CLD)用来确定汽油发动机和柴油发动机排放废气中 NO_x 的浓度。此原理分析仪可称为氮氧化物分析仪。

当化学反应发生时产生光就是所说的化学发光法。20 世纪 70 年代,人们发现 NO 与臭氧(O_3)相遇发生化学反应同时会产生波长 500 ~ 3000nm 的红外辐射。化学发光法测量 NO_x 原理如图 2-22 所示。

$$NO + O_3 \rightarrow NO_2^* + O_2 \tag{2-10}$$

$$NO_2^* \rightarrow NO_2 + h\nu \tag{2-11}$$

式中:h——普朗克常数,$h = 6.62607015 \times 10^{-34} J \cdot Hz^{-1}$;

ν——光的频率。

在总辐射的狭窄区域内观察化学发光辐射就可以确定 NO 的浓度。这个狭窄区域为 600 ~ 900nm 的光带,通过带通滤光片选择出来。

在 NO_x 化学发光法分析仪中,O_3 是通过在石英管中紫外光 UV 辐射 O_2 产生的。O_3 被过量地供给至反应室以便保证反应完全,然后稀释以使熄光效应最小化。因为光电倍增管的信号正比于 NO 分子数而不是 NO 浓度,所以,必须仔细控制样气流量。

NO_2 不与 O_3 发生反应,必须将其转换为 NO 才可(使用此方法)测量其浓度。分析仪包含一个转换器,使用催化剂与加热手段将 NO_2 转换至 NO。

$$NO_2 \xrightarrow{\text{加热和催化剂}} NO + \frac{1}{2}O_2 \tag{2-12}$$

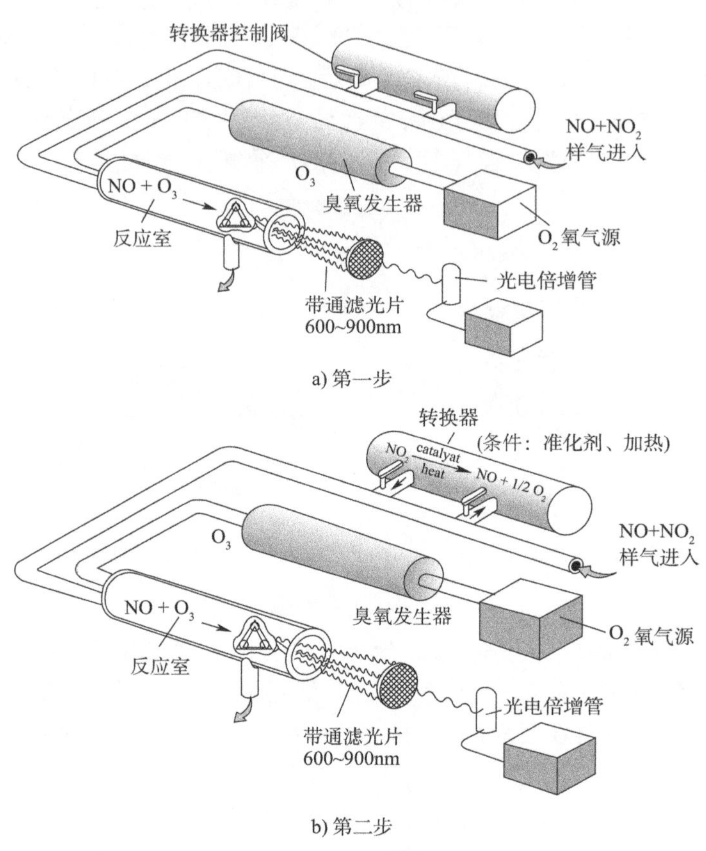

a) 第一步

b) 第二步

图 2-22　化学发光法测量 NO_x 原理

在不锈钢制成的仓室,NO_2-NO 转换器催化 NO_2 的分解。有些分析仪在转换器中使用活性炭或钼片,以使分解可在更低温度下发生。分解出的 NO 随后与 O_3 发生反应,并且测量到 NO + NO_2(NO_x)化学发光总读数。

第一步:样气不进入转换器(转换器控制阀关闭),测量 NO_x 中的 NO,即:

$$[NO] + NO_2 \tag{2-13}$$

“[ ]”内表示发生反应的部分。

第二步:样气被送到转换器,NO_2 部分被转换为 NO,所以,到达反应室的为:

$$[NO] + [NO(\text{由}NO_2\text{转换而来的})] = [NO_x] \tag{2-14}$$

为了得到样气中NO_2的含量,可以使用下面公式:

$$[NO_2] = \text{式}(2\text{-}14) - \text{式}(2\text{-}13) \tag{2-15}$$

排放的NO_x质量理论上必须用 NO、NO_2各自密度计算。按照排放法规定义,NO 和NO_2都使用NO_2的密度来计算。这可以从NO_2较 NO 对人类的危险远远大得多的事实解释。此外,废气中一部分 NO 在排出进入大气后转换为NO_2。NO_2的密度高于 NO 的密度,由此导致计算的NO_x质量较实际排放出的质量高。从保护环境观点看,会更安全些。

2.5.4.3 非分散型红外分析仪(NIRD)——测量 CO、CO_2

非分散型红外分析仪(Nondispersive Infrared,NDIR)可以用来确定汽油发动机和柴油发动机废气内 CO、CO_2 和其他特殊成分(如 H_2O 、N_2O、C_6H_{14} 等)的含量。非分散型红外分析仪如图 2-23 所示。

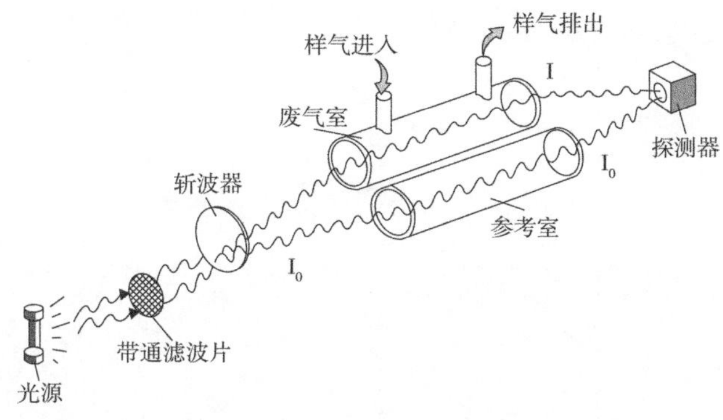

图 2-23 非分散型红外分析仪

参考室充入某种气体,如氮气或氩气,它不吸收仪器使用波长的光。随着光束通过废气室,废气中分子将吸收一些红外光,即如果废气气室内确实包含要分析的气体,它将吸收红外光,更少的光将到达下游探测器,结果在采样气室末端的光能就小于光进入采样室时的光能。这个在采样室末端的光能比自参考室末端射出光能能量也小。某一种类探测器感知到这一光强(能量)差,例如固态传感器。来自两个仓室探测器信号比给出光透过率。浓度与测量信号间的相关性对应比尔-兰伯特定律,它是非线性函数。这就是 NDIR 传感器总是需要线性化的原因。

$$T_r = \frac{I}{I_0} = e^{-\alpha(\lambda)cl} \tag{2-16}$$

参考室 $C_{ref} = 0$,

$$I_{sample} = I_0 e^{-\alpha(\lambda)cl} \tag{2-17}$$

$$I_{ref} = I_0 e^{-\alpha(\lambda)cl} = I_0 e^0 = I_0 \tag{2-18}$$

式中:T_r——通过烟道光透过率;

I_0——进入参考气道的光强;

I——离开采样气道光强;

$\alpha(\lambda)$——分子吸收系数,吸收系数依赖于光波长和污染物分子特性;

c——污染物浓度;

l——光束走过烟道距离。

间歇式地中断(斩波)红外辐射使得探测器更易放大信号,被测量废气浓度越大,探测器测量信号越大。

图 2-24 所示电磁光谱图示了几种通常监视气体主要红外吸收带的位置。可以看到几种气体在同一光谱区域有吸收带,特别是 CO_2 和 H_2O 在一个宽带上会彼此干扰。

2.5.4.4 顺磁补偿法分析仪(PMD)——测量 O_2

顺磁补偿法分析仪(Paramagnetic Detector,PMD)测量汽油和柴油在燃烧过程中 O_2 浓度含量。O_2 从来不是有害物质，也不被排放法规指定必须测量。然而在发动机开发中，O_2 提供有关燃烧的基本信息。

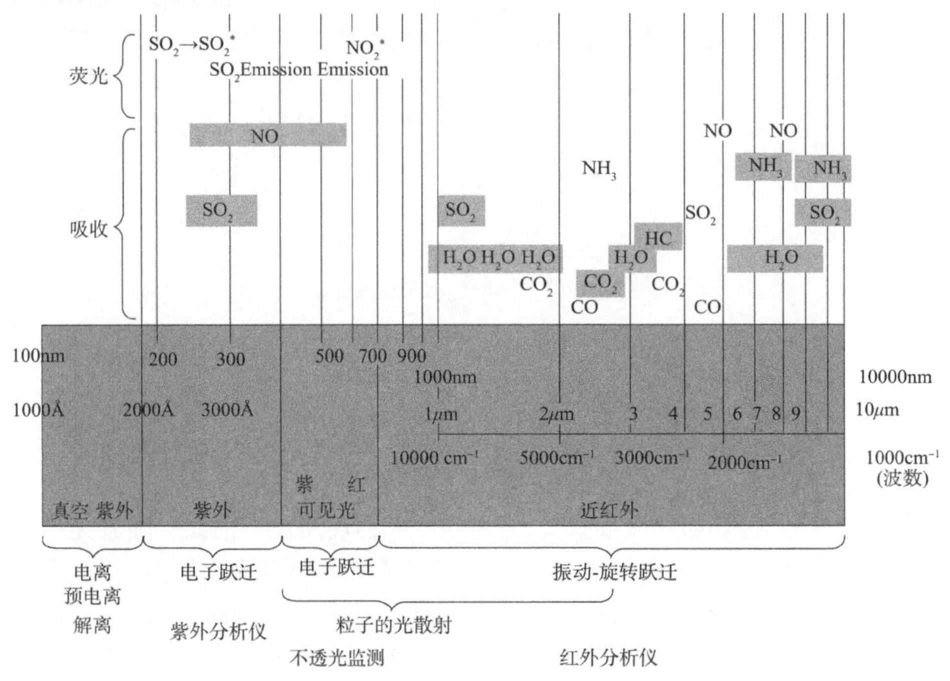

图 2-24 用于连续排放监视分析仪的电磁光谱

O_2 是具有磁特性的几种气体之一。O_2 具有强顺磁性，即在磁场中 O_2 向中心运动。在测量室内，废气样气通过强磁场，磁特性引起氧分子流向磁场中心，在中心放置着一个无任何磁特性的石英球，这样的探测器被对称地设计。顺磁补偿法分析仪有两个磁场，两个石英球都置于磁场中心，如图 2-25 所示，一个刚性臂连接两个石英球，由于其模样，被称为“哑铃”。哑铃被安装在旋转轴上。涌进磁场的氧分子试图移动挤走哑铃球，造成哑铃球旋转。废气中的 O_2 浓度越高，氧分子移动球的推力越大。一个镜子被安装在哑铃旋转轴上，并借助一光束和一探测器，与 O_2 浓度相关的哑铃旋转可以测量出来。NO 和 NO_2 也是顺磁性气体，理论上会造成干扰，但实际对 PMD 读数的影响相对微小。

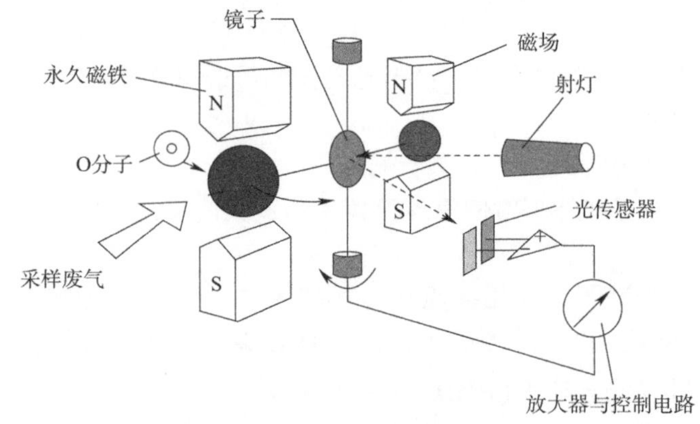

图 2-25 顺磁补偿法分析仪原理

机电化油器在废气进入三元催化转换器之前通过感应 O_2 水平来控制发动机燃料供应。传感器和化油器通过微型计算机连接以提供控制，将空燃比保持在14.0±0.2的数值上。

2.5.4.5 傅里叶变换红外光谱仪(FTIR)——测量多种气体

傅里叶变换红外光谱学分析仪(Fourier Transform Infrared Spectroscopy，FTIR)简称红外光谱仪，其基于迈克尔逊干涉仪(Michelson's Interferometer)原理。迈克尔逊因在1891年开发此干涉仪而获得诺贝尔物理学奖。

红外光谱仪是一种基于红外光的测量方法。测量依赖红外光，某种气体成分通过红外光时被吸收。但与NDIR不同(NDIR使用单波长的红外光)，FTIR使用一宽范围波长红外光，或称一个光带内的红外光作为光源，允许多种不同废气成分(约30种，诸如 CO、CO_2、H_2O、NO、NO_2、N_2O、NH_3)同时测量。为此，一个分光器将红外辐射光源分割为两束光，一束照射到运动镜上，另一束照射到固定镜上，镜子将光反射到分束器上，在分束器两个反射光束重聚为一单束。运动镜与固定镜彼此垂直。迈克尔逊干涉仪原理如图2-26所示。

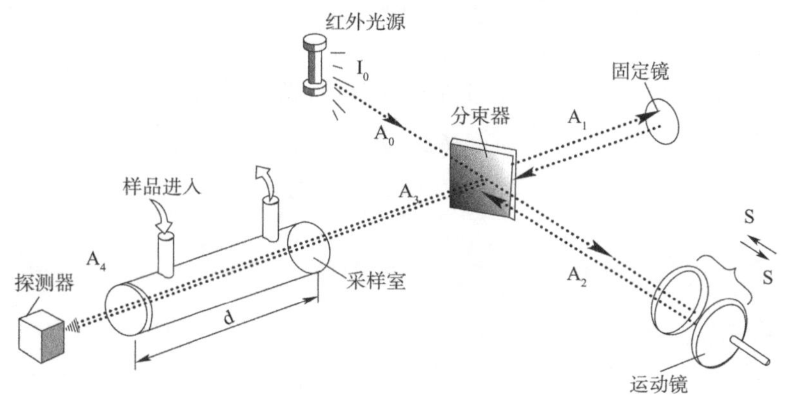

图2-26 迈克尔逊干涉仪原理

运动镜的连续运动产生一光程差，即两束光路径长度差。因此，两束光重聚时产生干涉效应。干涉效应对红外带内每个单一波长的光是不同的。两束光结合时，如果某个波长的两个波同相，它们将彼此加倍放大。如果精确反相，它们将彼此抵消。

双光束干涉仪是一种将一束光分成两束的光学装置，其光程长度的相对差可以改变。这在两个光束之间产生了相位差，导致以下现象：在重新组合两个光束之后，可以观察到干涉效应。干涉效应是光程差的函数。A_3可理解为迈克尔逊干涉仪出口。以单色辐射波数为$\tilde{\nu}$且强度为$I_0(\tilde{\nu})$的情况说明迈克尔逊干涉仪如何提供光谱信息。

分束器将辐射源发射的光束A_0分开为两个光束A_1和A_2，强度分别为$I_{1\tilde{\nu}}=\frac{I_{0\tilde{\nu}}}{2}$和$I_{2\tilde{\nu}}=\frac{I_{0\tilde{\nu}}}{2}$。经过反射之后，光束在分束器处重新组合($A_3=A_1+A_2$，$A$为幅值；$A^2\propto I$)，由于其光程长度差2s而发生干涉，干涉结果光束$A_3$，强度为$I_{3\tilde{\nu}}(2s)$，表达$I_{3\tilde{\nu}}(2s)$即表示"干涉效应是光程差的函数"。对于从干涉仪射出的光束A_3，干扰波表达式为：

$$I_{3\tilde{\nu}}(2s)=I_0(\tilde{\nu})[1+\cos(2\pi\tilde{\nu}2s)]=2I_0(\tilde{\nu})[\cos(2\pi\tilde{\nu}s)]^2 \tag{2-19}$$

如果分束器和反射镜不理想，则必须包括一个校正因数$A(\tilde{\nu})$，即不使用$I_0(\tilde{\nu})$，而使用：

$$I_0^*(\tilde{\nu}) = A(\tilde{\nu}) I_0(\tilde{\nu}) \tag{2-20}$$

$$\frac{I_{3\tilde{\nu}}(2s)}{I_0^*(\tilde{\nu})} = 1 + \cos(2\pi\tilde{\nu}2s) = 2\ [\cos(2\pi\tilde{\nu}s)]^2 \tag{2-21}$$

式(2-21)中的调制分量 $\cos(2\pi\tilde{\nu}2s)$ 是强度分布的干涉项,即所谓的干涉图。因此,干涉图反映辐射光谱为路径的函数。如果运动镜以匀速运动,则 $s = vt$,v 为速度,则 $\cos(2\pi\tilde{\nu}2vt)$ 对应频率 $2\tilde{\nu}v$。如果在干涉仪后面的光路中安装了一个测量单元,其中包含吸收单色波的介质,兰伯特比尔定律适用,即:

$$I_{3\tilde{\nu}}(2s) = 2 I_0^*(\tilde{\nu}) [\cos(2\pi\tilde{\nu}s)]^2 \tag{2-22}$$

$$I_{4\tilde{\nu}}(2s) = I_{3\tilde{\nu}}(2s) \times e^{-\varepsilon_i(\tilde{\nu}) c_i d} \tag{2-23}$$

所以,

$$\frac{I_{4\tilde{\nu}}(2s)}{I_0^*(\tilde{\nu})} = 2e^{-\varepsilon_i(\tilde{\nu}) c_i d} [\cos(2\pi\tilde{\nu}s)]^2 \tag{2-24}$$

在单色波的理想情况下,如果已知其他量,则可获得有关气体成分 i 浓度 c_i 信息。当:

$$\cos(2\pi\tilde{\nu}s) = 1 \tag{2-25}$$

$$c_i = \frac{1}{\varepsilon_i(\tilde{\nu}) d} \ln\left[2 \frac{I_0^*(\tilde{\nu})}{I_{4\tilde{\nu}}(2s)}\right] \tag{2-26}$$

式中:$\varepsilon_i(\tilde{\nu})$——组分 i 的摩尔十进制消光系数;

c_i——气体组分 i 的浓度;

d——吸收路径长度;

$\tilde{\nu}$——波数(等于波长的倒数)。

如果发射器是宽带的,则必须基于式(2-22)进行积分,包括所有波数。

$$I_{4\tilde{\nu}total}(2s) = 2 \int_{\tilde{\nu}=0}^{\infty} I_0^*(\tilde{\nu})\ e^{-\varepsilon(\tilde{\nu}) c(\tilde{\nu}) d}\ [\cos(2\pi\tilde{\nu}s)]^2 d\tilde{\nu} \tag{2-27}$$

作为光程差函数的光强度不是主要关心点,而作为波数函数的光谱强度密度分布是最重要的。这种转换通过傅立叶变换获得。

$$I_{4total}(\tilde{\nu}) = \int_{s=0}^{\infty} I_{4\tilde{\nu}total}(2s)\ e^{-j(2\pi\tilde{\nu}2s)} ds \tag{2-28}$$

这就建立了频谱强度密度分布与波数的函数关系,进而与频率(频谱)成函数关系,而强度分布与路径长度 $2s$ 有关。干涉图将辐射光谱反映为路径长度 $2s$ 的函数,$2s$ 为镜子运动路长或镜子来回运动总距离或光程差。干涉图如图 2-27 所示。

当两个光束同相,得到最大值,此时 $(2\pi\tilde{\nu}2s) = 0, 2\pi, 4\pi, \cdots$,即 $2s = n\lambda$,λ 为波长;$n = 0, 1, 2, \cdots$(任何整数)。在两个光束反相处,得到最小值,$(2\pi\tilde{\nu}2s) = \pi, 3\pi, 5\pi, \cdots$,即 $2s = \left(n + \frac{1}{2}\right)\lambda$。图 2-27b)是许多不同频率正弦曲线的合成,在 A_3 处的干涉图幅值较 A_4 处干涉图幅值大一些,但两处图形相似。A_4 处由许多吸收线合成干涉图。

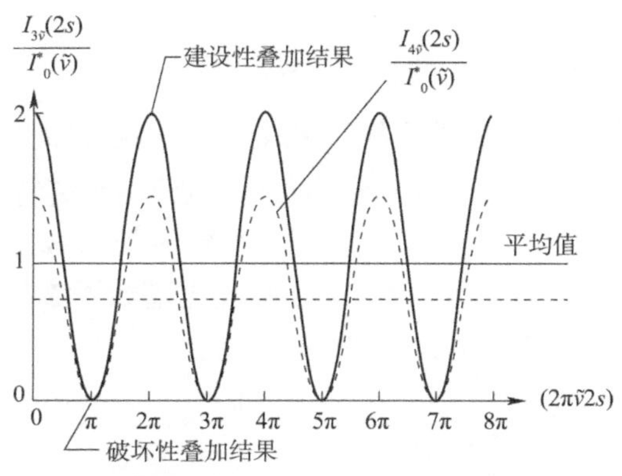

a) 单色光光谱强度密度图形(虚线为通过采样室后出口处)

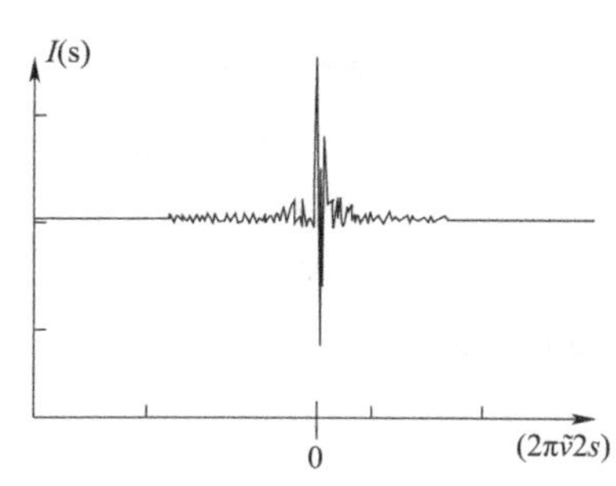

b) 许多波数的光通过时获得的真实世界干涉图

图 2-27 干涉图

现在的 FTIR 仪器通常不单设参考室,相反,首先将不吸收红外光的气体通常是氮气填充采样室获得参考光谱。使用氮气清扫采样室,氮气是保护气,不吸收红外光。光通过参考气体后获得的信号提供了一个参考,或“背景”测量,可与样品测量进行比较。参考信号存储在系统微处理器中,I_o作为后续计算参考,可以称氮气为参考气。

测量操作可概括为:发出宽带(光谱范围例如 4000-400cm^{-1})红外光→镜子运动距离 $x=2s$(光程差)调制光线,产生清净干涉图→调制的红外光被气室样品中的分子吸收,产生光强衰减干涉图→干涉图由傅里叶变换为吸收光谱→库光谱与吸收光谱相匹配,给出每种被测气体组分 ppm 浓度值。图 2-28 所示为参考室干涉图与采样室干涉图比较。

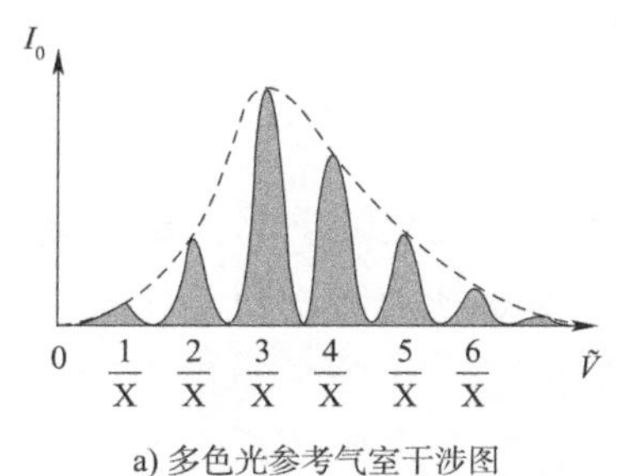

a) 多色光参考气室干涉图

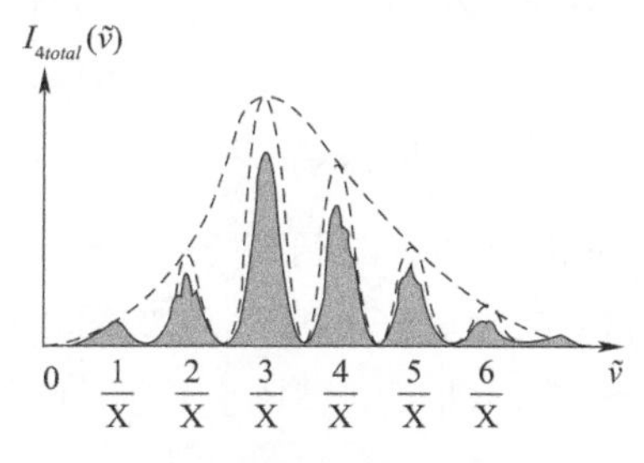

b) 多色光测量室有样气时干涉图

图 2-28 参考室干涉图与采样室干涉图比较

在图 2-26 中探测器以后,需要进行傅里叶变换,使用 FFT 将干涉图转换为光谱图。

光谱仪有多种(图 2-29)。当与色散光谱仪进行比较时,傅里叶变换光谱仪有许多优点,其中有两个优势被称为吞吐量(Jacquinot)和多路复用(Felgett)。

光谱仪
- 色散光谱仪
- 基于过滤的光谱仪
- 傅里叶变换光谱仪

图 2-29 光谱仪种类

由于滤波仪器不能提供 FTS 和光栅仪器所能提供的光谱范围、光谱分辨率和多功能性,因此,不包括在本次比较中。将“性能更高”的仪器与过滤仪器进行权衡是不公平的。

多路复用测量(如傅里叶变换光谱仪生成的信号)可以在信噪比方面产生相对改善。干涉仪不需要像光栅或棱镜光谱仪那样有限孔口,因为光栅或棱镜光谱仪需要入射光通过窄缝以获得高光谱分辨率。

2.5.4.6 量子级联激光分析仪(QCL)——测量 N_2O

N_2O 不是在燃烧时产生的,相反,它是催化器后处理系统不完全的 NO_x 还原的副产品。本仪器使用量子级联激光(Quantum Cascade Laser,QCL)作为光源,应用比尔-兰博特定律测量 N_2O 气体浓度。具有特定波长的 QCL 通过样气,样气中 N_2O 对该特定波长的激光反应强烈,即对一相当窄的波长范围激光吸收强烈,在约 4.5μm 处。N_2O 吸收光谱如图 2-30 所示。QCL 激光束在仪器测量室中被反射许多次,以便产生更长光路。

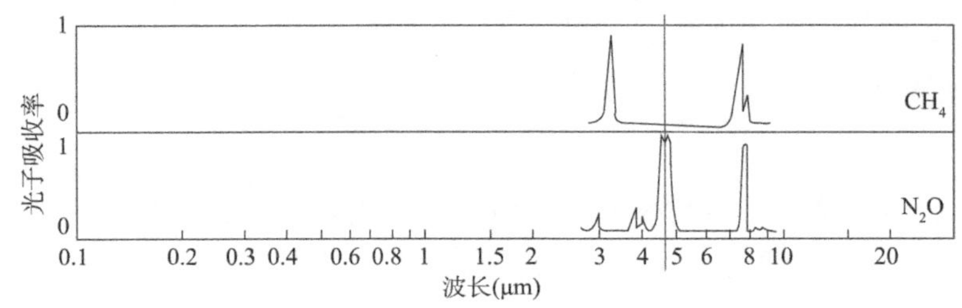

图 2-30 N_2O 吸收光谱

半导体激光的优点之一是可根据感兴趣的某种气体成分将激光波长调整到特指气体吸收的单线(波长或频率)值。正如 N_2O 对 4.5μm,NH_3 对 10μm 的波长敏感。QCL 可调谐波长,调谐方法有两种:一是改变驱动电流,电流增大,波长增加;二是改变温度,温度升高,波长增加。OCL 是半导体激光的一种,半导体可以发出激光,有的半导体可以自发地发出激光,有的在受激条件下发出激光,QCL 属于后一种。不同半导体材料可产生不同波长范围激光。

2.5.4.7 汽油机燃空当量

O_2 的测量提供信息给控制器 ECU,ECU 维持每个汽缸的空燃比尽可能接近燃空当量(stoichiometry)14.7。14.7 也被称为理论空燃比。空燃比对发动机扭矩和排放有着主要影响。图 2-31 所示为汽油机空燃比变化时典型性能变化。

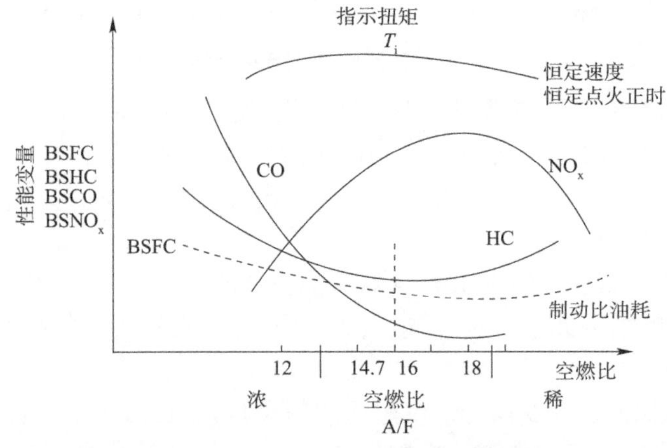

图 2-31 汽油机空燃比变化时典型性能变化

$$\lambda = \frac{\text{空气}}{\text{燃料}} \times \frac{1}{14.7} \tag{2-29}$$

λ 大于 1 称为稀薄;λ 小于 1 称为浓富;$\lambda = 1$ 称为需要的理想值,此时燃料完全燃烧。

图 2-31 说明了在固定点火正时和恒定发动机转速情况下,指示扭矩 T_i、比油耗(BSFC)和发动机排放物的性能变量(BSHC、BSCO、$BSNO_x$)随空燃比变化而变化的情况。

在电子燃料控制系统中,空燃比非常重要。混合物对应于空气和燃料的组合,使得燃烧完美,燃料中的所有氢和碳将通过燃烧过程转化为 H_2O 和 CO_2。对于汽油,燃空当量混合比 14.7∶1 为最佳。

在传统的汽油发动机中,λ 在部分负荷下总是接近于 1,而对于柴油机,λ 随负荷变化,并在区域 $1.1 \leqslant \lambda \leqslant 100$ 之间运动。柴油机的扭矩输出由喷入燃油量调节,人们称其为质量调节。一个典型柴油机空燃比为 20∶1。

低于 14.7(对应于 $\lambda < 1$)相对低空燃比称为浓混合气,高于 14.7(对应于 $\lambda > 1$)的空燃比被称为稀混合气。排放控制受到空燃比或 λ 的强烈影响。不幸的是,出于控制废气排放的目的,NO_x 废气浓度随着空燃比接近 1 而增加。也就是说,没有一个空燃比同时使所有的废气排放最小。

在图 2-31 中,废气以制动比的形式表示。这是表征废气绝对排放水平与功率成比例的标准方法。制动比排放率定义由来:由于传统上使用 Prony 测功器测量发动机功率,因此,曲轴处的发动机输出功率称为制动功率 P_b,单位为 kW 或 hp。BS(Brake Specific)代表比功率。比功率油耗 $BSFC = f/P_b$,f 为燃油流量(kg/h)。比功率 HC 浓度 $BSHC = \frac{\text{HC 流量}}{P_b}$;比功率 CO 浓度 $BSCO = \frac{\text{CO 流量}}{P_b}$;比功率 NO_x 浓度:$BSNO_x = \frac{NO_x\ \text{流量}}{P_b}$。人们采用废气再循环(EGR)技术降低发动机 NO_x 排放。

2.5.4.8 气体分析仪特殊检查

气体分析仪在排放分析系统中的特殊检查见表 2-8。

排放分析系统中特殊检查 表 2-8

功能/仪器状态	详述
CO_2/CO 转换器检查 (NO_2/NO converter check)	在 CLD 分析仪中检查 CO_2 向 CO 转换的转换器效率。检查步骤遵照法规定义准则
FID 分析仪—CH_4 切割器效率检查 (FID CH_4 cutter efficiency check)	FID 分析仪 CH_4 切割器目的是消灭掉除 CH_4 以外的所有 CH。该测试检查切割器效率,切割器填充材料是消耗品。进一步结果计算通常需要这一测试结果
CLD 分析仪-熄光检查 (CLD quench check)	CLD 分析仪测量值由于熄光现象的发生而减小,这意味着采样废气中 CO_2 和 H_2O 的存在降低了测量值。法规定义准则指定了该检查确定此负效应的幅值
CO 分析仪—交叉干扰检查 (CO analyzer- cross check)	测量 CO 的 NDIR 分析仪承受的 CO_2 和 H_2O 的交叉干扰。该测试遵照法规定义准则,确定此负效应幅值

续上表

功能/仪器状态	详述
CO_2 分析仪-交叉干扰检查 (CO_2 analyzer—cross check)	测量 CO_2 的 NDIR 分析仪承受与 H_2O 的交叉干扰。该测试遵照法规定义准则,确定此负效应幅值
FID 分析仪—O_2 干扰检查 (FID O_2 interference check)	如果流入燃烧室的个别气体流量没有得到最佳调节,FID 分析仪可能表现出对 O_2 交叉干扰。因为这可能会影响火焰温度。该测试决定了此负面影响的幅值
CH 吸附检查 (HC hang-up check)	采样气管上凝结 CH 可导致错误读数。这是因为一方面测量时测不到它们,另一方面,它们后来会在加热管中再蒸发。该测试由法规定义准则指定,确定该负效应幅值

2.5.4.9 可变温度体积密闭室方法——确定汽油发动机车辆蒸发排放

(1)蒸发排放测量目标。

在汽油动力轻型乘用车的排放法规中,蒸发排放物(EVAP)的质量被限制。EVAP 通常是燃料蒸气,其质量是温度的函数。温度越高,产生的 EVAP 越多。蒸发排放主要由车辆运行、昼夜温度波动、热浸泡、加卸汽油和泊车时引起。在 0 ~ 100℃之间,汽油机蒸发排放量随温度上升而增加;而柴油机蒸发开始于 149 ~ 371℃之间。虽然柴油成分也由碳氢化合物组成($C_{12}H_{24}$),但目前蒸发排放测试不针对柴油燃料车辆。

当车辆泊车或驾驶时排出的汽油蒸气是 HC 成分,车辆除了考虑排气管排放和曲轴箱排放外,还需要考虑蒸发排放限值。蒸气排放受燃油雷德蒸汽压(RVP)、燃油温度、大气温度影响。蒸气排放速率很大程度取定于车辆燃油系统设计特性,如油箱体积、燃料输送方法、燃油系统材料、燃油系统结构和布局。密闭室用于测量汽油发动机车辆或摩托车燃油蒸发排放,或油罐系统燃料蒸发排放的确定,测量目标是 THC 和 HC 质量(M_{THC}、M_{HC})。测量仪器为氢火焰离子探测器 FID 分析仪,测试规程遵守《轻型汽车污染物排放限值及测量方法(中国第六阶段)》(GB 18352.6—2016)。

(2)蒸发测量室建立。

①气密的矩形腔室。气密矩形腔室体积尺寸根据法规或测量目标不同而不等,如 $5m^3$、$10m^3$、$20m^3$、$80m^3$。腔室对碳氢化合物不反应,采用焊接不锈钢结构、不锈钢内墙和 4mm 不锈钢防滑地板。腔室内部体积固定或可变,宽高长(深)3200mm × 3412mm × 7420mm。所需最小空间为宽高深 6000mm × 4000mm × 12500mm,入口区域的高度应至少为 4000mm,重量 10t,需要约 $1000kg/m^2$ 的地板负载。

蒸发测量室运行条件:环境温度为 20℃ ~ 40℃,空气湿度为 10% ~ 90%,无冷凝,不适用于爆炸性环境、高粉尘环境和室外。应确保在测试前后没有人被锁在室内,并禁止在液压驱动门下逗留。蒸发测量室布局如图 2-32 所示。

②体积补偿袋。蒸发取决于温度和压力。在固定体积中,温度升高时压力会增加,这不能模拟现实环境。通过气袋体积补偿(内部和/或外部)或可移动面板进行体积补偿。增大体积可使压力降到温度增加以前的值。对于固定体积蒸发测量室,使用气流进与出补偿压

力 p 和温度 T,使碳氢化合物浓度相对恒定。蒸发测量室调试利用了物理气体方程,即 $\frac{\text{蒸发室气压} \times \text{体积}}{\text{温度}}$ 所得值等于常数。

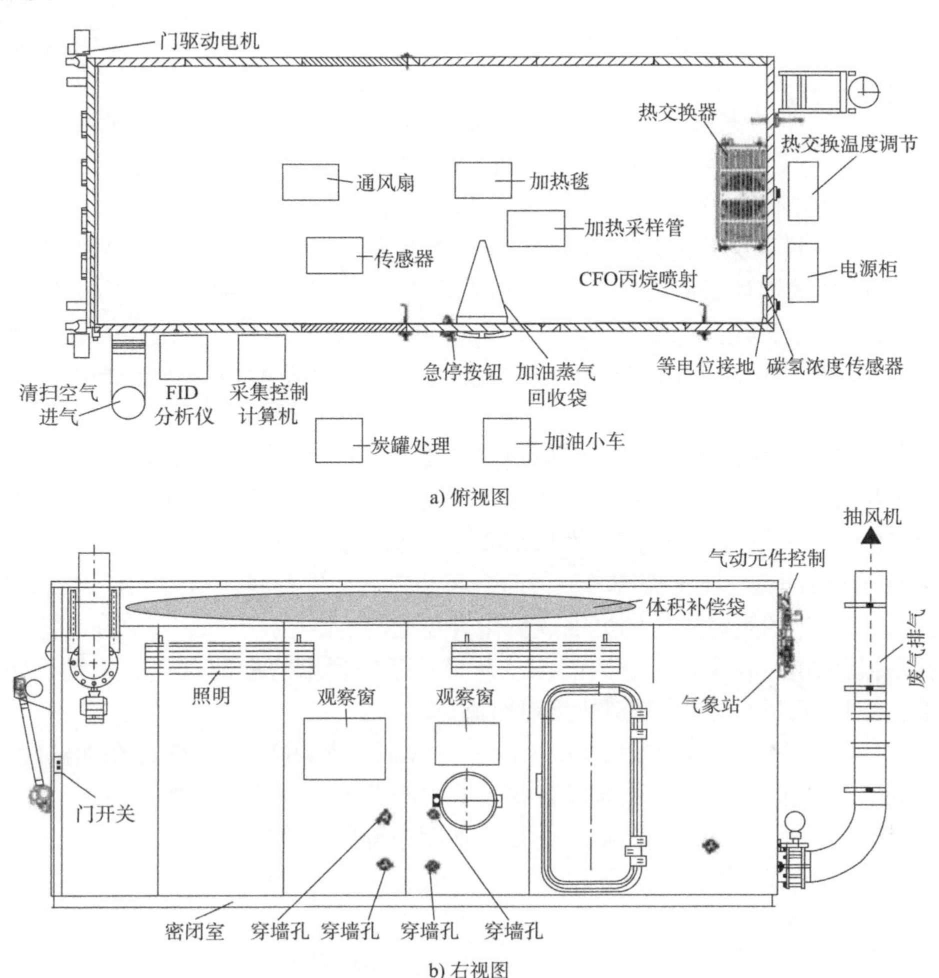

a) 俯视图

b) 右视图

图 2-32　蒸发测量室布局

蒸发测量室天花板内容纳体积补偿气袋,用于改变蒸发测量室内体积,保持其内外的压力平衡,将蒸发测量室内压力与大气压间的压差限制在 ±500Pa 以内。

③炭罐装载系统。车辆炭罐与油箱相连,吸收汽油蒸气,起到减少碳氢排放作用,同时,炭罐也参与了供油过程。试验过程对炭罐状态有具体的定义。该系统可完成炭罐吸附与脱附、动态清扫、ORVR 测试和模拟、全自动无人操作、集成标准测试程序(例如 EPA、CARB、欧盟、日本)、用户定义的测试程序和净化空气和燃料蒸气调节。

④底盘测功机。底盘测功机用于车辆预处理以及运行损耗试验。

⑤CFO 电磁阀。CFO 电磁阀在蒸发测量室中输入规定质量的丙烷,用于密闭式漏气率检查。

⑥气体分割器。气体分割器用于碳氢分析仪标定。

⑦其他。热交换器及其温度控制、防爆灯照明、自动门执行器、碳氢浓度传感器及防爆

报警、蒸发测量室电源、气动元件压力控制(控制气密门、填充和清空体积补偿袋气体)、气象站(测量室内的湿度和温度)、CH 分析仪、便携式风扇(以促进车身下方的空气流通)、混合风扇(循环气流速率超过 4000mm^3/h,用于均匀的空气分布)、加热垫、吹扫风机(吹扫风量:3000m^3/h 以上)、加热采样管(从室中取出并返回仓室的样气调温)、加油小车、油箱压力传感器、加热毯(车辆油箱系统的温度控制)和主计算机及测试软件。

(3)雷德蒸气压。雷德蒸气压(Reid Vapor Pressure,RVP)是衡量汽油挥发性或其蒸发方式的指标。它定义为液体在 37.8℃下施加的绝对蒸气压,根据测试方法 ASTM-D-323 确定。蒸气压问题对于汽油动力车辆的功能和操作很重要。冬季启动和运行需要高水平的蒸发,而在夏季炎热期间需要较低水平的蒸发以避免气阻。当燃油管路中有蒸气时(夏季)无法泵送燃油,而当燃烧室中的液态汽油未汽化时冬季起动将更加困难。因此,炼油厂专门季节性地操纵雷德蒸气压以保持汽油发动机的可靠性。EPA 指定挥发性达标区域的雷德蒸气压标准为 62.055kPa,并将某些指定的挥发性未达标区域的 RVP 标准设定为 53.781kPa。

当前针对蒸发排放试验有 4 种,每种测试模式代表不同蒸发排放情形。

①昼夜排放试验:测试泊车期间由于日间温度变化油箱中散出的碳氢化合物蒸气。在此期间,燃油暴露于某个温度周期。模拟泊车 24h、48h 或 72h。

②热浸(损耗)试验:在车辆行驶一段时间再泊车后立即测量。从发动机熄火开始,在规定时间内(约 1h)燃油系统排出的燃油碳氢化合物蒸气。

③行车损耗试验:在车辆行进期间测量从燃油系统逸出的燃油蒸气。车辆驾驶在底盘测功机上,并对油箱进行加热,模拟热反射路面。

④注油损耗试验(Onboard refueling vapor recovery,ORVR):当车辆正在加油时,由油箱中逸出的碳氢蒸气排放。欧盟、中国蒸发排放标准与美国蒸发排放标准不同。

当油罐车向地下油库卸油时,捕捉由地下油罐中排出的蒸气。

图 2-33 所示为蒸气恢复第一阶段。

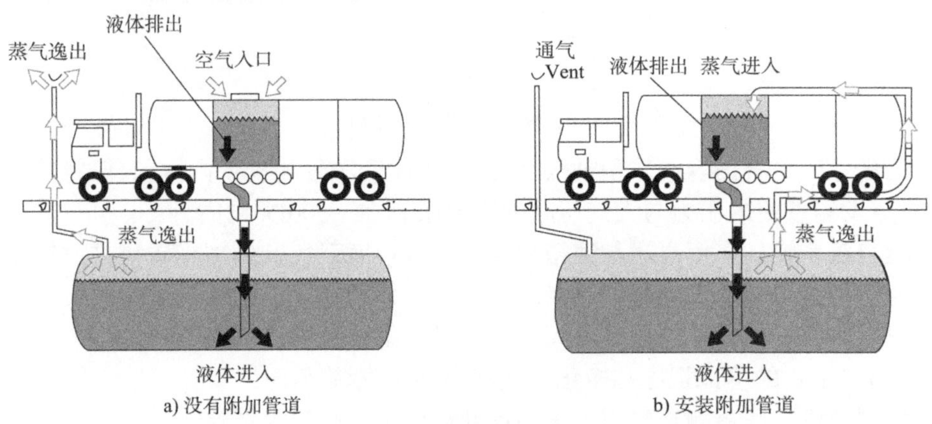

图 2-33 蒸气恢复第一阶段

当车辆在加油站加油时,蒸发排放发生。注入汽油强迫汽油蒸气跑出油箱进入大气。图 2-34 所示为蒸气恢复第二阶段,控制充油期间油罐排放。当充油时,附加装置捕捉汽油蒸气,将其传送回地下储油罐,避免它们进入大气。

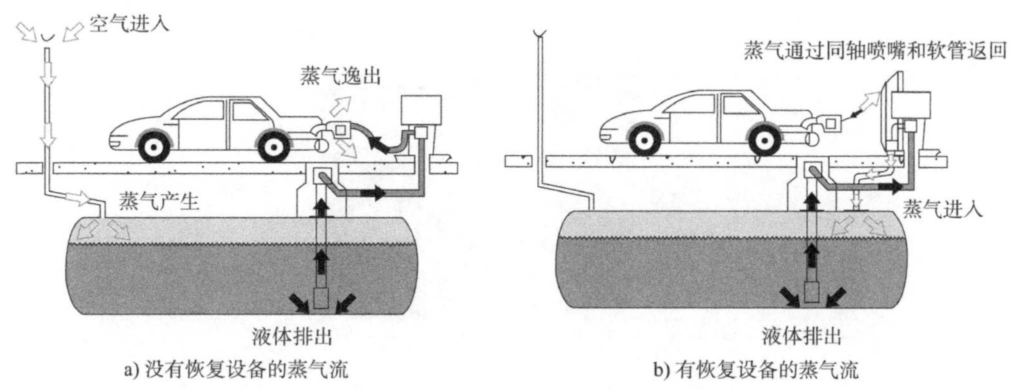

图 2-34　蒸气恢复第二阶段

2.5.5　颗粒排放

2.5.5.1　颗粒

颗粒物质排放主要产生于柴油发动机，颗粒排放内含危及人类健康的致癌物。直径 2.5μm的颗粒引起的环境污染直接结果是空气透明度减小。在空气中，这样颗粒物质浓度小于 5μg/m^3 时不引起实质性污染影响，而当其浓度达到 35μg/m^3 就可能产生雾霾现象。图 2-35 所示为粒子的大小与起源。

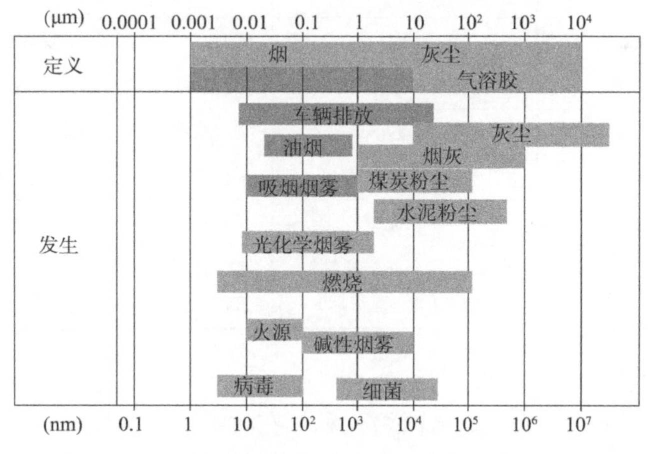

图 2-35　粒子的大小与起源

直径小于 10μm 为大颗粒，指定为 PM10；直径小于 2.5μm 为细颗粒，指定为 PM2.5；直径小于 100nm 为超细微颗粒和直径小于 50nm 为纳米粒子。内燃机排放直径大于 10nm 的粒子。柴油机排出的尾气中，大部分粒子直径为 60 ~ 100nm，而来自汽油发动机排放尾气中多数颗粒直径为 50 ~ 80nm。它们的质量约占所有粒子估计质量的 20%。这种定义意味着谈到 PM10 时，包括了所有粒子，也包含车辆排放。原因是尽管发动机产生的粒子不超过 100nm，但是粒子在废气中的聚合物却会超过 PM2.5(直径 2500nm)或更大值。

单颗粒结构如图 2-36 所示。

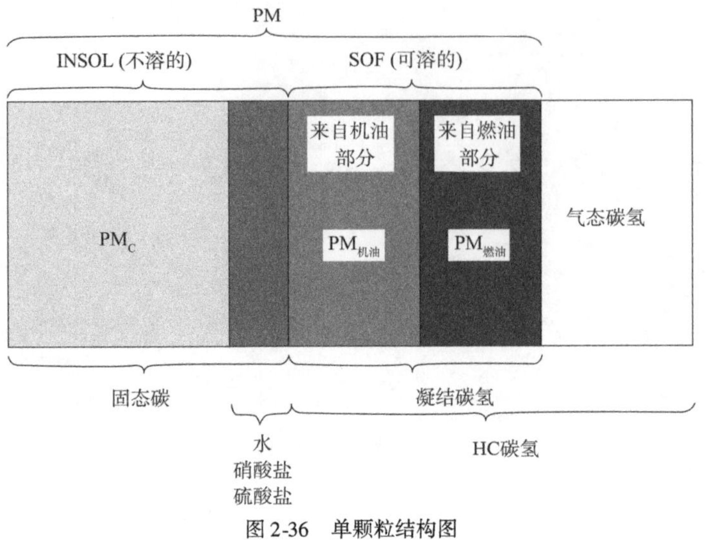

图 2-36　单颗粒结构图

2.5.5.2　测试方法

颗粒测试方法比较见表 2-9。

颗粒测试方法比较　　表 2-9

序号	测量仪器	检测的成分	测量方法	应用
1	滤纸烟度计	烟度浓度(Soot)/滤纸烟度数(FSN)	累积测量	研发、生产、特殊法规试验
2	不透光度烟度计	烟密度	实时在线	法规认证试验、研发、生产
3	颗粒计数器(纳米)	非挥发粒子数浓度	实时在线	法规认证试验
4	微碳烟度计(纳米)	烟度浓度(Soot)	实时在线	研发、生产、特殊法规试验
5	智能颗粒采样器	全部柴油颗粒	累积测量	法规认证试验、研发
6	活塞漏气量计	体积流量	实时在线	法规认证试验、研发
7	全流稀释 CVS	气体排放全部柴油颗粒(滤纸称重-稀释后)	实时在线 累积测量	法规认证试验、研发

(1)滤纸烟度计。

①原理。使一定体积废气通过洁净滤纸,积累在滤纸上的炭黑颗粒在黑度计射灯照射下给出不同强度的反射光,探测器记录下黑度,据此判断炭黑的多少。积累炭黑越多,反射光越弱;积累炭黑越少,反射光越强。计算机控制泵、阀、步进电机和黑度计光头,完成清扫→泵采样→送纸→测量(黑度计发光→发射→接收)循环。滤纸烟度计测量原理如图 2-37 所示。

V_S 为采样体积,采样泵吸气通过滤纸的总体积。V_D 为死体积,从探头经由软管到滤纸的几何体积,该体积不贡献黑度。V_L 为泄漏体积。V_{eff}是通过滤纸的废气体积。

$$V_{eff} = V_S - V_D - V_L \tag{2-30}$$

基准有效采样长度(通过滤纸废气柱长度)L_{eff} = 405mm,在压力 = 1bar,温度 = 25℃环境下。其他有效长度的采样将以此为基本单位。采样泵每次以近似恒定体积采样废气,V_{eff} =

$L_{eff}A$，A 为黑化滤纸面积。V_S 约为 1L。

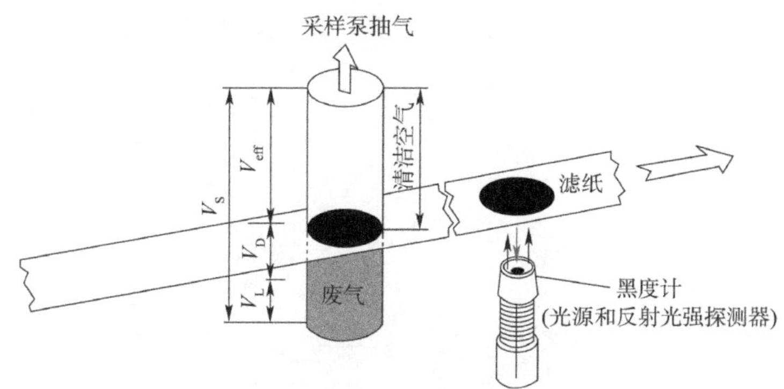

图 2-37　滤纸烟度计测量原理

$$滤纸烟度数\ FSN = 滤纸黑度\ PB = 10 \times \left(1 - \frac{R_B}{R_W}\right) \tag{2-31}$$

式中：R_B——积黑反射率；

R_W——白纸反射率。

洁净白滤纸的黑度$PB_{洁净}=0$，全黑滤纸的黑度$PB_{全黑}=10$，黑白之间黑度增加是线性的。

$$PB = 10 \times \left(1 - \frac{U_G - U_B}{U_W - U_B}\right) \tag{2-32}$$

式中：U_G——探测废气形成炭黑积累时反射头输出电压；

U_W——洁净滤纸反射头输出电压；

U_B——滤纸全黑时反射头输出电压。

反射光头在每次测量开始前完成黑值与白值标定。黑度计反射光头由电灯泡、光敏二极管组成。光敏二极管工作在线性段，故在白值与黑值之间的灰值保证线性变化。反射光越强，则光敏二极管光电流越大，则输出电压（正比于光电流）越大。

滤纸烟度计主要由气路系统、走纸系统和电子单元控制系统三部分组成。滤纸烟度计气路如图 2-38 所示。图中电子单元由 80C196 intel 微处理器，6KRAM、122k flash EPROM、256bytes EEPROM 构成。80C196 包括一个 10bits ADC 模数转换器，8 个模拟通道和 MUX 用于监视参数，两个 sigma/delta 模数转换器用于压力传感器和黑度计信号，两个 RS232 通信口。专用软件（Load196）将固态程序写入 EEPROM 中。

②标定。

A. 黑度计标定。使用 AVL 4210 控制器标定黑度计反射头步骤如下。

Ⅰ. 将认证反射标准板扣放在黑度计光头（简称光头）上，如图 2-39a）所示。可溯源 99% 白值标准板如图 2-39b）所示。在 AVL 4210 控制器上按 ZERO 键，控制器显示零点黑度值，然后取下白值板。

Ⅱ. 将 50% 灰值标准板放在光头上，在 AVL 4210 控制器上按 MEAS 键，控制器显示灰板黑度值，例如“Paper blackening：4. 357”。找到该反射头标定证书，对照查看其是否超标。若超 0. 15，则需要更换反射头。也可使用超级终端完成此标定。标定后需要填写标定协议书。

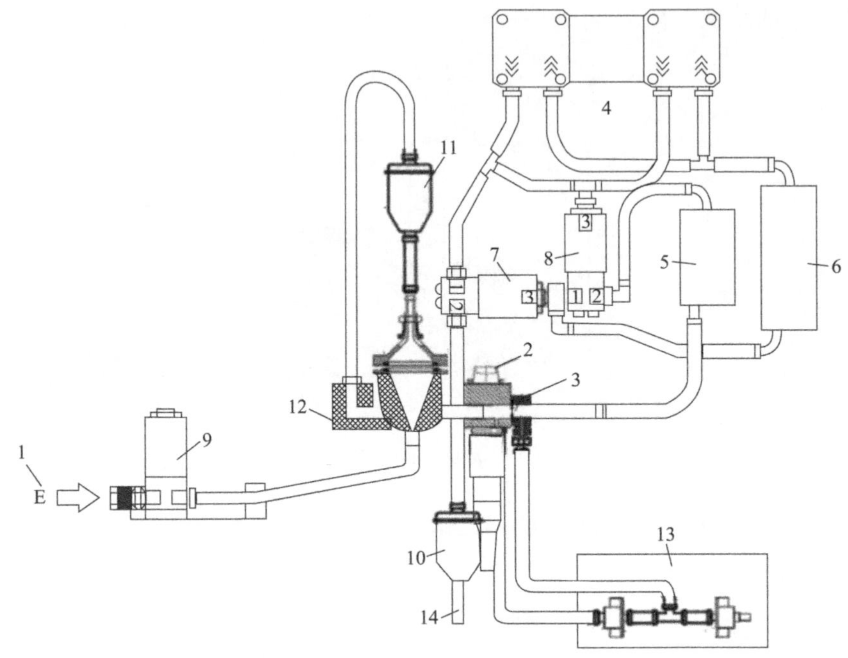

图 2-38 滤纸烟度计气路图

1-采样口 E;2-黑度计;3-孔口流量计;4-薄膜泵;5、6-缓冲器;7～9-电磁阀;10、11-过滤器;12-通道基块;13-压力传感器-控制器;14-废气出口

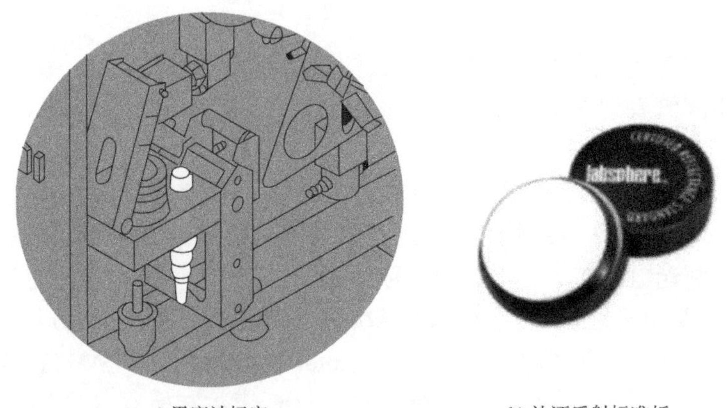

a) 黑度计标定　　b) 认证反射标准板

图 2-39 黑度计标定

B. 采样体积校准步骤。使用 AVL 4210 控制器(或超级终端)标定体积,标定过程如图 2-40 所示。

Ⅰ. 解除数据备份:压住机箱门触点开关不松手,同时按压馈纸键。

Ⅱ. 用水将体积测试仪玻璃量柱(刻度范围 0～1400ml,每格 10ml)内表面涮湿。

Ⅲ. 将体积测试仪玻璃量柱上口(图 2-40h)用软管与滤纸烟度计采样口(此采样口即图 2-38 中采样口 E)连接。

Ⅳ. 确认在"MANUAL PARAM"的"Nominal Volume Manual"设为 1000ml。

Ⅴ. 准备容器(图 2-40a),将专用肥皂水(Decorex Fluid No. 11 HC0013)倒入玻璃皂水皿(图 2-40b),倾注完毕如图 2-40c)所示。

Ⅵ. 支架与量柱(图2-40d)、肥皂水与肥皂皿(图2-40e)就位用托圈抬起盛有肥皂水的皂水皿移动至玻璃量柱下口缘,将下口缘淹入肥皂水,如图2-40f)所示。使一层透明薄膜留在玻璃量柱下缘处,然后将皂水皿挪离。如果肥皂薄膜未形成,则需重复上举皂水皿直至皂膜在口缘处形成,然后将皂水皿放回座位,如图2-40g)所示。

Ⅶ. 在AVL 4210控制器上VOLUME CAL窗口按START键,烟度计采样泵工作抽气,在软管处形成负压,致使肥皂膜沿玻璃量柱向上移动,采样泵某一刻度处停止,则皂膜停在量柱某位置,如1024ml(图2-40h)。比较AVL 4210控制器所测体积值与玻璃量柱所测体积值(1024ml),若相差大于3%,则需使用SET键将玻璃管显示值(如1024ml)输入以代替AVL 4210控制器所测值,按SAVE/OK键即存储。若相差小于3%,则保持原值即可(若新的Volume Correct. Factor小于0.7,或大于1.3,则需检查孔口流量计管)。黑度计设计标定采样体积为1000ml。

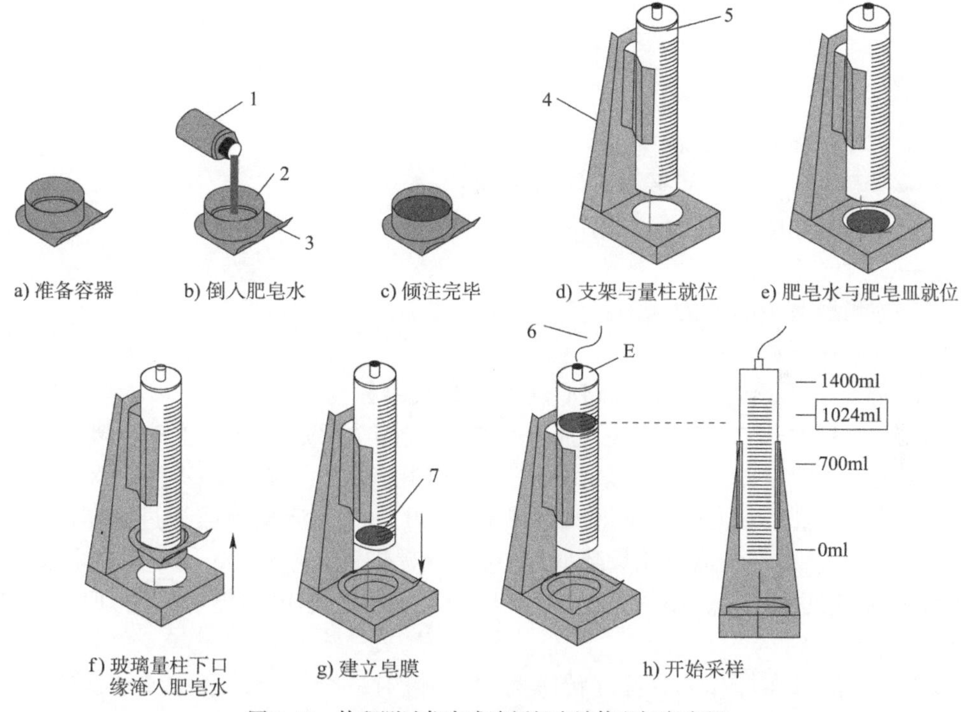

图2-40 体积测试仪完成滤纸烟度计体积标定步骤

1-肥皂水;2-皂水皿;3-托圈;4-支架;5-玻璃量柱;6-软管;7-肥皂膜;E-玻璃量柱上口

Ⅷ. 激活数据备份:关机后再开机。

滤纸烟度计的标定与维护也可以使用超级终端程序和AK命令语法完成。

(2)不透光度烟度计。

①原理。不透光度烟度计用于测量污染空气的不透光度,特别是柴油发动机排放废气的不透光度。在一个定义了测量长度、非反射表面测量室内充满发动机废气,测量在一光源与一接收器之间光强损失,由此计算废气的不透光度。该计算根据比尔兰勃特定律(Beer-Lambert Law):

$$I = I_0 \times e^{-KL} \tag{2-33}$$

式中：I——测量室内充入废气后接收端处的光强，cd；

I_0——测量室内未充废气粒子，即充满未污染空气时接收端（探测头）光强，cd；

K——吸收系数，m^{-1}；

L——测量长度，$L=0.430m$。

不透光度 N 定义为：

$$\frac{I}{I_0}=1-\frac{N}{100}=e^{-KL} \tag{2-34}$$

$$K=\frac{-\ln\left(1-\frac{N}{100}\right)}{L} \tag{2-35}$$

按照《往复式压燃式内燃发动机 不透光度测量仪器和废气吸光系数测定仪器》（ISO 11614），校正系统校正至标准温度和大气压。

$$K_{Corr}=K\times\frac{T_{Gas}}{T_{Norm}}\times\frac{P_{atm}}{P_{gem}} \tag{2-36}$$

$$N_{Corr}=100\times(1-e^{-K_{Corr}L}) \tag{2-37}$$

式中：K_{Corr}——校正吸收系数，m^{-1}；

T_{Gas}——测量室中测量的平均气体温度，K；

T_{Norm}——不透光度烟度计标准温度；

P_{atm}——大气压，kPa；

P_{gem}——测量室中的压力，kPa；

N_{Corr}——校正不透光度值，%。

图 2-41 所示为不透光烟度计气路原理图。废气路径为：3→1→4→5→6，7→8→9→10，11→12→1（2）→3（2）或 2（2）。零空气阀 1 和零空气阀 2 都是两路三通气动阀。

在不透光烟度计中，过滤器过滤掉废气中的脏物，保护下游部件不受损坏，如膜片泵。膜片泵保证通过测量系统内废气流量恒定在 40～49L/min。流量计监视过滤器滤芯是否需要更换，过滤器积尘太多会造成流量降低，当流量计提供"Flow rate too low"（流量太低）信号时，提示应清洗或更换滤芯。该信息出现后，尽管不更换滤芯仪器仍可使用，但对设备寿命存在影响。

光源头内有两只卤灯和一只温度传感器，其一侧有一个标定片插槽口。探测头内有滤光片、平行光透镜和光敏元件。光源头和探测头前端各自装有加热窗。加热窗应保证没有炭灰沉积在窗子上。加热窗加热功率因生产不一致性而不同。加热窗生产后经过匹配，使发送与接收的一对加热窗有相似加热功率，一对加热窗必须一同更换。一对加热窗更换后，还必须按加热窗上标签在软件中设定加热功率。需要废气反馈管的原因是反馈管保证了在变化压力条件下恒定的采样流。由于此特性，该仪器可应用在许多不同场合而仍能工作在正常限值内。

零空气阀 1 在设定零点时放入大气产生I_0，此时测量室内气体称作零空气，故此阀称零空气阀。机箱内的零空气阀 2 并不通过大气，而是通过废气，即零空气出口所出气体为经过过滤的废气，而不是压缩空气或大气。为保护健康，该口应当导入试验室抽排系统。

调温器是废气与 100℃ 压缩空气进行气-气混合的热交换器。它以中心管与外围管构成。废气走中心管,100℃压缩空气走外围管,逆向对流。600℃左右的废气冷却到100℃后输入测量室,或将冷废气加热到100℃送入测量室。推荐采用尽可能短的采样管,以避免管内壁炭沉积。2.5m为推荐标准长度。

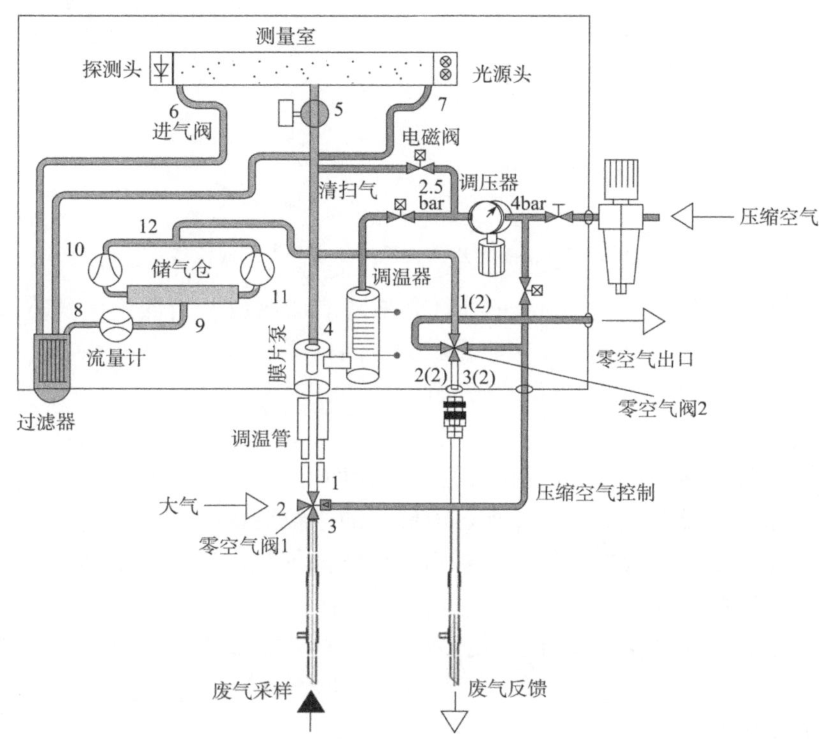

图2-41 不透光烟度计气路原理图

1(2)-位置1的零空气阀2;2(2)-位置2的零空气阀2;3(2)-位置3的零空气阀2;1~12-废气路径顺序

②标定。厂商提供四种吸收率的标定片,分别是10%、20%、40%和50%。标定必须在冷机下完成。当仪器未完全冷却时,标定片在仪器内放置不要超过1min。标定片是精密元件,切勿用手碰触其表面。一旦碰触了标定片,即使是极认真地清洗,其吸收值都会发生变化,标定片必须重新正式标定。正常使用下,标定片重新标定周期为一年。

A.不透光烟度计标定。

标定前先清洁光源头和探测头,然后盖好盖子,开始标定。按照法规要求,探测头设计为最高光谱灵敏度介于550nm~570nm。图2-42所示为不透光烟度计标定,标定步骤如下。

Ⅰ.确认空洞盲堵片完全插在右侧光源头前。

Ⅱ.在AVL 4210控制器上选标定功能"Calibration",状态灯(信息灯)慢闪。

Ⅲ.移去空洞盲堵片,插入标定片,状态灯变为稳定亮。这时测量值应显示出来,状态灯复慢闪。

Ⅳ.如果系统要求另一个标定片,移去此片,插入下一个,重复步骤。最多可连续插入7个标定片。如果标定完成,显示"Calibration finished"。

Ⅴ.插回空洞盲堵片。当选择ZERO时,标定过程结束。

B.清洁加热窗步骤。

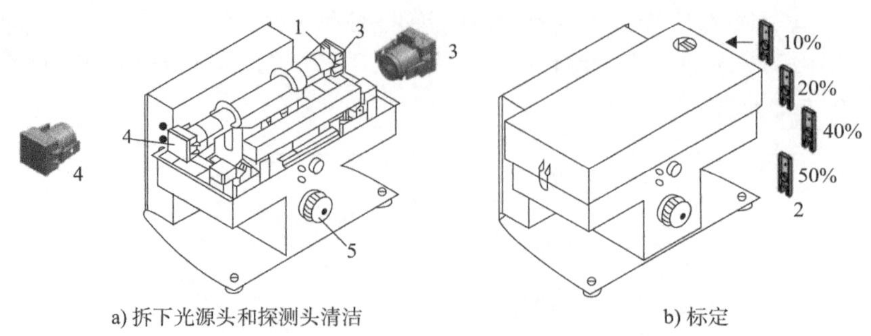

a) 拆下光源头和探测头清洁　　b) 标定

图 2-42　不透光烟度计标定

1-空洞盲堵片;2-标定片;3-光源头;4-探测头;5-过滤器

当探测头接收到的电压低于 1500mV 时,必须清洁加热窗。当低于此阈值,在调零期间会输出一条错误消息,可以使用服务功能显示测得的检测器电压。

Ⅰ. 确保不透光度烟度计已关机并断开电源。

Ⅱ. 打开仪器罩。

Ⅲ. 拆下光源和探测头单元,放置在合适工作台面上,加热窗朝上。

Ⅳ. 使用压缩空气或吸力小心清除加热窗周围的微粒沉积物。

Ⅴ. 仅在元件冷却后才清洁元件! 不要用手指触摸加热窗元件。加热窗由层压 1mm 厚的石英制成,注意其抗震性是有限的。

Ⅵ. 先用软布清洁加热窗元件,仅仅使用清洁套件(材料编号 HY0028SP)清除顽固污渍和残留沉积物。

Ⅶ. 用水弄湿棉签。

Ⅷ. 在湿棒上轻拍少许清洁粉(然后粉末应变成糊状)。

Ⅸ. 转动湿棒去除沉积物。

Ⅹ. 首先使用软布擦拭加热窗元件,可以先用湿布沾湿,然后擦拭干燥。

(3) 颗粒计数器。

①原理。颗粒计数即激光散射凝结粒子计数法。颗粒计数器(AVL489)由稀释单元和凝结粒子计数器组成。废气由 CVS 通道中或尾气管直采采集送至初级稀释单元,使用过滤的压缩空气稀释。稀释后的废气在蒸发管内部被加热到一定温度,使得挥发性排放成分蒸发,只剩下固体颗粒。之后,使用多孔管稀释器再次稀释废气并送进冷凝法颗粒计数器(Condense Partide Counter, CPC)。在冷凝粒子计数器中,正丁醇凝结到废气颗粒上导致粒子变大,光学装置能将它们探测出来。变大粒子数通过激光束,产生散射光脉冲,代表颗粒数的脉冲数被计数出来,如此确定单位体积内废气颗粒数。废气稀释系统(Volatile particl remover,简称 VPR)是初级稀释器的另一名称。

初级稀释器内装备有带孔圆盘,该圆盘由步进电机以精确可调的速度驱动。圆盘的旋转将废气输送到图 2-43 右侧,在此处与稀释空气混合。通过调整圆盘速度,可以设定稀释比。初级稀释器由加热盒进行加热。通过加热软管连接至测量单元。颗粒计数器原理如图 2-44所示。

颗粒计数器依据为:UN/ECE-R83(Rev. 5)、UN/ECE-R49(Rev. 6)以及《重型柴油车污

染物排放限值及测量方法(中国第六阶段)》(GB 17691—2018)。应用范围为:CVS稀释测量,直采-原废气测量。测量成分为:非挥发粒子数浓度(p/cm³)。测量范围为:0 ~ 30000p/cm³。最小粒子尺寸为:23nm(50% ±12%效率),41nm(>90%)。计数器丁醇消耗为:5ml/h。接口通信:TCP/IP或RS232经由AK协议。压缩空气压力为(4 ±0.1)bar。

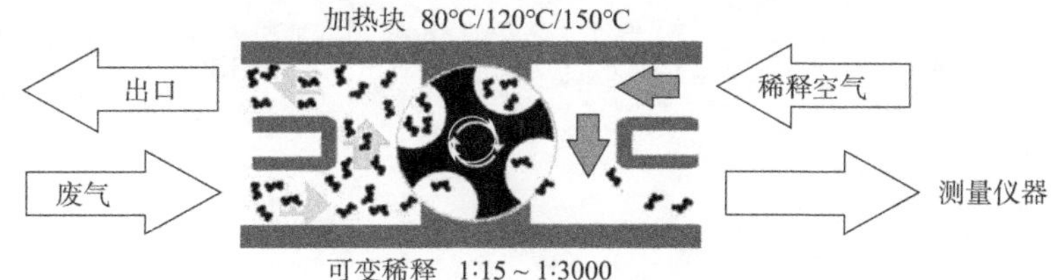

图 2-43 废气稀释系统 VPR

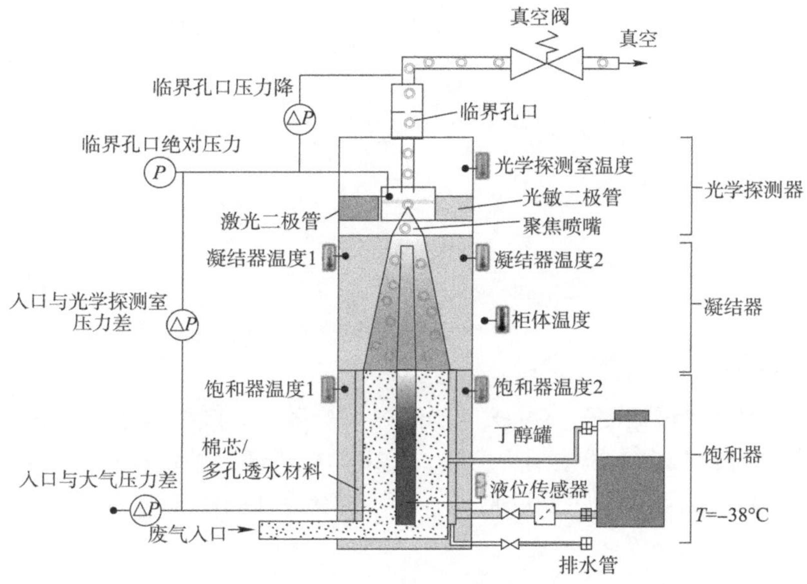

图 2-44 颗粒计数器原理图

②标定。颗粒计数器标定分两步。

第一步,挥发性颗粒去除器(VPR)校准。

颗粒发生器产生的颗粒经过差分迁移率分类器(DMA)得到单分散颗粒样品(直径为15nm、30nm、50nm和100nm)。通过调节洁净压缩空气和流量将颗粒浓度控制在9000/cm³左右。使用标准的CPC(凝结颗粒计数器)分别测量VPR的入口颗粒浓度 C_{in} 和出口颗粒浓度 C_{out},以下公式计算颗粒浓度减小系数(PCRF)或 $f(d_i)$:

$$f(d_i) = \frac{C_{in}}{C_{out}} \tag{2-38}$$

将这个系数存储到被测VPR中,如图2-45a)所示。

第二步,CPC校准流程。

气溶胶发生器将事先制作好的特定浓度的金刚砂油校准溶液雾化成金刚砂油纳米颗粒(直径为23nm、41nm和55nm),经过粒子中和器后达到玻尔兹曼电荷平衡,再经过DMA产生单分散气溶胶颗粒,通过引入洁净稀释空气控制DMA出口流量得到稳定颗粒浓度,再经过气溶胶分流器分别以特定的流速流经气溶胶静电计和被测的 CPC,将被测仪器的测量值与气溶胶静电计的粒子数浓度测量值进行比较,从而实现被测 CPC 的校准。法拉第杯静电计可以直接溯源至电流,如图 2-45b)所示。

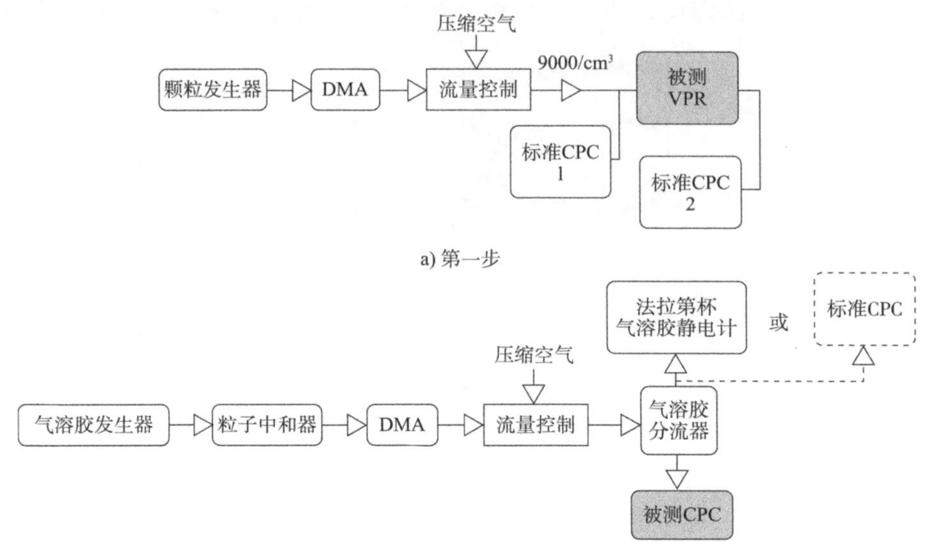

图 2-45　颗粒计数器标定

(4)微碳烟度计。

①原理。废气通过谐振测量室并被调制激光束热激发。废气粒子被加热、膨胀,产生周期性压力脉动,该脉动被麦克风检测为声波。越多的粒子通过腔室就意味越大噪声(振幅越高),较低的振幅意味着更少烟尘通过腔室。光声测量原理如图 2-46 所示。

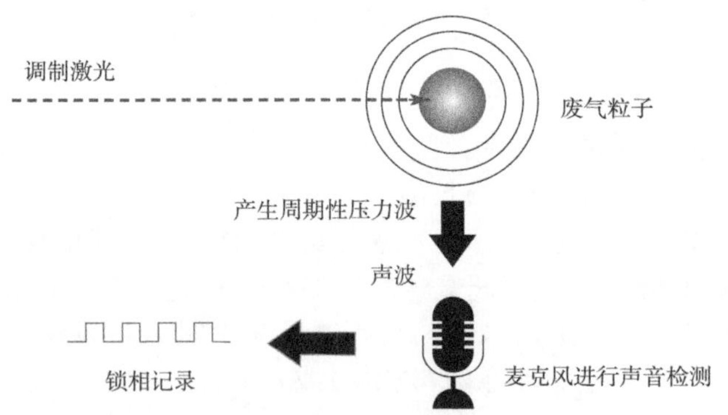

图 2-46　光声测量原理

该种测量方法中,强烈吸收光的"黑色"炭灰颗粒样气暴露于调制光中。周期性地加热和冷却导致载气膨胀与收缩,从而产生某种声波并被麦克风测量到。或者说,强度调制斩波光束产生对吸收炭粒周期性加热(当通光时);在斩波态,炭粒散热,结果压力波动被麦克风探测到。清洁空气不产生信号。当空气承载炭灰或废气时,信号在测量体积中随炭灰浓度成比例地上升。驻波振动腔直径小于长度,直径在腔的两端较大,形成声学陷波滤波器,以此种方式,声学驻波形成。在腔室两端形成压力波节,在腔室中间形成的压力波幅值最大。所以,产生下列结果:驻波振动腔的谐振频率由腔长度决定。

$$\lambda = \frac{L_R}{2} \tag{2-39}$$

式中:λ——波长;

L_R——腔长度。

为了产生驻波,腔长必须是波长一半的整数倍。若波长不满足该条件,两个旅行波将互毁干涉,驻波无法形成。驻波由有同样频率和幅值、但朝相反方向运动的波产生,如图2-47所示。

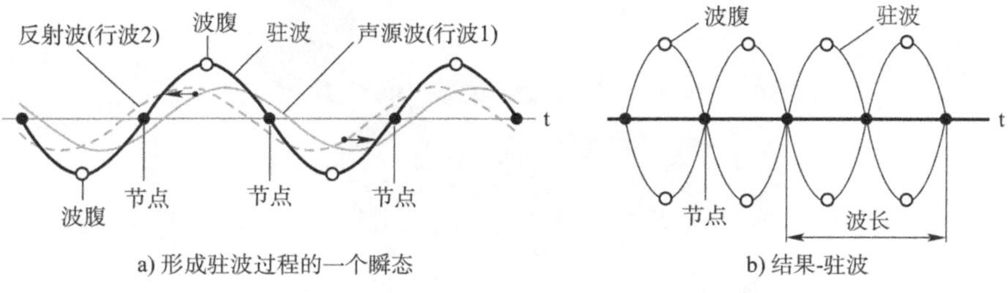

图2-47　驻波

声源波与反射波为行波。设声源波为行波1,其自右向左传播;反射波为行波2,其自左向右传播。驻波在节点之间上下振动,节点固定不动,振动的所有点不做水平方向移动,故也称其为驻(扎)波。

如图2-48所示,光源发出的光束被机械斩光器进行强度调制,变成具有恒定频率ω的梯形波(近似方波)后,射入置有样品气体的光声室。随温度变化的膨胀与收缩转换为压力变化。此时腔内的气体压力也会升高,而光强是被周期性调制的,因此,腔内将产生一个同步的压力波,一般为声频率波。此声波信号由安放在腔内的麦克风接收,转为电信号,经锁相放大器放大、记录和数据处理。

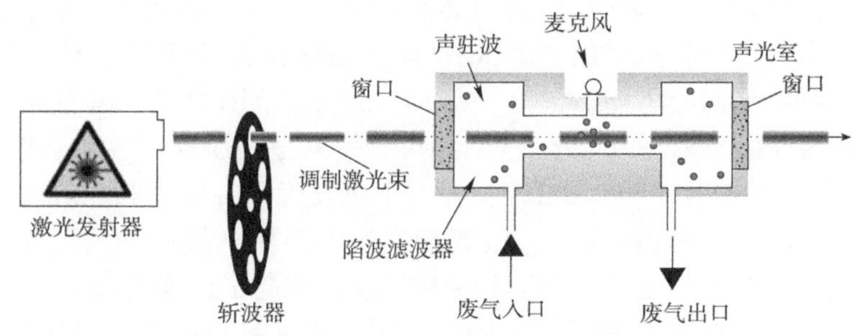

图2-48　驻波振动腔

斩波器激光束4000Hz→驻波振动腔→陷波滤波器处理麦克风信号。

进入驻波振动腔的光为一种不可见的、连续发射波长为(808.5±5)mm、功率高达2W的辐射光,或使用约4000Hz的调制激光。由A. G. Bell于1880年检测到的光声效应,通过选择约808nm的激光波长,很大程度上消除了交叉灵敏度。已通过测量证明,50种气体和蒸气对该仪器信号不产生干扰。

因为压力最大值位于腔中心(麦克风正下方),麦克风必须放置在腔中心。驻波振动腔总长度为：

$$L = n\left(\frac{\lambda}{2}\right) \tag{2-40}$$

式中：L——驻波振动腔总长度；

n——波腹数，$n = 1,2,3,4,\cdots$；

λ——波长。

②振动腔驻波物理现象演示。

驻波演示台如图2-49所示。

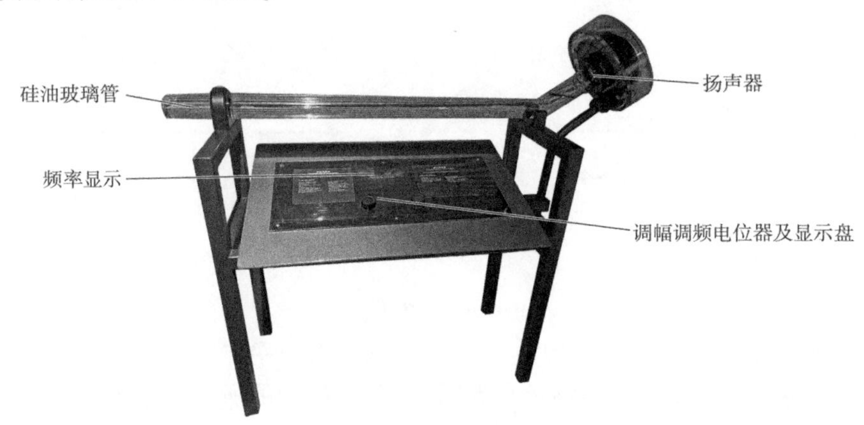

图2-49 驻波演示台

在图2-49中，扬声器发出单一频率声音。控制板上有两个旋钮，左边调节声波声强，右边旋钮调节声波频率。声音由声源扬声器发出，其声波由右传至左侧，当声波遇到左侧壁端时，声波发生反射，若反射波的波峰与声源波波峰发生重叠即同相，在重叠处就发生了共振，此时，液体产生激烈沸动，该沸动称为驻波。声源波频率不同，驻波发生的位置可有不同，发生的个数及强度也可以不同。

驻波演示台主要包括硅油玻璃管、扬声器和调幅调频电位器及显示盘。我们将声强旋钮调到最大固定不动，然后将频率旋钮由50Hz向550Hz调节，看看发生什么？

将幅值旋钮顺时针旋到头，即最大值。在50～550Hz范围内调节频率旋钮，扬声器发出50Hz正弦波时管内油面平静，观察频率显示；调节频率至295Hz时，看到管内两处出现驻波，如图2-50a）所示；调节频率至273Hz时，在管中央发生了驻波沸腾，如图2-50b）所示，在中央位置发生沸腾是仪器使用的需要。微碳烟度计中使用共振腔的目的是使气体沸腾起来，增加激光照射气体分子的几率，因此，利用驻波现象提高了仪器测试灵敏度。

测量对象为固体，颗粒炭烟浓度小于50 mg/m^3。测量单元和废气调节单元供电电压各自为230VAC，50Hz；功耗各为500VA；入口允许废气温度为+20～+60℃；工作温度为5～43℃；被测废气湿度最大为90%，在不大于52℃时，无凝结；加热采样管工作温度为52℃；压缩空气压力为1±0.2bar；流量为4L/min。

废气调节单元可将1000℃高温或连续600℃废气温度调节至测量室指定温度。减压探头与废气调节单元共同完成温度及压力降低的任务。在大气温度较低时，或废气未被充分稀释时，在测量室中存在形成凝结的危险。为了避免凝结形成，必须将废气充分稀释，稀释比范围为2～20。

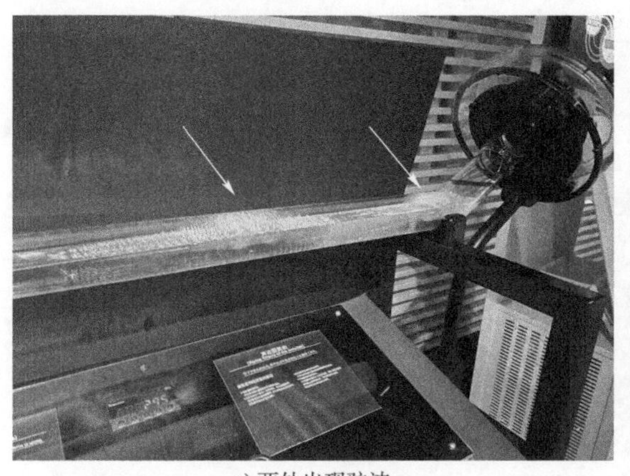
a) 两处出现驻波

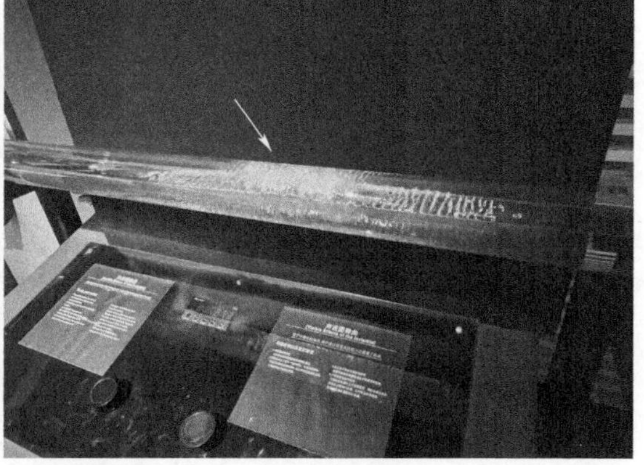
b) 中间出现驻波

图 2-50　驻波物理现象演示

(5)智能颗粒采样器。

①原理。智能颗粒采样器(AVL Smart Sampler)是一款微小型部分流稀释系统,它可提取一部分发动机废气,用经过调节的稀释空气将其稀释模拟大气中的反应,然后对稀释后的废气进行采样使其通过滤纸,最后称重滤纸以确定颗粒物中废气物质的数量。滤纸被装载前后被分别称重,沉积在滤纸上的总质量被定义为颗粒质量。

智能颗粒采样器或部分流稀释系统由法规批准,用于颗粒物质排放的瞬态和稳态测试。法规是美国 EPA 条款(Code of Federal Regulations-CFR,Title 40,§1065.140-Dilution for gaseous and PM constituents)、欧共体 EU 条款(ISO 16183,ECE regulation No.49)与全球技术规范(Global Technical Regulation No.4)以及法规 EPA under CFR 1066 批准用于轻型车颗粒物质瞬态和稳态测试。

美国环境保护署 1972 年引入柴油机颗粒测量规程。由于全流采样系统的庞大尺寸和高昂成本,微小型稀释系统得到开发。CVS 采用全流稀释通道(内直径约 276mm),而智能颗粒采样器使用微小型稀释通道(内直径约 33mm),大幅度减少了昂贵开支。微小型稀释系统仅仅稀释废气流的一小部分,因此,对所测发动机尺寸没有限制,而 CVS 则需要考虑所测发动机尺寸。图 2-51 所示为全流采样系统(CVS)与部分流智能颗粒采样器的比较。

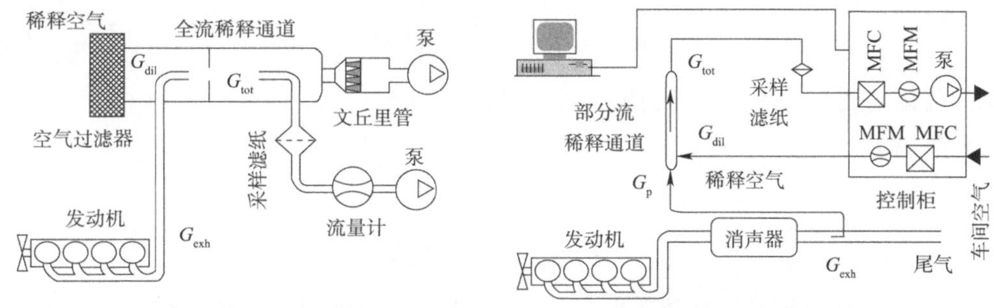

a) 全流采样系统(CVS)　b) 部分流智能颗粒采样器比较

图 2-51　全流采样系统(CVS)与部分流智能颗粒采样器的比较

在 CVS 中,总流量始终保持不变($G_{tot}=G_{dil}+G_{exh}$),一个与通道串联速度可控的罗茨风扇或文丘里喷嘴确保恒定体积流量。稀释比 q 定义为总流量 G_{tot} 与废气质量流量 G_{exh} 之比,即:

$$q = \frac{G_{tot}}{G_{exh}} \tag{2-41}$$

在废气质量流量 G_{exh} 较低时（发动机怠速），更多的稀释空气流量 G_{dil} 将进入通道；在废气质量流量 G_{exh} 较大时（发动机在额定转速下），较少的稀释空气流量 G_{dil} 进入通道。由于 G_{tot} 是恒定的，因此，稀释比将随着排气质量流量的任何变化而变化。

在部分流智能颗粒采样器中，控制柜主要包括控制器和采样泵，其主要任务是在一个特殊设定点（例如 1.2g/s）控制总流量 G_{tot}，以及控制稀释空气流量 G_{dil}，目的是维持设定的稀释比或 G_p/G_{exh}。

滤纸架主要包括滤纸和旁路组件，还包括旋风分离器和温度控制单元。在稀释通道之后，稀释废气流通过阀门被引导到分析滤纸架（在采样模式下），或通过旁通管（在待机模式）。

G_{tot} 定义为通过滤纸总流量。发动机污染程度越低，就要求更高的 G_{tot}（即更多的质量通过滤纸）。法规对不同尺寸滤纸的 G_{tot} 要求不同：47mm 滤纸，100cm/s，G_{tot} 约等于 1.2g/s；70mm 滤纸，66cm/s，G_{tot} 约等于 2.2g/s（受最大流量限制）。

稀释空气调节器（Dilution air conditioner，DAC）提供冷却稀释空气流，将 DAC 出口空气流恒定在一个法规要求温度值。一个 K 型温度传感器装在 DAC 空气流出口，发信号给一个数字控制器，其数字输出经由一固态继电器控制热交换器（Peltier，珀耳帖）电源的通断。仅在 Standby 或 Sample 方式时，珀耳帖才进入工作。珀耳帖是一种不使用氟利昂、不使用冷却水的热交换器。它应用珀耳帖效应（或塞贝克效应）完成热交换。

法规符合 ISO 8178/16183 和 CFR 1065。废气最大温度 500℃。期望废气管压力为大气压 ±1.2kPa。废气管直径最大为 20cm、最小为 5cm。连接方式为：3/8 NPT 焊接头。典型总流量 G_{tot} 为 0.8 ~ 2.0g/s。主机接口 RS232 或/TCP/IP，支持 AK 命令。流量可控范围为 $q \leq 120$。

②稀释方式。

$$G_p = G_{tot} - G_{dil} \tag{2-42}$$

$$稀释比 \quad q = \frac{G_{tot}}{G_p} \tag{2-43}$$

$$采样率 \quad r = \frac{G_p}{G_{exh}} \times 100 \tag{2-44}$$

选择稀释模式时有两种不同的模式可用并描述如下。

A. CVS 方式。

$$G_{tot} = 常数 \tag{2-45}$$

$$r = \frac{G_p}{G_{exh}} \times 100 = 常数 \tag{2-46}$$

采样率 r 由用户定义，q 变化。此模式是 CVS 系统的模拟。CVS 系统是具有恒定通道流速的全流量稀释通道（恒定体积采样）。在这个模式下，智能颗粒采样器被控制以保持恒定通道流量 G_{tot}。

稀释空气流量 G_{dil} 的控制方式受到式（2-45）、式（2-46）制约，G_{dil} 与发动机废气流量成反比。G_{tot}和 r 可以在运行程序设置屏幕中调整。r 值用于调整该种类型滤纸温度和颗粒沉积，并且需要平衡 q 稳定性（q 越低越好）和最高滤纸温度。

B. 常数方式。

$$G_{tot} = 常数 \tag{2-47}$$

$$q = \frac{G_{tot}}{G_p} = 常数 \tag{2-48}$$

q 由用户定义，r 变化。通道流量G_{tot}是恒定的，稀释比 q 是恒定的。排气探头流量G_p是恒定的，并且比G_{tot}低 q 倍。在测试模式设置屏幕中单个 q 可以调整，以此可以改变滤纸温度和产生的颗粒沉积。根据 ISO 8178（ISO 8178 是一组稳态测试循环，用于定义欧盟、美国、日本和其他国家非道路发动机的排放标准），稀释比 q 必须保持在 $4 < q < 15$，以确保良好稳定。由于加权单滤纸采样时间计算的复杂性，该类稀释比很少使用。

③运行 ETC 循环和 ESC 循环及采样。

2000 年，欧洲瞬态测试循环 ETC 与欧洲稳态循环 ESC 一起被引入，用于欧洲重型柴油发动机排放认证。

A. ETC 循环。ETC 循环由德国亚琛 FIGE 研究所开发，基于重型车辆的实际道路循环测量。不同的驾驶条件由 ETC 循环三个部分表示，包括城市、农村和高速公路驾驶，整个周期的持续时间为 1800s，每个部分的持续时间为 600s。第一部分代表城市驾驶，最高速度 50km/h，频繁起动、停止和怠速。第二部分是以陡峭加速段开始的乡村驾驶，平均速度约 72km/h。第三部分是高速公路行驶，平均速度约 88km/h。

B. ESC 循环。ESC 测试以平均负载系数高和废气温度非常高为特点。ESC 是取代 R-49 测试的 13 工况稳态程序。

在每种工况下测量排放并使用一组加权因子在整个循环内取平均值。经过 13 工况，颗粒物排放被采样到一个滤纸盒上，最终排放结果以克/千瓦时（g/kW · h）表示。不同权重对应不同充滤纸时间，例如把 1000s 时间分配给 13 个工况，某个工况权重是 5%，则充纸时间为 50s。“试验循环程序中规定的工况加权系数，是通过每个工况的比例取样加以考虑。可通过调整样气流量、取样时间和（或）稀释比来实现”。

图 2-52 所示为 70mm 滤纸盒，图中显示内置两层滤纸。图 2-53 所示为在电子秤上秤滤纸。采样器通过 13 工况循环后颗粒污染评价结果见表 2-10。图 2-54 所示为智能颗粒采样器控制软件-AVL GEM 140 人机界面。

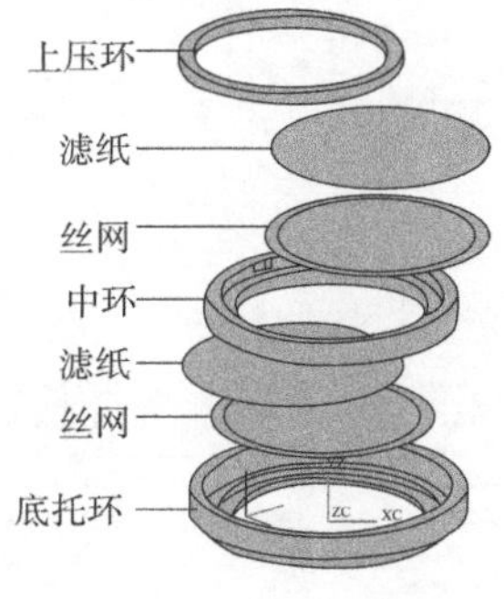

图 2-52　70mm 滤纸盒图

图 2-53　运行循环后取出滤纸称重

试验结果报告举例 表 2-10

YOUR LOGO **Test Results**

Manufacturer	
Model	
Serial Number	
Test Run Setup Name	13 Mode (single)
Test Run Setup ID	407.00
Test Date Time	2010/11/04 14:59:33
Test Cell Name	

Test Summary Data

PM [g/kW-h]	0.22460
PM [g/test]	1.3814
PM [mode_g/h]	4.9742

Data Quality

Qmedf Setpoint		416.667				
		Low Limit	Actual Low	Actual High	High Limit	Pass/Fail
wfeff (Absolute Deviation)				0.001	0.003	Pass
qmedf (Gedf)	[g/s]	387.500	411.635	416.197	445.833	Pass
qmdew (Gtot)	[g/s]	1.395	1.494	1.506	1.605	Pass
rdil (q)		1.000	3.000			Pass
Filter Face Temp.	[C]	0.000	39.708	41.300	51.850	Pass
Dilution Air Temp.	[C]	20.000	24.658	29.985	30.000	Pass
Tinlet & Texh Threshold	[C]				150.000	N/A
Filter Pressure Drop	[mbar]			28.153	250.000	Pass

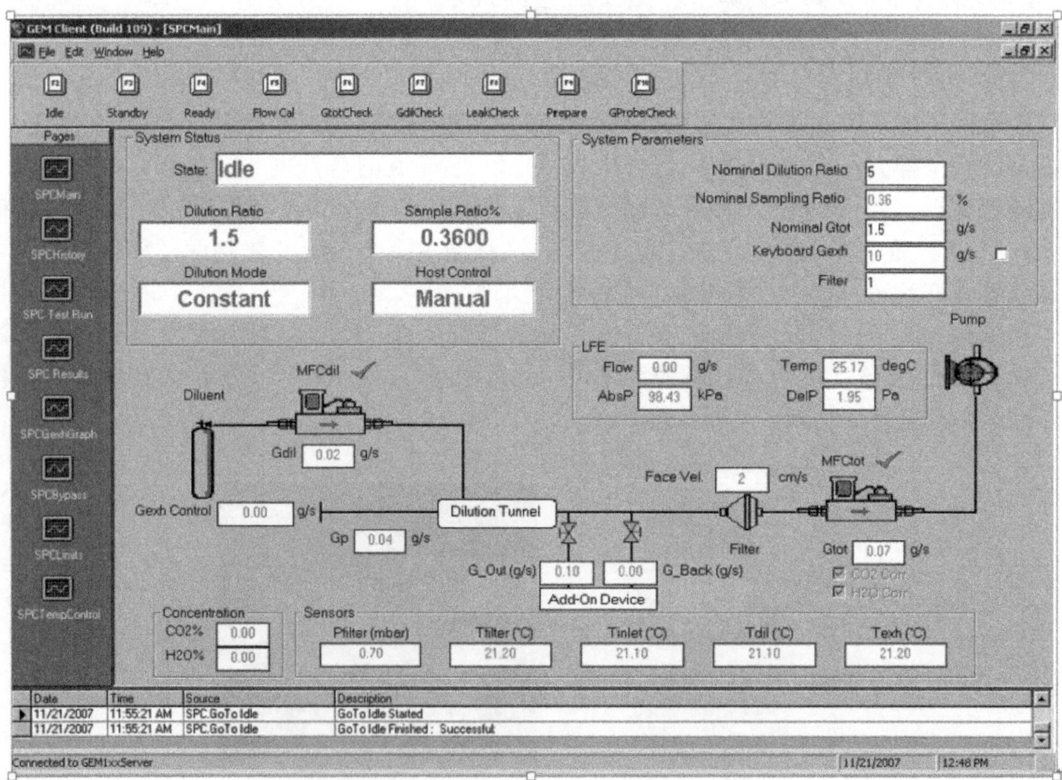

图 2-54 智能颗粒采样器控制软件-AVL GEM 140

(6)活塞漏气量计。

活塞和活塞环基本功能之一是将高压汽缸燃烧室密封起来与曲轴箱隔绝。在活塞运动过程中,活塞与汽缸间燃烧气体会经由活塞环逃逸进入曲轴箱,这类气体称为漏气。漏气不但导致能量损耗,还对活塞和活塞环润滑构成风险。因为漏气会污染和冲走润滑膜,并在高温作用下于漏气接触处造成机油碳化,漏气值上升还要求加大曲轴箱的通气。防止气体穿透的密封主要由第一道活塞环(密封环)完成。对于自然吸气发动机,漏气量最大不应超过理论进入空气体积的1%;对于涡轮增压发动机,最大漏气量值不应超过理论进气体积的1.5%。

①漏气量排放测量。

漏气量排放测量可在两种模式下进行。

模式1:怠速下测量。

模式2:50km/h道路负载模拟下测量。

在所有模式下,曲轴箱中的压力不得超过大气压。应在适当位置测量曲轴箱压力,例如,在机油量油尺孔处使用微压斜管压力计测量,或AVL 442漏气量计任选功能测量。

A.活塞漏气量计仪器原理。

漏气量计是应用孔口压力差原理的流量计。将曲轴箱与孔口测量管相连接,气体流过一个横截面积陡然减小的孔口,引起孔板两侧产生压力差,压力差与流量构成一定关系。压力差被传感器记录下来,信号依次由模数转换器和微处理器处理。测量结果同时由RS232口和一个模拟输出通道输出,

为了避免压力传感器偏移影响测量结果,在孔口测量管与压力传感器之间安装有两只电磁阀,以固定时间间隔将传感器输入切换至大气压力,如此使压力传感器完成自动零标定。

B.活塞漏气量计标定。

拆下电子单元实施标定。标定仅对电子单元进行,一般一年一次标定或调整(校正)。孔口采样管需要与电子单元一一对应,避免交叉配置。标定前应用超声波清洗采样管。图2-55所示为标定之前准备工作。

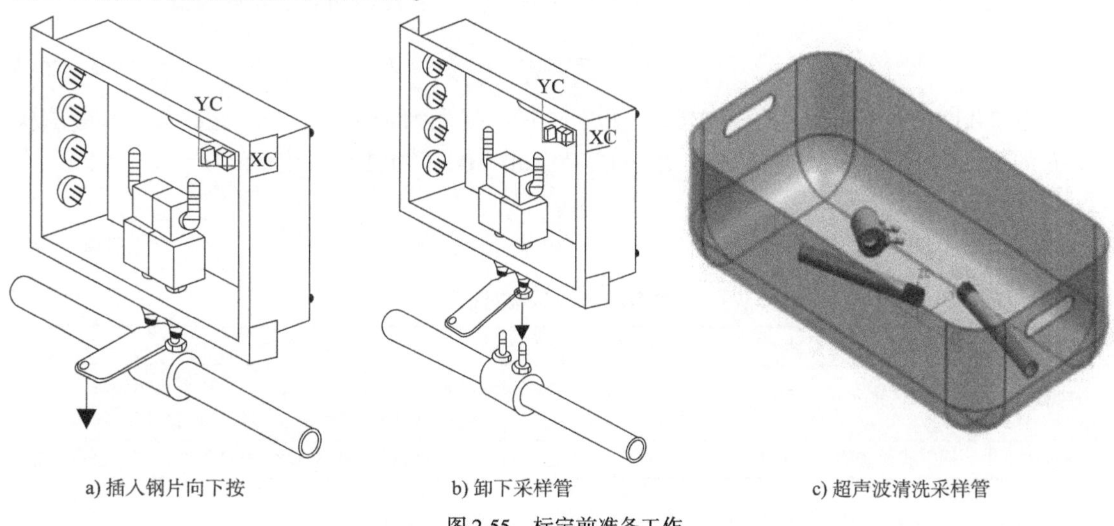

a)插入钢片向下按　　b)卸下采样管　　c)超声波清洗采样管

图2-55　标定前准备工作

②钟罩法标定系统。

图2-56所示钟罩法标定系统为计量机构高精度标准源,提供标准流量输出。被标定漏气量计与钟罩仪输出气管串联。该方法用作测量接近大气压力气体流量的基本标准。一个空心圆柱体倒置在一个密封液体槽上,密封液体可能是水,或为避免湿度问题,可能是一种低蒸气压力的轻油。汽缸充满了用于测试漏气量计的气体。控制配重块和滑轮,允许圆柱体下落。在下落期间,汽缸将气体挤入被测漏气量计。

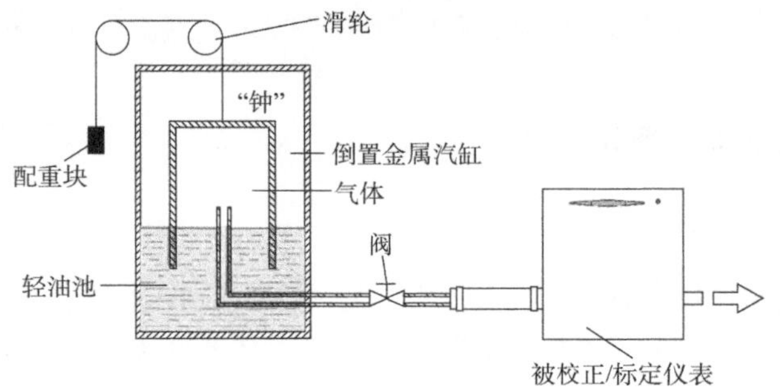

图2-56 钟罩法标定系统

漏气量计标定结果举例见表2-11。

漏气量计标定结果举例 表2-11

标准流量 Q_s(L/min)	漏气量计模拟电压输出 U(V)	计算对应流量 Q_B(L/min)
70.0	9.39	70.43
50.0	6.74	50.55
40.0	5.34	40.05
30.0	4.03	30.23
20.0	2.68	20.10
10.0	1.31	9.83
1.5	0.15	1.13

E 为采样管规格,E = 75L/min 时,即测量范围为:1.5 ~ 75L/min。计算公式为:

$$Q_B = \frac{E \times U}{10} \tag{2-49}$$

若表2-11中所有Q_B与Q_s值相差值小于±1.5%,则视为合格。否则,需要应用参考法校正。E 的取值对应测量范围(l/min),E = 10,75,150,300,600,1200,或2400。

③参考法。

表2-12是参考法与钟罩法的优劣对比。

参考法与钟罩法对比 表2-12

方法	优点	缺点
参考法	可以完成标定、校正	参考漏气量计也需定期送达上一级计量机构标定、标定证书溯源;必须装备漏气量计校准仪
钟罩法	标定或检查有可能在计量机构完成	仅可完成检查。若检查结果不合格,则必须送回厂家进行校正

图2-57所示为对齐标准的参考法所使用的仪器漏气量计校准仪。

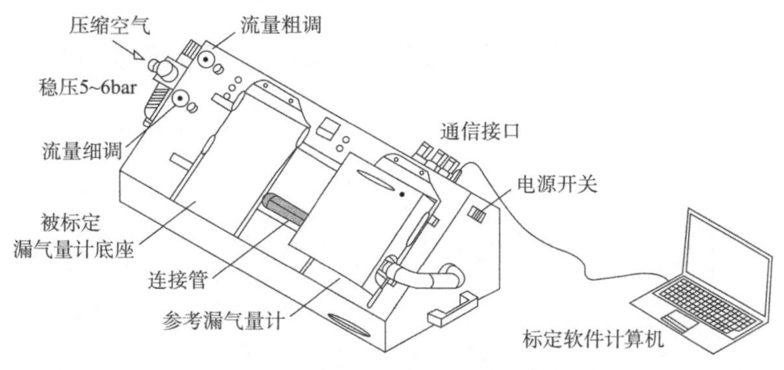

图 2-57 仪器漏气量计校准仪-对齐标准的参考法

2.6 燃烧测试

2.6.1 点火正时

点火正时通常发生在压缩上止点之前某时,记作 BTDC。该时间用曲轴旋转角度计量。对于一台现代汽油发动机,在低速时点火正时典型值为 8°~10°。随着发动机转速的增加,点火火花必须发生在 BTDC 更大角度。这个在点火正时上的变化称为点火提前角。也就是说,随发动机转速增加,点火提前角增加。点火提前角除了取决于速度,还是进气歧管压力的函数。每当进气歧管压力变低(近似真空),空气燃料混合物在低压下比在高压下需要更长的燃烧时间。所以,点火正时在低压下必须提前以维持最大功率与燃油经济。点火正时极大地影响发动机性能与废气排放。因此,它是现代发动机电控的主要对象之一。

ECU 输出点火正时信号控制发动机。ECU 在排放限定内计算出最大发动机性能的点火正时。点火正时既不能过早,过早会发生爆震(爆震造成敲缸,对发动机产生危害),又不能过迟,过迟会引发动力不足。ECU 根据几个变量(如转速、歧管绝对压力或空气质量流等)计算出火花提前量。

720°曲轴旋转角中气门打开和关闭的实际点,称为气门正时。在任何新发动机设计的开发阶段,确定最佳气门正时。传统上气门正时由包括凸轮轴在内的机构以及将其连接到气门的机械联动装置确定。凸轮轴具有迫使气门打开的叶片,以抵抗气门弹簧的恢复力,否则会保持气门关闭。

汽车发动机,空燃比严格控制在化学计量条件下,以确保排气三元催化转换器性能正常。对于压燃式发动机,主要控制参数是喷油器流量和喷射正时。

2.6.2 缸压测量

2.6.2.1 发动机汽缸燃烧分析仪及测量信号

图 2-58 所示为柴油发动机典型汽缸压力、油管压力和喷油嘴针阀升程信号。表 2-13 列出典型发动机燃烧分析参数。图 2-59 所示为燃烧分析测量分析系统图。图 2-60 所示为燃

烧分析仪采集处理框图举例。

工程师主要通过图 2-58 所示的压力-曲轴转角图(p-φ)进行燃烧分析。p 为汽缸压力，φ 为曲轴转角。

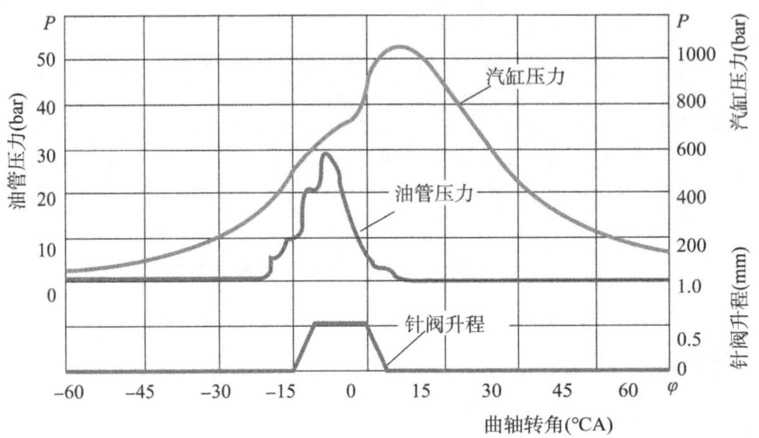

图 2-58　典型发动机燃烧分析信号(压力-曲轴转角图,p-φ 图)

典型发动机燃烧分析参数　　表 2-13

发动机类型	汽油发动机	柴油发动机
参数	峰值缸压;峰压位置;气门升程;点火正时;燃烧稳定性;热释放;燃烧延迟;气体交换过程;失火;爆震检测;冷起动测试	峰值缸压;油管压力;针升程和气门升程;喷油正时;各缸变化和各循环变化;热释放;燃烧延迟;排放数据;燃烧噪声;旋转分析(曲轴、凸轮轴);冷起动测试

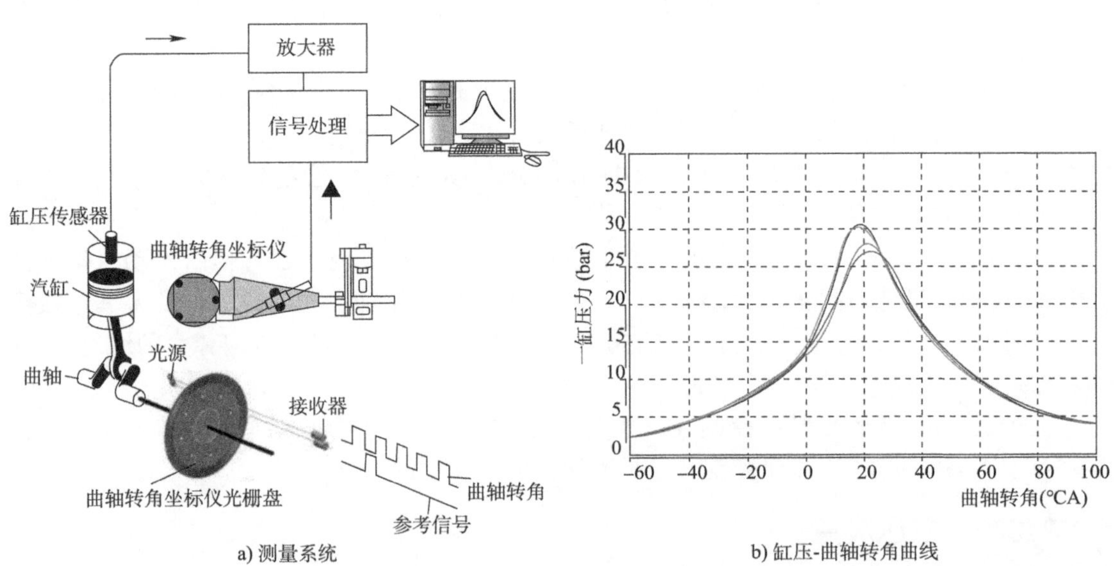

图 2-59　燃烧分析测量分析系统

在 p-φ 图中,一般取压缩过程的上止点为零点,由此类图得到的指示指标是许多工作循环的平均值,较具有代表性。

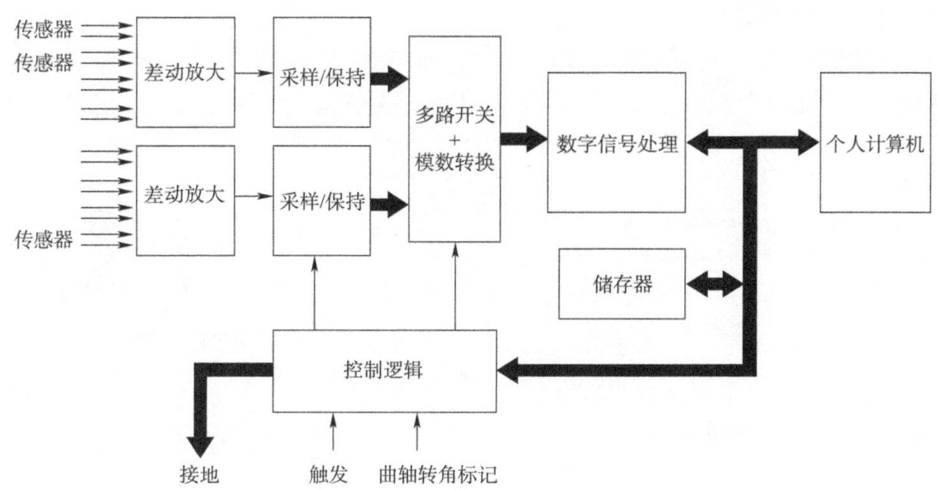

图 2-60　燃烧分析仪采集处理框图举例

$$P_e = \frac{T \cdot n}{9550} = \frac{p_{me} \cdot V_S \cdot n \cdot i}{30\tau} \tag{2-50}$$

式中：P_e——发动机有效功率，kW；

T——发动机输出扭矩，N·m；

p_{me}——平均有效压力，MPa；

V_S——汽缸工作容积，m^3；

n——发动机转速，r/min；

i——缸数；

τ——冲程数。

机械损失功率可用倒拖法测得。在电力测功机试验台上，先使发动机在给定工况下稳定运转。当冷却水、机油温度到达正常数值时，立即切断对发动机的供油（柴油机）或停止点火（汽油机），同时，将测功机转换为电动机，倒拖发动机到同样转速，并且维持冷却水和机油温度不变，这样测得的倒拖功率即为发动机在该工况下的机械损失功率。

$$P_e = P_i - P_m \tag{2-51}$$

$$imep = fmep + bmep = \frac{1}{V_S}\int p\mathrm{d}v \tag{2-52}$$

式中：P_i——指示功率，kW；

P_m——机械损失功率，kW；

$fmep$——摩擦平均有效压力，bar；

$imep$——指示平均有效压力，bar；

$bmep$——制动平均有效压力，bar；

V_S——一个汽缸扫过的体积。

bmep（brake mean effective pressure）代表发动机产生的轴功（率）的那部分压力，“brake”来自测量该轴功率的制动测功机。

2.6.2.2 缸压测量链

测量缸压的压电压力传感器中,石英晶体受到压力,其表面产生电荷,电流经由测量线(绝缘值高$10^{14}\Omega$,噪声低)至电荷放大器,再至燃烧信号采集计算机;角标仪信号经由测量线至燃烧信号采集计算机(燃烧分析仪指示系统),如图 2-61 所示。

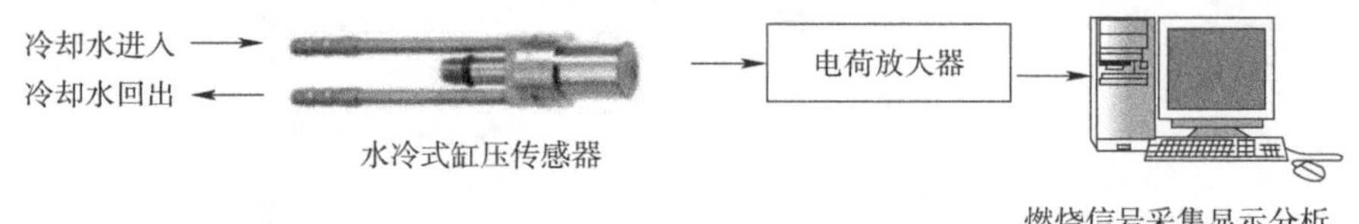

图 2-61 发动机汽缸压力测量链

缸压传感器产生的电流为:

$$i = -\frac{\mathrm{d}q}{\mathrm{d}t} = -G_S\frac{\mathrm{d}p}{\mathrm{d}t} \tag{2-53}$$

式中:i——电流;

q——电荷;

$\frac{\mathrm{d}q}{\mathrm{d}t}$——电荷变化率;

G_S——传感器灵敏度;

$\frac{\mathrm{d}p}{\mathrm{d}t}$——压力变化率。

缸压传感器的传统压电材料是石英(二氧化硅 SiO_2),使用温度在 200 ~ 250℃之间。所以,在发动机缸压测量中必须使用冷却系统。1997 年,一种工程压电材料正磷酸镓 $GaPO_4$ 被专门开发为高温应用,耐温高达 900℃。石英晶体在高压釜内经过长时间严格温度与压力控制之下生成出来,再经过切割成为合乎需要的晶体。每只缸压传感器的灵敏度被记录在标定证书及包装盒上,如同其“身份证”,调试过程中需要将其数据输入软件,切记一一对应,不可张冠李戴。如果标定数据丢失或不确定传感器是否与标定数据的对应,则压力传感器必须重新标定,否则无法使用。没有证书的一盒压力传感器恰似一瓶没有标签的化学试剂,没有任何用途。证书上一般标有测量范围(单位:bar)、温度范围、拧紧力矩和灵敏度(例如,18.74pC/bar)。

冷却水使用蒸馏水或去离子水。冷却系统包括软化水水桶、玻璃观察窗、冷却水分配器和(或)温度控制和流量监视。防止电干扰信号,建立接地。在发动机缸体与评价单元(燃烧分析信号处理单元)之间铺设至少 10mm^2 铜质辫状接地绑定线。在电荷放大器与评价单元(燃烧分析信号处理单元)之间插入差动放大器或隔离放大器。为防止空中电磁干扰,使用屏蔽输入电缆。信号电缆铺设远离电源电缆。为放大器和采集单元加设屏蔽罩可免除高频谐波干扰。

另一种分析汽缸压力的方法是观察汽缸压力曲线。汽缸各行程压力曲线如图 2-62、图 2-63所示。在 p-V 图中,横坐标代表汽缸容积,纵坐标代表汽缸内气体压力,曲线封闭的面积代表在气体循环中所发出的功的大小,所以 p-V 图又称示功图。

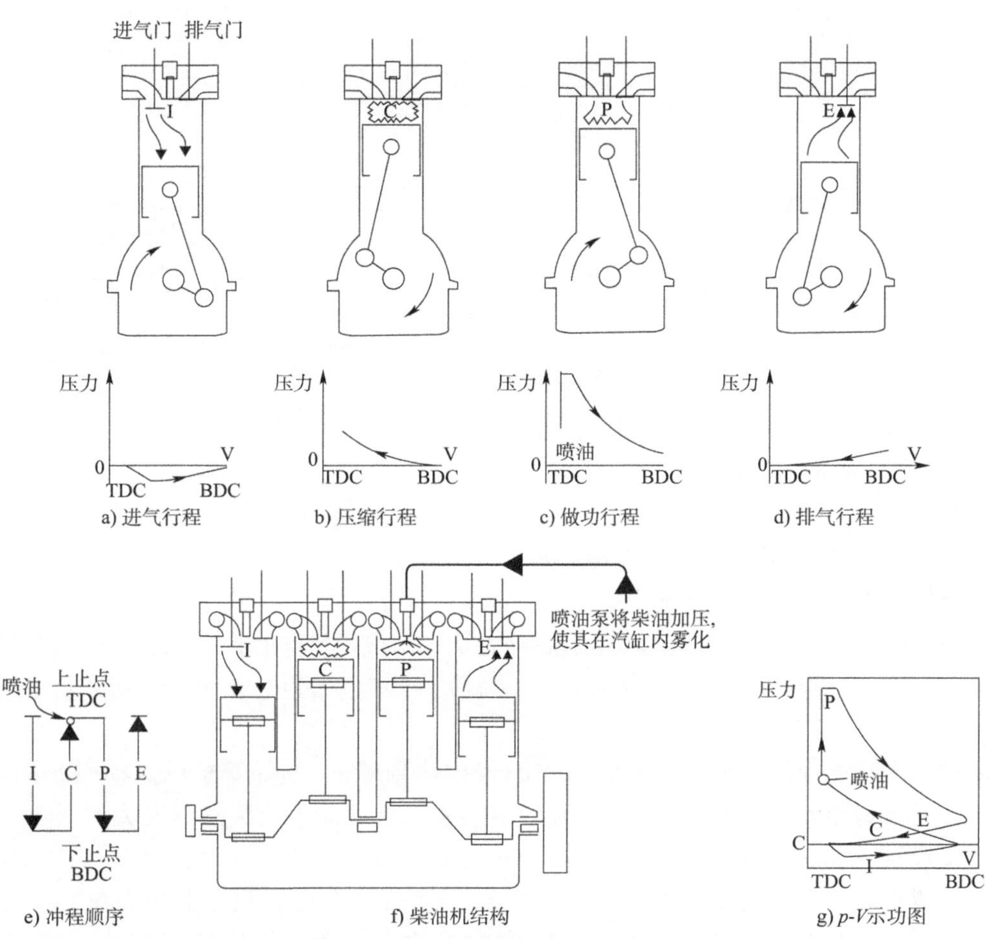

e) 冲程顺序 f) 柴油机结构 g) p-V示功图

图 2-62 四冲程柴油机示功图的形成(0-大气压力线)

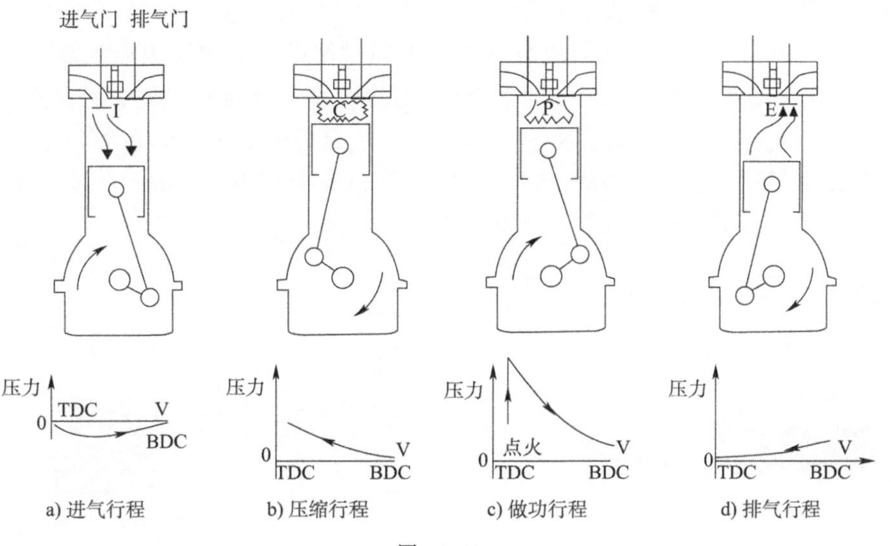

图 2-63

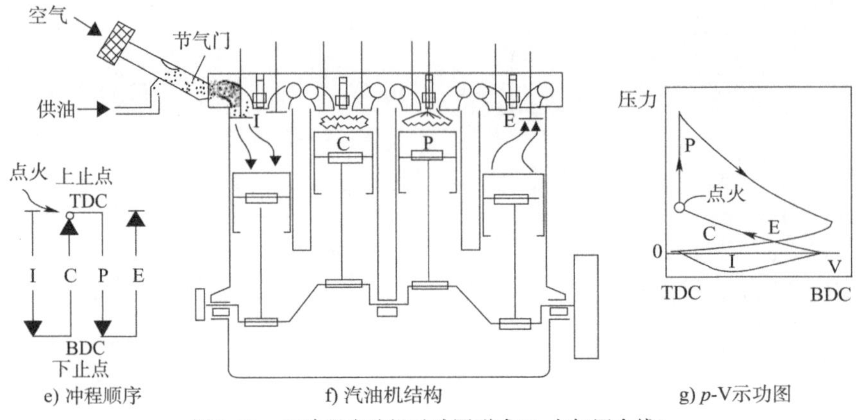

图 2-63　四冲程汽油机示功图形成(0-大气压力线)

2.6.2.3　缸压传感器安装

(1)压力传感器的选择。

①明确测量任务和对精度、稳定性的要求。

②评估是否可以在发动机上钻孔。

③若不能在发动机上钻孔,则仅可使用附装在火花塞或预热塞上非冷却微型压力传感器;若可在发动机上钻孔,则可选择所有压力传感器,然后进一步定义钻孔位置使测量精度达到最佳。

(2)传感器安装位置的选择与设计。

所测压力点符合测量任务。安装造成的误差达到最低,例如管机械振动引起的误差。不超过缸压传感器允许的工作温度和热流负载。发动机性能不受传感器安装的影响。进气阀附近位置较适宜。

压力传感器或者直接安装在发动机缸体上,或者安装在过渡载体上如火花塞。安装传感器前,记录缸号和传感器号以保证灵敏度数据输入正确。为传感器安装热屏蔽材料(Loctite 380-BlackMax)和使用正确扭力值安装传感器。

(3)缸压传感器埋入与火花塞。

对于汽油发动机,可以在不接触汽缸盖情况下通过使用一个测量用火花塞产生缸压指示值。此测量火花塞具有双重功能:一方面,它像普通火花塞一样点燃汽缸中混合物;另一方面,它携带一只缸压传感器。缸压传感器有水冷却式的,也有免冷却式以及免冷却监视传感器。

发动机做功期间汽缸压力最大、温度最高,汽油机压力在 30 ~ 60bar 之间,柴油机在60 ~ 90bar 之间,汽油机和柴油机温度都在 2000 ~ 2500℃之间。

2.6.3　油管压力测量

油管压力测量链如图 2-64 所示。

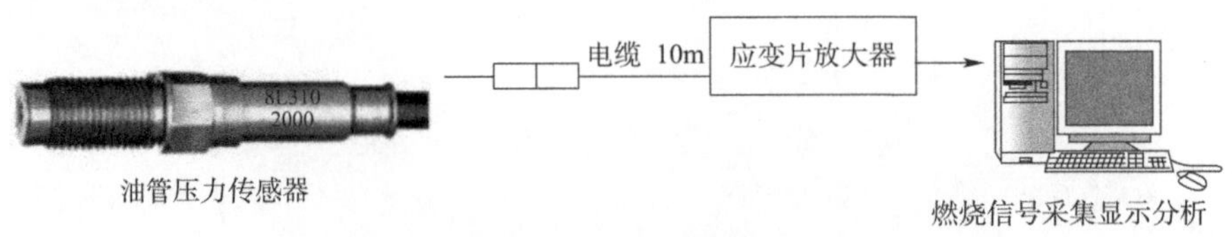

图 2-64　油管压力测量链

基于应变原理的油管压力传感器用来测量共轨和喷油器之间的燃油管路中的压力,可以测量泵端或嘴端喷油管压力、进气歧管压力。例如,AVL SL31D-2000 适于柴油机喷油管压力测量,测量范围为0~2000bar,也可用于直喷汽油发动机喷油系统压力测量。注意:若安装工具使用不当,或安装时扭矩太大,会伤害传感器。传感器寿命受负载变化量所限。因此,在没有油管压力测量任务试验时,建议拆卸传感器而使用仿真堵头代替。每只传感器连同一页标定证书一同交付,收到后务必妥善保存。标定证书是该传感器的"化验单",调试时需要使用。

标准规格:工作温度范围 20~120℃。激励电压:4V。测量应变电桥:1000Ω。质量:19g。安装扭矩:15N·m。热灵敏度漂移:< ±1%,在 20~120℃。

SL31D-2000 测量范围:0~2000bar。过载:4000bar。爆裂压力:6000bar。灵敏度:24℃下,4.5×10^{-4}mV/V×bar。

SL31D-200 测量范围:0~200bar。过载:300bar。爆裂压力:400bar。灵敏度:24℃下,3.0×10^{-3}mV/V×bar。热零点漂移:< ±1.5%。在 20~120℃。

测量原理为应变片传感器原理,压力引起金属膜形变。一对安装在膜上的应变片与另两个惠斯顿电桥的补偿臂相连。金属膜的形变使电路失衡并产生与压力成比例的输出电压。该电压馈至放大器。增益系数(Gain factor)为:

$$增益系数 = U_B A \frac{E}{M} \tag{2-54}$$

式中:U_B——桥路电源电压,V;

A——放大器增益;

E——传感器灵敏度,mV/V;

M——传感器测量范围,bar。

2.6.4 气门升程测量

2.6.4.1 气门升程测量链

气门升程传感器测量进气排气的气门升程正时。传感器外壳通过调整板安装在气门盖上。气门的上下运动信号通过带延长杆的磁芯传递。提供的延长杆有额外长度,可以由用户按应用需要裁截。将延长杆铜焊到安装螺栓上,然后将传感器安装到气门上。发动机气门升程测量链如图 2-65 所示。

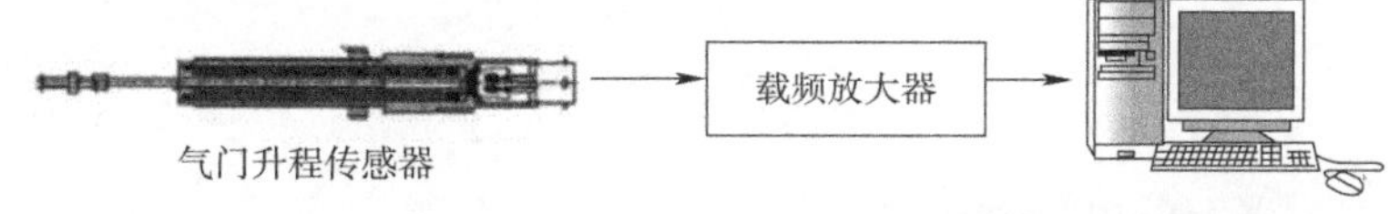

图 2-65 发动机气门升程测量链

2.6.4.2 气门升程传感器安装

气门升程传感器可以安装到发动机气门弹簧座上。采用此方案时,必须采取措施,防止弹簧座旋转。仅在摇臂不碍事情况下,延长杆才可能安装到气门轴顶端。虽然这是我们期望的情形,但摇臂与气门轴表面间增加的接触压力可能减少升程时间。为了延长传感器的寿命,焊有气门升程传感器的气门组套应当仅在想要测量气门升程时使用。

仅当遵守下列说明前提下,方可保证精确的气门升程测量结果:带延长杆磁芯必须稳定、防震地安装到气门弹簧座或气门轴上;注意校正与传感器孔的轴对中,如果不可能将磁芯安装在旋转中心上,则必须有措施防止气门弹簧上座旋转致使磁芯和线圈损坏;在气门弹簧上座或气门轴表面打孔套扣,M3 螺纹;在摇臂盖上为调整板和传感器打孔,打孔直径比传感器直径大一些,近似 ϕ20mm。

2.6.5 喷油嘴针阀升程测量

2.6.5.1 喷油嘴针阀升程测量链

喷油嘴针阀升程测量链如图 2-66 所示。

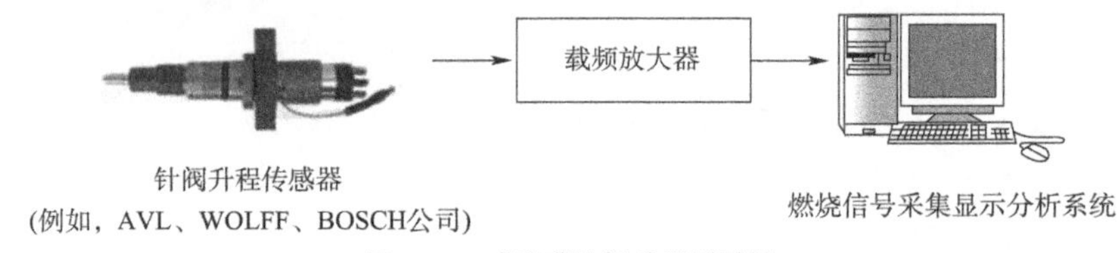

图 2-66 喷油嘴针阀升程测量链

2.6.5.2 针阀升程测量步骤

以接入 BOSCH 针阀升程传感器为例,说明在燃烧分析仪上完成升程测量的步骤。

将传感器接入载频放大器 3076A01。为了标定升程信号,执行下列步骤:

(1)在标定 Calibration 菜单中(为这些信号)设定系数(factor)为“1”。设定 offset 连接到”Const”和“0”;

(2)调用”Scope”功能,移动光标到直线所在位置,使用螺丝刀调整”balance”电位器使读数近似 0.00;

(3)执行一次测量;

(4)移动光标至曲线的最大值或最小值,记下该电压值;

(5)用户必须知道针阀升程。

针阀升程 =0.25mm,如步骤(4)。

电压值 =5V,则系数为:

$$\text{Factor} = \frac{\text{Needle lift}}{\text{Voltage value}}$$
$$\frac{0.25}{5} = 0.05 \tag{2-55}$$

标定之后,放大器上的电位器位置不能再行变动。否则,必须重复以上五个步骤。

2.6.6 曲轴转角坐标仪

2.6.6.1 原理

曲轴转角坐标仪即角标仪,是一种被直接安装在曲轴上的脉冲发生器,其确保通过光纤向指示系统无干扰地发送脉冲信号。光学角标仪一般光栅间隔在 0.1°~6°,光栅盘上面有两道光栅刻度,一道为曲轴转角光栅刻度,另一道为触发信号或参考信号光栅。光栅盘如图 2-67所示。光栅盘上曲轴转角刻度数一般对应一个360°的倍数,则720°刻度数间隔是0.5°,坐标刻度越细,分辨率越高。发光二极管发光照射光盘,遇光栅反射回至接受光电管,完成光到电信号的转换。倍增器可进一步细化分辨率至0.1°,以满足某种需要。

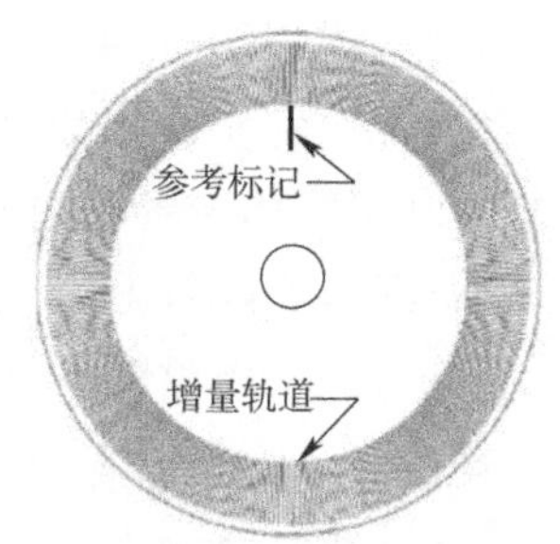

图2-67 光栅盘(光学角度编码器)

一个完整的发动机周期对应于曲轴角位置从0°~720°。压力数据与曲轴角度位置有关,角度位置参考压缩上止点而定义。通常使用角标仪决定曲轴角位置(Crank angle,c.a)。角标仪提供两列脉冲信号。一列是每转一周一个脉冲信号,用作建立上止点角度参考。另一列是每转一周720个脉冲信号,用来确定瞬时相对角位置。

由于曲轴转速不规则,基于时间的数据不能用作测量燃烧数据的基础。相反,非时间比例曲柄角可以而且几乎是排他性地用作横坐标。通常,触发标记用于每次旋转后同步(触发),每次旋转都会有一系列的角度标记(通常每转360°或720°标记)来显示角度信息。

2.6.6.2 检查角标仪

(1)检查电源电缆、角标仪与系统之间的TRIGGER和CDM电缆。

(2)起动发动机。

(3)观察采集控制板上的TRIG/CDM指示灯,TRIG随发动机旋转闪烁,CDM稳定点亮。说明角标仪在工作中。若灯不亮,说明没有信号自角标仪发出。

2.6.7 上止点测量

在内燃机热力学中对汽缸压力曲线的分析与上止点的准确位置直接相关。在发动机720°一个循环旋转中会出现两个上止点压力波峰。

上止点值可利用频闪仪完成机械测量之后确定;或应用压力曲线和热力学损失角确定;或者使用上止点传感器确定。

2.6.7.1 频闪仪确定上止点

正时灯连接到点火电路(主要是感应式),用于在发动机运转时照亮正时标记。由频闪效应冻结的标记明显位置指示了当前的点火正时相对活塞位置。

夹钳式电感传感器夹持在HT电缆(火花塞电线)上捕获脉冲信号。频闪枪产生正时光动态地设定发动机的点火正时。

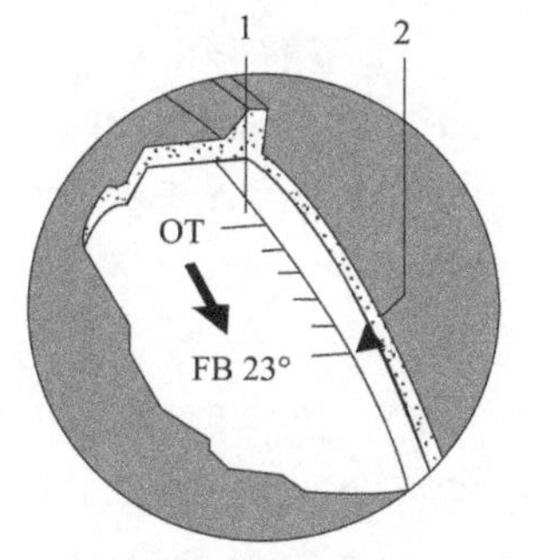

图2-68 飞轮正时标记
1-飞轮上的刻度;2-曲轴箱上正时标记

现在将闪光对准飞轮和发动机机壳上的标记,调节按键,使闪光频率变化直至飞轮上刻度与发动机壳体上标记重合。由于频闪效应,飞轮标记似乎静止下来。

图2-68中,OT即TDC上止点。当OT与曲轴箱上正时标记对齐时,发动机处于参考汽缸的动态上止点。

检查您的发动机是否有工厂制造的正时标记。例如旧宝马车有这类标记,OT=TDC上止点。

对于柴油发动机,使用压电传感器和频闪灯帮助确定上止点。将一只压电传感器夹在通向参考汽缸高压供油管上

(尽可能靠近喷油泵端)。当油泵供油给参考汽缸,高压供油管就会稍许膨胀,导致压电传感器传出电信号(脉冲),发动机分析仪接受此信号并使用它控制频闪仪正时灯闪烁。正时灯对准发动机壳体上的正时标记。频闪灯是一系列短时闪光。当闪光速率等于轴或其他旋转物体转速时,物体看上去似乎静止不动。注意安全!

2.6.7.2 应用压力曲线和热力学损失角确定上止点

倒拖发动机或部分点火,测量不点火汽缸或参考汽缸压缩压力曲线,即所谓的"倒拖曲线"。从该曲线,可假设最大汽缸压力发生在上止点,即最小汽缸体积存在于汽缸上止点。然而,这不是真正的上止点,必须使用发动机热力学损失角进行修正。此法需要汽缸压力传感器。

由于热量损失和泄漏,在拖动发动机操作模式下,上止点之前压力达到最大。压力最大点与上止点之间的角度差称为热力学损失角。热力学损失角取决于发动机结构和旋转速度。在高速状态下,热力学损失角变小,因为没有多少时间可用,即时间很短,故热损耗减小。为了指定上止点 TDC,倒拖发动机,从测量的压力曲线确定压力最大值,然后按照损失角平移压力曲线。热力学损失角方法简单,但损失角的大小必须依赖经验数据,并不总是可得的,而且涉及主观解释。

2.6.7.3 上止点传感器确定上止点

上止点传感器(AVL TDC 428)用来在动态条件下确定发动机活塞上止点。使用传感器的条件是在内燃机上有合适的孔可将探头伸入汽缸,如火花塞孔或喷油器孔,只要这些孔可容纳传感器探头的过渡头即可。

(1)确定上止点的软件界面。

图2-69 所示为 AVL 确定上止点软件界面。按[PAR]"ENGINE/TDC PARAMETERS"下的[TDCLOC PRESSURE]或[TDCLOC SENSOR]出现下拉菜单,用户输入热力损失角(大约0.7℃A)(当工作在汽缸压力信号时),或安装 AVL 上止点传感器实施测量。

①参考汽缸。被测汽缸的其中一缸必须被定义为参考汽缸。所有的上止点测量过程都与参考汽缸相关。

②多缸测量。多缸测量中,必须考虑由于点火次序而产生的各缸之间的相位位移。数据采集根据参考汽缸的测量表开始进行,其他缸跟在其后。通过选择各缸间的间隔范围(如参考缸 -360° ~ +360℃A,相邻缸相位位移 180℃A,因此为 -540 ~ +180℃A 等)来解决各缸相位位移问题。

上止点(或上止点)电容传感器发出信号,具有两个最大值,一个是压缩上止点值,另一个是换气上止点值。上止点是从较小的最大值(即压缩上止点值)使用特殊的对称计算得来的。为了精确测定 TDC 位置,推荐使用动态测量,倒拖发动机不点火,或者仅在安装 TDC 传感器的那个汽缸不点火,而其他缸点火运行保持发动机运转情况下测量。

(2)上止点电容传感器测量原理。

传感器安装在参考汽缸上,倒拖或部分点火发动机时测量上止点。传感器评价活塞顶部与传感器探头顶端之间电容变化 ΔC。传感器探头顶部与活塞顶部(dome)构成一个电容器的两个金属极,电容值取决于两板间距离,电容值变化由一个电容电桥探测到。当活塞上升到离顶端最近点时,传感器电子电路捕捉到电容变化量 ΔC,ΔC 产生电压变化量 ΔU,送至差动放大器进行信号处理。通过确定压缩升程信号对称角,传感器配合软件计算出上止点与触发(Trigger)刻度之间的差值。

ENGINE PARAMETERS / TOP DEAD CENTERS

ENGI NE NAME : AVL-SIMUL ATOR

TYPE : DIESEL　　2 / 4– STROKE : 4　　CYLIHDERS : 4

STROKE	:	120 . 0	mm
CONROD	:	200 . 0	mm
BORE	:	50 . 0	mm
PIN OFF	:	0 . 0	mm
COMPRESSION	:	20 . 00	(Vh+Vc) / Vc

TOP DEAD CENTERS :　　REFERENCE CYLINDER : 1

CYL.	1	2	3	4
TDC	180 . 00	360 . 00	540 . 00	0 . 00

AUTO CHARGE AMPLIFIER RESET : CHANNEL (6703 SLOT) : CYLINOER

1: 1	2 : 1	3 : 1	4 : 1	5 : 1	6 : 1	7 : 1	8: 1
9: 1	10: 1	11: 1	12: 1	13: 1	14: 1	15: 1	16: 1

	TDC FLASH COARSE	TDC FLASH FINE	ENTER TDC	TDC LOC. SENSOR	TDC LOC. PRESSURE		SHIFT CYL.TDC

图2-69　AVL确定上止点软件界面

(3)上止点传感器安装位置。

上止点传感器应安装在尽量靠近曲轴自由端,即尽量靠近角标仪位置。若传感器安装在飞轮侧,角标仪安装在自由端,就必须考虑曲轴扭振。探头孔应当遵循孔轴线与活塞轴线之间夹角不大于30°,如图2-70所示。

设备安全措施:发动机室铁底板及发动机必须等电位接地绑定,并与燃烧分析仪接地绑定,否则,电压差会击毁上止点传感器。上止点传感器的接地铜栓必须接地。

(4)使用上止点传感器确定上止点过程。

①在参考汽缸头现存孔之一安装过渡套。

②将参考缸活塞摇到上止点。将传感器探头插入过渡套,然后调整传感器探头顶部与活塞之间的距离。调整方法是先顶住活塞顶部表面,然后再后撤至适当距离,即选择0.8mm、1.2mm、1.6mm或2.0mm之一。如果信号弱,在重调时,可采用最小距离0.8mm。但是0.8mm存在风险,即若探头锁定不牢而向下些微滑脱时,活塞会将传感器探头顶部撞弯。活塞运动起来后不应碰到探头顶部。还应考虑到热间隙,即当发动机热起来后,沿活塞移动方向,探头的热膨胀增长可达0.3mm。故为安全目的,可先选择大间隙开始,如果信号幅值已足够即可罢手。距离确定后,使用锁紧装置将传感器锁定。

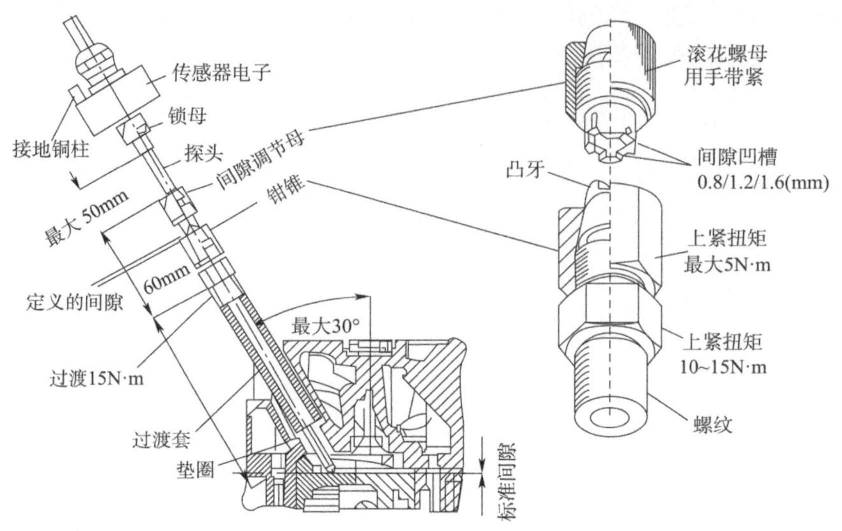

图 2-70　AVL 上止点传感器调整

③将传感器信号线连接到燃烧分析仪。

④调节 TDC 信号零线。将参考汽缸活塞置于下止点，使用无感应螺丝刀调节平衡器上的电位器。调节方法如下：

必须平衡静态电容以便在电容值发生微小变化时传感器可采集到明显变化。平衡静态电容的条件是将活塞放在下止点 BDC 或附近。平衡器上有两个发光二极管、一个电位器、一个 BNC 插座。调节电位器使两个发光二极管 LED 都熄灭，如右 LED 亮，逆时针旋转电位器直至右 LED 熄灭且左 LED 仍未点明。

⑤倒拖发动机，比如 3000r/min。注意上止点传感器所插入汽缸必须是不点火的（燃烧会毁坏传感器探头）。

⑥在软件上执行测量。传感器信号可连至燃烧分析仪的任意通道。进入功能 TDC 测量后，TDC 值自动输入标定表。软件将显示出 trigger 与 TDC 之间的角度差，并且在曲轴坐标上将上止点定为 0°。这个上止点是压缩上止点，上止点位置即确定。

⑦卸下上止点传感器。将火花塞或缸压传感器或其他零件装回至发动机。**注意：**千万不要在发动机运转时调节探头与活塞间隙。

2.6.8　燃烧室内窥仪

内窥仪是专门为内燃机研究开发应用的录像系统，用于观察内燃机周期现象。数字 CCD 相机拍摄图像以数字形式直接传送给计算机，连接至发光单元的频闪仪确定发动机上止点 TDC 和触发（Trigger）标记的偏差，高速摄像机更逼真地（普通摄像 10 帧/s，高速摄像 10000 帧/s）记录内燃机汽缸内的瞬态现象。AVL VisioScope 燃烧室内窥仪即是这类记录分析图像的有力工具。实践证明，内窥镜技术为所有种类内燃机提供了不干扰缸内工作过程的直观可视方法。可观察的部件状况与现象包括气门头、气门弹簧、活塞、喷嘴针阀、节气阀、传动齿轮、往复杆、齿带的机械运动、歧管燃油喷射、汽油机化油器、燃油直接喷射（汽油机、柴油机）、燃油间接喷射（柴油机）、气穴现象、火花塞火花等。内窥镜技术不适合观察发动机废气系统。图2-71所示为内窥仪及工作原理,图2-72所示为发动机汽缸内窥镜摄像机安装步骤。

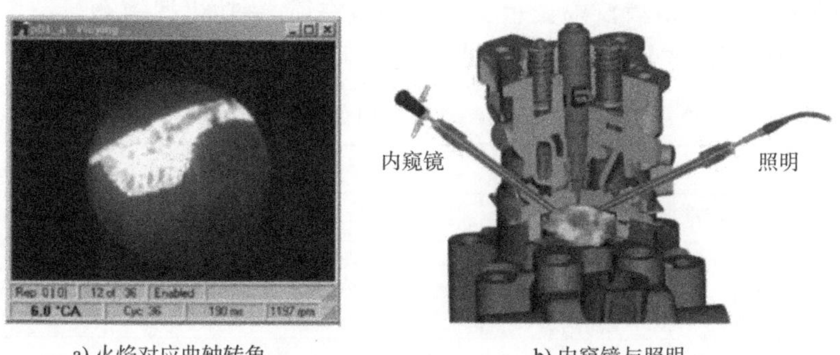

a) 火焰对应曲轴转角　　b) 内窥镜与照明

图2-71　内窥仪及工作原理

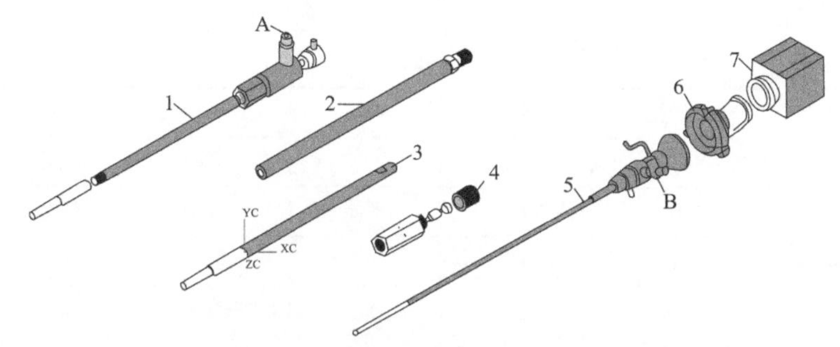

图2-72　发动机汽缸内窥镜摄像机安装步骤(顺序1-2-3-4-5-6-7)

1-照明导光臂;2-安装套;3-压力套和石英窗;4-锁母;5-内窥镜和距离套;6-镜头和快速耦接;7-摄像机;A-光源入口;B-冷却压缩空气

2.7　测功机

测功机发展至今,经历了漫长的沿革历史。测功机是一种能吸收并测量原动机发出功率的设备,应用于多种目的试验室,有被动式测功机和主动式测功机之分。被动式测功机仅仅吸收功率;主动式测功机既可吸收功率又可发出功率驱动受测体,例如起动发动机。现代广泛使用的测功机的分类如图2-73所示。

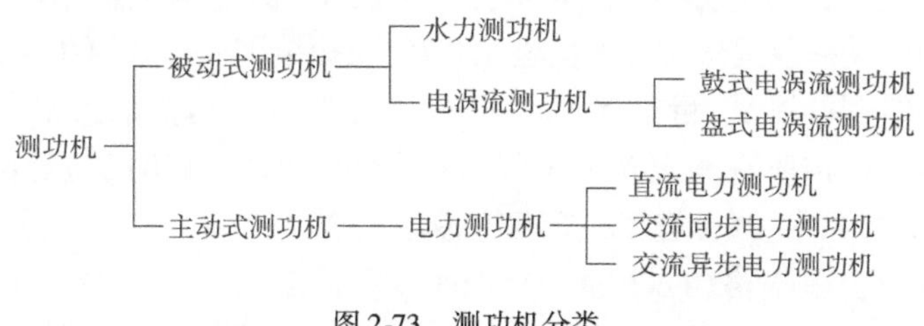

图2-73　测功机分类

水力测功机用于大功率输出的发动机测试,例如船舶发动机测试。电涡流测功机应用在发动机测试中,在催化器老化和耐久性试验中以其具有良好成本效益比的优势发挥着作用。测功机作为发动机负载,吸收发动机发出的机械能,将其转换为热能散发掉,例如电涡流测功机或水力测功机;或者将其转换为电能馈送电网,例如感应电力测功机。

不同应用测功机典型负载范围见表2-14。一般来说,测功机扭矩测量范围越大,测功机尺寸越大,对应速度范围越小。

不同应用测功机典型负载范围 表2-14

测试类别	车辆类型	扭矩 T(N·m)	测功机速度 n(r/min)
发动机测试	乘用车和小型商用车	$100 < T < 750$	$750 < n < 10000$
	重型商用车	$900 < T < 5000$	$500 < n < 2500$
动力总成测试	乘用车车轮测功机	$0 < T < 2500$	$0 < n < 3000$
	商用车车轮测功机	$0 < T < 40000$	$0 < n < 1200$

测功机能力见表2-15。

测功机能力 表2-15

测功机类别	倒拖	稳态	瞬态	动态	发电	吸收功率
水力测功机	不能	能	不能	不能	不能	能
电涡流测功机	不能	能	不能	不能	不能	能
直流电力测功机	能	能	能	能	能	能
交流异步测功机	能	能	能	能	能	能
交流同步测功机	能	能	能	能	能	能

发动机测功机测量扭矩和转速以便计算其瞬时功率。发动机测功机直接从发动机的曲轴(或飞轮)测量功率和扭矩,这正是重型发动机测量的法规应用方法。尽管如此,大量轻型发动机的标定研究也在发动机测试室中进行。为了测试整体车辆的动力系统,使用“底盘”测功机,其测量由车辆驱动轮传递到滚筒表面的功率。转鼓或滚筒代表了路面。

底盘测功机主要用于整车测试,可以选择电涡流测功机、水力测功机与电力测功机中任一工作原理制造。目前使用最多的是电力底盘测功机。

2.7.1 水力测功机

水力测功机因其独到的优势,使其至今仍在应用中,例如测试重型车辆、铁路机车或大型船舶的大型发动机,功率范围从几百千瓦至几兆瓦,扭矩范围介于几百牛·米到几十万牛·米之间。对于高功率级别的测试,目前实际上没有代替水力测功机的产品。电力测功机需将能量回馈至电网也不是在所有额定功率下经济可行的。水力测功机扭矩测量与电涡流测功机相同,即经由定子摆式安装的应变力扭矩传感器实现。

水力测功机应用了福廷格(Foettinger)原理。福廷格原理的原始形式是通过循环流体(油、水等)将驱动轴与输出轴耦合,以传输旋转运动。水力测功机转子搅动叶轮与定子碗以短距离但不接触的方式可旋转地(大部分对齐)布置在密封的、充满流体的壳体中,通过媒介-水体间接与定子作用,吸收负载。机械能转化为热量并被流经测功机的水带走。

水力测功机由转子和铸有半碗状叶片的定子组成。转子和转子叶片一同旋转通过固定的定子叶片。转子叶轮与定子叶轮之间的间隙很小。发动机带动转子旋转,搅动水体,被搅动水通过定子作用在外壳(摆)上表现为切向力,该力使摆外壳有转动倾向,从而将力传至扭矩传感器。水由测功机上方流入测功机内部,由定子底部孔口排出。改变充入测功机的水量(位)可控制吸收扭矩。在测功机入水口及出水口处的控制阀调节充入水水位(入水口控制水阀为任选项)。由于改变水位需要花费相对长时间这一事实,使得水力测功机仅仅适用于稳态测试。水力测功机如图2-74所示。

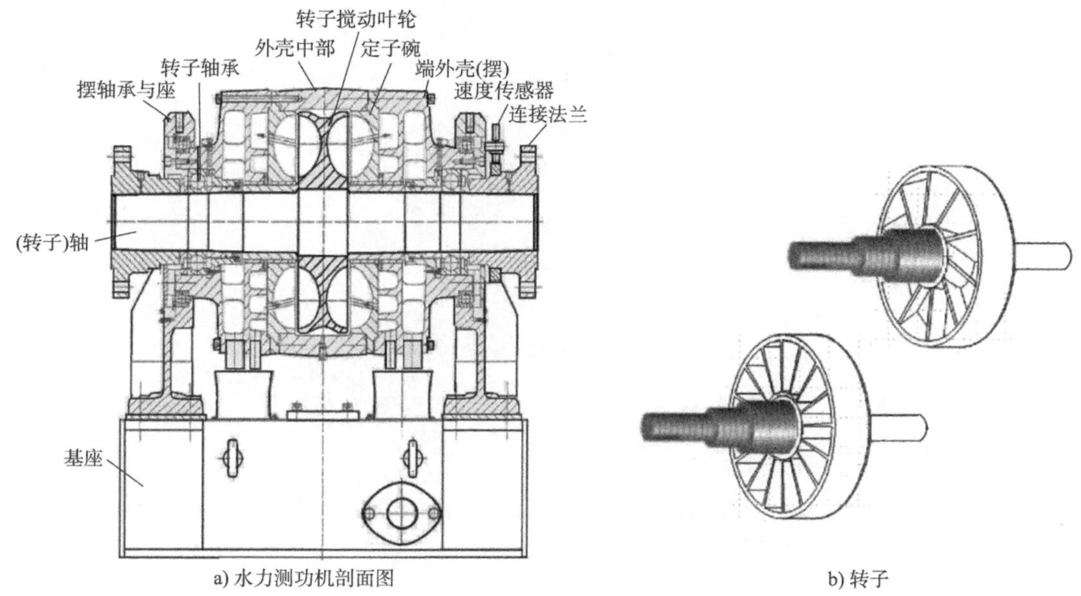

a) 水力测功机剖面图　　b) 转子

图2-74　水力测功机

根据水力测功机结构,水力测功机可工作在单向旋转或双向旋转下(取决于转子叶片直立或斜立)。主要组成:水仓机体、控制单元、出水口水阀/进水口水阀、水阀伺服控制。两个轴承座支持端外壳(摆)。端外壳(摆)由端外壳、外壳中部、定子碗组成。转子由轴、搅动叶轮、耦接法兰组成。叶轮和插入的叶片可是直立的或斜立的。斜立叶片测功机只可朝一固定方向旋转,其优点是吸收高负荷。直立叶片测功机可朝任一方向旋转。轴两端各装一耦接法兰。摆外壳经由臂杆与扭矩传感器连接,扭矩传感器固定在基座上。水力测功机的吸收方向取决于叶片和插入的设计。速度由速度传感器对准牙盘测量。控制器负责测量与控制速度、扭矩值、出水口温度和蝶阀叶片开度。控制器调节扭矩值将设定点值馈送给功率单元,驱动电控出水阀改变蝶阀叶片开度。水力测功机的性能由出水口水阀控制。阀位置决定了工作腔室内的水量和压力。在进水口使用进水口(任选项)水阀可优化低性能范围的调节控制效果与优化水耗。发动机产生的机械能转换为热被冷却水带走。叶轮与轴装为一体。当轴转动时,旋转的叶片加速了水体。定子降低了水体流动速度。在测功机中水量(即体积)越大,扭矩(即负载吸收)越大。出水阀全关(100%),负载最大;出水阀45°开度时,负载最小(0%)。进水阀全开(100%),进水最大。碟片与横截面间开度10°,对应0%,即不能全关。

2.7.2 电涡流测功机

电涡流测功机有鼓式电涡流测功机和盘式电涡流测功机。电涡流测功机适用额定功率范围在几千瓦到几兆瓦试验应用。额定扭矩从几牛·米到几万牛·米。

2.7.2.1 结构

鼓式电涡流测功机结构如图 2-75 所示。

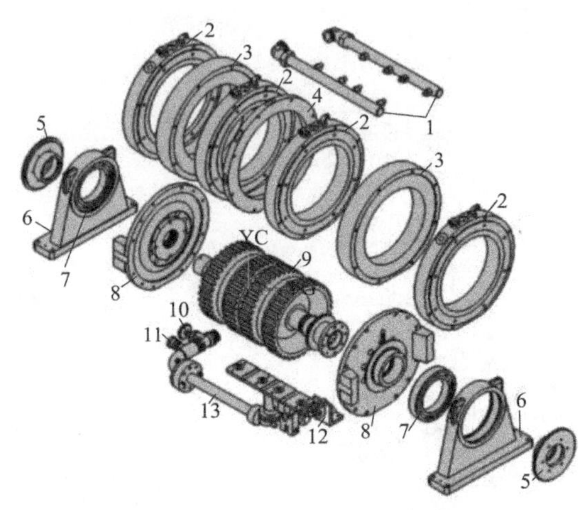

图 2-75 鼓式电涡流测功机结构

1-冷却水出水管;2-冷却水环;3-励磁线圈环;4-通气环;5-轴承座端盖;6-轴承座;7-定子轴承;8-定子(摆)端盖;9-转子;10-闸阀;11-酸洗清洗液入口;12-冷却水入水分配板(定子摆管);13-扭矩传感器

2.7.2.2 工作原理

当固态导体运动通过磁场时,会在导体上产生环形电流,此电流称为涡电流,这是一种物理现象。电涡流磁场与产生电涡流的磁场相互排斥,相互抵抗的力迅速制止或制动金属导体的运动。电涡流测功机利用了这个物理原理。

以鼓式电涡流测功机为例。电涡流测功机由一带轮齿的铁磁材料转子和定子构成。定子包括水环和线圈,壳体也由导磁材料制成。线圈与可变直流电压源连接。线圈产生的定子磁场极大地磁化了转子轮牙区域。如果发动机带动转子旋转,转子牙间隙引起的空气隙变化导致在定子表面磁场变化。变化磁场诱发定子材料上产生电涡流,电涡流产生磁场力,与转子电涡流磁场发生作用,磁场相互作用力(排斥)阻止转子的转动。调节励磁电流的大小,可调节电涡流强度,从而调节吸收负荷的能力,即模拟了发动机的负载,同时吸收了发动机发出的机械能量。

电涡流损耗制动能转换为定子中的热。为了消散这些热,需要将定子材料冷却。鉴于水的良好热传导性和高比热能力,使用水充当冷却液。制动力增加与施加于线圈的直流电压成正比,与转子转速成正比。直流电压与转子转速都影响在定子上所诱发电涡流的幅值。

直流通过线圈环,磁场穿越定子和转子。由于转子的牙式表面结构,磁场密度是不规则的。转子旋转引起各环内表面磁通量变化,产生涡电流,涡电流磁场产生制动作用。转子与定子之间没有任何机械接触。

在电涡流测功机中,电涡流的产生与一般使用交变电流产生变化磁通不同,电涡流测功机使用直流产生磁场,其涡电流产生是由于转子电枢表面不规则从而导致磁通变化。

扭矩传感器采用应变力式。扭矩测量精度:±0.3% F.S(满量程)。速度测量精度:±1r/min。

图2-76示意电涡流的产生。水环包围轮齿,两个水环夹一个线圈。

图2-77所示为电涡流摆式测功机轴承结构。整个机体坐落在轴承座上。由轴承结构可见,电涡流测功机也属于摆式测功机。

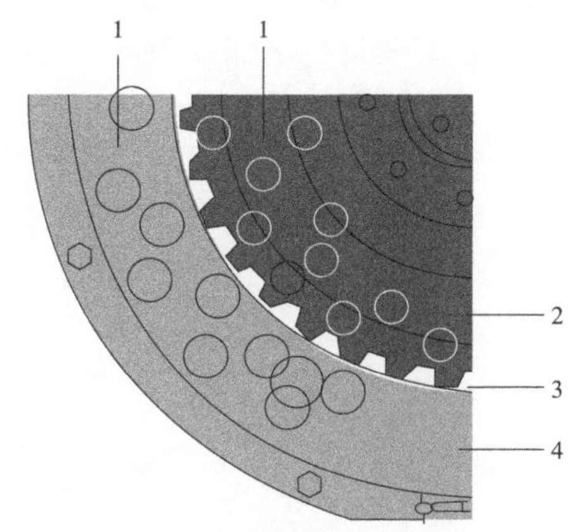

图2-76 电涡流产生示意图

1-电涡流;2-带齿牙的转子(60个齿牙);3-缝隙;4-水环(定子组成部分)转子轴承

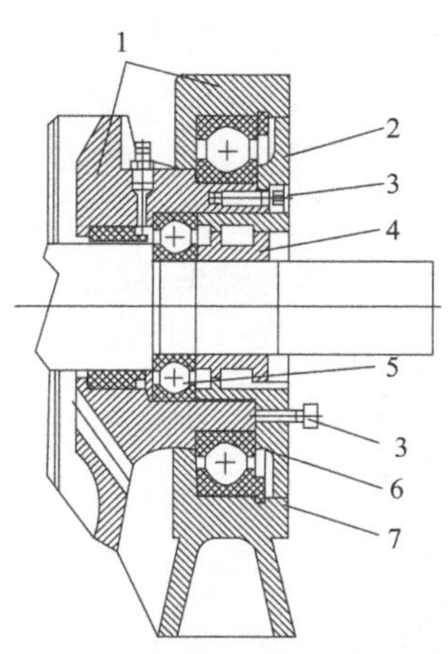

图2-77 电涡流摆式测功机轴承结构

1-轴承座;2-轴承盖;3-螺栓;4-自动润滑脂套;5-转子轴承;6-摆轴承;7-卡簧

2.7.2.3 电涡流测功系统

图2-78给出电涡流测功机系统框图和电路原理图。功率单元提供励磁线圈电流控制并产生控制测功机的逻辑信号。以AVL Alpha240电涡流测功机为例,功率单元LSE511,单相/N/P线,230VAC,最大电流8.5A,功率1955VA。

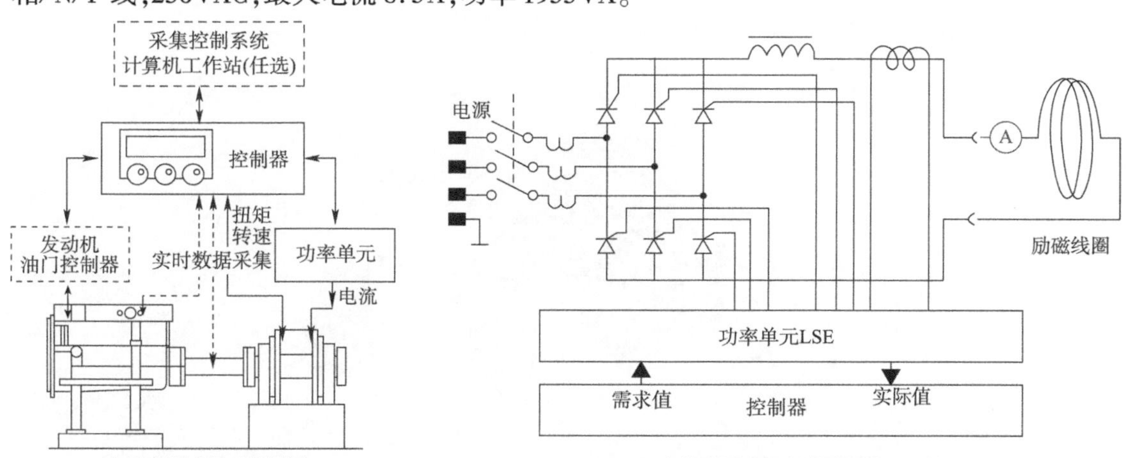

a) 电涡流测功机系统框图

b) 电涡流测功机电路原理图

图2-78 电涡流测功机系统框图和电路原理图

电涡流测功机激励线圈逆向串接(同名端不顺向),如图2-79所示。电涡流测功机三只励磁线圈环的安置使磁极呈现为NS-SN-NS,而不是NS-NS-NS。这是为什么?

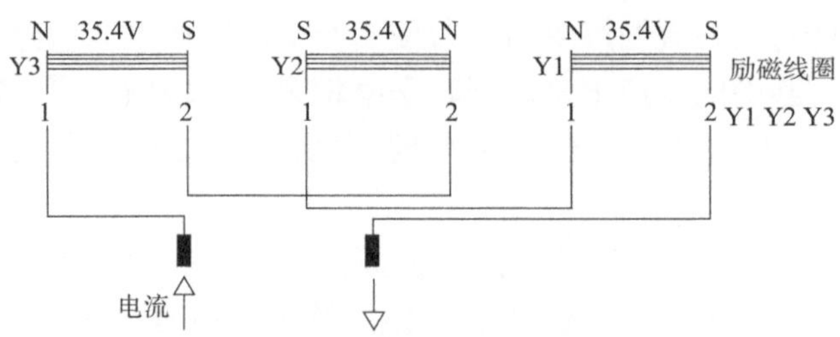

图 2-79 电涡流测功机三只励磁线圈连接

两个线圈串联,流入电流方向相同可以加强磁场,方向不同可以抵消减弱磁场。这种接法好处是减少转子体中心部位产生电涡流,而在水环环部附近仍然保证产生电涡流的足够磁场强度。电涡流减小,损耗就减少。

图 2-80 所示为亥姆霍兹线圈原理及内部的磁场分布。亥姆霍兹线圈是最常用的均匀磁场来源(有时也作为磁场标准)。

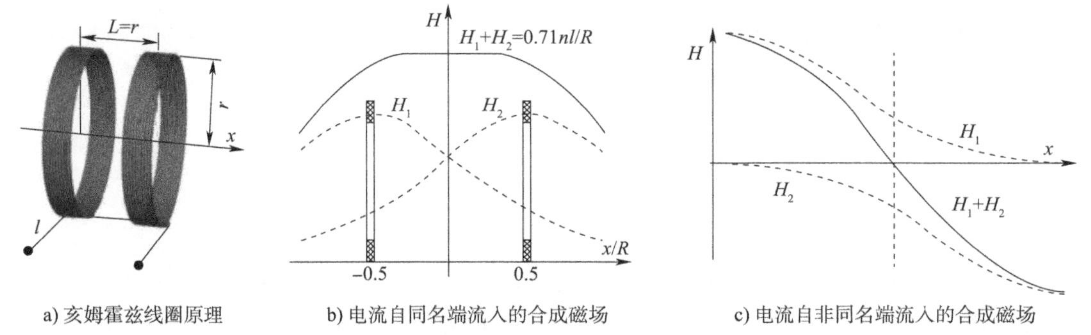

a) 亥姆霍兹线圈原理　b) 电流自同名端流入的合成磁场　c) 电流自非同名端流入的合成磁场

图 2-80 亥姆霍兹线圈原理及内部的磁场分布

一对亥姆霍兹线圈由两个相距 L、相同半径为 r 的圆形线圈组成,H 为磁场强度(A/m)。图 2-80c)所示为反亥姆霍兹线圈系统作为均匀梯度磁场源。

2.7.2.4 电涡流测功机维护

电涡流测功机清洗如图 2-81 所示,图中液路使用软管。

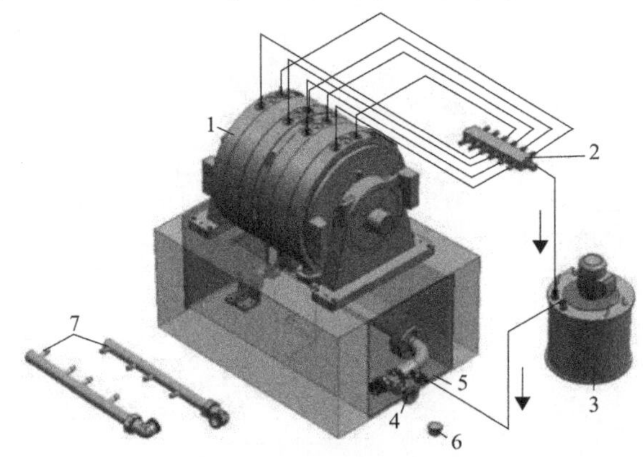

图 2-81 电涡流测功机清洗

1-测功机机体;2-清洗液分流器;3-除磷泵;4-冷却水截止阀(清洗时关死);5-清洗液入口;6-清洗液入口封堵(仅清洗时拧下);7-冷却水排水管(清洗时卸下)

使用清洗液分流(配)器,可同时清洗所有冷却水环,提高清洗效率。电涡流提升了定子外壳的温度,产生的热量对应发动机提供的机械能,热能必须由冷却水带走,否则,定子金属水环会径向膨胀,抱死转子。水环与线圈环构成的一体组成定子外壳或"摆"。在拆卸线圈环过程中,拆卸线圈环与水环前,务必记住各水环顺序与各横截面的原朝向,注意线圈同名端极性方向,切勿装错。若拆前的顺序是"123456789",则装回去的顺序就是"987654321"。若顺序搞错,可能损坏功率单元内器件。

清洗水环时,液流由下至上冲洗可以保证冲走磷片,避免管道堵塞。首先酸洗若干小时,例如4h;然后碱洗,例如0.5h;最后水洗若干分钟。水环清洗如图2-82所示。

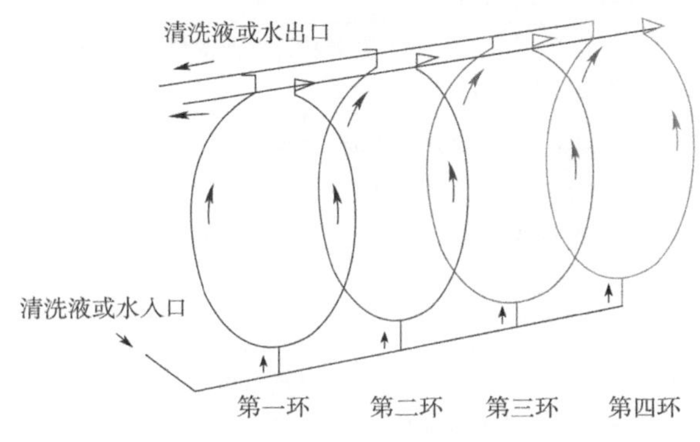

a) 冷却水及清洗液进入与排出方向

b) 水环磷锈

图2-82 水环清洗

清洗泵要求:单相220V,0.25kW,IP44保护,最大泵扬程8m或10m,流量40~60L/min,速度2800r/min,容器容积50~100L。

酸液要求:清洗蒸汽锅炉的清洗液即可,pH值为10%,0.5±0.1;密度为1.13±0.02g/cm^3,20℃。

应用浓度要求:钢,20%(20kg酸,兑水80~100L),最高温度50℃,清洗时间4~5h。如果pH值保持在小于8,则清洗完成。如果pH大于8,应当在清洗液中添加酸液。使用酸液时保持通风,远离明火,避免发生爆炸。

碱中和液要求:pH值为10.5±0.3,密度为1.10±0.02g/cm^3,20℃。中和100L浓度20%的酸液,需要2.5L中和液,使用1%~2%的中和液和水涮洗。一旦液体pH值稳定在pH6~pH9之间,即认为液体已被中和。在倒掉液体之前,必须检查pH值。

电涡流测功机维护计划见表2-16。电涡流测功机故障诊断与排除见表2-17。

电涡流测功机维护计划 表2-16

服务项目	服务间隔	必备工具	服务要点
服务前冷却水流量测量	每年	流量计,例如金属管浮子流量计	差压(bar)与流量(m^3/h)关系的检查,由此关系可判断结附磷锈程度和清洗后效果。差压指测功机进水口与出水口压力差。一台结锈严重的测功机会造成在一定压差下流量的减小。结锈而未能清洗会使定子摆过热膨胀,以致发生抱轴永久变形
服务前转子与定子空气间隙检查	每年	厚薄规(0.05~1.0mm)	例如Alpha350/500,额定间隙为0.65~0.70mm

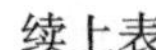

续上表

服务项目	服务间隔	必备工具	服务要点
速度传感器间隙检查和或调整	每年	厚薄规	间隙为0.6~0.9mm
清洗冷却水环(除磷锈)	每年或更短	除磷清洗泵、酸液、碱液、中性液	间隔与用户冷却水质有关;清洗泵为特定扬程防腐泵;酸液与碱液必须符合指定成分与浓度
检查转子连接法兰轴向与径向跳动	每半年	千分尺(刻度0.01mm)、磁力表座	例如Alpha160~500,允许径向跳动为0.02mm;允许轴向跳动为0.02mm
检查是否需要除磷锈	每半年	流量计	或者测量流量,或者在测功机后串接刻度式流量计直接读数确定
更换转子轴承油脂	每半年	听诊器(任选)	Alpha20/40:4g/每个转子轴承; Alpha80~500:5g/每个转子轴承; Dynoperform80~500:5g/每个转子轴承
振动测量	每年	振动表	详见本书4.4.2
励磁线圈对地绝缘测量	每年	绝缘摇表	若对地电阻大于20MΩ,线圈正常; 若对地电阻小于20MΩ,短路发生;检查线圈电缆的端子与插头和或替换端子与插头,或更换线圈
检查励磁线圈磁性	每年	NS极磁针	确认相邻励磁线圈极性相斥,即若线圈1为N-S,则线圈2为S-N,否则错误
测功机地脚螺栓加固	每年	扭矩扳手	参考机械螺栓固紧扭矩表
PE接地电阻检查	每年	接地电阻仪	用户电工需确认数据或实测
扭矩传感器紧固检查	每年	扭矩扳手	—
水阀门泄漏检查	随时	—	—
更换线圈	故障时	塑料锤	—
更换水环	故障时	塑料锤	—
电流标定	每年	—	—
扭矩标定	每年	标定砝码	—
功率单元电路目测与除尘	每年	刷子、压缩空气	—
励磁线圈阻抗测量检查	每年	欧姆表	例如Alpha20/40,额定电阻Rnom为12.07~13.34Ω,需要参考用户现场说明书。若测量值等于范围值,线圈正常;若无穷大,线圈断路,应更换励磁线圈;若测量值不小于0.9×Rnom,则线圈内部短路,应更换线圈
清洗入水口冷却水水污拦截器	每月	扳手	在水污拦截器前,用户应安装水过滤器
用户冷却水质检查和或确认	每年	第三方质检机构	用户需提供此项检测数据
用户冷却水入口温度检查和确认	每年	PT100温度计	—

电涡流测功机故障诊断与排除　　表 2-17

故障	原因	措施
冷却水出口温度太高（>60℃）（控制器报警）	进水阀关闭	打开进水阀
	出水阀关闭	打开出水阀
	水污拦截器堵塞	清洗水污拦截器
	冷却环或管道堵塞	检查管道或为冷却环除锈
	流量传感器损坏	更换流量传感器
	冷却水进水温度太高	改善用户水系统。35℃是最坏的情况
轴承温度太高（任选）	空气进气筛网堵塞	清理进气筛网
	转子轴承损坏	更换转子轴承
扭矩或性能显示不稳定	扭矩传感器电缆接触不良或损坏	检查电缆连接或更换电缆
	扭矩传感器损坏	检查和或更换扭矩传感器
	冷却水出水软管硬化	检查和或更换出水软管
	转动定子摆管（在鼓体下方）困难	检查定子摆管两端O形密封垫或更换
	定子轴承损坏	更换定子轴承
	功率单元电子故障	目测所有电路板
扭矩和/或性能太低	线圈电缆X1、X2、X3松动或损坏	检查电缆连接或替换电缆
	励磁线圈损坏	检查线圈和/或更换线圈
未能达到发动机最大性能值	所测发动机不在测功机特性曲线包络内	试验仅在特性曲线范围内有效。购买包含受测体工作范围的测功机
测功机“无缘无故”停机	接点接触不良	检查插头内电缆接触和端子接点接触
速度指示不为常数	速度传感器测量电缆松动或损坏	检查电缆连接或更换。找出损坏原因，是否是另一个器件损坏引起的
	速度传感器调节不当	调节速度传感器
转子卡住了转不动	转子与冷却环发生了接触	检查转子与冷却环之间空气间隙
振动太大（试验台发出超乎寻常噪声）	转子不平衡	检查连接法兰的轴向跳动与径向跳动和/或更换转子
	转子轴承损坏	更换转子轴承
	连接轴不平衡	检查连接轴。联系制造商，检查是否连接使用一致性的新螺栓
	地脚螺栓松动	上紧加固
	试验台土木结构不当	聘请专家检查试验台土木结构
测功机不加负荷	没有励磁电流，功率单元故障	检查电缆线，目测所有功率单元LSE内印刷电路板、检查EMCON；标定电流

2.7.3 电力测功机

2.7.3.1 直流电力测功机

直流电力测功机即直流电机用于测功的目的。在直流电机中,转子也称为电枢,因此,转子绕组称为电枢绕组,转子电流称作电枢电流。

$$T = K_T \Phi I_a = K'_T \Phi_f \Phi_a = K'_T I_f I_a \tag{2-56}$$

式中:T——直流电机转矩;

K_T——系数,对于给定的电动机是恒定的;

Φ——磁场产生的总磁通量;

I_a——电枢电流。

在大多数电动机中,磁通量保持恒定,因此,电动机转矩 T 与电枢电流 I_a 成正比。这个极其简单的结果意味着,如果要求电动机在所有速度下都产生恒定扭矩,我们只需保持转子电枢电流I_a恒定。

由于直流电机的一些缺点,例如维修量大、电刷火花不适宜油气环境等,直流电力测功机的应用场合已经不多见了,此处不做其原理详述。但还是提及,是因为现代交流鼠笼异步电力测功机的控制模拟了直流电机的控制优势。

在需要非常快速的速度变化的地方,标准逆变器供电驱动器与直流驱动器(变频器)相比不利。直流电机驱动器的优势首先在于直流电机相对良好的瞬态响应,相比之下,感应电动机固有的瞬态性能较差。其次是即使在瞬态条件下,扭矩也可以通过控制电枢电流来控制。直流驱动器模拟如图 2-83 所示。

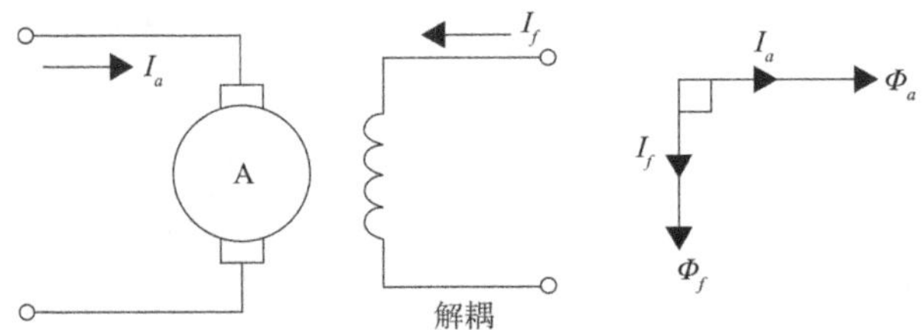

图 2-83 直流驱动器模拟

磁场定向控制(Field Orientation Control,FOC)是一种用于感应电机的控制方案,它模拟直流驱动器控制原理,其中使用锁定到电机磁通空间矢量的 d-q 坐标参考系来实现电机磁通和转矩之间的解耦。因此,它们可以分别由定子 d 轴和 q 轴电流分别控制。

2.7.3.2 交流同步电力测功机

交流同步电力测功机转速为:

$$n_s = \frac{120f}{p} \tag{2-57}$$

式中:n_s——同步转速,r/min;

p——磁极数;

f——交流电源频率。

同步转速是同步电机转子的转速,也是定子磁场旋转的速度,因为二者相等,故称“同步”。异步感应鼠笼电力测功机旋转磁场转速也适用此公式。

这里谈及的交流同步电力测功机采用永久磁铁同步电机方式。在定子侧，同步电机与异步电机的结构相似，三相绕组也均匀地分布在定子圆周，绕组的末端也被连接到端子板上。与异步电机激励场由定子提供所不同，同步测功机的励磁场是由转子产生的。同步电机激励通过两种方式实现：

(1)外部激励同步电机。外部激励同步电机需要向转子提供直流电源。这类同步电机已落后于测试应用，此处不做赘述。

(2)永久磁铁同步电机(测功机)。在永磁同步电机中，由稀土金属制成的永久磁铁环绕转子圆周布设，这些磁铁被安排的方式在转子上产生具有明显南北极的磁场。该技术优点之一是转子不再需要激励绕组及相关直流电源。其缺点是，近年来永久磁铁的成本不断攀升。

当今，动态试验台同步机应用几乎无例外地采用这种永磁同步测功机。同步机正如异步机那样，也由变频器控制。由于在整个工作范围内激励水平保持不变，因此，速度仅由PWM逆变器改变定子电压频率来控制。与异步电机不同，同步电机的扭矩通过增加定子电流，在定子中形成。使用存储在变频器中的机器模型，计算出相应的有功和无功电流，该电流由施加在定子上脉宽调制电压来控制。

同步电力测功机的主要特点是转子直径可以制成的比较小，这有助于使转子质量惯性保持相对较小(与异步测功机相比)。这种情况使得同步电机特别适合充当高动态测试台负载单元。

2.7.3.3 交流异步电力测功机

当前最广泛使用的测功机全称为异步感应鼠笼式电力测功机，为方便起见，简称为异步电力测功机。对于异步电力测功机，定子磁场旋转速度也使用式(2-57)，但转子速度就不同了，记作n_r，同步电力测功机与异步电力测功机转子转速见表2-18。

同步电力测功机与异步电力测功机转子转速 表2-18

转速	关系
同步电力测功机转子转速n_s	$n_s = 120f/p$
异步电力测功机转子转速n_r	$n_r = n_s(1 - s)$

异步电力测功机转差率 s 为：

$$s = \frac{n_s - n_r}{n_s} \tag{2-58}$$

定子旋转磁场速度与转子速度之间的速度差$n_s - n_r = slip$，称为滑差。滑差决定感应出的转子电流幅值的大小，因此也决定作用在转子上的力的大小。扭矩与滑差成正比。

在式(2-57)中，磁极确定后，频率改变，速度就会变化。定子旋转磁场的旋转频率随施加电源电压的频率线性增加，转子速度相应增加，因此，速度一般通过调节电机电压频率实现。

对于感应测功电机，转子，即速度慢的一方总想赶上去，但总也赶不上(旋转磁场)，故称“异步”。

为了增加转矩,必须在转子中产生与所需转矩匹配的电流。为此,PWM 逆变器以获得足够滑差的方式,设置在定子绕组上的频率。因为异步电机基本上就像一个次级侧短路的变压器,所以所需电流也必须在定子绕组中产生。为此,PWM 逆变器改变定子端电压。为了改进控制,异步电机的电气模型存储在变频器中并可根据实际连接机型进行参数设置。

在试验台上使用测功机起动(倒拖)发动机,在采集系统软件上,扭矩显示为负值(人为设定),这时发动机作为测功机的负载旋转。当使用"测功机控制转速/发动机控制油门"工作方式时,测功机给一定转速,发动机给一定油门,扭矩显示,从负值经过 0N · m,变为正扭矩值,此时进入试验状态,测功机作为发动机负载,测功系统处于发电状态。

(1)异步电力测功机停机机电特性。

①供电反置制动。转子可通过简单地互换供电电源的任意两个相端被快速转向。这种切换由两个分别的三触点交流接触器实现,一个接触器用于正向,另一个用于反向,这个过程称为插接倒置或反置制动。调转两个相端,结果调转了磁场方向,扭矩变为负值,电机减速。频繁的反转会引起绕组过热。反置制动可用于快速制动转子,但很明显,当转子停下来时必须断开电源,否则转子将在反方向旋转起来。因此,使用了一个轴反转探测器,以便在速度达到零时立刻释放反向接触器。

②注入制动。这是电力制动最广泛使用的方法。当"stop"信号发生,三相电中断,变频器向定子线圈中注入直流电流。因为直流是零频率,所以空气隙旋转磁场消失了,如果磁场不存在,转子还在(凭借惯性)动,制动扭矩将施加于其上。注入制动是一个耗散的过程,所有动能在电机内被转化为热。

在《机械安全-机械电气设备》(EN 60204-1)中对发动机台架停机功能具有以下定义。

STOP:通过具有有限测功机扭矩的 EMCON 速度控制器停止,使用参数模块 ECT 中"Stop torque",例如 100N · m。另一方面,通过 EMCON 关闭发动机喷射或点火。

硬关机(Hardshutdown):通过具有最大测功机扭矩的 EMCON 控制器停止系统。最大测功机扭矩在 EMCON 数据库中定义。另一方面,通过 EMCON 关闭发动机喷射或点火。

软关机(Softshutdown):EMCON 关闭测功机控制,系统惯性停止。另一方面,通过 EMCON 关闭发动机喷射或点火。

紧急停机(Emergrncy stop):详见急停继电器模块 PILZ PNOZ X11P。该种停机可采用供电反置制动。

(2)测功机选择。

选择测功机一般考虑发动机特性曲线、最大功率、最大扭矩、稳态扭矩、加速扭矩、最大转速、惯量匹配、电源电压选择、能量去向、冷却方式和环境等。

图 2-84 给出一个异步电力测功机发电状态特性图例子。实线代表额定负载,虚线代表过载能力。过载 1min,15min 间隔。0 ~ 4000r/min 范围为 V/f 控制范围。超过 4000r/min,由于缠绕设计,不可能进一步增加电压,并且当速度进一步增加时,转矩以 $1/f$(弱磁范围)的速率下降。4000 ~ 12000r/min 为磁场控制范围。4000r/min 这一点称为额定速度或基本速度。基本速度是机器可以提供全功率的最低速度。

①选择测量仪表量程一般规则。当仪器仪表的准确度给定时,指示值愈接近满度值,指示值的准确度越高,应尽可能使指针偏移位置在靠近满度值的 1/3 区域内。在选择仪表量

程时,应当使其满度值尽量接近被测量数值,至少不应比被测量值大得太多。

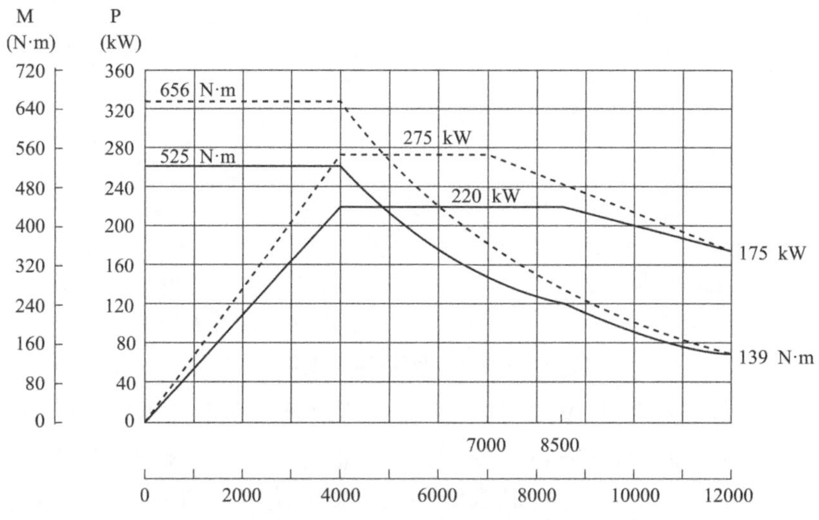

图2-84 典型异步电力测功机特性图(发电工作方式)

②选择测功电机加载范围方法。发动机满负荷扭矩—速度特性曲线应当在测功机扭矩—速度特性曲线包络以下,即被其所包含。从寿命上考虑,推荐测功机扭矩最大值高出发动机扭矩最大值20%。需要同时考虑扭矩和转速,在产品系列中选择上一挡。测功电机种类与激励磁场见表2-19。

电机种类与激励磁场　表2-19

电机种类	激励磁场
直流电机	定子(永久磁铁或电流通过定子线圈)产生磁场
同步电机	转子(永久磁铁或电流通过转子绕组)产生磁场
异步电机(感应电机)	定子绕组产生旋转磁场

(3)变频器控制。

在电力测功机系统中,变频器几乎在所有应用时刻将发动机发出的机械能转化为单一频率、单一电压的电能送回到公用电网,除非选择负载箱将工作在发电机状态的测功机发出的电能消耗掉。

图2-85所示为异步感应鼠笼式电力测功机框图,其中变频器为IGBT电压源式背对背(或AC-DC-AC)变频器。在测试状态下,测功电机作为发动机负载,能量流由右向左。如果使用测功电机拖动发动机起动,能量方向由左向右。

图中所注“控制方法”,可采用“六台阶法”,也可采用PWM脉冲宽度调制控制法。当采用前者时,逆变器称为六台阶三相逆变器;当采用后者时,逆变器称为PWM三相逆变器。两种逆变器电路原理图相同,如图2-86a)所示。

①PWM脉冲宽度调制控制方法。

脉冲宽度调制技术用于逆变器中,使用具有相同峰值的脉冲序列近似正弦波形,仅当脉冲宽度被适当调制,才能实现完美近似。

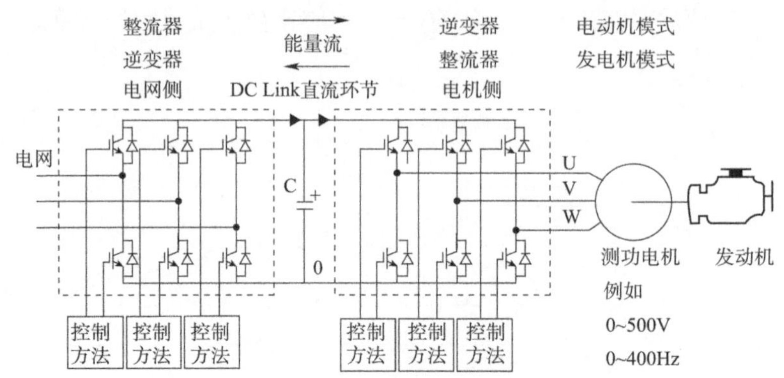

图 2-85　异步感应鼠笼式电力测功机框图

连接到该变频柜接线柱 U,V,W 的三相负载可以是三角形或不接地的中性星形连接。基本上,每个开关都是通过将正弦参考波与三角载波进行比较来控制的。输出的基频与参考波基频相同,输出的振幅由参考波和载波的相对振幅决定。如果载波频率选择为参考频率的奇数 3 倍,即 3,9,15,…倍的参考频率,谐波将被最小化。PWM 三相逆变器的优点是在滤除谐波时对滤波器的要求降低很多(图 2-86b)。载波频率是输出 IGBT 开启和关闭的速度。载波频率越高,输出波形越平滑,越接近正弦波功率。

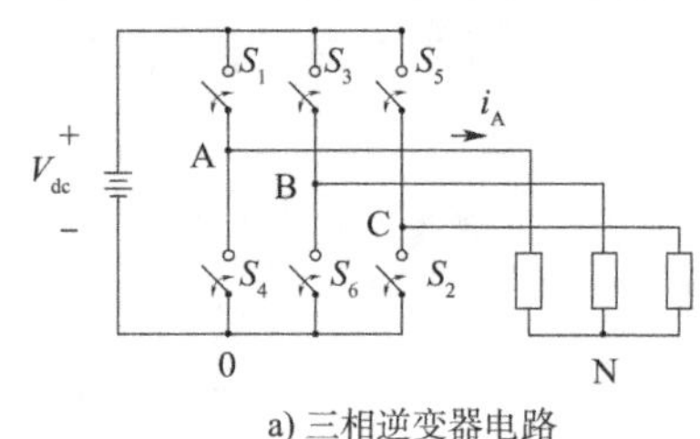

a) 三相逆变器电路

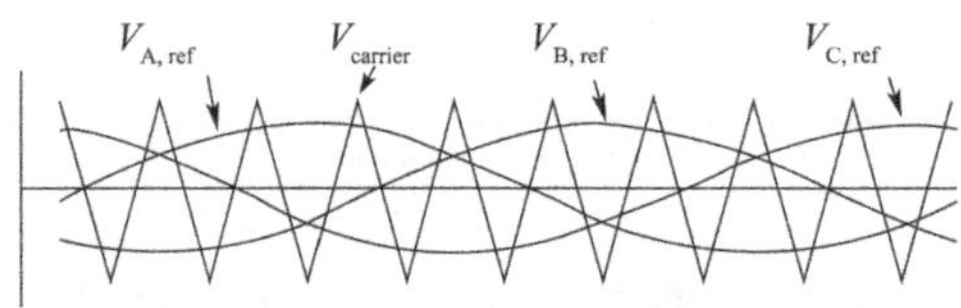

b) PWM三相逆变器的载波和参考波(m_f=9, m_a=0.7)

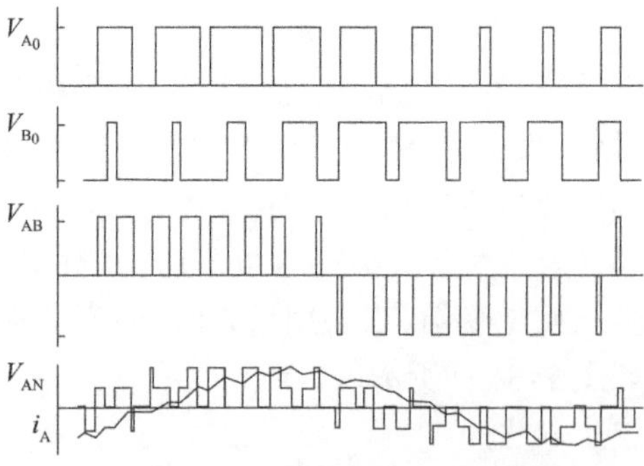

c) 输出波形(电流用于RL负载)

图 2-86　三相逆变器电路与波形

②频率调制率m_f和幅值调制率m_a。

频率调制率m_f为：

$$m_f = \frac{f_{carrier}}{f_{reference}} = \frac{f_{tri}}{f_{sine}} \tag{2-59}$$

PWM 输出电压的傅里叶级数的基频与参考信号相同。一些谐波的幅值非常大，有时甚至大于基频的幅值。但是，由于这些谐波位于高频处，因此，简单的低通滤波器可以非常有效地消除它们。调频比定义为载波和参考信号的频率之比，增加载频频率（即增加m_f）会增加发生谐波的频率。

幅值调制率m_a被定义为参考幅值与载频信号幅值之比，即：

$$m_a = \frac{V_{m,reference}}{V_{m,carrier}} = \frac{V_{m,sine}}{V_{m,tri}} \tag{2-60}$$

如果$m_a \leqslant 1$，输出电压基频幅值V_1线性正比于m_a，即：

$$V_1 = m_a V_{dc} \tag{2-61}$$

式中：V_{dc}——背对背变频器直流连接电容两端电压。

这样，PWM 控制的逆变器输出基频幅值受m_a控制。如果$m_a > 1$，输出幅值随m_a增加而增加，但不呈现为线性。线到线三相 PWM 电压的归一化幅度 V_{n3}/V_{dc} 见表 2-20。V_{n3}为三相逆变器谐波傅里叶表达式的系数，其中 3 指三相，n 指谐波次数。

归一化幅度 V_{n3}/V_{dc}　　表 2-20

控制量		幅值调制率 m_a									
		1	0.9	0.8	0.7	0.6	0.5	0.4	0.3	0.2	0.1
谐波次数	$n=1$	0.866	0.779	0.693	0.606	0.520	0.433	0.346	0.260	0.173	0.087
调频比	$m_f=2$	0.275	0.232	0.190	0.150	0.114	0.081	0.053	0.030	0.013	0.003
	$2m_f=1$	0.157	0.221	0.272	0.307	0.321	0.313	0.282	0.232	0.165	0.086

③三相电压幅值调节（扭矩控制）。

图 2-85 中的直流环节电压是固定还是变化的？

如果图 2-84 电压型背对背变频器采用的控制方法是六台阶法，则需要通过变化直流环节电容两端电压控制三相电压幅值：

$$V_{n,L-L} = \left| \frac{4V_{dc}}{n\pi} \cos\left(n\frac{\pi}{6}\right) \right| \tag{2-62}$$

如果电压型背对背变频器采用的控制方法为 PWM 脉冲宽度调制法，则正如表 2-20，有下列关系：

$$V_{n,L-L} = f(m_f, m_a) \tag{2-63}$$

即三相电压幅值是频率调制率m_f和幅值调制率m_a的函数。此时，可以令V_{dc}保持恒定，改变m_f/m_a就可以了。

PWM 脉宽调制控制器将命令参考值转换为一组逻辑脉冲序列，脉冲序列定义逆变器每个相脚状态，控制闭合或开路。控制器可以是模拟的或数字电路、软件或硬件，每个实现变体都有特定的优点和缺点。

PWM 可以有许多种类,例如 SVPWM,参考波形也可以有不同,例如梯形。但原则上,所有调制方案都旨在产生开关脉冲序列。这些开关脉冲序列的主要困难在于它们还包含不需要的谐波分量。因此,对于任何 PWM 方案,都可以确定一个主要目标是计算变频器开关 ON 时间,产生所需目标输出电压或电流。满足了这个主要目标后,PWM 次要目标是确定最有效的方法安排开关过程,以最大限度地减少不需要的谐波失真、开关损耗或任何其他指定的性能标准。

④感应电机速度控制。

调整施加电压的频率可以控制感应电机速度,如式(2-57)。如果改变施加电压的频率,电机速度将改变,例如$f_1>f_2>f_3>f_4$,频率增加,速度也随之增加。感应电机扭矩—速度曲线用于恒定伏特/赫兹变速控制感应电机与变频器一起的特性曲线如图 2-87 所示。然而,如果当频率降低时施加电压保持恒定,气隙中的磁通量将增加到饱和点。人们希望保持气隙磁通量恒定并等于其额定值。这是通过随频率按比例改变施加电压来实现的。在电压控制范围内施加电压与施加频率的比率保持恒定的,即 V/f 为常数。

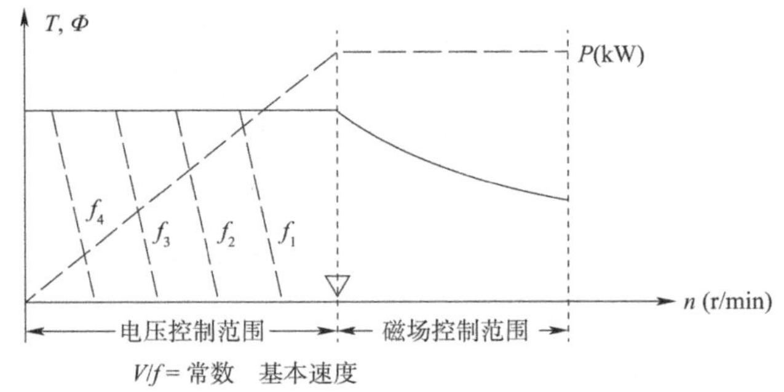

图 2-87　感应电机扭矩—速度曲线用于恒定伏特/赫兹变速控制感应电机与变频器一起的特性曲线

鼠笼式感应电动机的速度可以通过改变电压和/或频率来控制。一般感应电动机产生的转矩与施加电压的平方成比例。V/f 控制目的是在电机中维持恒定磁通(Φ),磁通与励磁电流或 V/f 比值成比例。为了用一给定电流产生尽可能大的扭矩,电机必须使用最大可能恒定磁通。为了维持恒定磁通(Φ),电压变化必须与频率成比例,以便保证恒定磁化电流。

⑤测功机变频器举例。

以异步感应鼠笼式电力测功机变频柜电网侧(图 2-87)和电机侧(图 2-88)电路框图为例,电网侧和电机侧变频器各有两个角色,整流器或逆变器,多数情况是电机侧工作在整流状态,电网侧工作在逆变状态。

在电网侧的功率电子模块有时称为有源前端(Active Front End,AFE),原因是电网侧不能使用二极管模块作为逆变器,因为二极管器件不支持能量的双向流动,而可控硅与 IGBT 有源器件可以做到。所以,满足双向功率的流动,必须使用有源器件,如可控硅、IGBT 等。通过对电机侧变流器与电网侧变流器的协调控制,可较好地实现系统有功和无功的灵活调节。发电机所需励磁由机端电容器和机侧变流器共同提供。

异步电力测功机变频器电网侧控制结构如图 2-88 所示。网侧保持直流环节电压稳定在700V(电网电压400V时),向电网馈电可以做到功率因数$\cos\varphi=1$。高性能的控制结构保证了即使在动态过程中,直流母线电压也是稳定的。由于使用了适应性直流连接电压控制器,在网侧变频器与机侧变频器之间没有通信的必要。

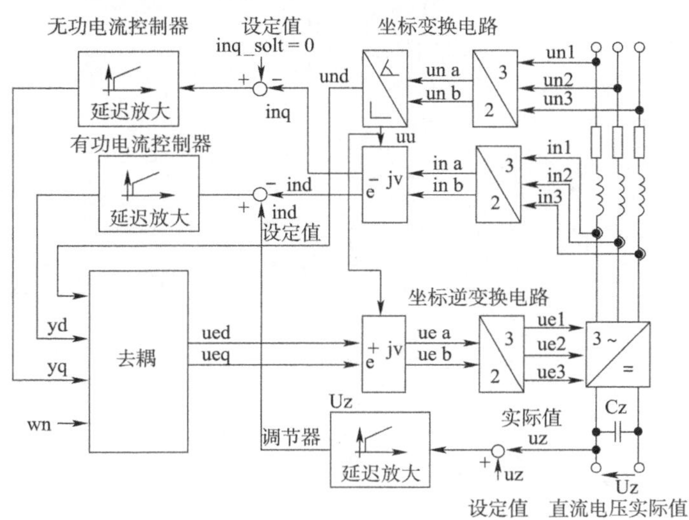

图2-88 异步电力测功机变频器电网侧控制结构

直流连接或直流环节因为连接了整流器和逆变器而得名。直流连接电容是储能元件,也将桥路输出电压滤波。注意,直流环节电压固定,发动机工况不同,传输的电流就不同,变化的功率传送到电网。

根据可参数化的电压/频率特性进行频率控制,使用实际速度传感器进行速度控制,以及使用实际速度传感器进行扭矩控制。

电网侧采用磁场定向控制(Field Oriented Control,FOC)原理。磁场定向控制通过PWM逆变器改变了定子电压向量的幅值、相位和频率,是决定电机轴性能的关键。

在直流电动机中,磁场是由流经定子励磁绕组电流产生的。该磁场始终与电枢绕组产生的磁场成直角。这种情形称为磁场定向,并满足产生最大扭矩需要。换向器和电刷组件确保维持这种状态,无论转子位置如何。

在交流感应电机控制中,人们也在处心积虑地模拟这种情形。使用磁通矢量PWM驱动器,磁场定向是通过电子方式实现的,而不是通过直流电机的机械换向器和电刷组件。此外,电机的电气特性通过微处理器进行数学建模和数据处理。向量控制提供了许多好处,包括大范围的速度控制、精确的速度调节、快速动态响应和高于基本速度的操作。

FOC最重要的原则是:按转子磁场定向,即保持转子磁链旋转矢量始终与dq坐标系下的d轴重合,q轴正交。通过按转子磁场定向,将定子电流解耦为励磁分量I_d和转矩分量I_q。通过电流I_d实现对转子磁链的控制,电流I_q实现对电磁转矩的控制,类比于直流电机的控制。对于表贴式永磁同步电机SPM,一般设置励磁分量$I_d=0$,定子电流全部用于产生电磁转矩。

异步感应测功机变频器电机侧控制结构如图2-89所示。FOC最主要的任务就是:通过不停地观测转子角度,实现转子磁链定向,即保持转子磁链旋转矢量始终与dq坐标系下的d

轴重合，q 轴正交，dq 坐标轴同转子磁链同步旋转。

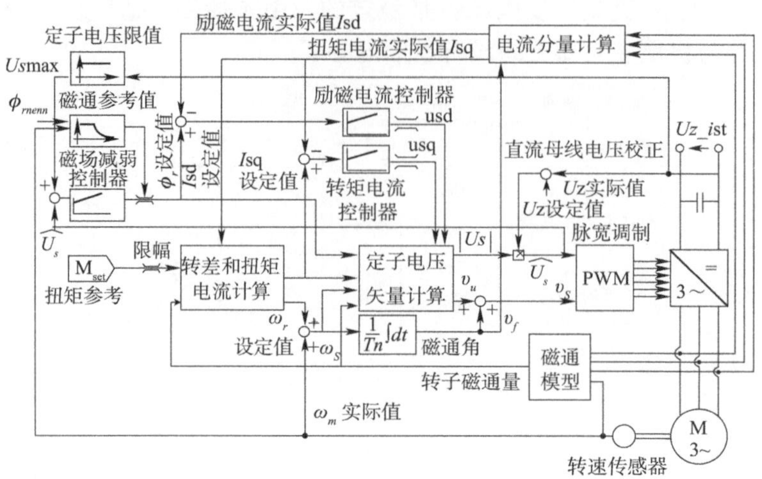

图 2-89　异步感应测功机变频器电机侧控制结构

⑥矢量控制和坐标变换。

在磁场定向中，定子中(假设)的电流I_d和I_q在电机中分别负责产生磁通和扭矩。根据定义，I_q电流与定子磁通同相和I_d与定子磁通成直角。FOC 算法的思想是把磁场用空间矢量的形式表示，已知当定子磁场方向和转子磁场方向垂直的时候可以产生最大的力矩，因此，始终保证定子磁场方向和转子磁场方向垂直就可以保证电机获得良好的性能。首先，测量得到转子的位置就知道转子磁场方向；然后，根据转子位置可以计算出期望的定子磁场矢量；最后，可以通过控制三相电流合成期望的定子磁场矢量。有文献说 FOC 是纯粹数学操作，不无道理。变换坐标如图 2-90 所示。

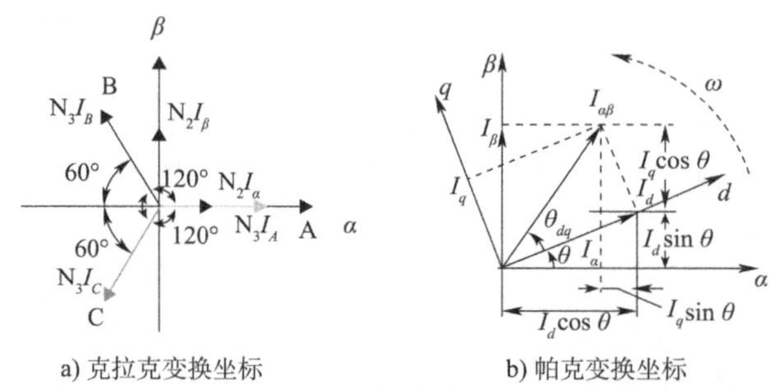

图 2-90　变换坐标

FOC 包括对电机定子电流的控制，由在旋转的 d-q 坐标参考系中的向量分配。这种方法的主要目的是保持定子磁场和转子磁场彼此垂直以产生最大扭矩，这样就可以直接和单独地控制感应电机的转矩和磁通。“感应电机磁场定向控制”驱动器获得每一个直流电机的优势。

FOC 也称矢量控制(Vector Control，VC)，是一种变频驱动控制方法，其中三相交流电机的定子电流被识别为两个正交分量，它们可以视为一个矢量。一个分量定义电机的磁通量，另一个分量定义转矩。驱动器的控制系统根据驱动器速度控制给出的磁通和转矩参考值计算相应的电流分量参考值。通常,比例积分(PI)控制器用于将测量的电流分量保持在其参考值。变频驱动器的脉宽调制根据定子电压参考(PI 电流控制器的输出)定义 IGBT 开与关。FOC 用于控制交流同步和感应电机。

使用帕克变换的想法是将三相电流和电压的系统转换为两坐标线性时不变系统。通过产生线性时不变系统(LTI),使得能够使用简单且易于实施的 PI 控制器,并且还简化了产生磁通和转矩电流的控制。

注意帕克变换(测量)和帕克逆变换(控制)都需要转子磁通位置。FOC 的基本要求是两个电流的知识和转子磁通位置。获知转子磁通位置是 FOC 的核心。获得此转子磁通位置取决于交流电机类型(同步或异步电机)。如果我们考虑同步或感应电机,转子磁通位置的测量是不同的。

VC 的基础是坐标变换,坐标变换三条理论前提是:不同坐标下产生的磁动势相同;变换前后功率不变;电流变换矩阵与电压变换矩阵统一。

坐标变换步骤如图 2-91 所示。

A. 克拉克变换,即三相静止坐标系→两相正交静止坐标系变换,记为 3/2 变换或 A-B-C→α-β。

B. 帕克变换,即直角坐标系下静止坐标→旋转坐标变换(记为 2s/2r 变换)。

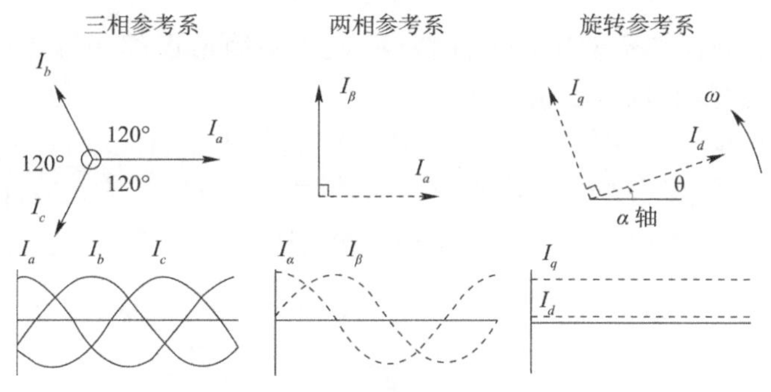

图 2-91 坐标变换步骤

2.7.4 底盘测功机

2.7.4.1 牵引力和速度测量

底盘测功机充当了车辆(道路)负载,车速通过固定在转鼓轴心的增量译码器测量,如图 2-92a)所示。车辆牵引力则应用固定在异步电机外壳(A 端)与陆岸锚点(B 端)之间的应变片力传感器测量,如图 2-92b)所示。

$$F_{牵引} = F_{应变片力传感器} \times \frac{r}{R} + F_{损耗} + F_{惯量损耗} \tag{2-64}$$

式中:R——转鼓半径;

r——电机外壳锚点至电机轴心半径。

2.7.4.2 底盘测功机试验台的道路模拟

车辆检验不必在真实道路上进行而在底盘测功机上完成,是因为测功机模拟了所有可能的道路负载与路况。道路模拟的目的是在底盘测功机台架上运转车辆,像在道路行驶那样得到同样的加速度和减速度。为此目的,车辆在真实道路上定义条件下(平路、无风影响等)进行滑行试验。试验中记录速度—时间曲线图。接着,以一个二阶方程形式(甚至更高阶)对道路负载和/或速度曲线进行近似处理。这个道路方程现在形成了在底盘测功机试验台上设定模型参数的基础。应用一个特殊算法,道路参数与转鼓参数相适应。为了在底盘测功机台架上实现与在道路上会持续地同样滑行试验时间,这是必要的。成就完全相同的转移是不可能的,因为道路轮胎滚动阻力不同于轮胎在转鼓上的滚动阻力。

a) 速度测量

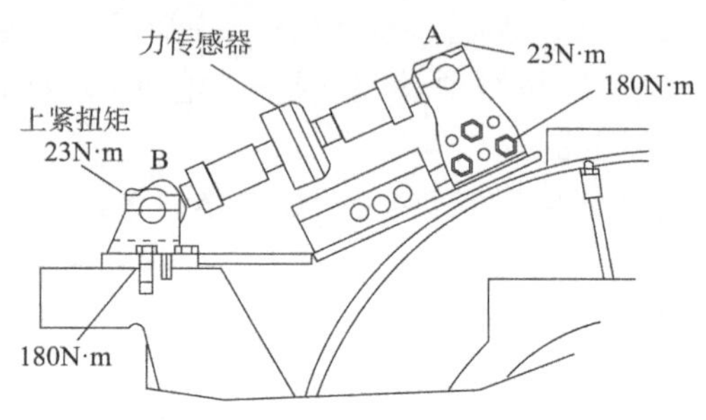

b) 牵引力测量-应变片力传感器安装

图 2-92　底盘测功机速度与扭矩传感器

最先进的道路负载模拟不使用近似曲线,而使用最简情形的一维点质量模拟。精度需求值越高,使用的车辆模型就越复杂。

在动力总成和底盘测功机台架最广泛使用的模型方法是纵向动态一维点质量模型。在这种模型中,车辆质量被集中在车辆重心处且运动方向仅仅在一维(1D)内描述。车辆模拟方程来自动量守恒定律,考虑牵引力、空气阻力、滚动阻力和坡道阻力,如图 2-93 所示。

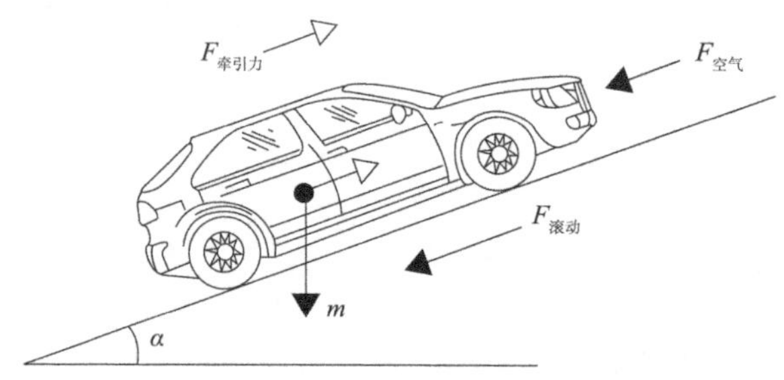

图 2-93　一维点质量模型

运动方程如下。

加速度阻力为F_B,滚动阻力$F_{滚动}$为:

$$F_B = F_{牵引} - (F_{空气} + F_{滚动} + F_{坡道}) \tag{2-65}$$

$$F_{滚动} = f_r mg \tag{2-66}$$

式中:f_r——滚动阻力系数;

m——车质量;

g——重力加速度。

空气阻力$F_{空气}$为:

$$F_{空气}=c_dA\frac{\rho_{空气}}{2}v^2 \tag{2-67}$$

式中：c_d——牵引系数；

A——车辆的投影正面面积；

$\rho_{空气}$——空气密度；

v——速度。

$$F_B=ma+\Theta_{ges,R}\frac{\varphi_R}{r_{dyn}^2} \tag{2-68}$$

式中：a——车辆纵向加速度；

$\Theta_{ges,R}$——车辆所有转动部件的惯性；

φ_R——驱动轮角加速度；

r_{dyn}——动态轮胎半径。

坡道阻力$F_{坡道}$为：

$$F_{坡道}=mg\sin(\alpha) \tag{2-69}$$

式中：α——坡道角度。

所以，牵引力阻力 $F_{牵引}$ 为：

$$F_{牵引}=\underbrace{ma+\Theta_{ges,R}\frac{\varphi_R}{r_{dyn}^2}}_{加速阻力}+\underbrace{c_dA\frac{\rho_{空气}}{2}v^2}_{空气阻力}+\underbrace{f_rmg}_{滚动阻力}+\underbrace{mg\sin(a)}_{坡道阻力} \tag{2-70}$$

在实际底盘测功机上，试验下列公式：

$$F_{牵引}=F_0+F_1v+F_2v^2+(m-m_{转鼓})a+mg\sin(a) \tag{2-71}$$

式中：F_0——与速度无关的力；

F_1——取决于速度的线性部分；

F_2——取决于速度的非线性部分；

v——速度；

$m-m_{转鼓}$——模拟电惯量，车惯量 - 转鼓惯量 = 模拟电惯量。

功率 P 为：

$$P=F_{牵引}\cdot v \tag{2-72}$$

2.7.4.3 底盘测功机试验台控制

在底盘测功机试验台上，整个车辆物理存在。然而，车辆不是在运动中，模拟环境必须包括加速、上坡、下坡驾驶效果甚或某些环境条件，诸如温度、压力和湿度。在使用真实驾驶人或驾驶机器人操作下，底盘测功机试验台有三种基本控制模式：道路负载模拟；牵引力控制；速度控制。

底盘测功机试验台控制模式见表2-21。

AVL 转鼓底盘测功机参数举例如下。

型号：Roadsim MIL 4 × 4；控制系统：MMI；基础惯量/轴：1365kg；车辆惯性模拟：454 ~ 4500kg；最大力/轴（连续）：5000N；最大功率/轴（连续）：153kW；轴距调整：1800 ~ 4600mm；

滚筒直径:1.22m;温度范围:-30~50℃。力精度:0.1%FS;测速精度:<0.02km/h。

车速与转鼓转速的关系:$V = 2 \times \pi \times r \times n$。其中,$r$ 为转鼓半径(m);n 为转鼓转速(r/min),V 为车速(km/h)。

底盘测功机试验台控制模式 表 2-21

控制模式		底盘测功机控制	受测体控制
道路负载模拟	RG/Alpha	道路梯度模拟	发动机油门
	RG/n	道路梯度模拟	发动机转速
	RG/v	道路梯度模拟	转鼓转速
	RG/Driver	道路梯度模拟	真实驾驶员
牵引力控制	F/Alpha	转鼓牵引力	发动机油门
	F/n	转鼓牵引力	发动机转速
	F/v	转鼓牵引力	转鼓转速
	F/Driver	转鼓牵引力	真实驾驶员
速度控制	v/Alpha	转鼓转速	发动机油门
	v/Driver	转鼓转速	真实驾驶员
	n/Alpha	发动机转速	发动机油门

在牵引力控制中,定义牵引力被施加到底盘测功机转鼓上,这个力独立于速度。如果有一个以上的测功电机,这个力可以在左鼓与右鼓之间(和/或前鼓和后鼓之间)变化大小。通过速度控制,反之亦然。基于牛顿第二力学定律,当牵引力控制时,速度是自由变量;当速度控制时,牵引力是自由变量。在这种情况下,速度的设定与牵引力无关。如果有多个测功电机,还可以为每个车轮调整一个全局中心速度或不同车速。

2.7.4.4 两驱底盘测功机排放试验台举例

48in(2×1)两轮驱动轻型汽车底盘测功机排放试验台如图 2-94 所示。

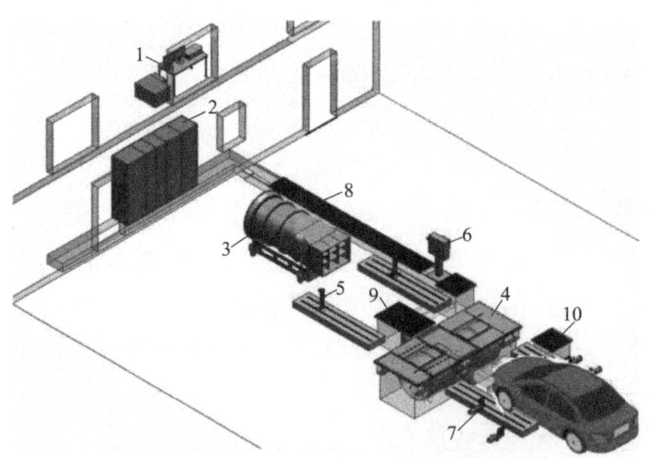

图 2-94 48in(2×1)两轮驱动轻型汽车底盘测功机排放试验台

1-控制台(二楼);2-变频柜;3-车前风机;4-2×1 底盘测功机;5-栓车柱;6-信号箱与急停;7-车轮限位;8-电缆沟;9-测功机冷却风扇和地坑;10-测功机冷却风出口

2.7.4.5　底盘测功机标定

底盘测功机软件人机界面如图 2-95 所示,底盘测功机牵引力标定如图 2-96 所示。本例底盘测功机采用异步感应电机。底盘测功机校准之前应使其达到工作温度。底盘测功机标定步骤如下。

(1)在人机接口软件 MMI 中打开〈Maintenance\Calibrate tractive force measurement\Execute〉菜单。

(2)在 MMI 中松开制动器。

(3)将标定臂安装在顶端台座上,用两只螺栓固定并借助水平仪调水平。

(4)在两侧安装秤盘,然后调节对准零点。

(5)将最大重量(全部砝码)400kg 放在压力侧秤盘。

(6)在维护\校准牵引力测量\执行(Maintenance\Calibrate tractive force mea¬ surement\Execute)菜单中对齐放大参数,以便显示 <8000N >。

(7)移除砝码并检查零点。

(8)将最大重量(400kg)放在张力侧秤盘。

(9)在维护\校准牵引力测量\执行菜单中对齐放大参数,以便显示 < -8000N >。

(10)移除砝码并检查零点。

(11)在 MMI 中打开〈Maintenance\Calibrate tractive force measure¬ ment\Save〉菜单并保存标定值。

(12)根据校准报告中的规定在压力侧和张力侧施加砝码。

(13)通过再次在压力侧和张力侧施加砝码来检查可重复性(根据校准报告中的规定)。

(14)在标定报告中输入 MMI 中显示的重量。

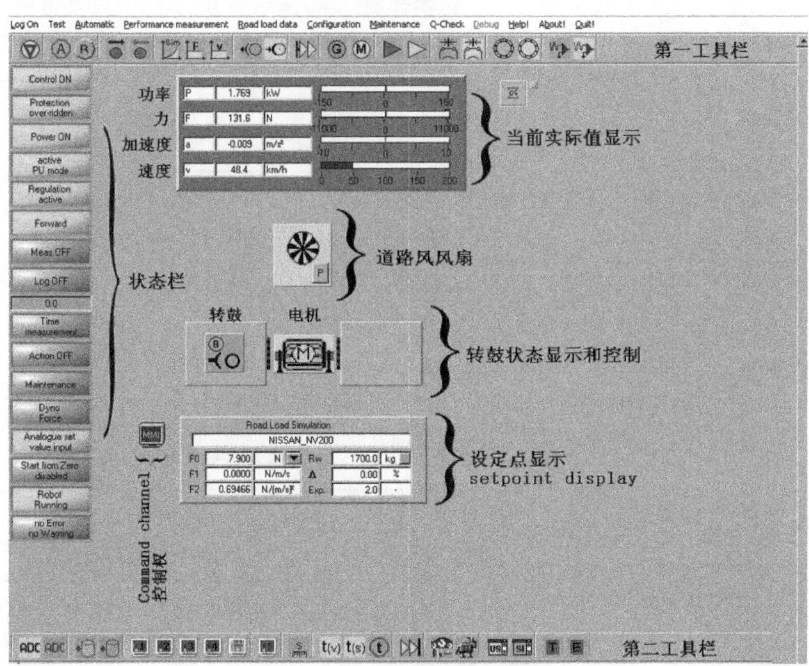

图 2-95　底盘测功机软件人机界面

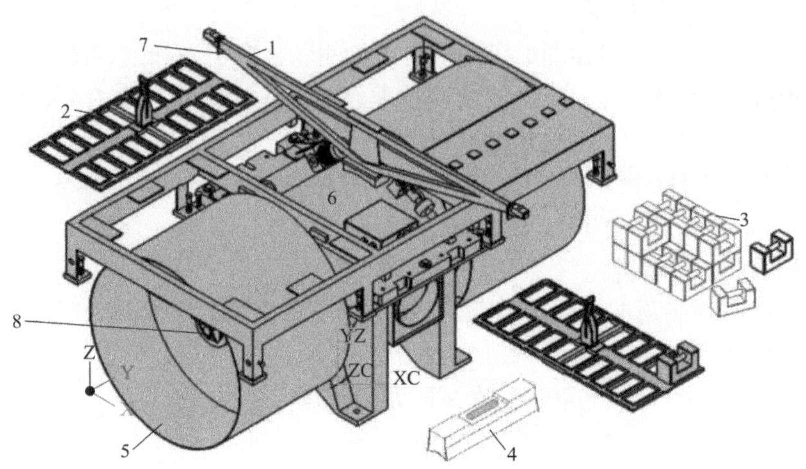

图 2-96 底盘测功机牵引力标定

1-标定臂(仅标定时,安放在电机顶端的台座上);2-托盘(托持砝码);3-砝码;4-水平仪(标定前放在标定臂中心位置,调平);5-底盘测功机转鼓(安置于地坑内);6-电机外壳;7-力传感器(位于标定臂下方);8-增量编码速度传感器

2.7.5 交流异步电力测功机维护

2.7.5.1 维护计划及专用工具

(1)维护计划。

感应测功机维护计划见表 2-22。

维护计划　　表 2-22

服务项目	服务间隔	必备工具	服务要点
测功机接地电阻检查	每年	接地电阻表	用户配电电工需提供接地电阻数据或实测,推荐 1Ω
变频柜印刷电路板除尘、散热片除尘	每年	猪棕刷、真空吸尘器、压缩空气	如直流电源模块;避免短路、跳火、飞弧;清除各风口处污渍
冷却风滤网清洁	每月	干燥压缩空气	清扫或更换(禁止取消防昆虫纱窗)
测功电机动力电缆接线端子重新上紧/扭紧检查	每年	开口扳手(公制)或眼睛扳手(公制)	松紧螺栓时使用两只扳手
振动测量	每月	振动测量仪	例测功机独立旋转小于 2.5mm/s,测功机连接发动机旋转小于 7.0mm/s
测功机固定螺栓扭矩检查	每年	扭矩扳手 300 ~ 500N · m	可用高强度螺纹紧固胶例如 LOCTITE242;螺栓应当交叉固紧
标定扭矩	每半年	柴油、橡皮锤	砝码必须连续增加或连续减少;使用清洗液如柴油洗去轴端、标定挂钩处防腐涂层

续上表

服务项目	服务间隔	必备工具	服务要点
转子轴承重新润滑(个别测功电机免于润滑服务,检查铭牌)	每年	轴承润滑脂、油脂油枪	油脂型号与油量按铭牌所示,禁止不同油脂混合;一边注油一边运转测功电机 500r/m 约 15min
转子轴承质量检查	每月	电子听诊器	置于轴承附近
扭矩测量机械调整	两次/每年	磁力水平仪、厚薄规、缓冲油	检查 A、B、C 间隙;检查缓冲油缸间隙和油位;更换或添加缓冲油;检查机械紧固;检查是否定子摆运动灵活(APA 摆式电力测功机)
转子轴承更换	故障时	电磁炉(根据需要)	参考测功机说明书
更换定子轴承	故障时	电磁炉(根据需要)	参考测功机说明书
检查测功电机绕组的绝缘电阻 Rwi	首次使用或修理时	绝缘测试仪或兆欧表	若 Rwi < 50MΩ,则烘烤,直至 Rwi > 50MΩ,否则,不可投入使用

(2)专用工具。

维护与修理前,在用户现场找到测功机技术手册,了解测功机技术数据和调查设备使用状况和维保历史,十分必要。

维修专用工具包括:万用表、兆欧表、电子听诊器、振动速度表(测振仪)、千分表、磁性水平仪、黄油枪、卡尺、厚薄规(0.1~0.8mm,间隔 0.1mm)、扭矩扳手、电磁炉、对中工具、压缩空气、水准仪、一字螺丝刀、十字螺丝刀、水准仪、拉马和高压注油器。

2.7.5.2 测功电机及变频柜维修

变频柜较先出现故障的元件是 IGBT、可控硅、二极管、直流电源和继电器类器件,如交流接触器、急停模块,可应用半导体单向导电性基本原理检测与更换 IGBT。可控硅及 IGBT 诊断测量如图 2-97 所示。PN 结中字母是英文 Positive(正)的字头,N 是 Negative(负)的字头。这样记忆,正表笔接 P,负表笔接 N,应当是导通的;反之,不通或电阻值很大。这也是常说的正向偏置和反向偏置。图 2-97c)可用于检测 IGBT,其中的"开关"正是 PWM 控制 IGBT 的途径。

电阻R_{on}代表 IGBT 或可控硅的导通电阻,该电阻可通过 IGBT 或可控硅数据表和使用万用表电阻挡测得。同样型号的模块,正向导通电阻应当一致或接近,否则,就属于异常。IGBT 的等效电路有多种画法,图 2-97c)这种画法服务于故障排除。另外,有些可控硅或 IGBT 安装时要求固定扭矩,例如 39N·m。

图 2-97c)中,R_G为电源内阻,电阻(R_G+R_1)的值越小,内部电容C_{iee}充电越快,R_G通常不变,则R_1越小,充电越快,IGBT 就更快速导通。跨接在R_1上的C_1可加速导通过程。一旦开关打开,V_G断开,门电容向R_2放电。当门电压V_{GE}低到一定阈值时,IGBT 截止。开关可以由微处理器控制信号控制,芯片输出控制,例如以某种 PWM 方案。查找变频柜故障时,可使用此电路判断 IGBT 的好坏。

测功机控制柜故障分析前必须解决下列事情,如图 2-98 所示。

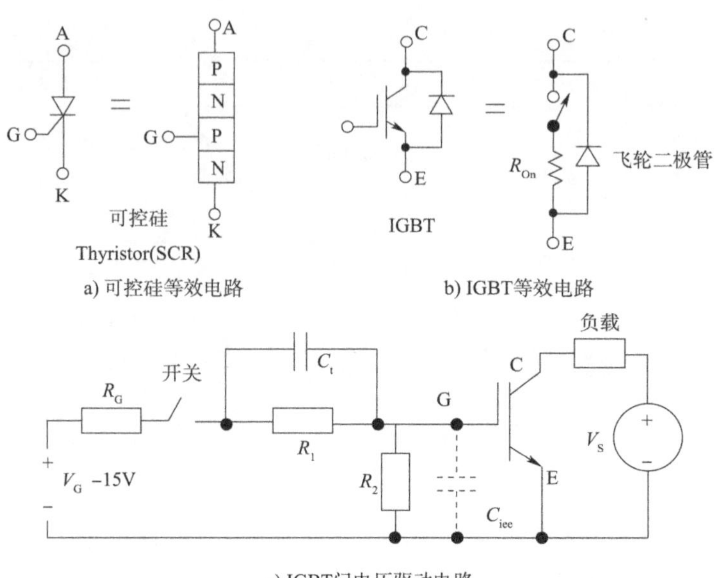

图 2-97　可控硅及 IGBT 诊断测量

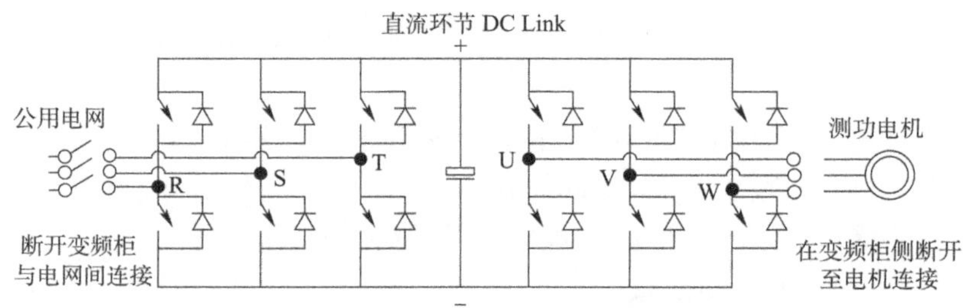

图 2-98　变频柜 IGBT 故障搜索简图

(1)停止测试设备。

(2)断开电网侧机柜主开关。

(3)等待 20min 电容放电,放电完毕才可服务,避免电击。对永磁体同步测功电机,服务前需要将转子固定以防产生端子电压遭受电击。

(4)卸掉电机柜前面板和电网侧电源柜前面板。

(5)卸掉面板的接地连接。

(6)测量 DC Link 母线板"+"与"-"之间电压,即"+"与地之间、"-"与地之间电压。若电压高于 5V,则等待残余放电。之后,再测电压。若电压小于 5V,将 DC Link 的"+"与"-"短路,放净残余电荷。

(7)若在工作期间任何零件或工具掉落于机柜中,则在进行调试或运行前必须取出。使用万用表检查所有熔断器;目测功率级(靠近电机机柜);在电机侧机柜处断开相 U、V、W 与电机连接;使用万用表测量 IGBT 二极管正向电阻和反向电阻。测量点在"+"至 U;"+"至 V;"+"至 W;U 至"-";V 至"-";W 至"-"之间。在 IGBT 二极管正向偏置时应得到恒定电压。对于反向偏置,DC Link 由万用表充电。若异常,更换在受影响相上故障 IGBT 和或印刷电路板。**注意**:拿持印刷电路板需要穿戴防静电设备。

跨接IGBT的反馈二极管是必须的,其作用是保护固态电路,使电感负载电流连续。因为真实开关不会立即导通与切断。在开关控制时必须允许切换时间。电流仅在IGBT接通时流经电机,但由于并联连接的飞轮二极管或续流二极管正向偏置的存在,在断开期间电流也流经电机。就是说该二极管完成了过渡期的续流。其得名借用发动机飞轮的功能。发动机飞轮利用惯性保证了在两个汽缸推动曲轴的片刻间歇动力缺失时提供了动力接力。

变频柜工作环境温度应小于40℃,超过此温度会减少IGBT寿命或致使故障率升高。湿度小于90%。变频柜应当置于空气调节环境内,温度控制在25℃ ±3℃,相对湿度RH不大于75%。避免振动与冲击、腐蚀性气体、超标尘埃。变频柜风路一般配置低风阻进风口,需要定期清洁,防止堵塞。变频柜效率为97% ~98%,2% ~3%电能转换为热能,发热量的近似值等于"变频器容量(kW) ×60W"。

变频柜电源进线接到标有R、S、T端子上,变频柜输出标有U、V、W连接测功电机,黄绿PE线连接变频柜PE端子与测功电机PE端子。变频柜接地电阻推荐值为1Ω。

变频柜故障检修方法包括故障历史调查法、直观法、对比法、替换法、插板法、系统自诊断法、参数检查法、短路法、断路法、仪器测量法、示波器法、状态分析法、回路分割法、升温法、敲击法、逻辑推理分析法和原理分析法。

检查项目可包含圈间短路、绕组与地间短路、相与相间短路、绕组开路、电机被水浸泡(烘干温度不大于93℃)、轴承损坏(使用听诊器判断),必要时更换轴承。

绝缘电阻的测试,用500V兆欧摇表测量两相之间,或每相对机壳(或地)之间的绝缘电阻。若电阻不小于50MΩ,为正常,否则,应将绕组烘干。也有测功机只要求有1MΩ电阻,如SCHORCH电机,新SCHORCH电机要求大于10MΩ,以技术说明书规定值为准。

AFA电力测功机维保与APA测功机类似。清洁方面,使用压缩空气和油漆刷清理冷却风道尘土与污垢,至少每年一次。应根据铭牌重新润滑转子轴承,至少每年两次。每月用听诊器检查轴承。重新润滑只能使用说明书指示润滑脂类型。不允许将不同类型的润滑脂混合使用。维保期间,需要检查机械螺栓和电气螺栓上紧扭矩,以防松动接触不良。

2.7.5.3 测功电机轴承更换

测功电机成对地更换轴承。根据轴承制造商建议,在任何情况下必须更换轴承对(转子轴承驱动端与非驱动端算作一对。驱动端摆轴承与非驱动端摆轴承算作另一对),而不是更换单个轴承。更换转子轴承必须考虑以下几点。

(1)在驱动端和非驱动端依次更换转子轴承。保持工作环境清洁。不应通过直接敲打轴承套圈、轴承架或滚动零件来安装轴承。类似的部件不应在驱动端和非驱动端之间互换。驱动端轴承被认为是非定位轴承(内部允许一定轴向窜动),非驱动端轴承作为定位轴承。更换轴承之前,必须针对测功电机执行以下操作:停止运作测功电机,关闭变频柜供电单元总开关并防止意外重新合闸,拆掉连接轴,拆掉发动机。

(2)一组轴承中的成员不可与另一组轴承中的成员互换。一组中的所有轴承标有相同的序列号(S/N)。每套包装盒都带有相同的标记。

图2-99对比了摆式测功电机与固定定子电机的轴承结构。

图2-100演示了拆装轴承的工具与方法。

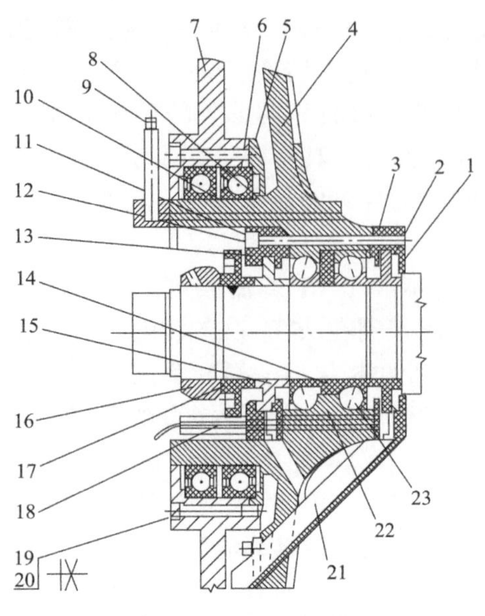

a) 摆式测功电机驱动端轴承

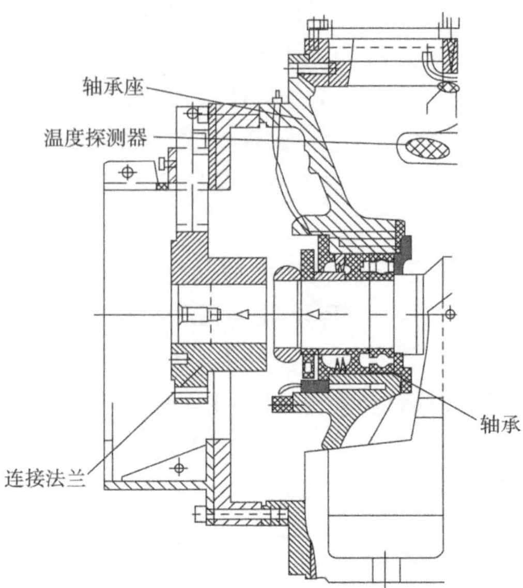

b) 固定定子测功机驱动端轴承剖面

图 2-99 测功机轴承结构

1-内轴承盖;2-内抛油环;3-环;4、11-螺钉;5-夹紧环;6-摆轴承;7-轴承护罩;8-橡胶圈;9-润滑管接口;10-中间环;12-环;13-外轴承盖;14、22-中间环;15-抛油环;16-轴螺母;17-平衡环;18-轴承温度探测器;19-预应力螺钉;20-蝶形弹簧;21-旧油脂管道;23-内轴承

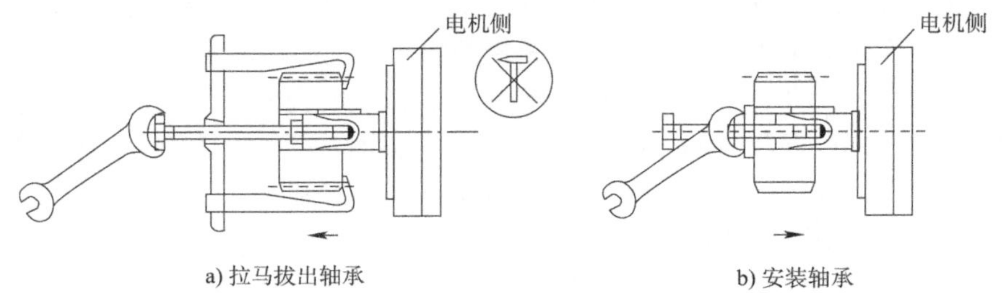

a) 拉马拔出轴承　　b) 安装轴承

图 2-100 拆装轴承的工具与方法

安装轴承时,使用轴端的螺纹。安装或拆卸时,请勿对要安装或拆卸的部件施加任何打击,例如使用锤子或类似工具。更换轴承详细步骤可参考厂家说明书。注:轴承安装完成后,有的测功机安装连接法兰利用热胀冷缩原理加热法兰,此时,需要找准热法兰插入位置,详见说明书。

2.7.5.4 测功机运转

测功机独立运转步骤如下。

(1)尽管是单独运转测功机,也应在完成检查全部电气接线后进行。

(2)检查机械安装是否完备。检查测功电机转子转动是否灵活平稳。用手驱动,转子应当转动。

(3)检查三相电源电压是否符合要求。检查变频柜铭牌、测功电机铭牌。确认是三相400V 还是三相 690V。

(4)检查急停模块回路接线是否连续,包括采集系统和变频柜内端子排。检查变频柜各模块开关位置，都应当在“ON”位置。

(5)检查变频柜电网侧电源相序。检查测功电机接线端子线色、固紧扭矩、PE 保护线连接、360°PE 连接，确认电机接法(三角形或星形)，确认后盖上机盖。

(6)通电测功机柜。通电采集系统控制台(如 AVL PUMA)。

(7)启动 PUMA 软件，进入 MONITOR 监视状态。

(8)将笔记本电脑与变频柜服务接口 COSI 连接，逐项检查测功机功能。

(9)检查和设定参数。在 SYS|FFS、SYS|EMC、SYS|SAL 中对照接线图硬件逐项设定。EMC 和 FFS，可将硬件、sv 系统名及 Normname 结合起来。在 EMCON 数据库 sfe. dbl、sve. dbl 中设定 <DYT>测功机数据、<cal tab>标定表等。

(10)再次进入 MONITOR，检查速度信号是否存在，扭矩信号是否存在。标定扭矩。若应用扭矩法兰传感器，检查扭矩标定。检查后收回标定臂夹具。若应用摆式测功机，则需调整传感器机械结构，然后标定和/或调整。

(11)进入 MONITOR，按 DYNO ON 按键，变频柜风扇应该起动 ON，交流接触器应该吸合 ON，在控制键盘上输入密码，按压 DYNO Service 键，测功电机风扇应该 ON，在控制面板液晶屏上应当有标尺出现。

(12)运转测功电机 500r/min，观察其是否运转稳定。

(13)进入 MANUAL 手动状态。进入 MANUAL 的最小条件是测功机能 DYNO ON。进入 MANUAL，按压 n/Alpha 键。在控制键盘上手动调速，运转测功电机 500r/min 达 15min 磨合试验。

(14)测量振动。

2.7.5.5 定期标定

由于传感器的老化，测量值在长时间段内可能发生漂移。此时，对应物理值的电量值就不再正确。因此，设备定期标定非常有必要。标定期间，在整个量程内有若干工作点，不正确的漂移被校正。如果必要可调整标定表。软件显示原值(raw)为电量，例如电压。phy 值即物理量，例如扭矩。

多点标定(例如 APA 测功机)会出现滞回特性趋向，对于给定 x 轴上同一点，在增减砝码的两个方向的 y 值不一致，即 y 的升挡值和减挡值之间存在差。在机械测量模拟仪器中，出现回滞误差的常见原因是运动部件中的摩擦，这个可以导致输出显示“黏住”。减少该误差的方法如预热转动测功机，使用橡皮锤轻击轴承处外延，释放轴承。

(1)扭矩标定举例。

在采集系统软件中检查数据库 sve400ka. dbl 文件设置。在其中找到标定表，即“CALTAB”。标定前在表中写入标定扭矩步长值至满量程值，并使新定义的标定表生效。

扭矩标定步骤及注意事项如下。

①标定前至少预热 1 ~ 2h，使电子元件、机械零件热起来。

②操作员在屏上(例如 AVL P400)按压“123”键，旋左轮找到 Calibration/adjustment，能看到“Calibration→Load Cell(APA，AFA，ELB)”，旋转中轮，按提示向下进行。

③挂标定臂和标定盘，配平(找到零点)，扭矩显示应当为零，准备放置砝码，如图 2-101 所示。

图 2-101　摆式电力测功机扭矩标定

④将所有砝码压到负边 2min 后卸下，然后按照控制屏提示菜单标定。

注意：加砝码过程中必须连续增加或连续减少。标定在 Monitor 下进行。标定在测功电机与发动机脱开状态下进行。扭矩法兰属于两点标定，需要参考铭牌。拉压传感器或应变片传感器属于多点标定（呈现滞回特性）。标定扭矩法兰传感器，由于是点标定，在 adjustment 过程中不必挂标定臂、标定盘和砝码。仅当 calibration 时需要挂标定臂、标定盘和砝码。标定摆式电力测功机或电涡流测功机应变传感器时，adjustment 过程与 calibration 过程相同，即都需要挂标定臂、标定盘和砝码。电涡流测功机必须带水调试。标定测功机期间必须待显示值稳定后再进行下一步。adjustment 期间若显示值差太多无须介意，仅在做 Calibration 期间，才需将显示值记入标定证书。

⑤开始标定后，按软件菜单提示逐步进行，标定完毕后，显示提问是否存储标定结果，选择“SAVE”。标定完毕后，拆下砝码、标定盘和标定臂，妥善保存。

(2)数据库 EMCON 中电力测功机和电涡流测功机标定表设定举例。

下面例一和例二数据库数组中出现了原值即对应物理值的电压值，这是标定完成后，系统自己自动生成的（标定前只需输入各步扭矩值）。标定步骤按照标定菜单的提示，逐一操作即可。

【例 2-1】　DYNOEXACT 电力测功机数据库标定表（图 2-101，可见测功机与标定臂。仅当标定时才挂装标定臂与标定盘。标定完毕，标定臂与标定盘都需要卸下）。

< CALTAB >;APA EMCON

#: <0003 >, < AI T_loadcell dyno 1 >, < 15 >, < Nm| >, < −225.3887, −180.6105, −135.6063, −113.0766, −90.5659, −68.0439, −45.5379, −23.0544, −0.4443,22.0253, 44.6220,67.1711,89.7231,134.7335,179.5963,0.0000 >,

+: < −450.0000, −350.0000, −250.0000, −200.0000, −150.0000, −100.0000, −50.0000,0.0000,50.0000,100.0000,150.0000,200.0000,250.0000,350.0000,450.0000, 0.0000 >。

【例 2-2】　电涡流测功机 EMCON 数据库标定表。

< CALTAB >;ELB

#: <0004 >, < AI T_loadcell dyno 1 >, < 15 >, < Nm| >, < 10 >, < 1|AAC_LOADCELL >,

+: < −838.2242, −638.2704, −438.1659, −304.7852, −171.3792, −104.7388,

-51.3861, -38.0825, -24.9347, 28.2992, 94.8998, 227.9745, 361.0407, 560.6492, 759.9367, 0.0000 >,

+: < -600.0000, -450.0000, -300.0000, -200.0000, -100.0000, -50.0000, -10.0000, 0.0000, 10.0000, 50.0000, 100.0000, 200.0000, 300.0000, 450.0000, 600.0000, 0.0000 >。

2.8 试验台采集控制系统

数据采集是指将真实世界中物理现象转换为电信号的过程,对信号实施测量或将信号转换为数字格式以便计算机处理、分析和存储。不管系统有多小(例如一块卡板)和多大(例如一个模块系统),因为计算机只能处理数字信号0和1,故采集控制系统的精髓就是将模拟信号(如温度)转换为数字信号,以实现测量;或者将数字信号转换成为模拟信号(例如电压),完成控制,例如控制电磁阀。数据采集控制系统原理框图如图2-102所示。

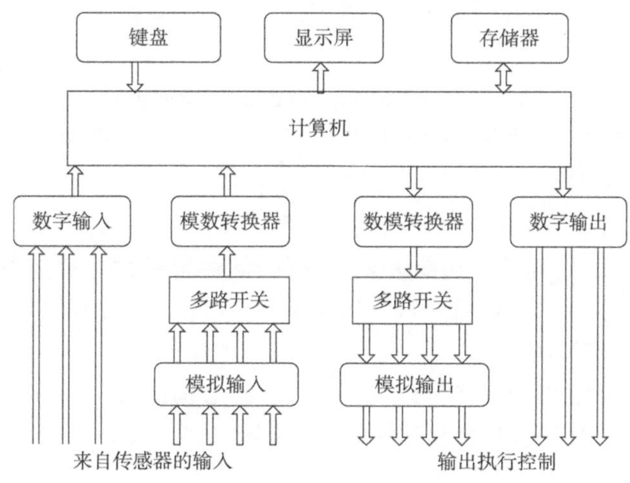

图2-102 数据采集控制系统原理框图

模拟信号包括温度、压力、湿度、转速、力、加速度、扭矩、功率、流量、燃油比消耗、机油消耗、气体浓度、空燃比、漏气量、蒸发排放、振动、曲轴转角。

以上物理量由传感器转换为电量,使信号能够通过电子仪器进行调节,即模拟信号调节。调节通常包括整形、放大和滤波,或其他更复杂的操作。模拟量与数字量之间转换由A/D模数转换器或数模转换器D/A完成。

图2-103展示了发动机试验采集控制系统集成范例。

发动机或动力总成在系统中是最特殊的成员,是我们测试与关心的目标,该系统因它而存在,所有其他成员都与它有直接关系。但是,包括发动机在内的所有系统成员都要受采集控制台的控制,使得测试有条理地、有目的地和有记录地进行。测功机产生各种试验所需的工况,是系统的主角。另外,这些发动机周围设备是针对现实世界发动机周围部件的模拟。

无论是发动机或动力总成试验台,还是底盘测功机车辆试验台,都属于控制与数据采集系统。采集控制台或计算机从每台设备获取测量值或状态并控制各设备,同时建立各设备之间可能的制约关系。它的功能像一位司令员或一位乐团的指挥，组织、监控与协调各台设备共同齐心协力地完成一项测试任务。

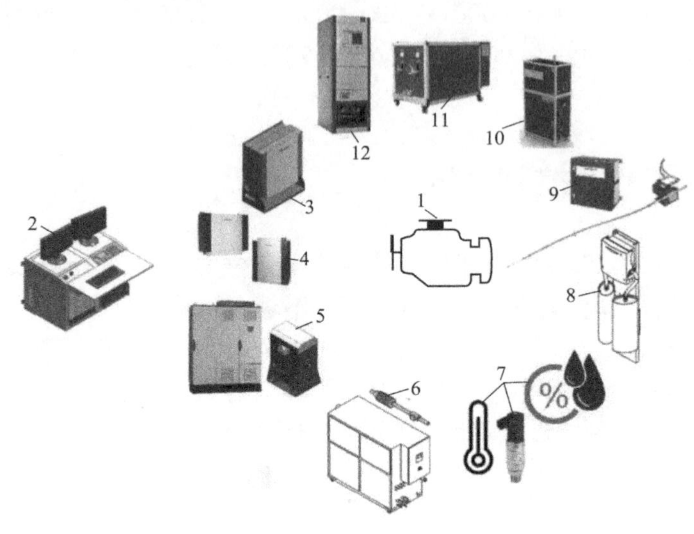

图 2-103　发动机试验采集控制系统集成范例

1-发动机；2-采集控制台；3-烟度计；4-油耗仪；5-测功机；6-进气空调；7-温度、压力、湿度传感器和缸压传感器；8-漏气量计；9-油门执行器；10-冷却液温控器；11-机油温控器；12-废气测量

数据采集控制系统需要完成复杂的计算任务，所以装备特制计算机，即计算机工作站，不同于一般的个人计算机，其硬件功能卡兼容性强，储存容量大。软件可以包括各种专门研发与测试应用程序（例如 AVL FIRE，AVL PUMA），并可同时应用不同操作系统，例如 Windows 与实时 InTime 操作系统。

计算机的先进性以中央处理器 CPU 为标志。其结构组成有母板、扩展槽、显卡（视频卡）、盘驱动卡、并行和串行接口、数据采集卡、USB 接口、显示器、鼠标、键盘、硬盘驱动系统、CD-ROM 驱动器等。

系统集成的前提条件是系统中所有设备成员可以彼此通信与传输数据，就是说各设备接口彼此兼容，即采用标准硬件接口。

常用串行口有 RS-232 串行接口，9 针 D 型插头与插座。最大电缆长度为 50ft。还有 IEEE1394 串行口、RS-422 接口（最大电缆长度为 4000ft）、RS-485 接口（最大电缆长度为 4000ft）以及 Ethernet（以太网）。以太网用于实现局域网的硬件/软件系统，并且最常见的网络协议是 TCP/IP。以太网连接局域网（LAN）中的设备，局域网是互联设备的小得多的集合。还应用了光导纤维接口，例如前端采集模块与控制采集机柜之间。并行接口例如 IEEE 488（GPIB）接口，SCSI（通常用于将高速磁盘驱动器连接到 PC）。其他接口如 I/O 数字模拟混合接口。采集控制台系统举例如图 2-104 所示。

与外围设备连接可通过接口卡，例如本系统中 1394 卡、Profibus 卡、mulitlink 卡、CAN 卡、PCI 卡等。Edge Board 为标准测量设备（例如油耗仪、漏气量仪）提供若干 RS232 接口。

计算机程序设计语言：C，C + +，Visual C + +，MatLab 等。大多数数据采集硬件产品都是插在计算机扩展母线上的卡。硬件供应商将各种软件与他们的产品捆绑在一起，包括适当操作系统的驱动程序以及一个软件开发工具包。

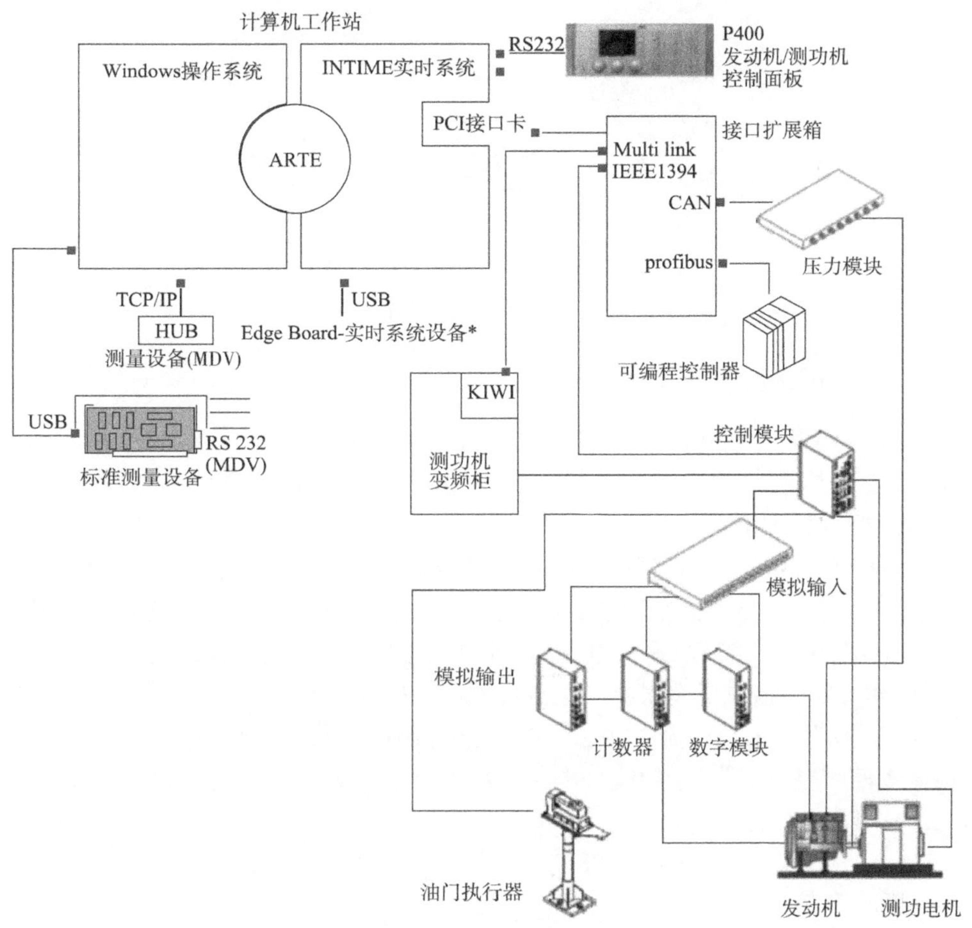

图 2-104 采集控制台系统举例

2.8.1 发动机可变磁阻速度传感器

发动机侧飞轮处设置一只速度传感器，可与测功机侧速度信号进行比较。可变磁阻速度传感器(VRS)由一个线圈绕在永久磁铁上，引出两端即为原理结构，永久磁铁建立固定磁场。发动机飞轮齿通过或接近传感器时，磁通的变化在线圈中感应出电流。VRS 传感器输出信号是正弦波，其幅值及频率随速度变化而变化，通常以峰峰值表达。每个齿通过传感器感应面时会产生一个完整的正弦波。如果用计数器记下某时间段完整正弦波数目再除以飞轮齿数，就得到发动机转速。工作温度为 -55℃ ~120℃。电感为 25mH。线圈电阻为 45 ~ 85Ω。最小 40Vp-p 峰峰值。传感器有两个输出脚为两线传感器。在采集控制系统中，该传感器与计数器模块连接，测量发动机转速及曲轴转角。机械安装可使用 0.127 ~0.8mm 厚薄规固定传感器。齿中心线应通过磁阻传感器的前端圆面中心且与前端圆面垂直(图 2-103)。发动机速度与测功机速度的比较是监视连接轴工作状态的手段之一。发动机速度测量如图 2-105 所示。

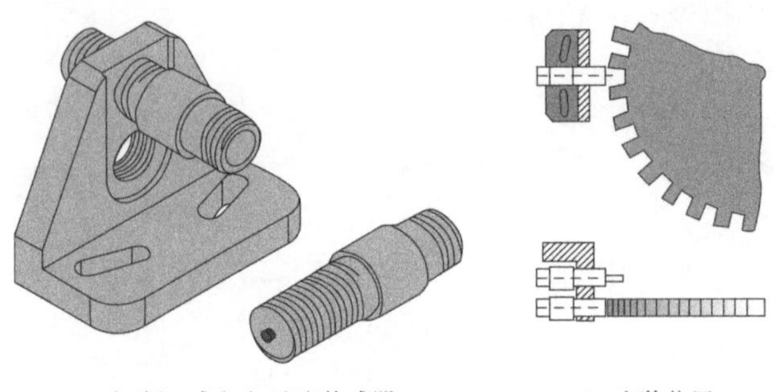

a) 发动机(感应式)速度传感器　　b) 安装位置

图 2-105　发动机速度测量

2.8.2　PT100 温度传感器

PT100 和 PT1000 属于电阻温度探测器(Resistive Temperature Detector,RTD),都是具有正温度系数、随温度变化的电阻,温度越高,电阻值越大。测量仪器为 RTD 提供恒流源 0.8 ~ 1.0mA,然后测量电压。

市场上 PT100 传感器有两线制、三线制和四线制。为什么有人偏爱四线温度传感器?

由图 2-106a)发现,传感器采用了四条线连接。这是为什么?一般向 PT100 电阻施加一小电流,约 1mA 数量级,然后测量其电压降,计算出电阻。再由式(2-73)求得温度。在两线图中,电缆电阻被算入造成了大误差。在四线图中,$r2$、$r3$ 中没有电流,电压表 V 测出的电压恰是 R 的电压,因为 R 上有电流。在三线图中,$r2$ 没有电流,但电缆电阻 $r4$ 被引入了计算,故测量精度较四线差些,但优于两线。电压表内阻近似无穷大。故此,四线测量电路精度更高。PT100 电阻值方程为:

$$R = R_0(1 + 3,9083 \times 10^{-3} \times t - 5,775 \cdot 10^{-7} \times t^2) \tag{2-73}$$

式中:t——摄氏温度;

R_0——在零度时传感器电阻。

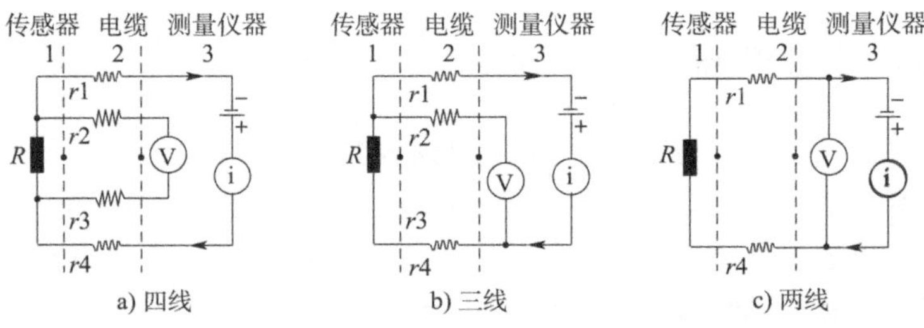

图 2-106　四线三线两线(PT100 传感器)电阻测量电路比较

为了保护 PT100 内部电路,安装时不要弯折或压扁探头部分,否则会降低其寿命。避免将传感器安装在振动物体上。标定频度取决于工作环境。温度越高,漂移发生越快。400℃以下,温度漂移不是问题,但温度到达 500℃以上,则是漂移的重大原因,每年可达几度。机械振动是损坏传感器的原因之一。一般每年至少标定一次。传感器密封破坏会导致传感器漂移严重或直接损坏。最优标定方式是将传感器置于干体温度校验炉中,传感器连接至模拟输入模块,在数据采集系统显示的完整测量链。

2.8.3 热电偶高温传感器

不同金属线头结合为结,如果两个结,测量结 Tm 与参考结 Tr 处在不同温度下,则会产生电动势电压 emf。该电动势(Seeback emf)与两个结的温度差成比例,热电偶温度传感器电路图如图 2-107 所示。热电偶由两种材料的两线组成,两线在一端连接,称为结。当传感器暴露于温度变化中,正比于温度的电压产生。因为“起点温度”是大气温度,所以,大气温度必须加到测量值上,这常称为“冷结补偿”,温度变送器可完成这一任务。

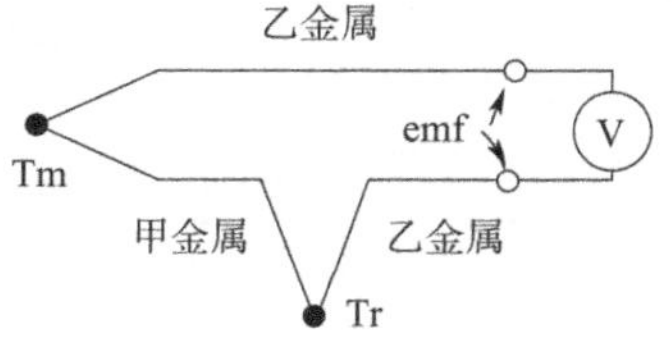

图 2-107 热电偶温度传感器电路图

有 8 种标准化热电偶,分为三大类:B、R 和 S 型为稀有金属热电偶;K 型和 N 型为镍基热电偶,E、J 和 T 型为康铜负热电偶。

2.8.4 压力测量模块

2.8.4.1 压力概念与应用

气压的概念如图 2-108 所示。表压传感器测量相对(本地参考压力的)压力。一般压力传感器测量值为相对压力。也有测量绝对压力的压力传感器,需要特别注明。

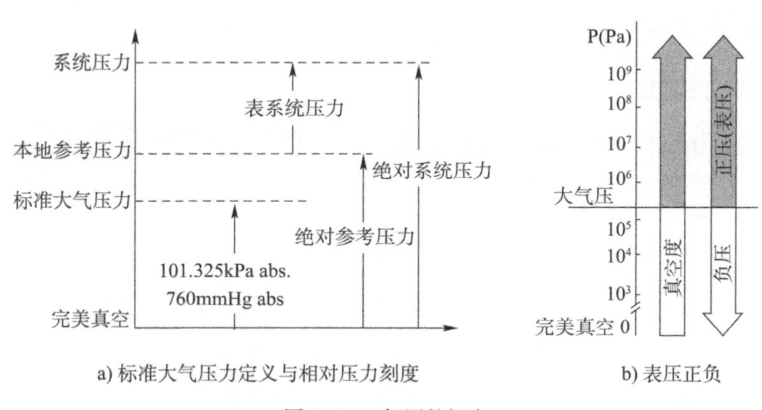

a) 标准大气压力定义与相对压力刻度　　b) 表压正负

图 2-108 气压的概念

2.8.4.2 压力传感器菊花瓣连接

压力模块由传感器编组而成,如图 2-109a)所示。模块采用 CAN 串行母线网络或 485 通信线与采集系统连接。CAN 母线接口被用来集成不同厂商设备。CAN 开发于 1986 年,其应用提高了数据采集率、测量精度和分辨率。每个压力传感器或称压力变送器,因其内置微处理器 CPU 执行传感器线化、温度补偿、数字化测量值、数字滤波和接口通信功能。多只传感器通过菊花链进行初始化。数据传输采用 CAN Open 协议的 CAN 现场总线(或母线),CAN 母线通过菊花链连接所有压力变送器。

一个模块可容纳 8 个压力传感器,最多可级联 6 个此类模块。电源为 24VDC,功耗为 4 瓦,工作温度为 -25℃ ~ +85℃,所测媒体温度为 -25℃ ~ +100℃。采样率为 5 ~ 1000Hz。CAN 电缆最长为 50m。标定可采用德鲁克压力标定仪,手动泵压力可达 1000bar 或 14504psi。

压力模块的一个传感器坏掉后,若卸掉它,其后面序号的传感器就不工作了。例如,P2坏掉了,卸掉P2,则P3和P4不工作了,为什么?此由菊花瓣连接造成。因为模块采用菊花瓣连接法,就是说若某个传感器坏掉,其位置不可空置。多个压力变送器通过菊花链初始化。通电期间通过菊花链自动更正寻址。若留空位,自动节点编号分配发生错误。此种情况下,使用虚拟插头作为空置传感器插头,可使菊花链闭合。压力传感器菊花链连接如图2-109b)所示。图2-109中每个传感器采用应变片式压力传感器原理,测量方法是在钢片上涂一层薄膜,薄膜受力后电阻发生变化,利用应变片的电桥电路获得输出电压变化,得到压力与电压变化之间的关系。传感器可测量液体和气体压力。

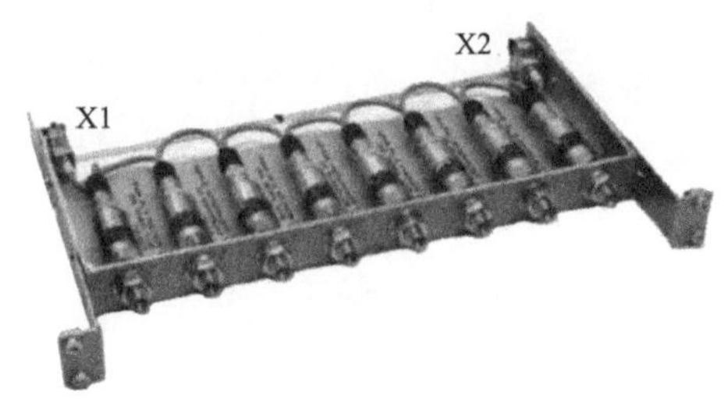

a) 压力测量模块

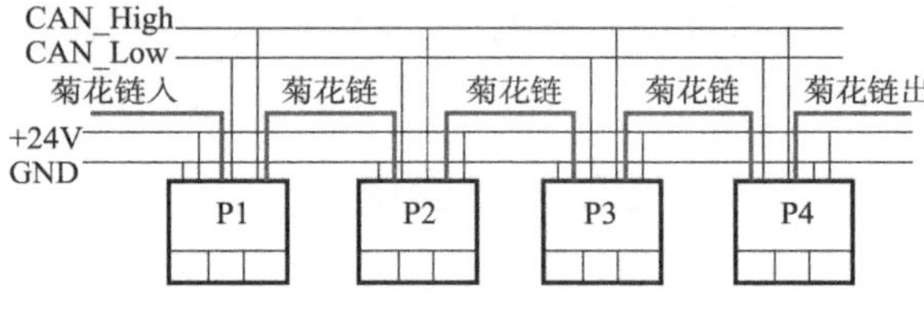

b) 压力传感器菊花链连接

图2-109 理解压力传感器菊花链连接

2.8.5 湿度传感器

2.8.5.1 湿度概念

水蒸气量通常由相对湿度(RH)或湿度比表达。RH是空气中水蒸气的分压($p_{蒸气}$)与蒸汽饱和压力($p_{饱和}$)之比,在相同温度T下:

$$RH(\%)=\frac{p_{蒸气}(T)}{p_{饱和}(T)} \tag{2-74}$$

另一种常用定义湿度使用:湿度比(ω)是水蒸气的质量与干燥空气的质量之比,即:

$$\omega(\mathrm{gH_2O/kg}\ 干燥空气)=\frac{m_{水蒸气}}{m_{干燥空气}} \tag{2-75}$$

维萨拉公司(Vaisala)HMP230系列湿度计包含传感器探头及变送单元,传感器工作原理基于聚合物薄膜吸收水分子时电容值发生变化。变送器内微处理器用于测量相对湿度和温度,根据这些变量,可以计算露点温度、绝对湿度、混合比、湿球温度和焓。变送器有两个模拟输出,且可通过RS232接口或RS485/422串行输出。

2.8.5.2 湿度传感器标定

湿度传感器标定至少一年一次。图2-110b)所示为Vaisala湿度传感器标定装备或校准器。校准时,使用某些盐溶液在空气中产生一定的相对湿度环境。传感器探头部插入装有饱和盐溶液盐室。按照盐室湿度标签值,工程师将采集系统的读数调整与之对齐,即调整到特定盐溶液在该特定温度下产生的湿度。校准通常至少在两种不同湿度下进行(两点标定),以确保在整个湿度范围(0~100% RH)内的传感器精度。

制作盐溶液的水使用去离子水。盐室底部未溶解盐和液体不得超过1cm,否则,可能导致被校准探头浸入溶液中。

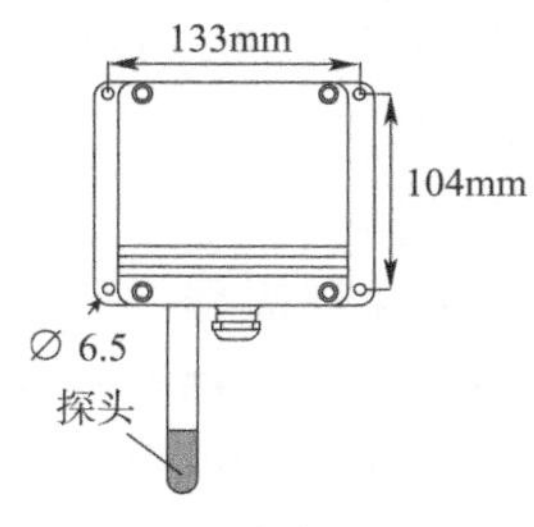

a) 湿度传感变送器

b) 校准盐、溶液水、和环境罐

图 2-110 湿度传感器标定

制作环境盐室与标定步骤如下。

(1)选定标准盐包。例如氯化锂 LiCl(11%)和氯化钠 NaCl(75%)。

(2)准备两只盐室容器,分别倒入规定量的离子交换水。以包装说明为准,氯化锂 LiCl:12ml;氯化钠 NaCl:10 ml,如图 2-111a)所示。

(3)将盐包内盐粉洒入容器,LiCl:15g;NaCl:20g,不断搅拌,如图 2-111b)所示。

(4)用盐室盖封闭盐室,如图 2-111c)所示。

用橡皮塞堵住测量孔,如图 2-111d)所示。腔室可以放在底板上,准备好后拿起来塞入探头。塞子有三个台阶,每个台阶都适用于一定的孔径:第一个台阶为 12mm;第二个台阶为 13.5mm;第三个台阶为 18.5mm 孔。不用的孔始终关闭。

(5)在贴纸上写下准备日期,并用它来标记盐室。如果使用现成的盐包装,请使用带有批号的贴纸。用贴纸标记盐室的所有部分(腔室、腔室盖和运输盖)。这样,不同盐室的盖子不会混合在一起。使用前稳定约 24h,使盐溶液达到平衡湿度。温度计可以不用。

(6)移除保护传感探头的孔眼或过滤帽(内螺纹)。注意不要损坏传感元件。如果传感元件不慎浸入盐液中,请迅速将其取出并用清水冲洗干净,待其干燥后再使用。

a) 倒入离子交换水

b) 将盐粉洒入容器

c) 密封盐室

d) 堵住测量孔

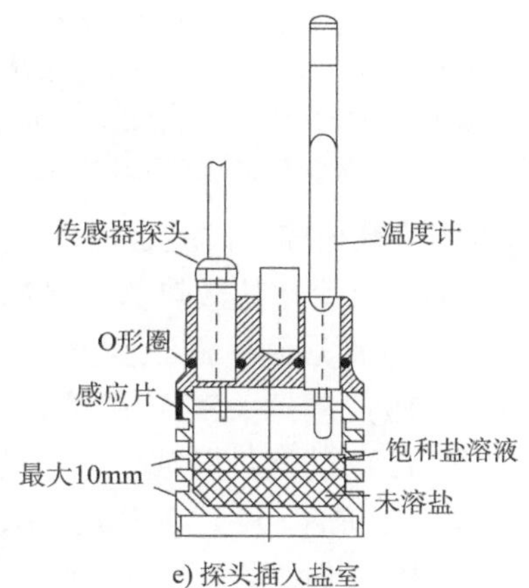

e) 探头插入盐室

图 2-111 维萨拉(Vaisala 公司)湿度传感器标定

(7)将探头插入 LiCl 盐室的合适孔中,直到它通过 O 形圈。在插入探头之前孔保持打开的时间越短,所需稳定时间就越短,如图 2-111e)所示。

(8)等待 PUMA 湿度读数稳定,需要 10 ~ 30min。

(9)在 PUMA 标定表中物理值处写入 11%,退出氯化锂盐罐。

(10)将探头插入 NaCl 盐室合适孔中。在插入探头之前孔保持打开的时间越短,所需稳定时间越短。等待湿度读数稳定,需要 10 ~ 30min。请注意,在高湿度下,出错的风险会增加。因此,稳定时间应该更长(20 ~ 40min)。

⑪在 PUMA 标定表中物理值处写入 75%。稳定后,退出盐罐,恢复盖好湿度探头帽。

2.8.6 发动机冷却液温控系统

发动机冷却液温控系统原理如图 2-112 所示。

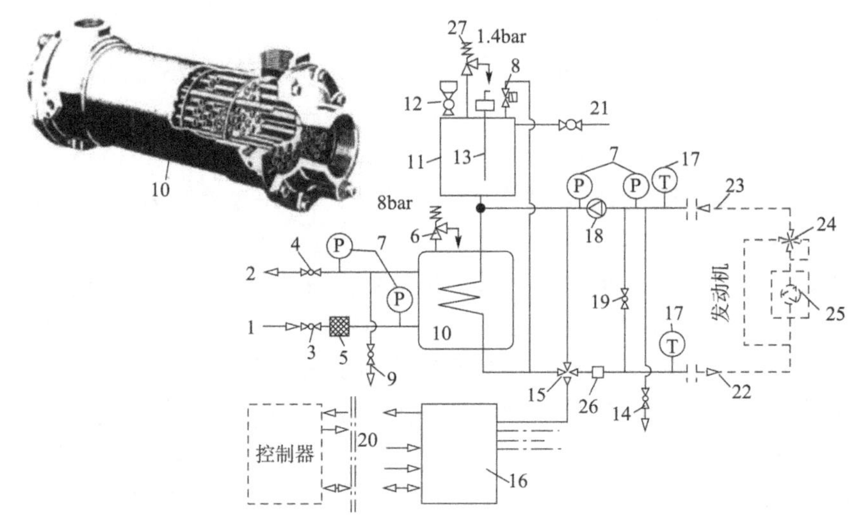

图 2-112　发动机冷却液温控系统原理图

1-冷却水入;2-冷却水出;3、4-球阀;5-滤污器;6-安全阀;7-压力表;8-通气阀;9-放液阀;10-热交换器(如上图壳管式或片状);11-膨胀罐;12-通气与手动充液;13-液位传感器;14-放液阀;15-控制阀(混合阀);16-电控箱;17-温度传感器;18-循环泵;19-旁通球阀;20-压缩空气;21-与发动机之间通气;22-发动机冷却液入;23-发动机冷却液出;24-发动机温控阀;25-发动机冷却水泵;26-流量开关(保护循环泵);27-冷却液灌入

冷却液调节系统控制试验台的发动机冷却液温度保持在一个恒定值。这样的系统取代了汽车(靠)迎面风冷却的散热器。最简单的方法是使用水冷却剂热交换器控制发动机回路中冷却液流量,从而达到所需温度值。

“控制阀(15)”起到关键作用,它决定流入热交换器的冷却液流量。

“膨胀罐(11)”功能是服务作为系统压力的参考点,正如在电系统中的接地作用一样。

“通气与手动充液(12)”工作时关闭,充液时打开。随着发动机冷却液温度升高,它开始膨胀并在冷却系统中建立压力。但是,如果压力过大,在系统内会对发动机组件和密封件造成损坏。因此,弹簧加载的压力安全阀设置在充液帽中,允许多余的冷却剂和蒸汽离开系统并减少系统压力。补充冷却液时,加液至液位计 2/3 处为佳。膨胀罐内空气空间允许或消化了冷却液受热膨胀带来的压力升高。

另一方面，系统还可集成加热功能，不仅可以满足非常快地达到需求温度，也为动态发动机运行提供更稳定的控制。带有循环泵的系统还可以应用于以下功能：带发动机和不带发动机的预热；停止发动机的快速冷却；代替发动机循环泵（发动机循环泵摘掉）。

维保时，可以使用与清洗电涡流测功机相同的清洗液和中和液清洗温控器的管道，并更换密封圈，清洁滤污器。温度自动控制依靠 PID 控制器，控制混合阀（15）实现。

2.8.7 发动机机油冷却系统

发动机机油冷却系统也利用热交换器原理。机油调节系统设定并保持机油温度和机油压力在精确定义值。为了实现机油快速预热、提高动态发动机工况下控制精度，该装置可以在机体内集成电加热系统。

为了防止压力对发动机自身油路的影响，机油温控系统连接到油底壳，即使发动机不运转，此措施也允许温度调节，正如冷却液快速冷却情况，油温必须在试验完成后尽可能快地降低。当连接到压力油路时，温控系统保证稳态与动态下运行指定供油压力。

2.8.8 热线式空气流量计

热线式空气流量计传感器有一个热线元件，通过电流加热可以维持元件处于恒温。当气流增加时，流过元件气流冷却作用增大，所以，更大的电流必须通过“电阻丝”以防止它的温度下降。提供该电流所需电压可以指示吸入的空气质量。该电压被发送到 ECU，使 ECU 能够初步确定燃料的基本数量。

在发动机试验台上也使用这类原理的空气流量计。空气温度会影响系统的精度，因此，为了防止温度误差，补偿电阻器放置在气流中。空气温度的变化会导致其改变电阻，这补偿了空气温度变化的影响。

2.8.9 发动机进气空调系统

进气空调系统向发动机提供可调压力、温度和湿度的进气空气。大气压也会导致发动机性能变化，由于发动机容积效率往往很大程度上独立于供气压力，所以，消耗空气质量倾向于直接随密度变化，其他条件保持不变情况下，密度本身与绝对压力成正比。

$$\rho_t = \rho_n P \tag{2-76}$$

式中：ρ_t——测试条件下的空气密度，kg/m^3；

ρ_n——标准条件下密度，kg/m^3；

P——测试条件下的大气压（bar），随海拔高度升高，大气压力下降。

空气温度对发动机性能也产生影响。空气密度与其绝对温度成反比：

$$\rho_t = \rho_n \frac{298}{T_t + 273} \tag{2-77}$$

相对湿度对发动机性能会产生影响。潮湿空气是空气和蒸汽的混合物。虽然蒸汽含有氧气，但它是氧气与氢气的化学结合，因此不能用于燃烧。与相同体积的干燥空气相比（在相同的温度和压力条件下），单位体积湿空气含有较少可用于燃烧的氧气。发动机进气空调简图如图 2-113 所示。

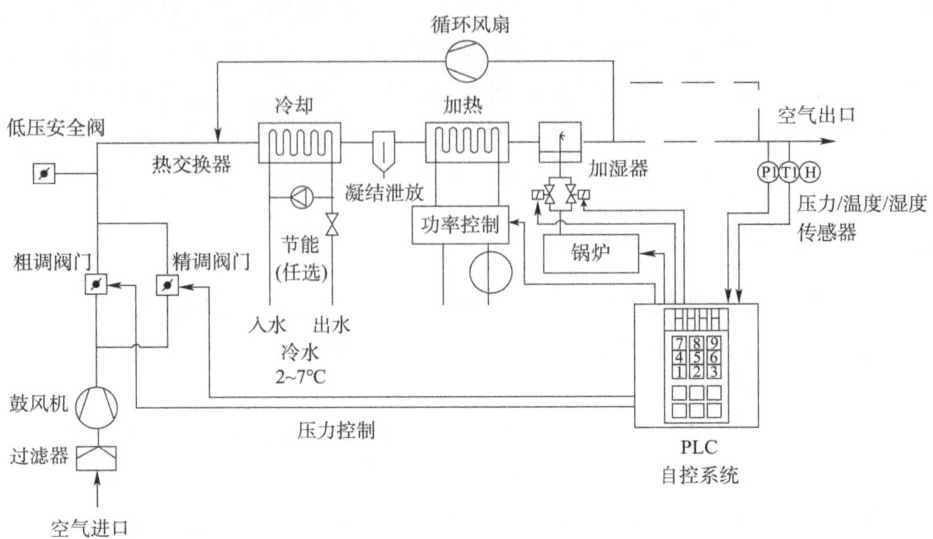

图 2-113 发动机进气空调简图

温度控制:15 ~30℃是标准选项,15 ~70℃是高温选项。温度控制由热交换器降温和空气加热器两步完成。空气加热器的电加热功率由一可控硅功率控制器调节。结合温湿度传感器测量进气实际温度,发送实际温度信号给控制器,PLC 比较实际值与设定值,然后产生控制信号送给可控硅功率控制器。

湿度控制:7 ~20 gH_2O/kg 干空气。热交换器将空气干燥,加湿器(锅炉)产生蒸汽,蒸汽通过两个阀注入,调节气流至所需湿度。结合温湿度传感器测量进气实际相对湿度,发送实际湿度信号给 PLC,比较实际值与设定值然后产生一稳定控制信号给蒸汽阀。蒸汽阀控制范围由两个阀分工构成,微阀执行小剂量的蒸汽注入,大剂量蒸汽由大蒸汽阀控制。

压力控制:600 ~1050mbar(典型)。压力控制由径流风机、粗调风门和精调阀执行。压力传感器测量进气实际压力,发送该信号给 PLC,比较实际值与设定值,根据压力偏差,PLC 产生一稳定控制信号给两个阀。若粗调风门执行控制功能,精调阀“冻结”,反之亦然。

2.8.10 发动机进气增压中冷空气冷却

发动机进气与有效功率关系为:

$$P_e = \left(\rho H_u \eta_e \frac{\lambda_L}{\lambda L_{\min}}\right)\omega V_h \frac{1}{Z} = \left(\frac{p}{R_g T} H_u \eta_e \frac{\lambda_L}{\lambda L_{\min}}\right)\omega V_h \frac{1}{Z} \tag{2-78}$$

式中:P_e——有效功率,kW;

ρ——空气密度;

H_u——加热值;

η_e——有效效率;

λ_L——体积效率;

λ——空燃比;

$L_{\min}$——最小空燃比;

ω——速度,s^{-1};

V_h——活塞位移,m^3;

Z——内燃机冲程数;

p——进气增压压力(Boost pressure),Pa;

R_g——气体常数$\left(\frac{1}{k_g K}\right)$;

T——温度,K。

加热值H_u和最小空燃比L_{min}是燃油的特征值,可被认为是已知量。为了增加密度(因此增加了发动机的功率),可以或者升高增压压力或者降低温度。这通过加设压缩机或进气空气冷却器实现。

内燃机有效功率输出正比于平均压力、速度、活塞位移。四冲程发动机,$Z=2$;两冲程发动机,$Z=1$。若增加V_h,P_e增加,然而,由于摩擦力增加引起了发动机效率下降,此外,发动机质量与尺寸增加违背了轻型发动机设计的初衷。提高速度也可增加功率,然而,速度的提高也产生摩擦功和气体交换损耗的非线性增加。

为了增加功率而不节外生枝,工程师选择努力增加平均压力,式(2-78)括号内,即采用增压技术。此方法的采用将发动机负载点移到了比油耗改善的范围内,CO_2 排放也得到降低。

发动机燃烧的空气经涡轮增压器压缩后变为高温高压空气,再经中冷模拟装置后,将温度控制在一个恒定范围内,进入发动机。空调器由两部分组成,"水-空气热交换器"和控制单元,水-空气热交换器为可移动装置。控制单元主要控制外部循环冷却水流量和压力,以使中冷模拟装置后的空气温度达到恒定。

2.8.11 安全急停继电器模块和扩展模块

安全急停继电器模块简称急停模块。急停模块的作用是在安全事故即将发生的瞬间,由操作员手动按压急停按钮引起模块切断相关设备电源。图 2-114 所示为皮尔兹 PILZ PNOZ X11P 急停模块与凤凰 Phoenix PSR-SCP-24UC 扩展模块相连接,是一个紧急停机功能配置的范例。在危险时刻(例如发动机飞车初期)紧急情况下,按压控制台上红色蘑菇按钮,所有与安全接点(13-14、23-24、33-34、43-44、53-54、63-64、73-74、13-14、…)连接的设备由于接点由吸合变为断开而断电。例如,油门执行器、测功机。另外,在采集控制系统软件程序中也可设定"急停条件",例如某个事件发生时急停生效。

继电器输出:7 个安全接点(N/O)和 1 个辅助接点(N/C)。辅助接点 81-82 可用于显示。

急停模块两个主要功能:急停设备和复位设备。PUMA 系统进入 MONITOR 状态后,LED:Ch1 In 和 Ch2 In 应当点亮。触点负荷:AC:400V/5A/2000VA,250V/8A/2000VA。DC:24V/8A/200W。Phoenix 安全继电器是扩展安全接点,可连接更多要求急停设备。

E-Stop 按钮包括控制台上红色蘑菇按钮、轴保护盖接点和其他自定义急停按钮。这些接点相串联,其中任何一个或一个以上接点断开,急停功能即刻生效。轴保护需要一个开关接点信号,接入 PUMA 软件数字输入,在软件设置"Shaft Guard E Stop"。轴保护盖的开启直接启用急停功能。

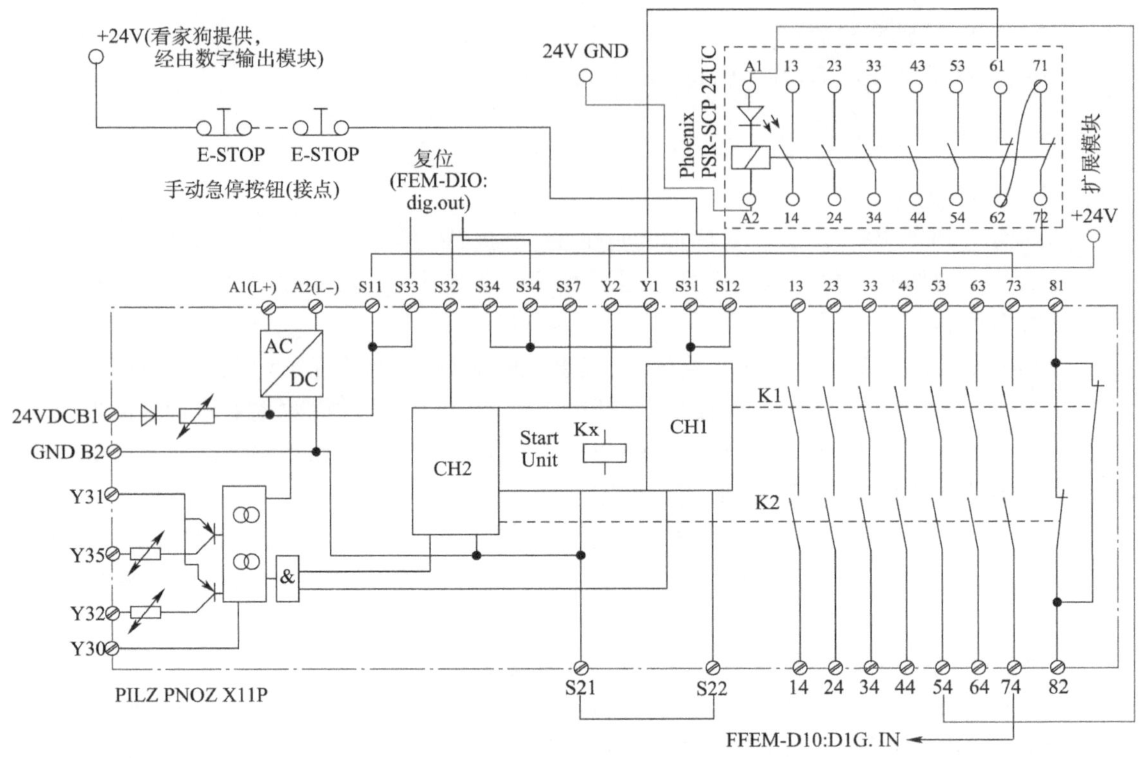

图 2-114　急停模块应用举例

继电器模块 PNOZ X11P 提供了安全电路的安全切断。当接通工作电压时，“Power”LED 亮。当 Y1-Y2 和 S33-S34 闭合，模块工作准备就绪。

输入电路闭合(急停按钮未压)：LED 指示灯“CH1 IN”和“CH2 IN”亮。继电器 K1 和 K2 通电并保持吸合。安全接点 13-14/23-24/…73-74 闭合，辅助接点 81-82 张开。

输入电路断开(停按钮按下)：LED 指示灯“CH1 IN”和“CH2 IN”熄灭。继电器 K1、K2 断电。安全接点 13-14/23-24/…73-74 断开，辅助接点 81-82 闭合。电源电压：B1-B2(B1，+24VDC。B2，GND)或 A1-A2(220VAC)。Y1-Y2：反馈控制回路。将 Y1 与 Y2 短接。或者将来自其他设备的常闭接点串接在 Y1 与 Y2 之间。反馈控制回路用于监视外部继电器。复位电路：自动复位，S33-S34 短接。手动复位，按钮连接在 S33-S34 之间。带监控的手动复位，按钮接在 S33-S34 之间，S34-S37 短接。输入电路：单通道，短接 S21-S22 和短接 S31-S32。连接安全开关的常闭接点(如急停按钮)至 S11-S12 之间。双通道，短接 S11-S12。连接急停按钮的常闭接点至 S21-S22 和 S31-S32。半导体输出的供电电压：+24VDC 接 Y31，0VDC 接 Y30。

安全接点闭合，辅助接点(81-82)张开：“CH1 IN 和 CH2 IN”LED 亮。模块工作准备就绪。如果输入电路断开，如按下常闭急停按钮(即常闭变至断开)，安全接点 13-14/23-24/…73-74 张开，辅助接点 81-82 闭合。“CH1 IN 和 CH2 IN”LED 灭。半导体输出：当 +24VDC 电源加在 Y31-Y30 间，Y35 导通。如果继电器 K1、K2 通电，Y32 导通(输出电压)。K1、K2 断电，Y32 截止。

2.8.12 看家狗模块

看家狗模块是使用硬件监视软件的电路。计算机语言或指令归根到底由0和1代表的机器语言组成,检查程序可通过监视所有语句的“检查和”实现,若“检查和”正确,即等于设计值,则软件无误,比如初始化程序无误。进一步,若“检查和”正确,使某电路输出高电平,安全继电器吸合。

2.8.13 模拟输入模块AI

模拟输入模块采用西格玛-代尔塔(Sigma-Delta)模数转换原理。接收自传感器发来的模拟信号(如0-10V,或4-20mA等)的接口模块,比如温度传感器、应变片扭矩传感器、湿度传感器、电压、电流、电阻压力传感器。模块外形长宽厚为485mm×271mm×43mm;电源24V±20%,功耗16W,工作环境0~60℃,存储温度-20~85℃,相对湿度20%~90%,无凝结;接口为IEEE1394或RS485,信号电缆长度10m,每延长10m,加一支扩展器,或使用光缆,最长1000m。模拟输入模块连接传感器举例如图2-115所示。

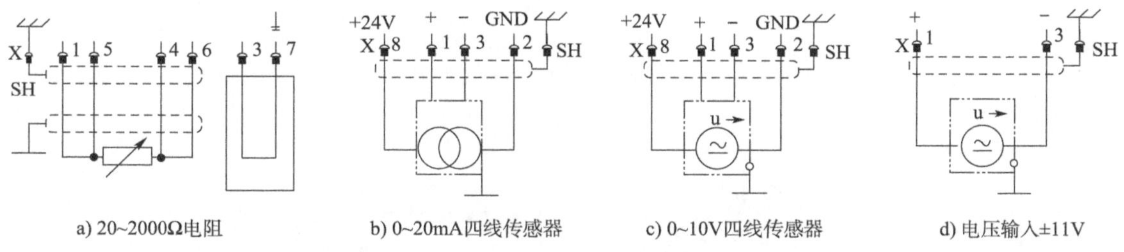

图2-115 模拟输入模块连接传感器举例

2.8.14 模拟输出模块(数模转换A/D)

4个模拟输出通道,模拟电压±11V或电流±22mA输出口,模拟输出可用于控制执行机构,例如比例阀。模块外尺寸:宽高深55mm×264mm×180mm。电源电压24VDC±20%,功耗12.5W,重量1.12kg。IEEE1394口接口(400MBaud)。

2.8.15 数字输入输出模块DI/DO

模块用于接受外部接点输入和向外部输出接点,统称输入输出开关量。输入可使系统感知某设备状态或接到外部设备发来的命令;输出可以控制外部设备动作。每只模块有16个数字输入、16个数字输出接点。模块外尺寸宽高深55mm×264mm×180mm,电源电压24VDC±20%,功耗20W。数字模块输出通道接点容量为1安培或2安培。IEEE1394接口。数字输入输出原理如图2-116所示。

2.8.16 计数器输入模块CI

数器模块接收测量频率信号,例如速度、扭矩(法兰扭矩传感器)。可连接3类不同传感器,数字输入速度传感器、电感式速度传感器和增量旋转译码速度传感器。计数器模块不能连接霍尔传感器，但控制模块的计数器可连接霍尔传感器。IEEE1394 接口（400MBaud）。模块外尺寸宽高深55mm×264mm×180mm，重量1.06kg，电源24VDC，功耗11W。工作环境温度0～60℃。计数器模块连接传感器类型如图2-117所示。

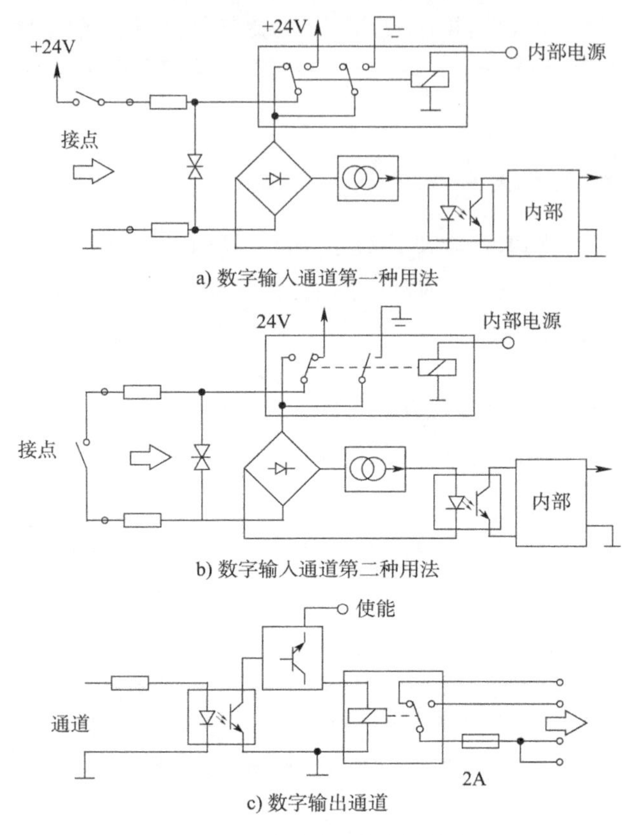

a) 数字输入通道第一种用法

b) 数字输入通道第二种用法

c) 数字输出通道

图2-116 数字输入输出原理图

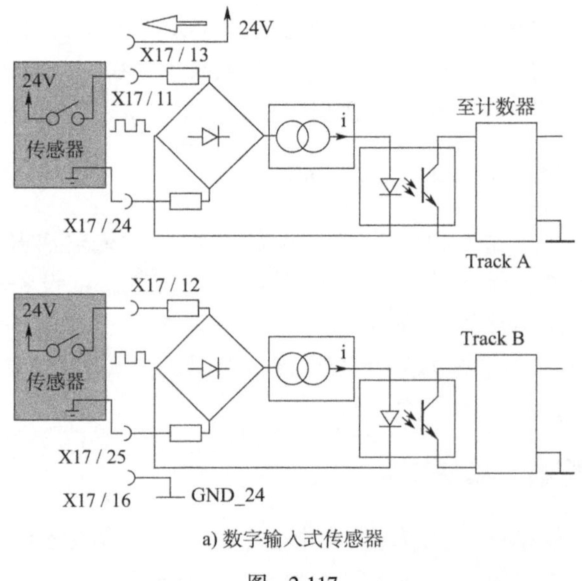

a) 数字输入式传感器

图 2-117

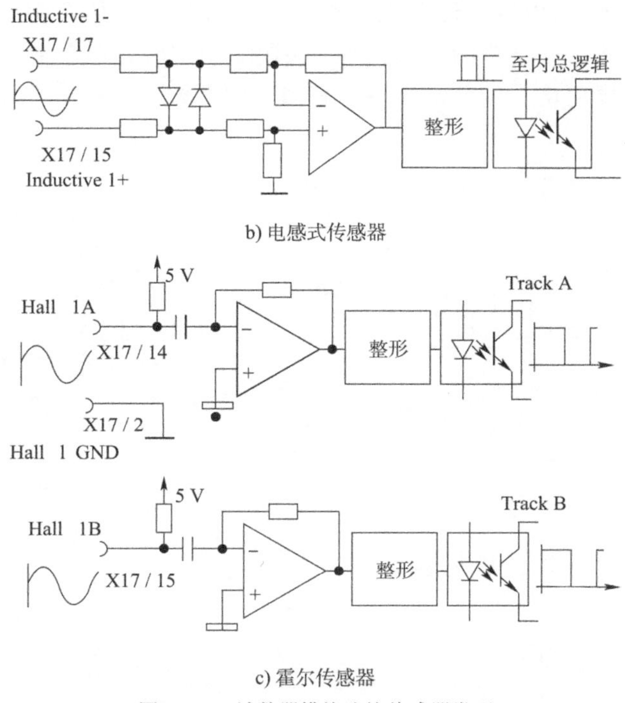

c) 霍尔传感器

图 2-117 计数器模块连接传感器类型

2.8.17 控制模块 CON

控制模块外尺寸宽高深 110 mm×264 mm×180 mm。功耗 46W,环境温度 0～60℃;工作相对湿度 20%～80%,无凝结。4 个计数器通道,18 个数字输入,26 个数字输出,4 个模拟输入,1 个用于应变片扭矩传感器模拟输入,4 个模拟输出,2 个频率输出,1 个看门狗。可见,控制模块是多功能模块,既可采集又可控制,既可涉及数字信号又可处理模拟信号。

采集控制系统与测功机两种简明链路(举例)如图 2-118 所示,图中表明采集控制系统与测功机的(变频变流)控制连接。

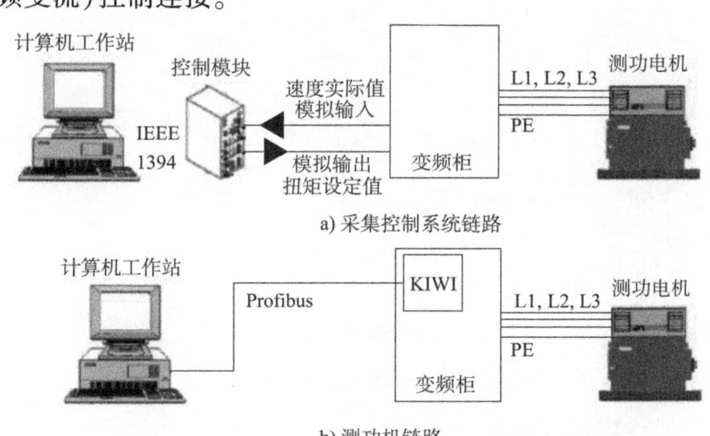

b) 测功机链路

图 2-118 采集控制系统与测功机两种简明链路(举例)

如果观察电路原理图，可以发现变频柜对感应电机实现变频控制最终是经由三条动力相线和一条接地保护线。是这样的，一切控制都经由此四条线完成，不管算法多么复杂。

以上所述控制采集模块合称前端模块。其内部框图如图 2-119 所示。

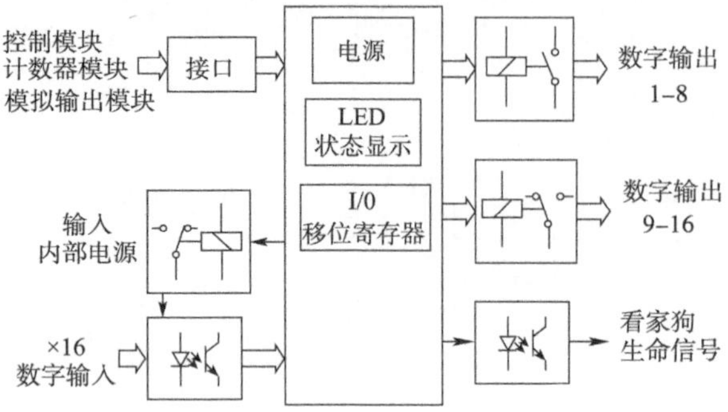

a) 数字I/O

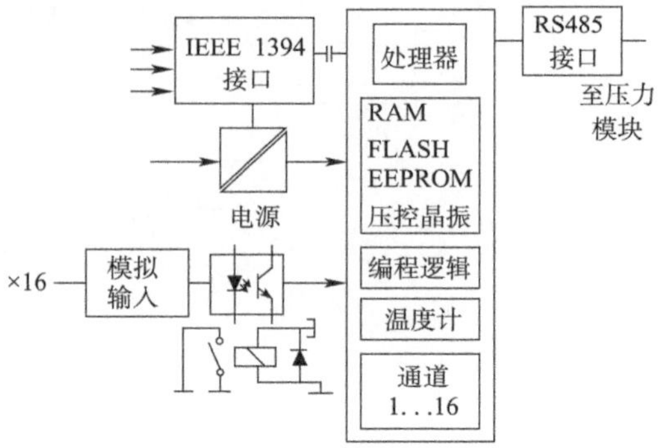

b) 模拟输入ADC

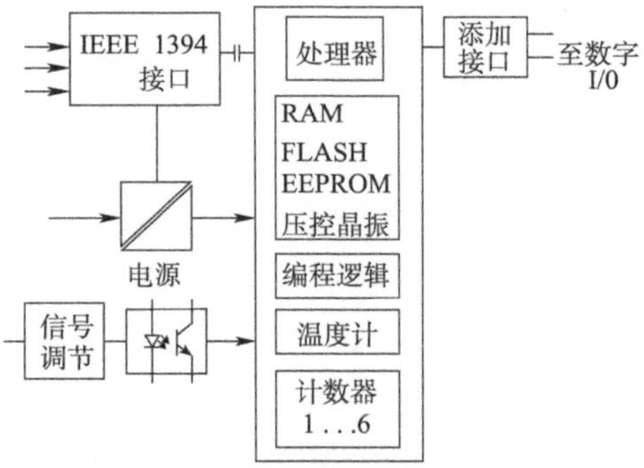

c) 计数器

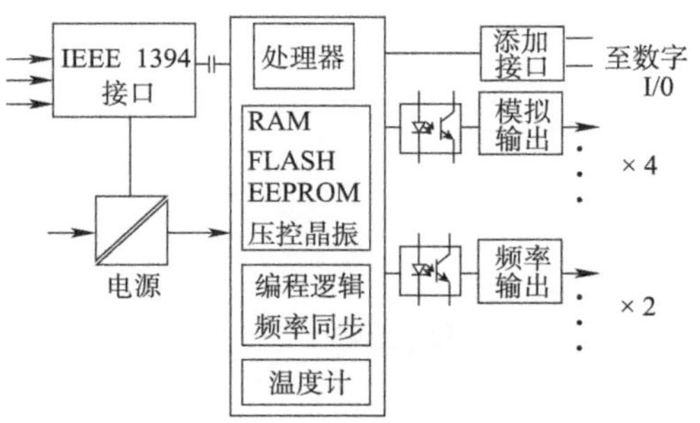

d) 模拟输出DAC

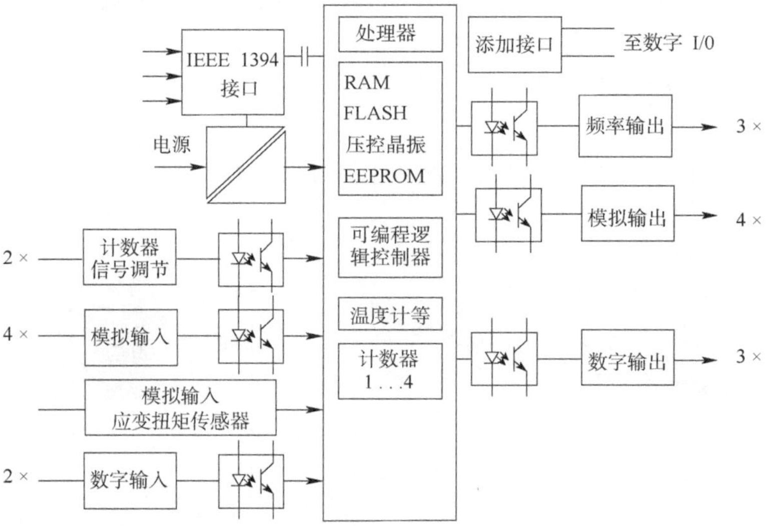

e) 控制模块框图

图 2-119　前端模块内部电路框图

(1) RS232 串行通信接口探测器。

图 2-120 所示为 9 针 D 型插头背面，它用于检查计算机 RS232 通信口正常与否。首先

将 RS232 插头背面针脚做如图的短路焊接，然后插到需要检查的 RS232 口上，启动 Hyper Terminal 或 terminal 程序，设定为 9600，8（Data bits），N（Parity），1（Stop bit），Xon/Xoff（Flow control），点击 OK。从键盘输入某字母，若返回同样字母，说明 RS232 口本身正常。若无字母反馈，表明该计算机 RS232 口已损坏。

（2）采集控制模块拆卸。

图 2-121 所示为拆卸安装于德国工业标准导轨（欧式 DIN 导轨）上的采集控制模块所用的拆卸工具和拆卸方法。

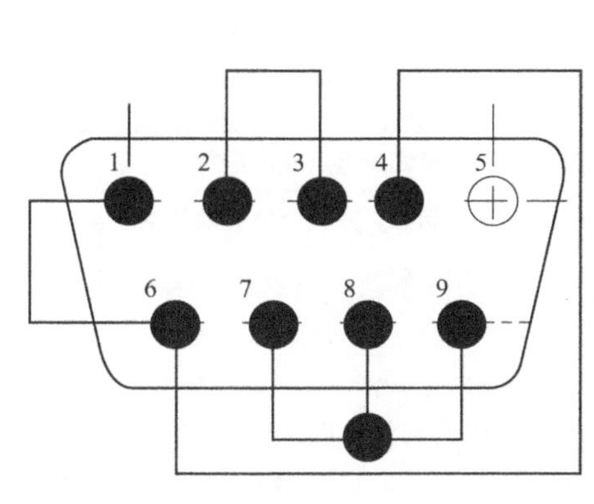

图 2-120　9 针 D 型插头背面

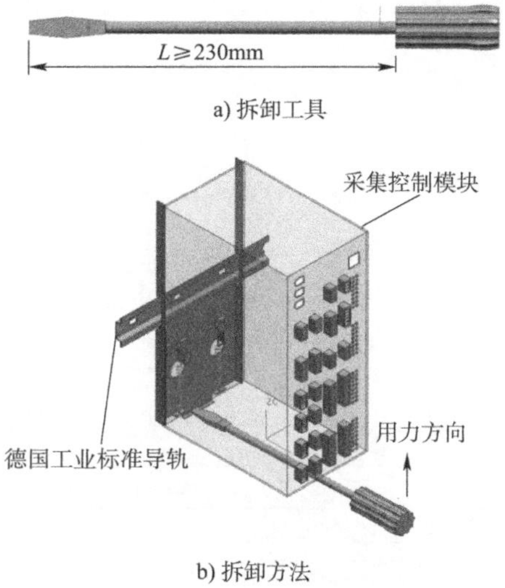

$L \geq 230$mm

a) 拆卸工具

采集控制模块

用力方向

德国工业标准导轨

b) 拆卸方法

图 2-121　拆卸工具和拆卸方法

2.8.18　发动机试验台软件

本介绍以 AVL 公司的发动机试验台采集控制软件（PUMA/EMCON）为例。发动机试验对系统的基本要求是动态响应性能优秀、安全措施完备、软件界面友好和测量结果数据后处理功能强。

PUMA 软件实现了参测设备的集成，只有集成才可将各种被测物理量之间的关系与相互影响显露出来，从而采取正确改进措施使得被测指标朝着人们的意愿发展。

EMCON（Engine Monitoring Controller，EMCON）软件即发动机监控控制器，被放置在实时操作系统环境中。数据库文件夹内包含一些参数配置文件，工程师在调试过程中需要根据系统硬件配置，检查和设置各条数组，以符合试验需求。

2.8.18.1　三个主要模块

PUMA 软件主要由三个模块构成，即参数模块（Parameter Manager，PAM）、运行操作模块（PUMA Operator Interface，POI）和试验数据后处理模块（PUMA Concerto，PUC），其内部是相通的。这三个模块在屏幕上有各自的图标（Icon），可以单独双击图标分别进入各模块进行工作，也可以进入 POI 运行状态后，在 POI 模式下，同时在线查看或修改 PAM 参数（部分），进行在线数据后处理操作。

（1）参数模块。

PAM 文件主要由下列四个子模块数据组成：系统参数（SYS）、存储数据参数（TFP）、受测体(发动机)参数(UUT)和测试循环参数(TST)。

而每个子模块下,又存在若干个子模块参数,例如FFS,模拟与数字信号设置模块。更多软件模块解释见表2-23~表2-27。

SYS 系统模块 表2-23

子模块	功能	子模块	功能
FFS	Fast FEM 简写,包括模拟输出、模拟输入、数字输入、数字输出、计数器、频率输出各通道监控	EMC	PUMA 与 EMCON 数据库 xxxx. dbl 通道。Normname 与在 EMCON 中 SV-name 对应关系,或 Bitname 与在 EMCON 中 SV-name 对应关系
FEM	用于老式 FEM 模块。包括模拟输出、模拟输入、数字输入、数字输出、计数器	FDV	公式(Formula)
SAL	系统限值监控(System Alarm Limit)	MDV	所集成测量设备接口
FIL	滤波器(Filter)	PID	控制器。在线调整参数并生效
TBM	旧称 EMO。所有数字输入定义模块(Test-bed Monitoring-TBM)	PDT	用于调节 P400 或 K57 面板三个电位器变化速率或步长
TCC	相当于 PTCC 一部分。功能类似于可编程逻辑控制器(Test Cell Controller-TCC)	PMR	事故"黑匣子"。当试验由于某种意外事件中断,例如停电,程序会存储当时数据(Post Morten Recorder-PMR)
SCP	测功机控制器参数	PT3	三点 PID 控制器
TCD	设备表。相当于 PTCC 一部分	TMP	暂时通道(Temporary channel-TMP)
TCT	类似 PLC 功能(Program. test cell control)	CNF	用于变速器台架,针对不同驱动系受测点。(Test cell configuration-CNF)
DYT	测功机数据表(Dynamometer Table-DYT)	PDP	Profibus DP IO subsystem
CAN	PUMA 与 ECU,TCU 与车辆控制模块通信	PRD	打印格式定义(Printout definition)
SCR	用户定义程序(User defined script)	HMV	手动测试(hand measurement-HMV)
EBH	排放柜接口(Emission bench handle-EBH)	SDT	特殊设备表(Special Device Table)可将运行在 VERSADOS 下的设备与 PUMA Open 集成

TFP 存储箱参数模块 表2-24

子模块	功能	子模块	功能
DST	Data storage table 需要测量的数据。测量完成后,保存于此	KEY	Storage key 存储库钥匙或关键字。打开 DST 数据箱的钥匙
FDV	公式	FIL	滤波器功能

FDV 公式模块 表2-25

计算量	测量量与常数
进气压力	P_INT = P_AIR + P_INTAKE
水平衡常数	WEQCONST = 3.5

续上表

计算量	测量量与常数
标准条件干空气密度	DENSNAIR = 1.293
有效功率	P = SPEED * TORQUE/9549.3
有效平均压力	P_EFF_ME = 300000 * P * STROKENO/(CUBICCAP * SPEED)
饱和蒸汽压力	PS = I0 + I1 * T_AIR * * 2 + I3 * T_AIR * * 3 + I4 * T_AIR * * 4 I0 = 6.04444;I1 = 0.461236;I2 = 0.013368;I3 = 0.00025115;I4 = 0.00000459783
蒸汽分压	P_STEAM = (PEI/100) * PS
修正系数	REDFAC = 1013/P_AIR * (((T_AIR + 273)/293) * * 0.5)
修正扭矩	T_EC = TORQUE * REDFAC
修正功率	P_EC = P * REDFAC
修正有效平均压力	P_MER_EC = P_EFF_ME * REDFAC
平均功率	P_MEAN = FB_T * FB_N/9549.3
指示平均压力	P_IND = 300000 * STROKENO * P_MEAN/(VUBICCAP * FB_N)
燃油消耗(g/sec)	MB = FB_MASS/FB_TIME
燃油消耗(kg/h)	BH = MB * 3.6
比油耗(g/kWh)	FUELCOSP = (BE * 1000 * 9549.3)/(FB_T * FB_N)
喷油量	VE = (30000 * STRIKENO * FB_MASS)/(FB_N * FB_TIME * NUM_CYL * FD)
空燃比	LAMBDA = 1/(BH/AIRCONS)
空气重量(kg/h)	GAH = AIRC * 60 * DENSNAIR * (P_AIR/1013) * 273/(T_AIR + 273)

UUT 受测体定义模块 表2-26

子模块	功能	子模块	功能
ECT	发动机起动停止参数(Engine start-stop parameters-ECT)	VEH	整车参数。用于发动机和传动系统台架车辆模拟或底盘测功机。(Vehicle and Driveline parameters)
EMP	万有特性曲线和满负荷外特性曲线	FIL	滤波器(Filter- FIL)
GWA	限值监控(例如速度、扭矩、水温)	MTR	手动变速器
MEI	发动机控制单元(Engine eletronics)	MTS	手动变速器模拟(Manual transmission)
UCP	发动机控制器(Engine controller)	UCV	离合器参数
ATR	自动变速器(Automatic transmission-ATR)	LUT	标定表(Look up table-LUT)

TST 自动试验程序定义模块 表2-27

子模块	功能	子模块	功能
STP	试验步定义	PRD	打印定义
PAP	自动循环程序定义	DST	数据存储箱定义
GWA	限值定义	KEY	数据存储箱钥匙定义
MES	测量准则定义	—	—

SYS00 是对应用户订货合同文件的系统参数块，虽然交付给用户的模块名都称为 SYS00，但其内容因订货不同而不同，或者可以说 SYS00 是对应用户所订设备的未填写的空表格。工程师在模块中设定完参数后，需要选择“另存为”生成自己的系统参数，例如本田汽车制造商试验组生成自己参数“SYSHONDACOM”。其他参数块（TFP、UUT、TST）道理相似。

一些 PAM|SYS 参数可以在线修改与生效，然后在线存储。PAM|TST 不可以在线改动、生效与存储。SYS|SAL、SYS|PID、SYS|TCC、SYS|PT3、SYS|SCP 可以在线改动、生效与存储。UUT|ECT、UUT|GWA、UUT|UCP 可以在线改动、生效与存储。TFP 在线改动无意义。

从 20 世纪 90 年代初至今日，随着软件不断升级改善，在每个参数集合中可能会出现新的种类与数量的参数块，虽然操作系统在变化，数据处理速度迅速提升，软件功能随硬件功能改善而增加，但是参数集合的划分一直保持未变，即基本以 SYS、TFP、UUT 和 TST 的组成形式沿革至今。

(2)试验运行界面。

发动机测试系统软件人机接口举例（PUMA POI AVL）如图 2-122 所示。被测体试验运行工作在这个界面（POI），即在线界面。POI 具有三个主要工作状态，监视状态（MONITOR）、手动状态（MANUAL）和自动状态（AUTOMATIC）。监视状态（MONITOR）用于标定、维保与故障判断和系统检查。手动状态用于单步试验、各控制模式调试、随意试验等。自动状态下运行自动试验程序（如万有特性）和排放循环。

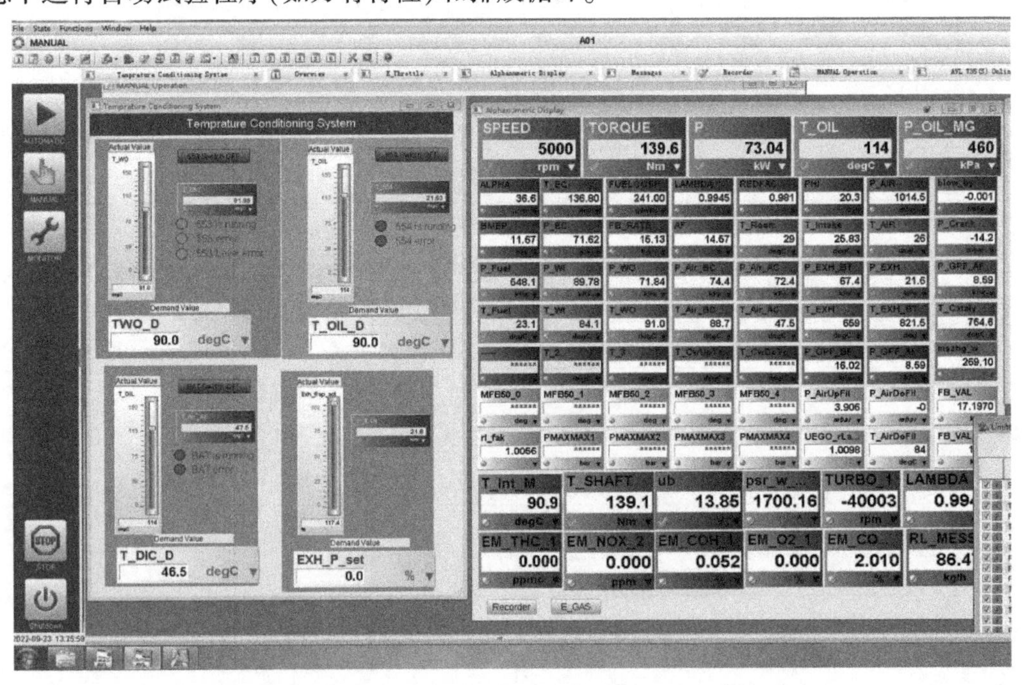

图 2-122　发动机测试系统软件人机接口举例（PUMA POI AVL）

进入 MONITOR 后，系统参数（SYS）模块和存储数据参数（TFP）模块装载完成，数据采集激活，公式计算使能。

进入 MANUAL 后，数据采集测量使能，限值监控使能，黑匣子（Post mortem）使能。切换到自动运行程序状态被使能，起动发动机被使能；存储测试循环参数 TST 和受测体（发动机)参数 UUT,图示限值在线修改使能,设定控制器和存储参数使能。

(3)后处理界面与试验结果。

完成试验数据与图线的生成、发动机硬件变更前后试验数据分析与比较、在线辅助分析与计算等。发动机万有特性测量结果后处理报告举例如图 2-123 所示。

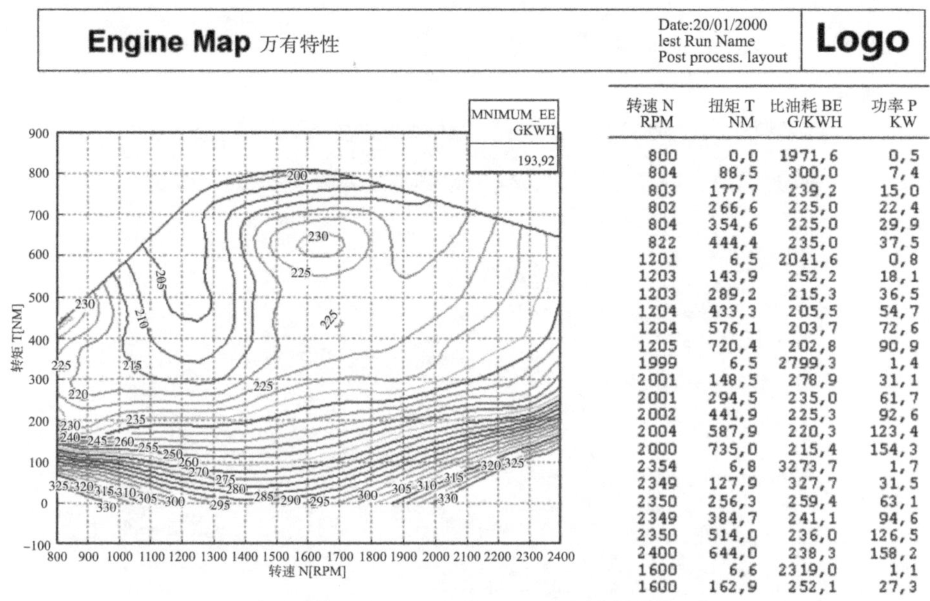

转速 N RPM	扭矩 T NM	比油耗 BE G/KWH	功率 P KW
800	0,0	1971,6	0,5
804	88,5	300,0	7,4
803	177,7	239,2	15,0
802	266,6	225,0	22,4
804	354,6	225,0	29,9
822	444,4	235,0	37,5
1201	6,5	2041,6	0,8
1203	143,9	252,2	18,1
1203	289,2	215,3	36,5
1204	433,3	205,5	54,7
1204	576,1	203,7	72,6
1205	720,4	202,8	90,9
1999	6,5	2799,3	1,4
2001	148,5	278,9	31,1
2001	294,5	235,0	61,7
2002	441,9	225,3	92,6
2004	587,9	220,3	123,4
2000	735,0	215,4	154,3
2354	6,8	3273,7	1,7
2349	127,9	327,7	31,5
2350	256,3	259,4	63,1
2349	384,7	241,1	94,6
2350	514,0	236,0	126,5
2400	644,0	238,3	158,2
1600	6,6	2319,0	1,1
1600	162,9	252,1	27,3

图 2-123　发动机万有特性测量结果后处理报告举例

2.8.18.2　发动机试验程序编制

(1)外特性曲线。所谓"外"寓意所有负荷特性曲线的外包络。外特性曲线或满负荷试验可视为部分负荷(油门开度为某值,例如 60%)曲线的特例或边界。

万有特性曲线在三维坐标图上可以表示为以工况面为自变量域的特性曲面。工况面的二维坐标 X 轴由速度 Speed 表达,Y 轴由扭矩 Torque 表达,则 Z 轴可是其他参数,例如功率、比油耗、排放。X-Y 的工况面工作点包括所有负荷工作点。X-Y 的工况面除由 Speed-Torque 构成,也可由其他参数构成,例如速度-平均有效压力。总之,完整的万有特性可用三维曲面图形表达,也可以用二维平面图形表达。编制程序可参考图 2-124 和图 2-125。

(2)预热阶段试验程序参数准备。编制发动机外特性自动运行试验,先编制一个系统"热身"程序。自动程序参数准备见表 2-28。

速度范围:1500 ~ 4500r/min;容差范围: ± 15r/min;斜坡时间(或上升时间):5s;稳定时间:3min;测量时间:30s。测量量包括速度、扭矩、油压、冷却水温(℃)、比油耗(g/kWh)、喷油量(mm³/stroke)。

例如,直到冷却水温度达到 95℃ 和油温达到 107℃,子程序完成。然后,测试运行应继续记录满载曲线。冷却阶段速度为 1500r/min,扭矩为 40N · m。为了确保操作人员、受测体和试验台设备安全,多层次的安全概念是每个自动系统的关键特征。多级监控包括三个独立的功能:限值监控(试验限值)、试验台监控(系统限值)、基于黑匣子记录仪的数据分析。限值要求见表 2-29。

Stationary Steps[ ]

No.	Step name	StType	ContrM	Speed [rpm]	Torque [N]	Alp/x	Stab.	RampD [s]	RampE [s]	CtlT [s]	RunT [s]	WaitT [s]	MeasT [s]
1	WARM1	WOMON	NT	2000	80.0	0.0	1	5.0	5.0	5	10	0	0
2	WARM2	WOMON	NT	2500	100.0	0.0	1	5.0	5.0	5	20	0	0
3	FULL	W_MON	NA	1500	0.0	100.0	1	5.0	5.0	20	300	180	30
4	COLD	WOMON	NT	1500	10.0	0.0	1	10.0	10.0	20	10	600	0
5	START	START	TA	0	0.0	0.0	1	5.0	5.0	5	20	0	0
6	STOP	STOP	TA	0	0.0	0.0	1	5.0	5.0	5	20	0	30

a) 单步工况定义界面

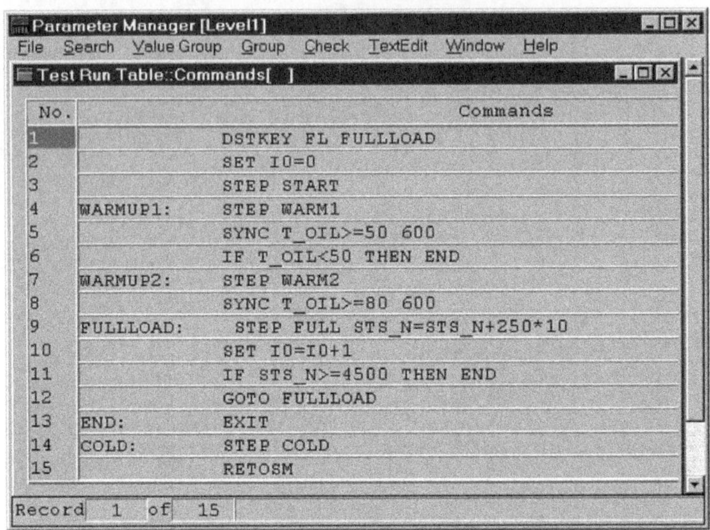
Parameter Manager [Level1]

File Search Value Group Group Check TextEdit Window Help

Test Run Table::Commands[ ]

No.	Commands
1	DSTKEY FL FULLLOAD
2	SET I0=0
3	STEP START
4	WARMUP1: STEP WARM1
5	SYNC T_OIL>=50 600
6	IF T_OIL<50 THEN END
7	WARMUP2: STEP WARM2
8	SYNC T_OIL>=80 600
9	FULLLOAD: STEP FULL STS_N=STS_N+250*10
10	SET I0=I0+1
11	IF STS_N>=4500 THEN END
12	GOTO FULLLOAD
13	END: EXIT
14	COLD: STEP COLD
15	RETOSM

Record 1 of 15

b) 试验程序

图 2-124 满负荷试验

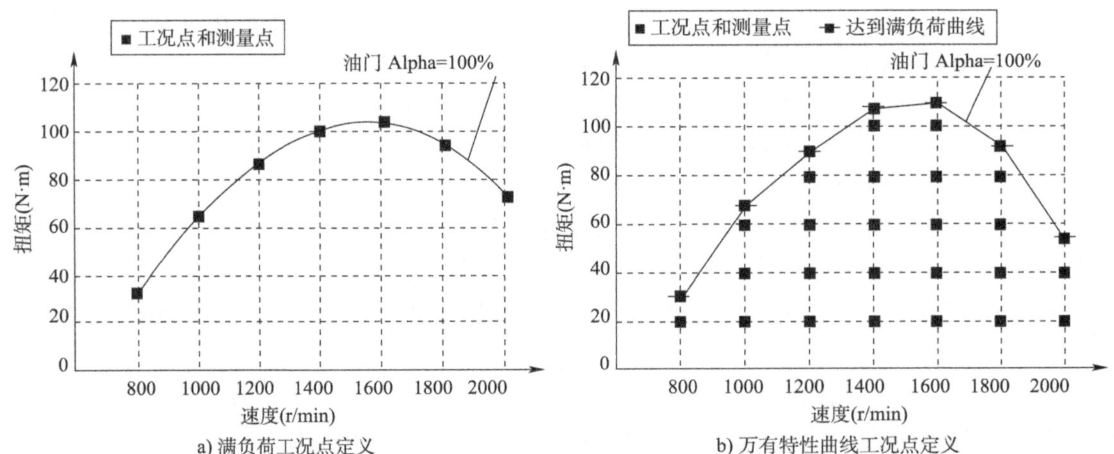

a) 满负荷工况点定义

b) 万有特性曲线工况点定义

图 2-125 满负荷与万有特性试验工况采集点示意

自动程序参数准备

表 2-28

试验阶段	速度(r/min)	扭矩(N·m)	机油温度(℃)	步时长(s)
预热第一阶段	2000	80	50	600
预热第一阶段	2500	100	80	600

限值要求 表2-29

被监控量	限值	限值超过后反应
速度(r/min)	>5500	自动程序停止(中止)
机油油压(bar)	<0.8	自动程序停止(中止)
冷却水温度(℃)	>100	执行子程序/冷却试验步
机油温度(℃)	>120	执行子程序/冷却试验步

我们要区分试验台的限值(SAL)、受测体限值和试验运行程序的限值。特定的“极限监控”功能用于受测体安全和试验台设备安全。测量变量(如速度、油温等)设有预警值和报警值。每当违反限值时,系统都会执行定义的措施行动,例如受测体停机、声音报警。

监控功能允许监控特定试验台状态位,例如试验室门禁接点。一旦所定义数字位报告异常,就可以启动预定义的反应。这常常导致试验台由于安全原因停止运行。

超限将自动激活黑匣子记录器,并按照先前定义的时间保存预定义测量量的数据。黑匣子记录器记录极限值违规,帮助判断自动运行程序失败原因。

万有特性试验程序举例见表2-30。

万有特性试验程序举例 表2-30

```
              DSTKEY EM ENGINMAP
              STEP ENGINMAP
TORQUE:       STEP * STS_T = STS_T + 50
              IF GSWITCH = = 1 THEN NEWCURVE
              GOTO TORQUE
NEWCURVE:     IF STS_N > 4500 THEN END
              SET STS_N = STS_N + 250
              SET STS_T = -50
              GOTO TORQUE
END:          COMMAND MAN
COLD:         SET I0 = STS_N
              SET I1 = STS_T
              STEP COLD
              STEP ENGINMAP STS_N = I0 STS_T = I1
              RETONX
```

发动机及车辆测试试验室建立

3.1 测试试验室综述

3.1.1 动力总成试验台

动力总成试验台是现代汽车工程开发中的重要组成,利用动力总成试验台可以充分地调整和测试未定型的原型设计模型,降低了开发成本,缩短了研发周期。常见的动力总成试验台有发动机试验台、变速器试验台、制动测试试验台等。

由于油耗和排放的改善只有通过优化动力总成才能实现,这一事实使得发动机开发与动力总成开发更加紧密地结合在一起。过去变速器测试重点在于机械系统耐力强度测试,例如功能测试、控制单元标定和换挡微调等都是专门进行的。随着动力总成组件复杂性的增加,以及不同组件之间的交互作用并集成于发动机控制单元(Electronic Control Unit, ECU)、变速器控制单元(Transmission Control Unit,TCU),产生了即使没有原型车辆存在情况下对整个系统早期验证的需要。动力总成组件如图 3-1 所示。动力总成涉及的试验台如图 3-2所示。

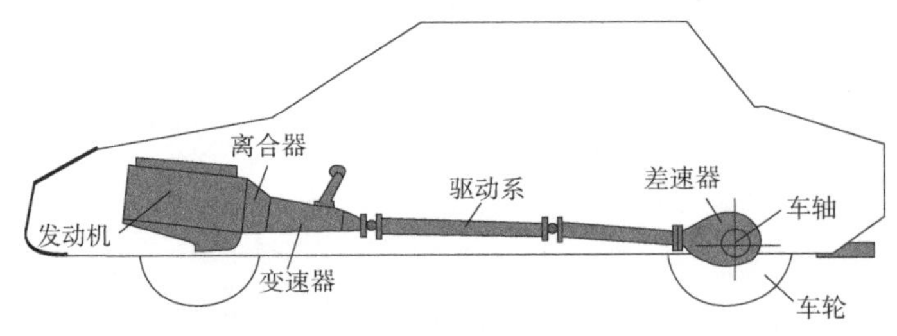

图 3-1 动力总成组件

试验台可分为稳态发动机试验台和非稳态试验台。实际试验台可以是以下试验台的组合,即可能是多功能试验台。

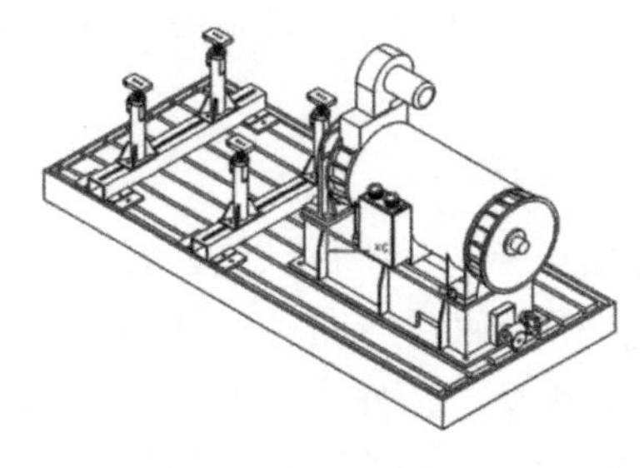
a) 发动机试验台

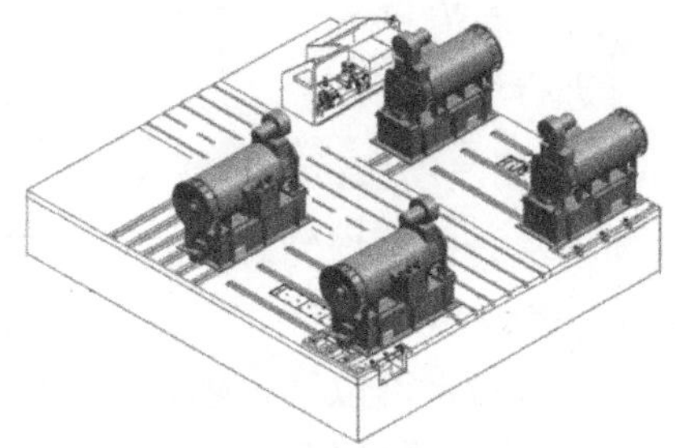
b) 四轮驱动动力总成试验台

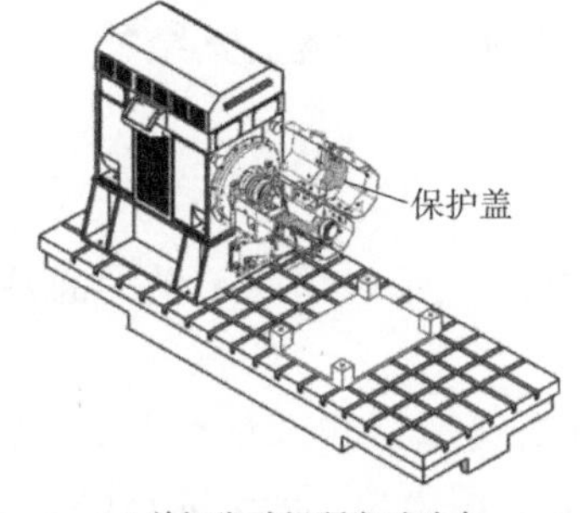

c) 单缸发动机研发试验台

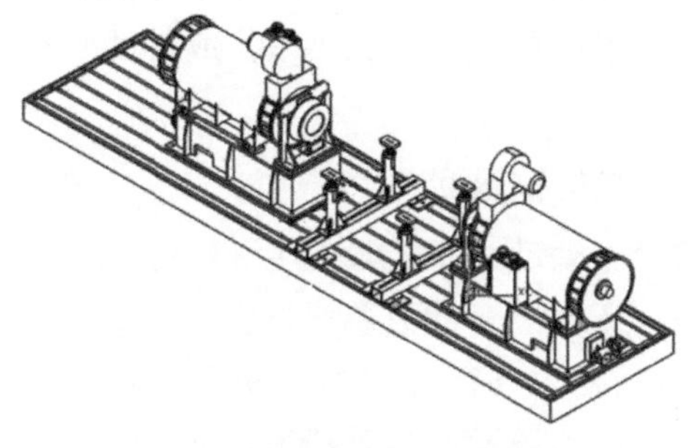
d) 前轮驱动动力总成试验台

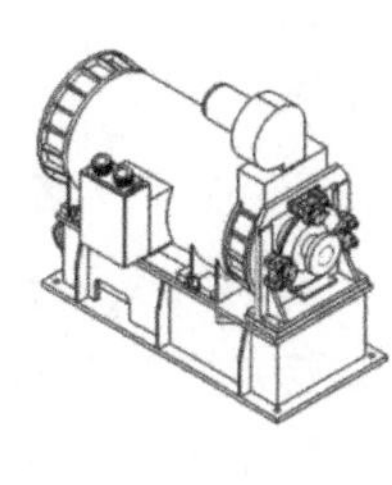
e) 制动闸测试

图3-2 动力总成涉及的试验台

3.1.1.1 稳态发动机试验台

稳态发动机试验台应用于发动机研究、开发和生产过程中。其特征是通过扭矩/油门或速度/油门调整负荷,控制阶段具有定义的公差,当发动机运转稳定后进行测量。

3.1.1.2 非稳态测试台

(1)瞬态试验台。瞬态试验台用于发动机负载突变响应测试和重型发动机排放认证测试,要求在公差允许范围内通过扭矩/速度值对定义负载点(时间步长小于1s)进行连续控制、测量并记录测量值和计算值。

(2)动态试验台。动态试验台是将车辆底盘测功机上轻型车运行的法规要求的废气排放循环复制到发动机测试台上,以便早期评价排放行为、优化燃油效率。例如,美国EPA FTP-75循环、WLTP循环。动态试验台动力系统振荡频率通常高达8Hz。

(3)高动态试验台。高动态试验台是在虚拟车辆环境下对真实发动机进行标定,在虚拟车辆、虚拟驾驶人和虚拟道路环境中进行内燃机测试,动力总成模拟频率高达约40Hz。

3.1.1.3 研究试验台

研究试验台分为单缸发动机试验台和流体试验台。单缸发动机测试允许研究人员指定和控制多缸发动机中无法直接控制的变量。例如:指定增压-背压比的能力、控制汽缸内废气再循环量、控制汽缸内的局部空燃比以及消除一些多缸发动机测试下可能增加复杂性或未知性的变量。一个重要的例子是进气和排气脉冲动态,尤其是汽缸与汽缸之间的相互作用。测试更简单、更高效且成本更低。

进气是对火花点火和压缩点火发动机燃烧产生显著影响的相关参数。为了详细研究进气气体运动,使用流动试验台。测试台应该能够代表两个流动方向,以便在单个设置中对进气口和排气口进行流动测试。

3.1.1.4 专用发动机试验台

专用发动机试验台包括气候试验台、高海拔/气候试验台和倾斜试验台。其中,倾斜发动机试验台用于优化载油部件或机油泡沫行为研究,开发油路或曲轴箱通风系统或摩擦测试。倾斜发动机试验台可以模拟越野车辆中经历的特殊操作条件,试验台(发动机和变速器与测功机)可以偏离水平状态完成各种倾斜。这些测试不仅与油底壳中油位倾斜有关,还与油泵机能和涡轮增压器表现有关。这类试验台测功机有采用电力测功机,也有电涡流测功机的,前者最为理想。为了测量大功率发动机,倾斜试验台可配置水力测功机,其结构与装备比较复杂。

3.1.1.5 含传动系统的试验台

发动机试验台、四轮驱动动力总成试验台和前轮驱动动力总成试验台都属于动力总成的试验范围。除此之外,还有混合动力总成试验台等。

越来越短的开发时间要求并行开发内燃机和变速器。当首次变速器测试运行时,内燃机本身通常处于原型机阶段,还没有达到所需的成熟度。在台架上用电机(原动机)代替内燃机解决了这一困难,另外还降低了原型机的成本。

应用惯量模拟、动态模型和控制软件包(例如 AVL ISAC)在试验台架上通过模拟驾驶人和车辆,产生法规测试循环工况控制,例如 FTP75 测试。同时可进行排放测试、耐久性及再现性测试等测试。这种试验的优势在于:早期开发阶段的实际负载测试;发动机不需要安装到车辆中;更好地接近发动机;测试重现性容易实现;减少测试对路况和驾驶人的依赖;可模拟各种车辆和驾驶人行为(从运动型驾驶人到经济型驾驶人);车辆和发动机原型可同时开发;无需将变速器和传动系统安装在车辆上;全自动测试执行;即使没有原型机,也可以测试该单元;成本降低。

模拟点是存在于测试台上车辆组件和模拟的车辆组件之间的过渡点。用户将各种参数输入表格,作为设定值或需求值。其他值由软件(例如 PUMA/ISAC)系统计算出来。

在图 3-2a)中,发动机试验台应用 AVL ISAC400 软件,系统测试单元基本上包含发动机、高动态测功机、排放柜、油耗仪等。发动机和高动态测功机为物理存在,模拟点为曲轴末端。高动态测功机(异步电机和变频柜)被称作负载单元(Load unit),因为它模拟了被测体(如发动机)的负载。或者应用软件 AVL ISAC401,以发动机、离合器、变速器和一个高动态测功机为硬件,模拟点在变速器输出。

在图 3-2b)中,应用四轮驱动系统试验台软件,例如 AVL ISAC404,装备发动机、离合器、变速器(手动或自动)、传动系统、差速器、制动闸和 4 台测功机物理硬件,模拟点在车轮。

在图 3-2d)中,应用软件 AVL ISAC402,装备发动机、离合器、变速器(手动或自动)、传动系统(如半轴)、差速器和两台高动态测功机,模拟点在车轮。

AVL ISAC 模拟软件完成车辆模拟、惯量模拟和驾驶人模拟。在车辆模拟过程中,在现实道路上作用于车辆的所有力可以在软件中施加数学模型模拟。测功机负责加载模拟这些工况下的力:道路荷载、道路坡度、车辆减速、惯量模拟(在试验台上实际不存在的驱动组件的转动惯量,例如变速器、车轮)。因为发动机在台架上真实存在(使用测功机可以实测出发动机的转动惯量),所以没必要模拟。软件使用数学模型模拟不存在的车辆组件。测功机将所有计算出的(物理不存在组件)惯量作用在试验台上。驾驶人模拟是模拟两种类型驾驶人("经济型驾驶人"和"运动型车手")对离合器和加速踏板的使用。

3.1.2 其他试验台

(1)排放试验台。排放试验台包括乘用车尾气排放测试底盘测功机、商用车尾气排放测试及非道路发动机废气排放测试试验台。

(2)车辆试验台。车辆试验台包括排放开发和认证的底盘测功机、油耗和性能测试的底盘测功机、耐久性和耐酷性底盘测功机测试、NVH 噪声振动分析的底盘测功机及电磁兼容 EMC 分析底盘测功机。

(3)零部件试验台。零部件试验台包括发动机零部件试验台、涡轮增压器试验台、传动部件试验台、起动电机试验台、电动机试验台、逆变器试验台、蓄电池测试台及燃料电池试验台。

(4)标定试验台。标定试验台用于标定,在给定工况点如 4500r/min、150N · m,满足节能和减排指标条件下,使用标定工具,如测功机、试验方法软件 DoE,以最快最智慧方法找到最佳电控参数,如提前角、高压共轨压力、进气压力、EGR。

一台整车必须满足排放法规和燃油消耗要求才可获得批量生产证书。在汽车或发动机开发阶段,需要发动机运行在以扭矩与速度为 *XY* 轴网格或三维万有特性的工况点中,找到满足排放与油耗最佳点。如果将所有工况点逐次运行一遍,既费时又费油。那么,是否存在一种试验方法能够多快好省地找到最佳点而不必将所有众多的工况点都运行一遍呢?回答是肯定的,即试验(方法)设计(Design of Experiment,DoE)。试验设计就是"能以最少的实验次数,迅速找到生产最佳方案"。基于试验数据建立数学模型,利用遗传算法、神经网络算法等进行自动寻优,从而得到符合要求的发动机电控参数。例如 AVL 公司开发的发动机和车辆标定软件 CAMEO(Computer Aid Method Engine Optimization,CAMEO)应用了不同的试验设计,譬如,Box-Behnken Design、D 优化(D-Optimal)、拉丁超立方抽样设计(Latin Hypercube Sampling Design)等。该软件可以集成发动机试验台、燃烧分析仪和标定模块。

标定过程中,用户操作标定界面,根据测试设备监测的发动机油耗、排放和动力性等指标,确定最优 MAP 图,并转化为二进制的数据文件,经由通信接口下载至 ECU 的存储芯片中。在车辆运行中电控单元 ECU 通过对工况图 MAP 的查找,提供当前工况下的喷射控制参数,驱动执行器。

(5)整车下线 EOL 试验台。整车下线 EOL 试验台是在生产线末端针对整车进行的下线测试,是车辆交付客户前的最后一道检测工序,常采用集装箱形式。

(6)赛车试验台。其特点是车辆部件用于一场比赛或最多一个赛季。这类试验台对测试设备提出了要求:即必须在重复精度、控制性能和系统动态方面满足最高标准,并且提供最大多功能性。

3.1.3 整车试验台

底盘测功机的任务是模拟道路负载。作为集成试验台,底盘测功机(转鼓式测功机)可灵活地应用于研究与开发。为了得到车型批准，车辆也必须在底盘测功机上经过各种鉴定以满足多方面标准规定，包括燃油消耗与性能测试、废气排放测试、耐久性试验、噪声与振动分析和电磁兼容性分析等。气候风洞试验 Type equation here. 室、海拔仓或环境仓试验室也应用底盘(或称转鼓)测功机。在某些测试范围内，例如废气排放测试，使用底盘测功机完成鉴定是强制性的，而对其他测试，例如电磁兼容测试，底盘测功机则可作为任选项。底盘测功机的用途十分广泛，测试范围涵盖从摩托车到小型客车及轻型商用车，甚至重型商业车以及移动式工业机械的一切车辆。

表 3-1 列出了现行底盘测功机类型及应用。

底盘测功机类型及应用　　表 3-1

转鼓直径(in)	电机位置	转鼓×电机	固定轴/移动轴	被测车型	应用
25 48 72	居中 直列	1×1 2×1 2×2 4×2 4×4	单轴 双轴	两轮摩托； 三轮摩托； 四轮摩托； 轿车； 轻型卡车； 卡车	排放； 里程累积(MACD)； 噪声与振动(NVH)； 电磁兼容(EMC)； 性能； 气候风洞(CWT)； 海拔仓； 环境仓

3.1.3.1 车辆耐久和/或排放试验底盘测功机

耐久性是评价车辆的另一个重要指标。为了测试耐久性，设计了有针对性的试验循环，以满足测试车辆行驶至少 100000km 的要求，在这种情况下使用机器人进行驾驶模拟。底盘测功机通过安装高级监控传感器(例如爆胎探测、跑偏监视)、加油系统等达到模拟长时间运行中可能遇到的各种环境。依据相关法规设置试验循环、确定测试距离后，测定排放数据用以分析汽车耐久性。4×2 底盘测功机如图 3-3 所示。

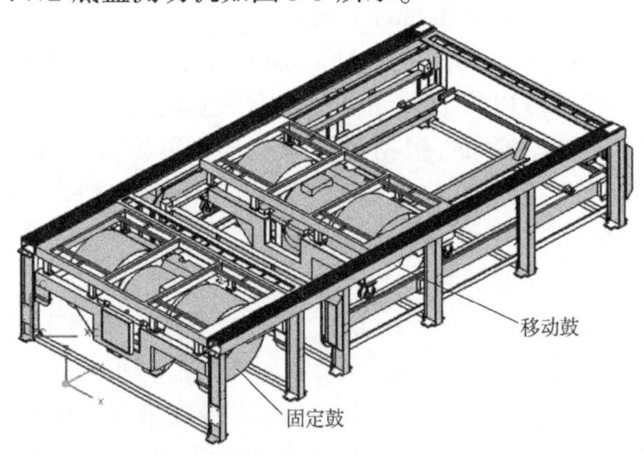

图 3-3　4×2 底盘测功机(电机居中)

3.1.3.2 车辆电磁兼容测试底盘测功机

考察车辆电子设备抗电磁干扰能力时，被试车辆暴露于电磁发射环境中，车辆、测功机转鼓集成在旋转台上，相对一中心线顺时针旋转 190°和逆时针旋转 190°。旋转台安装在屏蔽室内;底盘测功机变频柜布局在屏蔽室之外。4×4 底盘测功机电磁兼容性 EMC 测试如图 3-4所示。

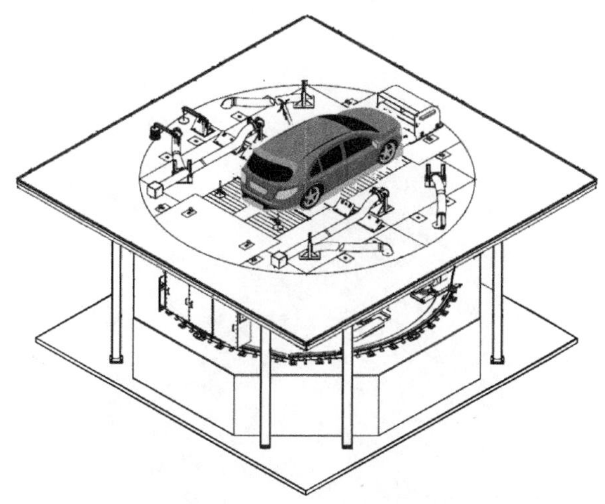

图 3-4 4×4 底盘测功机电磁兼容性 EMC 测试

此类台架目标是确定电磁辐射和核实电磁抗扰度,其应用领域主要是纯电动汽车和混合动力电动汽车。这类车辆不仅配备许多控制器,还配备大量内置高电压器件,因此,必须确保这些电子装备功能工作完美,即使是在几乎全部暴露情况下。

3.1.3.3 环境仓

能够为测试发动机或整车准确模拟操作环境条件,例如温度、湿度和压力的气候室,可称环境仓。在极端天气条件下进行有关车辆和动力总成性能的不同方面开发工作对环境仓有一个要求,主题包括驾驶性能、冷起动、燃料结蜡和太阳能负载、蒸气锁、空调和车辆气候控制。

当测功机在极端温度条件下使用时,例如在气候室中,测功机必须防止冷凝。为了获得可重现的测试结果,一些组件被额外加热或由更适合温度范围的组件替换。有线遥控器不能用于气候室。为了确保正常运行,在气候室外部提供了一个额外的连接。气候室中车辆附近装备有紧急停止按钮。

出于防腐蚀保护措施,测功机的盖子和下部结构以及 4 象限电机底板和滚轮都经过镀锌处理。此外,所有电缆连接均采用耐寒设计,四象限电动机的绕组采用双浸渍处理,静止时四象限电机被加热,以减少冷凝。

注意采集控制模块工作条件是否适应环境仓,以尽早采取相应措施。例如,有的电子模块工作温度范围在0℃~60℃之间,就不适合放在-7℃的环境仓内。这种环境下,或者加设保温措施,或者将电子模块移到试验仓外。

3.1.3.4 车辆噪声与振动测试底盘测功机台架(NVH)

该种底盘测功机试验台具有下列特征:

(1)试验台基础必须为吸振支持系统。

(2)使用特制粗糙度鼓面模拟道路表面。

(3)系统背景噪声必须满足车速为 100km/h 时噪声级别小于 50dB(A)。

NVH 底盘测功机频繁采用 4 ×4 和 2 ×2 构型，这是为了模拟道路激励，例如，在鼓面上布设路障凸起。

3.1.4 试验室与建筑

图 3-5 所示为发动机实验室布局图。

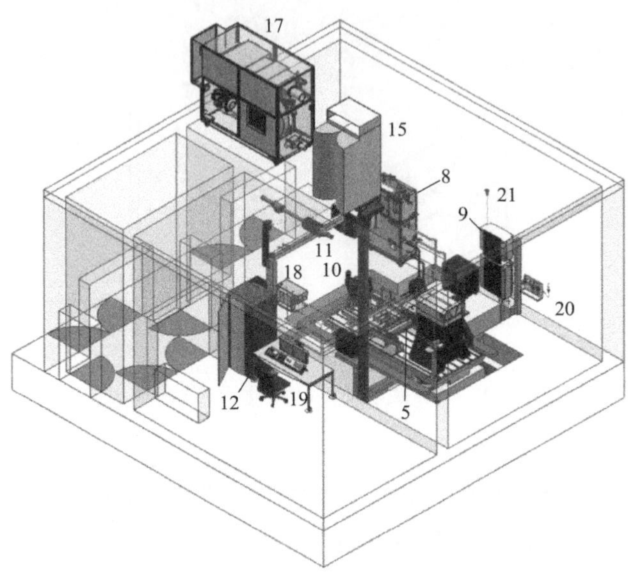

a) 前视图(注：发动机尚未安装)

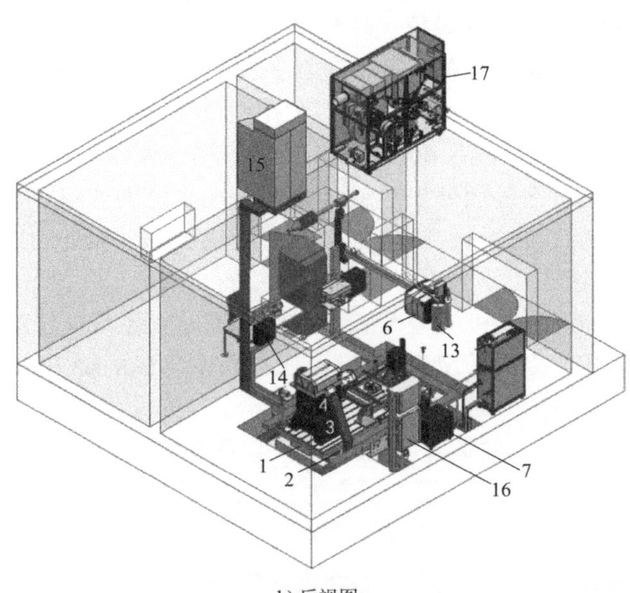

b) 后视图

图 3-5　发动机实验室布局图

1-铁底板；2-空气弹簧；3-中间支架；4-测功电机；5-发动机手推车；6-数据采集吊箱（传感器接口）；7-发动机机油温控系统；8-发动机冷却液温控系统；9-发动机燃油消耗仪；10-发动机中冷气体温度调节；11-空气进气流量计；12-数据采集与自动控制系统；13-发动机活塞漏气量仪；14-油门执行器；15-测功机变频柜；16-燃油温控系统；17-发动机进气（温度、压力和湿度）调节；18-不透光烟度计；19-操作控制台；20-燃油过滤器盘；21-火焰过滤器

表3-2列出了四种欧洲发动机或动力总成测试室典型尺寸实例。

发动机或动力总成测试室典型尺寸 表3-2

尺寸(m)长×宽×高	试验室应用
6.5×4×4	装有电涡流测功机的小型汽车柴油机质量保证(QA)试验室
7.8×6×4.5	发动机控制单元(ECU)开发试验室,发动机额定功率250kW,包含排放设备
6.7×6.4×4.8	交流电力测功机,特殊冷却液和中冷调节的汽油发动机开发试验室
9.0×9.0×4.5	发动机和变速器开发试验台,两个测功机,T型铁底板

3.2 试验室运营安全

本书中多处涉及安全问题,从系统设计到集成建立再到运营投产,安全概念伴随始终。

3.2.1 锁定与标示

在测功机系统安装或服务期间,测功机的通电与断电应当遵守锁定与标示的安全规则。作为执行单元的测功电机与作为控制单元的变频柜一般分置在上下楼层或不同房间,这就造成两地人员在彼此视线内看不到对方存在与否,如此带来由于沟通不畅引起的触电隐患。

使用锁定与标示方法之前,需要通知所有受影响人员,告知机器即将停运与断电,时间、地点以及承运人在所挂标志牌上一一写明,一定有断电执行者签字及标明生效日期。设备恢复通电也应由断电签名者完成,在签名者不能到场情况下,应由签名者授权的人员完成。对于燃油和燃气管道,在人员肢体容易误碰的阀门处,也可加设锁定与标示。锁定与标示牌如图3-6所示,其中a)与b)是天生的一对,缺一不可,“同生同灭”,彼此物理位置必须一一对应,邻近布设,方便查看,避免交叉混淆。

a) 锁定

b) 标示牌

图3-6 锁定与标示牌

3.2.2 试验室安全矩阵

安全矩阵描述了试验室遇到涉及安全的突发事件时,设备的连锁反应定义。在系统或设备交付用户使用之前,各项定义都需要按要求以模拟实验方式逐一证明与实现。表 3-3 就是安全矩阵典型案例。表中"×"代表"监视设备事件"与系统硬件设备之间存在连锁关系,即前者的发生导致后者的动作反应。

试验台安全矩阵举例 表 3-3

监视设备事件	连锁反应																		
	采集控制系统								外围设施								灭火		
	采集控制机柜断电	急停	软停机	硬停机	测功机变频柜断电	发动机熄火	燃油截止阀截断燃油	PUMA 显示信息和鸣笛报警	12V 电源切断	通风停止	废气阻断	风扇停止	燃烧空气防火风门闭合	供油截止阀截止	冷却水阀关闭	冷冻水阀关闭	本地火警喇叭鸣响	本地火警激活	自动灭火系统
火警	—	—	—	×	—	×	×	×	×	×	×	×	×	×	×	×	×	×	—
烟雾	—	—	—	×	—	×	×	×	×	×	×	×	×	×	×	×	×	×	—
灭火喷洒	×	×	—	—	×	×	×	—	×	×	×	×	×	×	×	×	×	×	—
火警(手动触发按下)	×	×	—	—	×	×	×	—	×	×	×	×	×	×	×	×	×	×	×
火警(烟感探测器/热探测器)+火焰	×	×	—	—	×	×	×	—	×	×	×	×	×	×	×	×	×	×	×
HC:25% LEL 报警	—	—	—	×	—	×	×	×	×	—	—	—	×	×	×	×	—	×	—
HC:40% LEL 报警	×	×	—	—	×	×	×	—	×	×	—	—	×	×	×	×	×	×	—
CO:75% ppm LEL 报警	—	—	×	—	—	×	×	×	—	—	—	—	—	—	—	—	—	×	—
CO:150ppm% LEL 报警	—	—	×	—	—	×	×	×	—	—	—	—	—	—	—	—	×	×	—
烟雾(控制室)	—	—	×	—	—	×	×	×	—	—	—	—	—	—	—	—	—	×	—
烟雾(排放室)	—	—	×	—	—	×	×	×	—	—	—	—	—	—	—	—	—	×	—
CO(控制室):75ppm 报警	—	—	×	—	—	×	×	×	—	—	—	—	—	—	—	—	—	×	—
CO(控制室):150ppm 报警	—	—	×	—	—	×	×	×	—	—	—	—	—	—	—	—	×	×	—
CO(排放室):75ppm 报警	—	—	×	—	—	×	×	×	—	—	—	—	—	—	—	—	—	×	—
CO(排放室):150ppm 报警	—	—	×	—	—	×	×	×	—	—	—	—	—	—	—	—	×	×	—
急停按钮报警	—	×	—	—	—	×	×	×	×	×	×	×	×	×	×	×	—	—	—
试验室门开关	—	×	—	—	—	×	×	×	×	×	×	×	×	×	×	×	—	—	—
PLC 故障	—	—	—	×	—	×	×	×	×	×	×	×	×	×	×	×	—	—	—

连锁关系的验证试验需要在设备调试期间即设备交付用户以前由供货方工程师完成，并呈送试验报告。

3.2.3 连接轴保护盖

连接轴保护盖保护人员和试验台设备在连接轴断裂时免受伤害。保护盖由两个半圆部分组成，两个半圆筒部分结合时，上盖机械地压下常闭开关电触点，常闭开关闭合。

在保护盖筒套内，上半圆与下半圆分别镶有半月形木块，万一轴断裂，旋转轴自由运动区域被最大程度地减小，间接损失降到最低。在更换发动机时，此镶块还用作放置连接轴的垫木。轴旋转工作期间，必须关闭安全盖。

常闭开关提供了检查安全盖（图3-2c）是否关闭的手段。确保仅当安全盖扣合时发动机才可能运转。注意：在动力总成的试验台中，绝对禁止没有连接轴保护盖的台架。

3.2.4 试验台上发动机飞车

发动机飞车也称为发动机转速失控，即发动机转速突然升高，超过最高转速。如果由于某种原因，发动机失去测功机的制动力，而且燃油不停供，就要发生飞车。此时，应当立刻按压红色急停按钮。例如，在加载了错误的数据库（EMCON）时，起动后发动机快速加速到很高值，若不能及时停机，发动机面临飞车解体的危险。

3.2.5 试验室安全规则

3.2.5.1 基本规则

试验室安全基本规则如下。

（1）进入试验室或施工现场必须穿工作服和钢头安全鞋，戴安全帽（安全眼镜、口罩-视需要）；工作涉及化学品时必须戴手套。

（2）人员不应在化学环境下吃喝、化妆、安卸隐形眼镜。

（3）人员需要知晓逃生线路。逃生线路需要定期检查，及时移除障碍物。

（4）试验室区域、工厂区域人员不应穿宽松服装。

（5）禁止人员头发未有约束，禁止长辫，以防被皮带、滑轮、齿轮、旋转体卷入。

（6）试验人员洗手后才可离开试验室。

（7）禁止人员穿戴污染服装进入非试验室区域，如食堂。

（8）禁止使用嗅觉法识别化学品。识别化学品必须通过标签，无标签化学品应做报废处理。

（9）禁止用嘴利用虹吸原理提取液体。

（10）人员不可将水倒入浓酸特别是硫酸 H_2SO_4，而最好是徐徐将酸加入水。

（11）避免化学品与皮肤接触。

（12）人员不可将危险品倒入地沟或江河，例如清洗电涡流测功机酸液。

（13）人员在未经培训或阅读技术与安全文件情况下不可独自安装或调试设备。

（14）任何职员家属被禁止进入试验室及控制室。

（15）为保证安装调试顺利进行，用户有义务为供应商提供现场办公地点与库房。

3.2.5.2 防护要求

试验室防护要求如下。

(1)电击防护。

①禁止带电作业。

②参与工程任一方涉电施工人员必须具有资质。

③禁止将导线直接插在插座板上而不使用插头获取电力。

④本公司工程师不得使用它公司焊接设备、电动工具。

⑤机械修理时,必须断电后才准进行。

⑥清洗电涡流测功机时,清洗泵外壳必需接地,以免触电,同时电机电源的 PE 线必须有效。

⑦禁止发动机试验室内不设接地绑定。

⑧超过安全电压的临时用电电缆经过地面铺设时,应当加设电缆保护(危险电压:欧洲交流电压大于 25VAC 时,直流电压大于 60VDC;GB 3805-83 规定超过 36V 为危险电压)。

⑨若在铁底板区域存在额外 220VAC、380VAC 用电器,应当由加设配电箱中取电。

⑩维修带有大电解电容设备之前,必须确认电解电容放电完毕。

(2)堕落防护。

①试验室内施工、调试或维护,需在防滑板盖好后才可进行。

②在第二层楼,尤其注意脚下孔洞,避免跌落牺牲,并提醒有关方加设护栏。

③正确使用扶梯,立地夹角 60°,登高必须绑缚安全绳。

④起重电动葫芦必须经过严格检查方可使用(已用年限、载荷容量)。

⑤起重过程中,人体任何部位不可处于起重物正下方。

⑥抬重物时禁止从地坑中人员头顶经过。

⑦试验室地板不可留有空洞,必须加设盖板。盖板洞需要小于一人脚长。

(3)中毒防护。

①气瓶远离明火,且环境不超过 52℃。

②气瓶不得放置于日光直射下。

③发动机试验需要在废气抽排设备启动下进行。

④废气管必须可靠连接到废气抽气系统。

⑤避免密闭空间或受限空间的有害气体,例如在深井、集装箱内工作,必须加设换风机,且必须至少两人在场,制定应急预案。

⑥设计人员应避免将仪表布局到深井中。

(4)火灾危险。

①提醒用户在试验台区域准备足够量手提灭火器。

②禁止在试验室区域吸烟。

③焊接施工需要办理动火授权。

④有多种燃料供管时,需要设置油品标签。

⑤禁止多种燃料供管共用同一燃料出口。

⑥禁止使用 220V 控制燃油阀,推荐使用气动阀。

⑦避免将汽油存放在敞口式容器内。

⑧室内汽油蒸气浓烈时应立即启动排气设备。

⑨不使用电梯逃生,而使用消防楼梯逃生。

⑩装备碳氢传感器测量爆炸性环境的浓度,一旦超标关闭试验台燃料供应,同时激活通风。

(5)烫伤防护。

①任何情况下,施工与试验人员不得跨越废气管,不得面对出水液口、出气口,激光束及热介质软管口。

②涉及介质回路(油、水、燃料)的操作,只能在介质冷却并减压后进行。

(6)禁闭危险。

人员撤离试验室前,务必检查及呼叫四驱转鼓地坑下、地下室、环境仓、库房等处,确认无人后,方可锁门撤离。

(7)机械伤害。

①不得进行交叉施工。

②工程师避免在狭窄处施工。

③在用户厂区内按用户标识安全线行走。

④禁止高空抛物。

⑤发动机试验期间,禁止任何人员进入发动机室。

⑥万一需要查看某种情况,将发动机降到低速后方可进入,人员需要戴安全头盔。

⑦启动发动机或底盘测功机转鼓前,人员务必撤离发动机室和底盘测功机周围。

⑧提防发动机装配错误导致弹出飞散部件和车辆偏移造成的伤害。

⑨禁止在黑暗中施工。

⑩避免被脚下钉子扎伤。

⑪及时清理包装箱板材。

⑫提醒安装方及时清理桥架剪切尖锐废料以防刺伤。

⑬调试期间禁止人员蹲或站在底盘测功机转鼓鼓面上。

⑭在发动机试验室内不得裸手抬挪重20kg或以上金属地板砖。

⑮四驱转鼓安装时,禁止裸手抬运转鼓链条。

⑯调试期间有人在地坑内时,禁止调节移动转鼓以免挤伤。

(8)酸腐与粉尘。

①清洗电涡流测功机期间必须戴眼镜、手套以免酸液灼伤。

②使用压缩空气清扫设备尘埃之前,例如测功机变频柜,必须戴口罩,避免粉尘冲出进入人体呼吸道。

(9)噪声危害。

①避免测功机变频柜布局在控制室中。

②防治长期试验室噪声伤害,可戴护耳塞。《工业企业厂界环境噪声排放标准》(GB 12348—2008)规定白日噪声最大70dB,夜间55dB。

(10)洪水与鼠害。

①南方多雨地区,应考虑试验室建立的选址问题,并建立防洪预案。

②南方鼠窜也有伤害电缆事件发生,需要加以预防。

(11)用户雇佣第三方供应商或施工队风险。

①无论供应商还是用户雇佣施工队需要考虑资质事项,包括资质(体系认证 ISO9000 系列证书)、业绩、企业实力与声誉、安全生产许可证。

②对施工过程中监理决定权必须明确与统一。

③施工人员入场前必须经过安全教育。

④电工必须持有电工证。

⑤现场配备安全监督员,并明确上一级安全负责人。

3.2.6 试验安全准备

(1)每次使用试验台前,必须对其进行目视检查,确保整个试验台处于适合启动的状态。要寻找和检查的东西包括可识别的外部损坏、泄漏、松动螺栓连接或固定件,以及机械结构、连接轴、电缆、软管、轴护罩、急停按钮状态、油库油位、所有媒介和其他安全机制。

(2)控制系统的所有参数设置必须适合于测试运行,特别是自动测试程序,适当的监控限值(尤其是最大速度)以及发生错误时的响应(软件检查)。

(3)试验台上的所有安装、修改、维修、维护和服务工作只能在发动机停机状态下进行。采集控制系统必须处于监视(MONITOR)或关机状态。

(4)各级管理层对安全负有领导责任。每一个人应对自身的安全负责。员工有义务制止、拒绝不安全或是无法安全进行的工作。

(5)安全是被雇佣的前提条件。

3.3 试验室基础设施

试验室的设施与设备分为试验室基础设施和试验间设备。基础设施环绕在试验间周围,常称为公用设施(facilities),其硬件与安装具有一定的普遍性。而试验间设备由于其特殊的功用,其安装则有相当的特殊性。

试验室基础设施有以下几方面内容。

3.3.1 试验室接地保护

3.3.1.1 接地类型

接地类型有:TN-S 系统、TN-C-S 系统、TN-C 系统、TT 系统、IT 系统。常用系统是 TN-S、TN-C-S 和 TT 系统。推荐试验台使用 TN-S 系统。

图 3-7 所示为 TN-S 系统。能量源中性点直接接地,E 指接大地。

在感应测功电机侧,从配电柜至电机的动力线仅使用三条相线 L1、L2、L3 和保护地线 PE。电机端多数采用三角形接法,高压情况下,也有采用星形接法的。

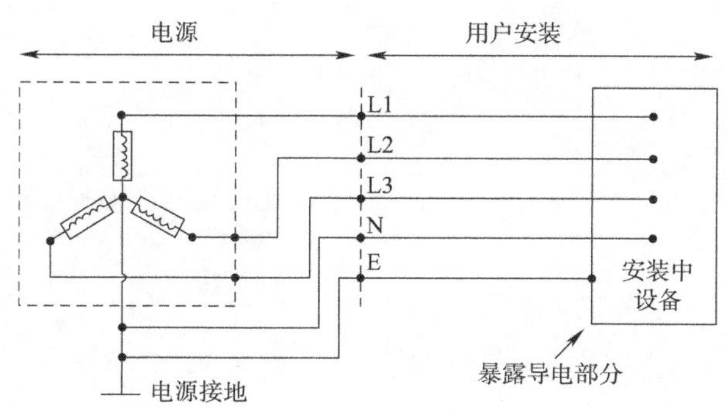

图 3-7 TN-S 系统

3.3.1.2 保护接地建立

保护接地(Protection Earth,PE)是从哪里来呢?最简单的 PE 点制作可以通过在大地上挖一个坑,然后埋入金属导体,例如 3m 长的直铁棒,如图 3-8 所示。但制作需要符合规范。一般只有被授权配电部门有资格制作保护接地埋设。所有接地点应当与其绑定,具有共同接地电阻值以避免不同接地点之间电势差。接地导体需要可靠以抵御任何机械损伤,接地阻抗需要足够低以满足运载任何接地故障电流。为避免埋地接地体受到腐蚀,可采用牺牲阳极保护。

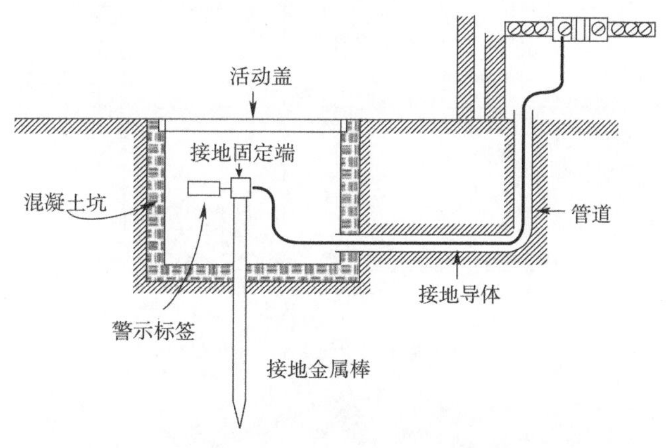

图 3-8 保护接地 PE 建立举例

(1)保护接地及绑定作用具有多重意义。等电位连接即将各接地点连接在一起以获得同一相等电位。等电位连接有下列作用:雷击保护;避免人身电击;防止电子仪器损害,消除接地点之间电势差,即系统中电子电气设备只能有一个接地点,它们的机壳必须绑定(Boading)在系统的接地点上,以形成等电位,否则,存在击损设备可能;消除电磁干扰,试验室金属隔音层连接至绑定铜板,可使电磁波屏蔽层效果更佳;静电放电;电路参考点。

(2)保护接地与等电位连接的建立是至关重要的工作。试验室建筑需要在建设期间即考虑建筑地的制作,它是构成安全接地与绑定重要途径。

保护接地体预埋如图 3-9 所示。图 3-9a)所示为在基建期间埋入地下(例如 2m 深)接地金属条。图 3-9b)所示为在墙表面固定接地端子。

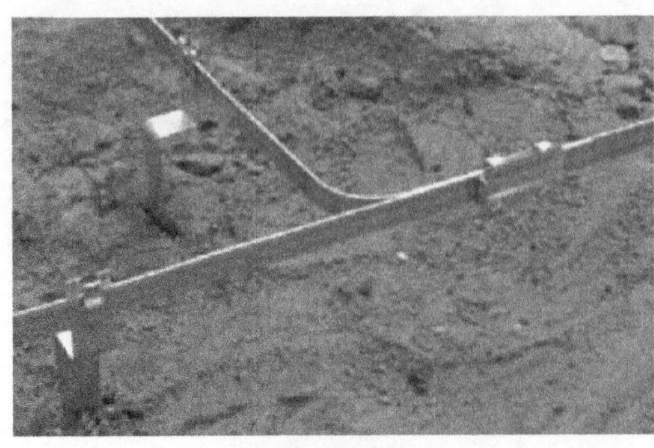

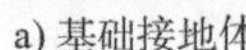

a) 基础接地体

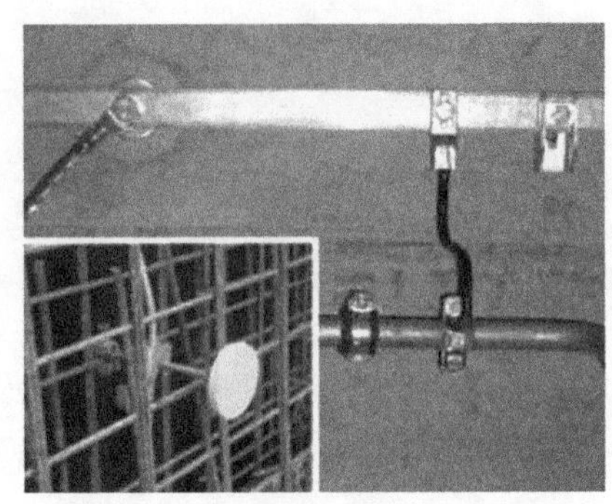

b) 固定接地端子

图 3-9　保护接地体预埋

图 3-10 所示为等电位接地绑定端子排示范。图 3-10a)是将设施与接地等电位连接(绑定)的示例。图 3-10b)是加设接地绑定铜排的例子。在集装箱内,或在一般试验室的四角或对角建立这样的铜排也是很有帮助的。

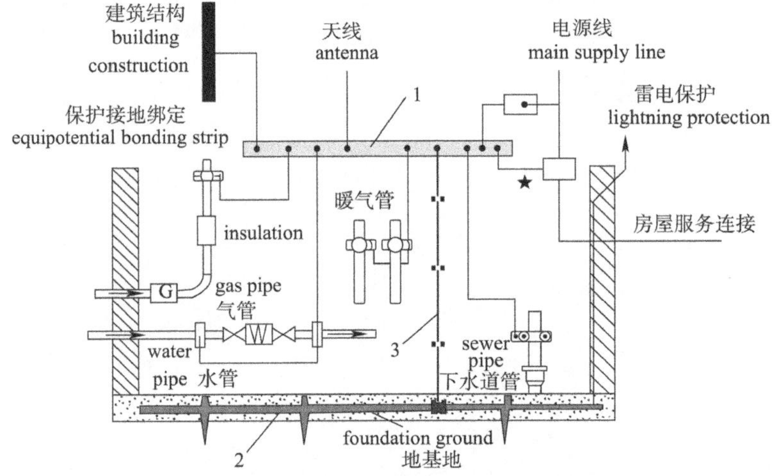

a) 所有金属体都需要连接至等电位连接带

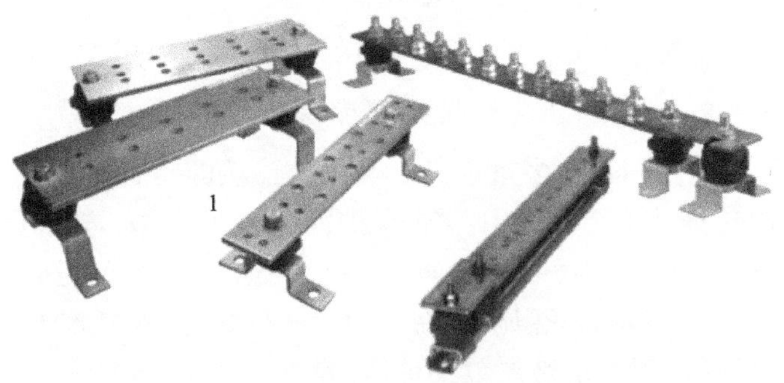

b) 保护接地绑定金属排

图 3-10　等电位接地绑定端子排示范

1-接地铜排;2-建筑参考接地点位;3-PE 保护接地绑定线

图 3-11 所示为水管、气管接地实例。

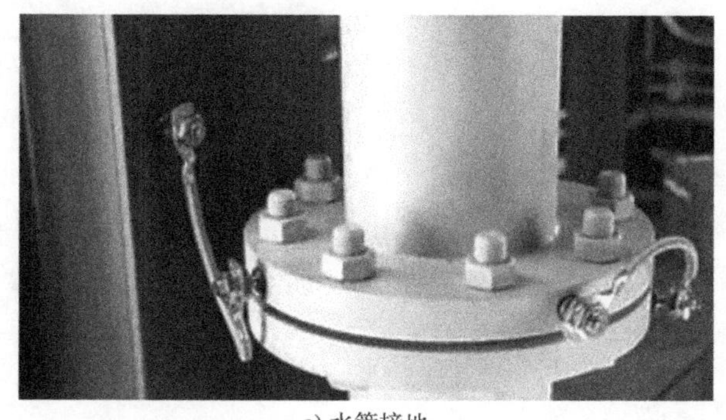

a) 水管接地

b) 气管接地

图 3-11 水管、气管接地实例

气管、水管导电部分不可用作接地电极。黄绿铜线只能用作接地绑定线,禁止挪作他用,例如充当相线使用。保护线最小横截面积为 4mm²。

图 3-12 所示为结合部加设额外保护接地连接,说明在电缆桥架上虽然有金属搭接板,但是还要另外连接一根接地绑定线,这根柔性铜线不是多余的。

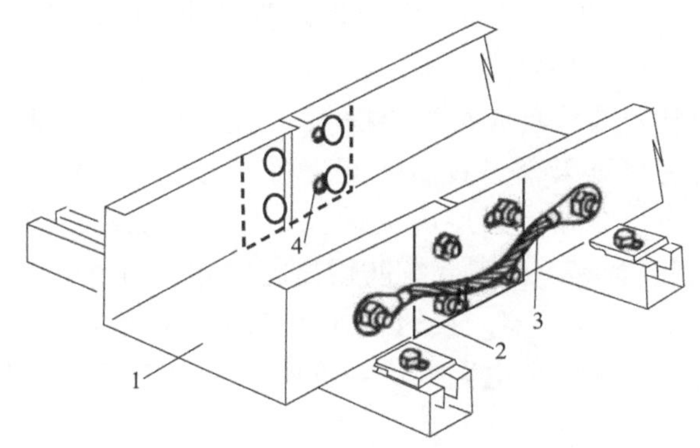

图 3-12 结合部加设额外保护接地连接

1-桥架;2-(热膨胀)连接板;3-等电位接地绑定黄绿线或辫状铜线;4-U 形槽

注意:U 形槽内螺栓不可拧固太紧,需要保证温度变化时金属板不变形地膨胀与收缩。

测功电机外壳、发动机机体、中间轴承等需要与铁底板接地连接绑定(发动机机体绑定使用铜螺栓),然后铁底板需要与接地端子铜排连接绑定。连接使用辫状铜质金属带(25mm²)。铁底板之间也需要绑定。变频机柜外壳也需要与接地等电位绑定连接。表 3-4 列出《爆炸性环境 第 1 部分:设备通用要求》(GB/T 3836.1—2021)指定接地线横截面积规格。

保护线最小截面积(单位:mm²) 表 3-4

相线导线每相截面积 S	对应保护线最小截面积S_p
$S \leq 16$	S
$16 < S \leq 35$	16
$S > 35$	$0.5 \times S$

为什么在电缆桥架各段之间已安装金属连接片但仍需要在二者间连接黄绿铜线？标准BS 7671 The IET Wiring Regulations 中，条款 415.2 规定：使用额外附加绑定线，以应对由于接地回路阻抗太高以致影响接地故障发生时电源自动断开功能的情形；条款 543.2 钢管道与线槽规定：金属管道具有充分导电性充当有效电路保护导体。不幸的是，在结合部的连续性方面产生了问题，特别是在那些有金属接线盒冲压孔的使用套管处问题尤甚。可以肯定，每个结合部在安装寿命期内具有永久可靠连续性是困难的事。另外，在尚无明确信息情形下，需要对涉及安装的每个结合部进行完整连续性预测。

3.3.2 试验室雷电保护

为保护建筑物内外物体免受电击和避免可能发生的火灾，保证人身及财产安全，必须建立防雷系统。

《中华人民共和国气象法》明确规定了防雷工作的组织管理部门即各级气象主管部门。从事防雷装置检测的单位应当取得气象主管机构颁发的资质证，施工单位需向气象主管部门提出检测申请。我国《防雷减灾管理办法》所称防雷装置是指由接闪器、引下线、接地装置、电涌保护器及其连接导体等构成的。安装防雷装置的范围包括电力生产设施和输配电系统，所以，发动机试验台也被涵盖。

易燃易爆危险环境的防雷装置应每半年检测一次，其他场所防雷装置应每年检测一次。接地电阻的现场测试应在连续天晴三日后才能进行。为减少对重要信息系统的电磁干扰、闪电感应危害，主机房、电气线路应采用屏蔽措施。信息系统是指建筑物内的电子装置，包括计算机、通信设备控制装置等。信息系统防雷击电磁脉冲的措施有等电位连接和接地、电磁屏蔽、合理布线和安装电涌保护器。接地装置是接地体和接地线的总和，引下线是指等电位点至接地体之间的导体。雷云放电影响计算机场地设备的三种物理现象是：静电感应、电磁感应和电磁波辐射。

当第一类防雷建筑物（建筑物防雷类别-含指具有 0 区或 20 区爆炸危险场所的建筑物）所具有的弯头、阀门、法兰盘等连接处的过渡电阻大于 0.03Ω 时，连接处应使用金属线跨接。人工接地体在土壤中的埋设深度应不小于 0.5m。接地体是埋入土壤中或混凝土基础中作散流使用的导体。等电位连接带的接地引下线宜采用截面积不小于 50mm^2 的铜芯线或镀锌扁钢。

等电位连接网络的基本形式有 S 形结构和 M 形结构，如图 3-13 所示。通常 S 形等电位连接网络适用于相对较小、限于局部的系统，而且所有设施管线和电缆应从接地基准点处进入该信息系统。M 形等电位连接网络适用于延伸较大的开环系统。发动机与车辆试验室采用 S 形结构，请参考《建筑物电子信息系统防雷技术规范》（GB 50343—2019）。

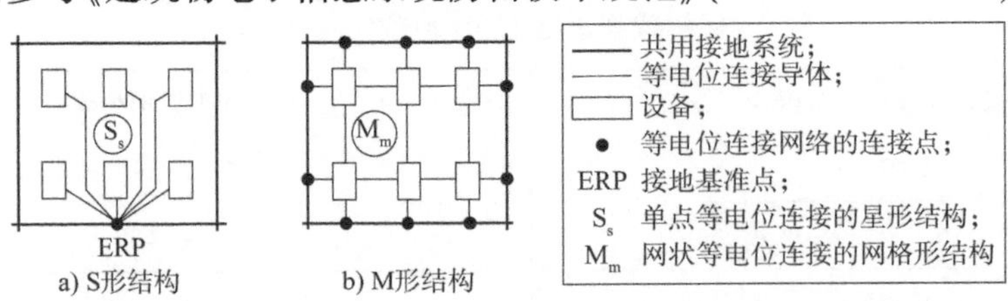

图 3-13 两种等电位连接网络结构图示

3.3.3 电力测功机供电变压器

电力测功机供电变压器容量确定方法如下。

端子点处电源故障电平必须满足：

$$\frac{S_k}{S_N} \geqslant 20 \tag{3-1}$$

式中：S_k——电源短路视在功率，即供电变压器短路视在功率；

S_N——一台鼠笼感应电力测功机的额定视在功率。

大多数工业变频器连接到公用电网，通常只要知道连接点电压和短路功率就足够了。然而，这必须分析在电网中产生的谐波和电力质量问题。

变压器铭牌上给出了额定电压U_T、额定视在功率S_{TN}、额定频率和以百分比形式表示的短路电压u_k，例如6%。变压器的短路视在功率为：

$$S_k = \frac{S_{TN}}{u_k} \tag{3-2}$$

对于基于鼠笼感应电机的与电网连接的变频器，供电网络短路功率必须足够大，以避免启动过程中出现过大的电压降。过大电压降会造成约7倍的额定电流通过感应电机，所以，选定电机额定功率的20倍为变压器可用的短路功率。

【例3-1】 已知一台AVL APA 204/8摆式鼠笼感应电力测功机，为其选择供电变压器。

解：连接电力测功机的电源变压器必须为测功机留出足够专用容量，否则，测功机功率元件工作时会有尖峰电压叠加在工作波形上，结果之一是对采集系统造成干扰。另外，在有条件时，将测功机、采集系统分别接在不同变压器上是进一步避免干扰的选择。但需要注意，所接不同变压器的PE线必须绑定在一起，然后接地。

对单个系统的变压器容量（单个系统指单个电力测功机），变压器的短路功率等于APA测功机的短路功率的20倍。

以电力测功机APA 204/8为例，额定功率220kW，则：

$$220\text{kW} + 25\%\text{过载} = 275\text{kW} \tag{3-3}$$

因为功率因数$\cos\varphi = 1$，故有功功率275kW对应275kVA的视在功率。

$$275\text{kVA} \times 20 = 5500\text{kVA}$$

多数变压器有6%的短路功率（初级额定电压必须是6%，以便额定电流在次级中流动）。

$$5500\text{kVA} \times 6\% = 330\text{kVA}$$

选择下一挡最大标准变压器为：430kVA。［解毕］

【例3-2】 已知一台AVL AFA型号60kW电力测功机DynoRoad 060/4-8，求所需供电变压器预留容量。

解：AVL AFA型鼠笼感应电力测功机变压器选择方法为：

$$P_{\text{变压器额定有功功率}} \geqslant 1.5 \times P_{\text{测功机额定有功功率}} \tag{3-4}$$

即变压器额定有功功率等于或大于AFA电力测功机额定有功功率的1.5倍。

需要满足电源短路视在功率$S_{sc} \geqslant 20\ S_o$（S_o测功机过载视在功率），测功机额定有效功率60kW，过载25%，则：

$$P_{过载功率} = 75\text{kW}$$

因为 $\cos\varphi = 1$,75kW 对应$S_o = 75\text{kVA}$(测功机过载视在功率),则:

$$S_{sc} \geqslant 20 \times 75\text{kVA} = 1500\text{kVA}$$

典型变压器有相对短路电压$u_k = 6\%$,则:

$$1500\text{VA} \times 6\% = 90\text{kVA}$$

选择下一标准型号挡为:100kVA。

注:$S_{sc} = S_K$,S_o对应S_N。以上两种计算方法实质一致。[解毕]

3.3.4 发动机室和控制室

三相交流供电 380VAC 和单相 220VAC,电压波动为 ±10%,频率波动为 50Hz ±5%。发动机室内需要装备 220VAC、380VAC 插座。针对燃气燃料环境,采用防爆插座;针对汽油、柴油燃料的发动机室,防爆插座不是必需的。控制室可设置 220VAC、380VAC 配电柜。发动机室内采集信号箱内禁止设置 220VAC、380VAC 电源,地沟内禁止设置 220VAC、380VAC 电源。

(1)插头与插座匹配。

欧式 CEE7/7 型电源插头插入中国标准插座时,接地保护极 PE 不连续。原因是 CEE7/7 插头的结构与中国标准不同,插头与插座不配套,如图 3-14 所示。插头与插座不匹配,可能由于测量仪器机箱上电荷累积而造成操作人员频繁遭到电击、测量结果产生误差,甚至造成仪器损坏。解决此问题的方案就是采用中国国家标准电源插头,相关标准为《家用和类似用途单相插头插座 型式、基本参数和尺寸》(GB/T 1002—2021)、《家用和类似用途插头插座 第 1 部分:通用要求》(GB/T 2099.1—2021)。插头与插座一定要匹配,保证保护地 PE 连续和存在。欧式插头对应欧式插座,中式插头对应中式插座。

图 3-14 中图 3-14a)、图 3-14c)是匹配的,图 3-14b)是不匹配的。禁止保护接地 PE 不连续。

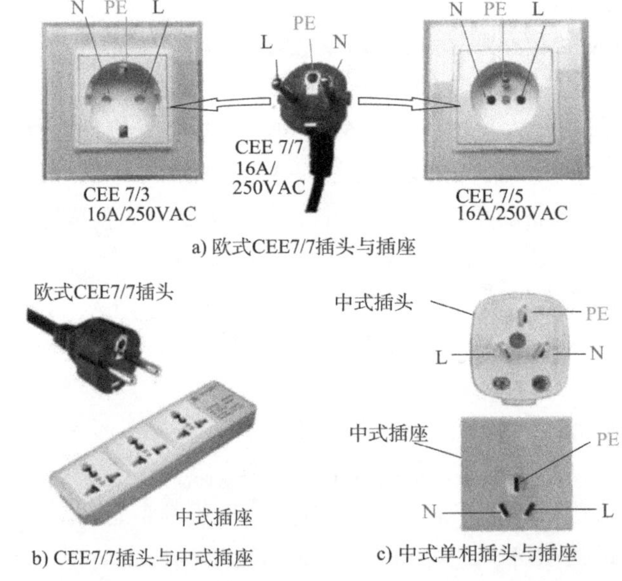

a) 欧式CEE7/7插头与插座

b) CEE7/7插头与中式插座

c) 中式单相插头与插座

图 3-14 插头与插座

(2)爬电距离。

供应商提供的低压配电柜发生短路、电弧爆炸的问题经常出现。其原因是配电柜内相电极之间距离太近,即爬电距离不符合要求。《电力电容器 低压功率因数补充装置》(GB/T 22582—2008)对电气间隙、爬电距离的相关规定如下。

①电气间隙与爬电距离:正常使用条件下,装置内不同相的裸露带电导体之间以及它们与外壳之间的电气间隙与爬电距离规定见表3-5。

②电气间隙:两个导电零部件在空气中的最短距离。

③爬电距离:两个导电零部件沿绝缘材料表面的最短距离。

低压电器电气间隙与爬电距离 表3-5

装置额定电压U_N(V)	最小电气间隙(mm)	最小爬电距离(mm)
60 $< U_N \leqslant$ 690	14	14
690 $< U_N \leqslant$ 1000	14	16

图3-15所示为间隙小于14mm造成的电气短路、电弧和爆炸。

图3-15 间隙小于14mm造成的电气短路、电弧和爆炸

3.3.5 电缆桥架

金属桥架种类包括梯状、底部通风型、闭合型底部穿孔型、丝网格型,如图3-16所示。其中,梯状、底部通风型、底部穿孔型、丝网格型桥架的优点是不积水,散热性好于闭合型桥架。梯状、底部通风型、闭合型、底部穿孔型桥架抗干扰性能好于丝网格型桥架。丝网格型桥架最适宜用于铺设废气加热采样管。加热采样管内部温度达191℃,故表面温度也较高。闭合型桥架散热较差,在电缆根数较多时要求更大外形尺寸。

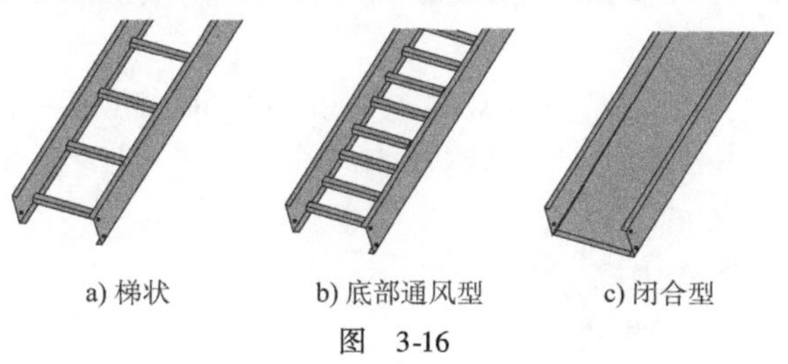

a) 梯状 b) 底部通风型 c) 闭合型

图 3-16

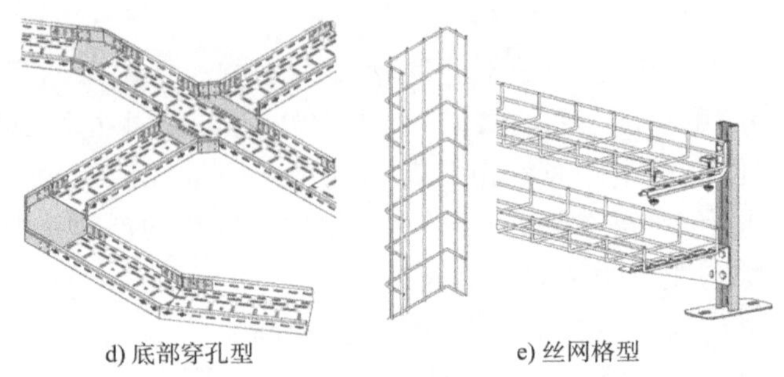

图 3-16　金属桥架种类

3.3.5.1　桥架表面处理

桥架表面处理是防锈防腐的关键。曾经发生工程验收阶段桥架表面看起来锃光瓦亮，可没过多久，桥架表面布满锈迹，这就是在选用购买桥架过程出现了问题。材料与防腐应用场合见表 3-6。

材料与防腐应用场合　　表 3-6

材料	防腐处理	应用场合						
		室内				室外		
		普通环境	潮湿环境	中度腐蚀环境	重度腐蚀环境	轻度腐蚀环境	中度腐蚀环境	重度腐蚀环境
碳钢	热镀锌 GS	√	—	—	—	—	—	—
	电镀锌 EZ	√	√	—	—	—	—	—
	热镀锌 GC	√	√	—	—	√	—	—
	锌铬涂层 DC	√	√	—	—	√	—	—
不锈钢	022Cr19Ni10 304L	√	√	√	—	√	√	—
	022Cr17Ni12Mo2 316L	√	√	√	√	√	√	√

注：“√”表示适用的环境；
　　“—”表示不适用环境。

防腐处理工艺如下。

(1)热镀锌层防腐：热镀锌是通过把钢材浸泡锌液中的方式，使得钢材表面附有镀锌层。

(2)电镀锌(冷镀锌)防腐：电镀锌是通过电化学的方法在钢材表面附上镀锌层。

(3)不锈钢。

(4)锌铬涂层(达克罗涂覆)：新型防腐涂料，遵守《锌铬涂层 技术条件》(GB/T 18684—2002)。

以上(1)～(4)遵从《建筑用网格式金属电缆桥架》(JG/T 491—2016)。

(5)铝合金：具有杰出抗腐蚀性，当被划伤时自行生产保护氧化膜。未见桥架中国标准。美国铝合金型号采用 6063-T6。

(6)静电喷涂。未见桥架中国标准。

(7)塑料桥架：仅在电控机柜内使用。

其他相关标准有:《节能耐腐蚀钢制电缆桥架》(GB/T 23639—2017),《防腐电缆桥架》(NB/T 42037—2014),《户内户外钢制电缆桥架防腐环境 技术要求》(JB/T 6743—2013)。

桥架外观电镀锌涂层表面应均匀、光亮,不应有起皮、气泡、花斑、局部未镀、划伤等缺陷。热镀锌涂层表面应均匀、无毛刺、过烧、挂灰、伤痕等缺陷。连续热镀锌遵守《连续热镀锌和锌合金镀层钢板及钢带》(GB/T 2518)。

3.3.5.2 桥架布设

所有电缆铺设完毕后,桥架仍有1/3空间或更多为良好设计。其原因是:第一,电缆会产生热量,空间有利于散热;第二,电缆或多或少会产生磁电场,空间有利于减少干扰;第三,为可能添加设备预留了空间。信号电缆与动力电缆正交时干扰可忽略。

电缆桥架布设在地沟内不可直接放在沟底,必须设计机架支撑,以符合《电缆桥架》(QB/T 1453—2003)和《电控配电用电缆桥架》(JB/T 10216—2000)为准。桥架加工后不得存在锐角,包括盖板也不得有锐角。桥架与电气柜、箱、盒接口处,进线和出线口需要加设边缘护口。桥架各段使用搭接桥板连接后,还要加设接地绑定辫状线,不可将电缆与废气采样管放置在同一桥架内,铺设必须横平竖直。在同一桥架中,信号和控制电缆必须用金属隔断与电源电缆隔开。若桥架分层设立,层间必须留出相当于盖板距离,侧面留出服务空间。

桥架宽度与厚度:宽度小于400mm,允许最小厚度为1.5mm;宽度为400~800mm,厚度为2.0mm;宽度大于800mm,厚度为2.5mm。一般采用材料厚度2.0mm为妥。

3.3.6 发动机起动电源

为了点火发动机,需要在试验台架附近装备起动电源控制盘或发动机供电箱,供电箱最大起动机电流为1000A,装备充电器(12V/24V、自动充电、过流保护)、直流电源(为ECU供电)、2×12V车用蓄电池(电池容量92A时)、12V发动机连接电缆25mm^2。供电箱不要离发动机太远,否则不易点火,最好在5m以内。

最简单的点火电源控制盘可由预热、起动、点火三只10A24VDC继电器构成。布设在发动机附近或控制机柜内,如图3-17所示。在实际车辆中,蓄电池负极与车架(被认为是参考点)相接。

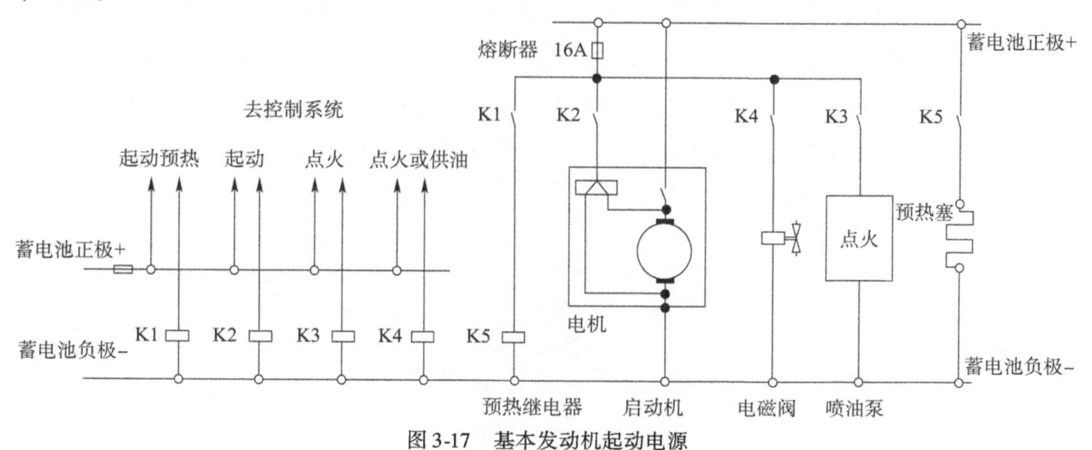

图3-17 基本发动机起动电源

3.3.7 电缆

交流三相电缆色标安装标准见表 3-7。测功机三相动力电缆结构如图 3-18 所示，电缆由三条相线、三条黄绿保护线组成。

交流三相电缆色标安装标准　　表 3-7

标准	电缆及颜色				
	L1 第一相	L2 第二相	L3 第三相	N-Neutral 中性线	PE-Protective Earth/Grounding 保护地
欧洲 IEC757	Brown 棕	Black 黑	Grey 灰	Blue 蓝	Green/Yellow 绿/黄
中国国标	Yellow 黄 A	Green 绿 B	Red 红 C	Light blue 浅蓝	Green/Yellow 绿/黄

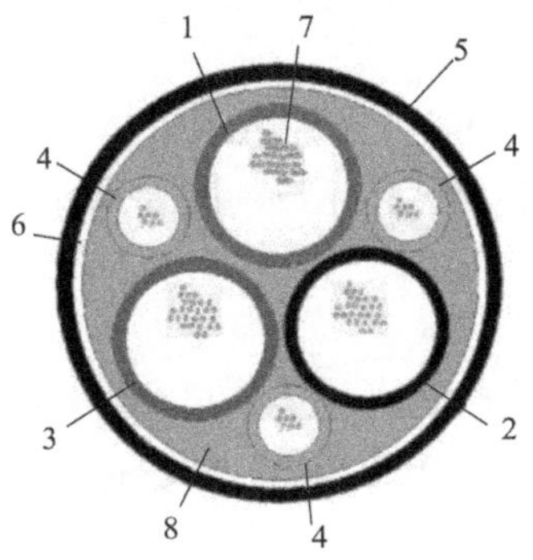

图 3-18　测功机三相动力电缆结构

1-棕色相线;2-黑色相线;3-灰色相线;4-保护接地黄绿线;5-电缆外皮;6-金属屏蔽层;7-股;8-填料

3.3.7.1 交流电力测功机大电流电缆选择

图 3-19 所示为测功机供电框图。由于变频柜内部存在非线性设备，从理论上说，以往使用的选择电缆横截面积公式($P=\sqrt{3}U_LI_L\cos\varphi$)已经不成立了。由测功机柜送至电网的目标电压是市电工频电压，已经过滤波处理，用户不必再度外加滤波设备。与电力测功机连接的配电室电能表会出现倒着走的现象，因为测功电机发出电能，有的用户将发出的电能部分或全部输送到电阻发热元件上耗散掉。这类耗能装置称为“负载银行”。

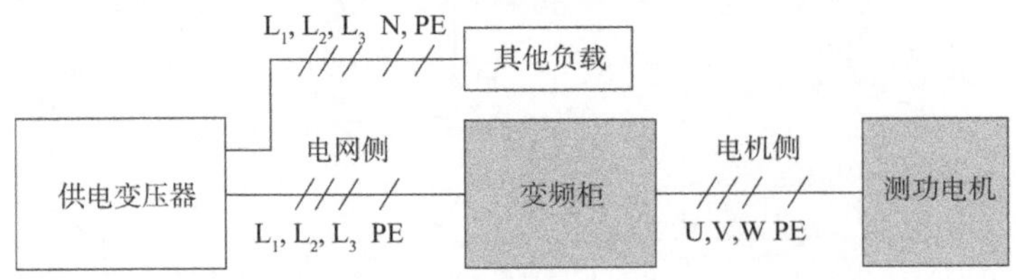

图 3-19　测功机供电框图

电机侧这段电缆内部电流比较复杂，因为变频变幅，还夹带谐波。出于抗干扰考虑，需要选择带屏蔽动力电缆。理论上逆变器输出功率表达为：

$$P = \sum_{n=1}^{\infty} P_n = \sum_{n=1}^{\infty} I_{n,\mathrm{rms}}^2 R \tag{3-5}$$

$$I_{n,\mathrm{rms}} = \frac{I_n}{\sqrt{2}} \tag{3-6}$$

$$I_n = \frac{V_n}{Z_n} \tag{3-7}$$

式中：Z_n——n 次谐波的负载阻抗；

I_n、V_n——分别表示其最大值；

R——负载电阻。

在实际操作中，测功机生产厂家给出了电机侧与电网侧电缆电流值。在电机侧，例如可采用 Lapp Group 公司 9YSLCY 或 2YSLCY 型号电缆（结构如图 3-18）。电机侧电缆长度不超过 50m 为佳。感应测功机电机侧电缆选择举例见表 3-8。主电源数据举例见表 3-9。

感应测功机电机侧电缆选择举例（AVL DynoExact） 表 3-8

测功电机型号	测功电机至变频框之间的电流	多芯电缆（屏蔽电缆）
102/12	151（189＊）A	$3\times70^2+3\times16^2$
104/8	159（199＊）A	$3\times70^2+3\times16^2$
202/12	278（348＊）A	$(3\times70^2+3\times16^2)\times2$
204/8	294（368＊）A	$(3\times70^2+3\times16^2)\times2$
302/10	430（538＊）A	$(3\times150^2+3\times25^2)\times2$
304/8	440（550＊）A	
402/10	559（699＊）A	
404/8	584（730＊）A	
404/6	579（724＊）A	

注：$(3\times70^2+3\times16^2)\times2$ =（相线根数 × 每根横截面积 + PE 线根数 × 每根 PE 线横截面积）× 根数。

找出电网侧电流容量后采购合格横截面积电缆，需要考虑电缆最小弯曲半径。电缆弯曲能力需要保证可在有限安装空间内转弯铺设。多股电缆可保证电缆柔软，转弯半径更小。电网侧可选用 YJV 或 YJV（R）型电缆。例如，220kW 电力测功机使用 2 × YJV-1kV（$3\times150^2+2\times70^2$）。奥地利与德国用电制式为 230VAC/400VAC，50Hz。美国为 120VAC/480VAC，60Hz。

主电源数据举例(AVL DynoExact) 表 3-9

变频柜型号	电压	频率	电流有效值(EU 欧共体 * *)	电流有效值(US 美国 * * *)
102/12	EU 欧共体: 3 相 400V ±10% US 美国: 3 相 480V ±10%	EU 欧共体: 50Hz ±1% US 美国: 60Hz ±1%	175/219 * A	145/182 * A
104/8			175/219 * A	145/182 * A
202/12			315 /394 * A	265/332 * A
204/8			315/394 * A	265/332 * A
302/10			476/595 * A	400/500 * A
304/8			476/595 * A	400/500 * A
402/10			700/875 * A	600/750 * A
404/8			700/875 * A	600/750 * A
404/6			700/875 * A	600/750 * A
发电时对电网影响	功率因数 $\cos\varphi = 1$ 主电源电压谐波分量 <4.5%(当变压器满足 $S_{SC}/S_N = 20$) 主电源电压谐波分量 <3.5%(当变压器满足 $S_{SC}/S_N = 100$)			

注:* 峰值在超载 25% 时(每 15min 最长可承受 1min 过载);
* * 主电源电压 400V 或 690V 条件下计算电流值(适用欧共体);
* * * 主电源电压 480V 或 600V 条件下计算电流值(适用美国);
S_{SC}—变频器电网侧接线端子电源短路视在功率(同S_k);
S_N—变频器电网侧额定视在功率。

3.3.7.2 一般电缆横截面积选择

一般电缆横截面积选择步骤如下。

第一步,计算电缆电流公式。

单相:$P = UI\cos\varphi$

$$I = \frac{P}{U\cos\varphi} \tag{3-8}$$

三相系统:$P = \sqrt{3}\,U_L I_L \cos\varphi$

$$I_L = \frac{P}{\sqrt{3}\,U_L\cos\varphi} \tag{3-9}$$

单相或三相:

$$P = S\cos\varphi \tag{3-10}$$

式中:P——有效功率,W 或 kW;

S——视在功率,VA 或 kVA;

I——电流,A;

U——单相电压,V,$U = 220$(V);

I_L——三相线电流,A;

U_L——三相线电压,V,$U_L=380$(V);

$\cos\varphi$——功率因数。

第二步,查阅电缆供应商产品手册选择电缆,见表 3-10。

电缆选择(标称电压在 1000V 以下的铜质电缆额定功率) 表 3-10

参照标准			DIN VDE 0298-4,2003-08	GB/T 9330—2020	GB 12706—91
电缆类型			多芯电缆	多芯电缆	多芯电缆
绝缘材料			聚氯乙烯(PVC)、橡胶、TPE	聚氯乙烯(PVC)	聚氯乙烯(PVC)
环境温度(℃)			30	40	25
生产厂家			德国 LAPPKABEL	北京电线电缆总厂	国家电力公司电力机械局
电缆转弯半径			当外径 $D<21.5$mm 时,内弯曲半径≥5D;当外径 $D>21.5$mm 时,内弯曲半径≥6.25D	≥6D	≥10D
额定电流(A)	导体截面积(mm^2)	0.08	1	—	—
		0.14	2	—	—
		0.25	4	—	—
		0.34	6	—	—
		0.5	9	—	—
		0.75	12	—	—
		1.0	15	—	12
		1.5	18	—	16
		2.5	26	19	22
		4	34	27	29
		6	44	35	38
		10	61	49	52
		16	82	67	69
		25	108	89	93
		35	135	106	118
		50	168	134	140
		70	207	166	175
		95	250	200	214
		120	292	233	247
		150	335	272	293
		185	382	317	332
		240	453	379	396
		300	523	423	—

3.3.8 电网侧熔断器

为了确定备用熔断丝的尺寸,请考虑以下规则:

$$\text{电源电流} \times 1.3 = \text{最大电流} \tag{3-11}$$

然后,选择下一挡更高的熔断丝标称值。

电源电流在表 3-9 中规定(取标称值,不是峰值)。例如,在表 3-9 中查得 220kW 测功机对应“电流有效值”为 315A。则熔断器容量为 315A × 1.3 = 409.5A。表 3-9 中所列“电流值有效”是将变频柜与测功电机作为一个整体考虑的。

3.3.9 隔离变压器

隔离变压器包含初级绕组、次级绕组和包裹绕组的静电法拉第屏蔽。它们实现两种截然不同的功能:第一,转换初级电压成为次级电压;第二,变压器建立其供电负载的电源接地参考点。法拉第静电屏蔽由具有导磁性材料的铜皮或铝皮制成,铜皮或铝皮与地连接。

隔离变压器另一优点是滤波作用,可滤除杂波,提高供电质量。对于未设静电屏蔽层变压器,由于失去保护接地 PE,会造成三相电压不平衡,而且它也不属于真正意义上的隔离变压器。图 3-20 所示为三种法拉第静电屏蔽。

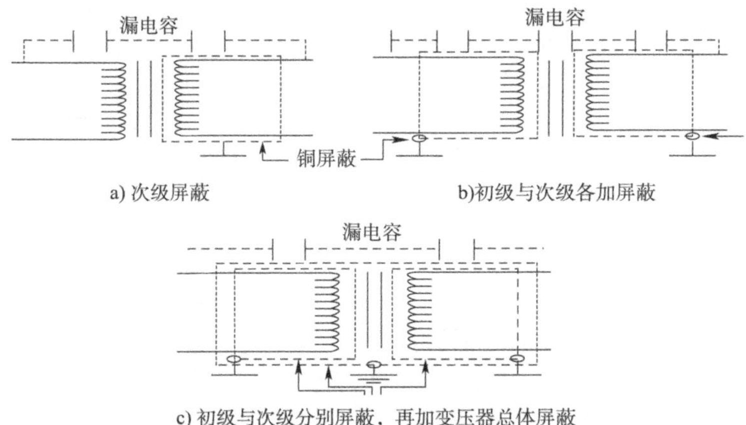

a) 次级屏蔽　　b)初级与次级各加屏蔽

c) 初级与次级分别屏蔽,再加变压器总体屏蔽

图 3-20 三种法拉第静电屏蔽

未建立真正意义上的隔离变压器,即“隔离变压器”内未设置法拉第屏蔽层或 PE 层,会造成参考点丢失。为变频柜供电变压器输出的三相电压 V_{L1}、V_{L2}、V_{L3} 波动不止。在此供电系统内的负载没有保护地 PE,是很危险的。设备的测量结果也是不可信的。

3.3.10 排烟通风与空调

3.3.10.1 排烟通风

新风风机由室外吹入新鲜空气,排风风机将室内空气排出,二者都可采用离心风机。风机功率根据设备总功率计算,保证流量,例如由计算得出风机功率为 $5400\text{m}^3/\text{h}$。

排烟的目的是及时排出有害气体、汽油蒸气和超高温度热空气。试验室排烟一般采用向上直通式的不锈钢排烟管道，设置二级消音器，排气背压可调，排烟管道做保温处理。在设计排烟系统时需要确定发动机排烟量大小，选择合适高温风机。排烟口伸出房顶一定高度，废气经补风稀释，减小对周围环境的不良影响。同时，排烟系统需要与消防系统联动。

油耗仪防火要求空气交换率＝(30～150)×房间体积/小时，房间压力为－50～－30Pa。为安全考虑，在试验室离地面0.3～0.6m高程处安装碳氢气体传感器，设定室内气体达到爆炸浓度的20%时，传感器预报警；达到爆炸浓度的40%时，触发截止阀，切断至油耗仪供油，起动排风机。

试验间和公用动力设备层的通风需要综合考虑设备的散热及空调系统消耗的新鲜空气量，以免导致夏天高温时温度过高，设备报警。同时，全室空调需要与消防联动，一旦发生火灾，全室空调需要立即停止送回风并关闭防火阀。

最佳做法是通过平衡入口和出口流量控制试验室内通风，从而使室内温度保持在40℃以下，压力低于环境压力50Pa。发动机室内略微的负压可保证发动机室内烟雾不被压入控制室。

在入口和出口上都使用变速风扇，控制系统可以通过控制出口风扇达到控制温度，而通过控制入口风扇达到控制压力。当发动机室空气温度升高，抽气扇速度增加以此增加空气流量，这个速度增加导致室内压力下降，控制系统检测到这一事件，因此，入口风扇速度增加，直到恢复平衡。这种控制方法可确保在温度升高的瞬态条件下，试验室压力趋向于负值而不是正。即使压力差只有50Pa，向外打开的隔室门也可能难以打开。需要防止系统调整不当造成门打开困难及关闭时伤人，或可采用试验室内压力控制范围－50～－30Pa内某值。试验室通风系统如图3-21所示。

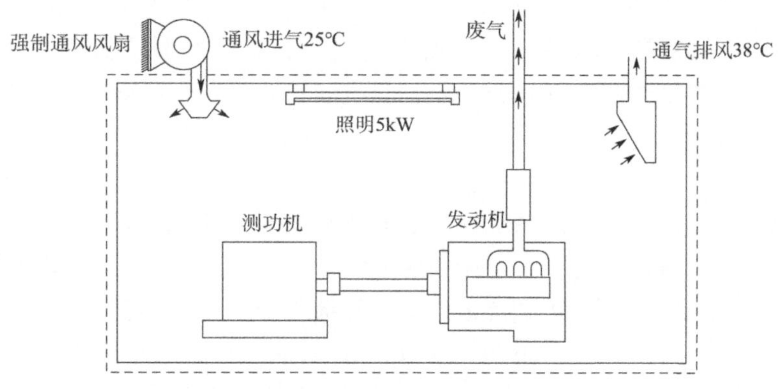

图3-21 试验室通风系统

3.3.10.2 空调 HVAC

空气要求控制室环境温度为5℃～35℃，环境湿度为20%～75%。试验台的空调系统按照法规控制温度和湿度。气候发动机试验台温度为：－40℃～＋50℃。耐久试验台要求一个气候室，能够模拟－40℃～＋50℃大气空气温度，湿度在10%～95%之间。

对于废气排放测量，目前可能的温度有：低温－7℃、10℃、大气环境温度20℃～30℃(最典型)、23℃和高温＋35℃。例如，带空调系统的底盘测功机试验室。图3-22所示为试验室区域空调系统框图。

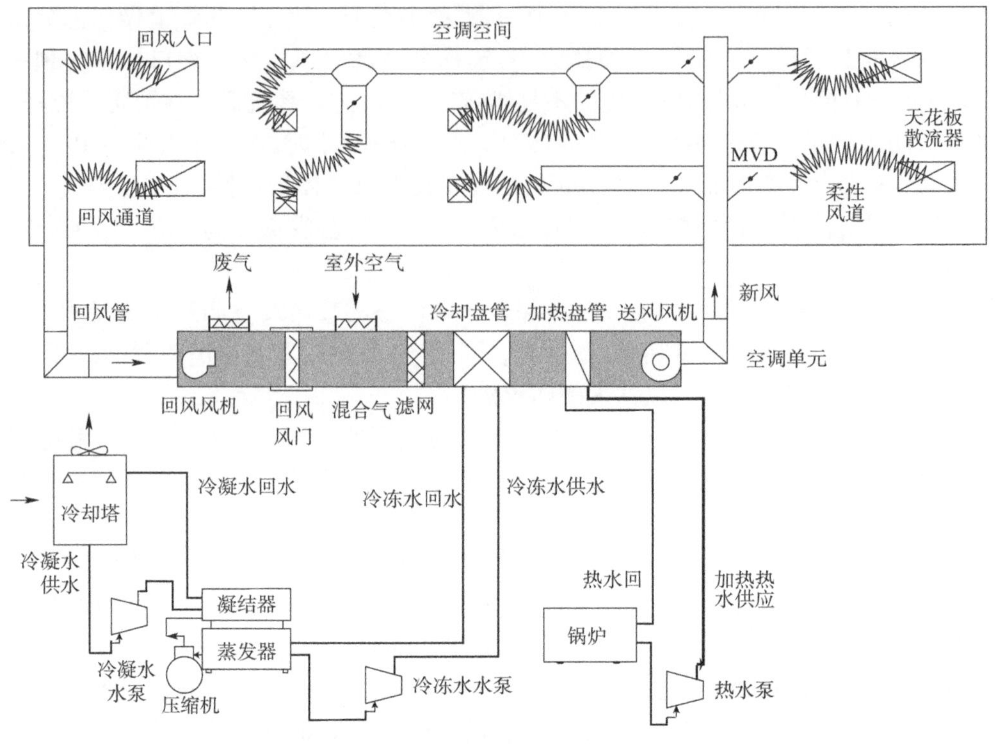

图 3-22 试验室区域空调系统框图

3.3.11 压缩空气

压缩空气供应一般要求:无油无水压缩空气 0 ~ 8bar;最大颗粒物尺寸:0.1μm;最大颗粒密度:0.1mg/m^3;最大含油量:0.01mg/m^3;露点:+2℃或低于环境温度 10℃。

3.3.12 消防

当发现火灾时,测试单元控制系统应当切断燃料供应,关闭通风系统并关闭通风管道中的防火阀。防火阀用于供暖、通风和空调(HVAC)管道,以防止火势通过防火等级的墙壁和地板在管道系统内蔓延。防火/防烟挡板的耐火等级与防火挡板相似,也可防止烟气在管道内扩散。当温度升高时,防火阀关闭,通常由热元件激活。防火阀也可以在收到来自火警系统探测器发出电信号后关闭,表明在建筑物空间或 HVAC 管道系统中感测到热量或烟雾。装在试验室主要通风管道上所有点的自动防火阀应具有至少 1 小时耐火能力。防火阀必须安装在试验间边界的“通风”管道中,用于封堵管道并起到屏障火焰作用。

火灾发生时系统停止发动机旋转,切断测功机电源。触发灭火系统通常需要手动干预,以减少破坏性的误报。现代测试室中推荐系统基于“水雾”,有时也称为微雾技术。这样的系统不仅对火灾具有非常快的“击倒”能力,更重要的是,它们倾向于将自由碳颗粒从烟气中清除掉,并使随后清洁工作只需几天而不是几周的时间完成。

发动机试验间、油库等区域设置 CO、CO_2、HC 烟雾探头及气体检测系统。发动机试验室内需要装备手提干粉灭火器。消防联动喷洒七氟丙烷 HFC-227ea。

燃料电池(Fuel Cell)动力总成测试所需的散装氢气的使用,需要设计与安装特有的屋顶燃气探测器和自动释放通风机。灭火剂种类与试验台内的选用见表3-11。

灭火剂种类与试验台内的选用 表3-11

灭火剂	火灾分类					备注
	A类 固体物质火灾	B类 液体物质火灾	C类 气体物质火灾	D类 金属物质火灾	E类 电火灾	
	木材、面、毛、麻、纸张、煤炭等	汽油、原油、甲醇、乙醇、沥青、石蜡	天然气、煤气、甲烷、乙烷、丙烷、氢	钾、钠、镁、钛、锂、铝镁合金、钢水、铁水	—	
水	可以	可以	不可以	不可以	不可以	—
泡沫灭火剂	可以	可以	不可以	不可以	不可以	—
干粉灭火剂	不可以	可以	可以	可以	可以	—
气溶胶灭火剂	可以	可以	可以	不可以	不可以	不适合人员密集场所
卤代烷灭火剂	可以	可以	可以	不可以	可以	破坏臭氧层
七氟丙烷 HFC-227ea	可以	可以	可以	不可以	可以	—
CO_2 灭火剂	可以	可以	可以	不可以	可以	不适合人员密集场所
其他如 IG-541 灭火剂	可以	可以	可以	不可以	可以	—

注意:不要将水喷淋灭火系统装在测功机变频柜、排放仪器柜上方,因为水不适用E类电火灾,而应当使用气体灭火器,例如七氟丙烷。

3.3.13 废气报警设备

控制室和试验室内需要装备有害气体HC、CO报警设备,执行《石油化工可燃气体和有毒气体检测报警设计规范》(GB/T 50493—2019)。

发动机试验室内至少存在以下废气:易燃物质如甲烷、丁烷、丙烷,有毒物质如CO、CO_2、NO_x、HC,挥发性有机化合物如丙酮、苯、甲苯和二甲苯,因此,有必要设置有害气体超限报警器和/或联动排烟风机。

3.3.14 废气废水处理系统

现代最佳实践要求台架间配备单独废气排气系统,无论什么类型废气排气系统,都不要使用共享管道。在直接连接排气系统的情况下,做法是提供超大的管道,配备一个阀来调节背压。因废气排气管内可产生腐蚀性冷凝物,管道必须由适当不锈钢制成。

排放柜排出的废液必须收集,之后送交专业公司处理。排放柜排出的废气需要送至试验室屋顶外排向大气。发动机进气空调排出废液排入渗水沟。清洗测功机及冷却水调节单元的酸碱液需要请示用户确定其处理方向。

3.3.15 试验室冷却水与冷冻水

冷却水可由冷却塔获得。冷却塔出水温度与地域、季节和产品厂家有关,出水温度一般为30℃,必要时用冷冻机组满足要求。冷冻水则可借助冷冻机获得。在我国北方地区,为防止冬季冷却液冻结,必须在其中加入乙二醇,掺入乙二醇量不同,得到混合液的抗冻性不同。例如,乙二醇体积浓度为0时,冰点为0℃(压力100.7kPa);乙二醇体积浓度为50.6%时,冰点为-37.9℃;乙二醇体积浓度为53.7%时,冰点为-42.6℃。表3-12列出若干设备对冷却水与冷冻水要求。

设备对冷却水与冷冻水要求 表3-12

种类	使用设备	供给设备/方式	要求
冷却水	发动机; 测功机; 制冷水机组; 空调制冷机组; 油耗仪	开式循环(通过水池); 闭式循环(推荐),循环水与大气隔绝,通过水处理装置的水为不含重金属离子的纯净水	冷却水入水 18~35℃, 3~6bar
冷冻水	燃油温控; 冷热冲击	水冷机组; 为防止管路系统和冷却旋管结冰,冷冻水中需含有防冻液或乙二醇。亦可采用在寒冷时期将存水排出等其他措施	冷冻水入水7℃, 出口12℃,4~6bar

冷却水质量要求如下。

自由CO_2:<20mg/L(流过一次),<3mg/L(循环水);

碳酸盐硬度:<10°dH(流过一次),<5°dH(循环水);

总硬度:<5°dH(流过一次),<8°dH(循环水);

硫酸盐SO_3:<150mg/L(循环水);

硝酸盐:<50mg/L(循环水);

pH值:7.2~9.5(一次流过或循环水);

总含盐量:<2400mg/L;

氯化物:<150mg/L;

铁含量:<1mg/L;

锰含量:<0.15mg/L;

油含量:0mg/L;

水藻:禁止;

固体颗粒:不允许。

3.3.16 工程媒介管道标志

不同标准对工程媒介管道标志的定义略有差异。此处列出一些普遍共用颜色标准:黑色—废介质;浅蓝—压缩空气;棕色—燃料(油、矿物油等);深蓝—市用水;深灰—其他来源水;橙色—电气或通风管道;银灰—蒸汽;紫色—酸、碱;黄色—易燃气体;红色—消防、火;黄色—预报警。

3.3.17 测试中心加油站

在建立车辆检测与开发中心时,同时也建立车辆加油站。有的工程忽略了燃油储存罐的浮力计算,导致在投入运营后雨季某日油罐自地下拱出,险些酿成事故,如图3-23所示。所以,除了将油罐坚固地绑定在地下混凝土基台上以外,还要计算油罐抗浮能力,确定填土体积,采取相应措施确保安全。加油站建立执行《汽车加油加气站设计与施工规范》(GB 50156—2012)。

图3-23 抗浮措施不当后果

(1)油罐抗浮计算。

直埋式地下放置油罐,在地下水位高的地区,油罐有被地下水浮起的可能性,特别是油罐腾空时,被浮起的可能性更大。油罐一旦被浮起,就会折断与油罐相连的管路与阀门。因此,在埋设卧式油罐时,应埋在地下水位低的地区,避免油罐被地下水浮起。若受客观条件限制,只能将油罐埋设在地下水位高的地段时,一般采用两种方法应对:一是开挖排水沟,降低地下水位;二是作加锚抗浮处理,即采用钢筋混凝土做基础,利用嵌入的地脚螺栓和扁钢拉条,将油罐固定在锚上。

由水力学可知,水对物体的浮力等于物体所排开同等体积水的重量。因为油罐上部有覆土层,因此,空油罐不被浮起的条件应为:

$$G_{罐} + G_{土} \geqslant K \cdot V_{水} \cdot \rho_{水} \cdot g \tag{3-12}$$

$$G_{土} = V_{土} \cdot \rho_{土} \cdot g \tag{3-13}$$

$$V_{土} = hDL - \frac{V}{2} \tag{3-14}$$

式中:$G_{罐}$——油罐重量;

$G_{土}$——油罐上部覆土重量;

$V_{土}$——油罐上部覆土体积,m^3;

$\rho_{土}$——回填土的密度,kg/m^3;

$V_{水}$——油罐侵入水中的体积,m^3;

$\rho_{水}$——水的密度,kg/m^3;

K——安全系数,一般取1.1~1.3;

g——重力加速度;

h——油罐水平轴至回填土表面的距离,m;

D——油罐直径,m;

L——油罐长度,m;

V——油罐体积,m^3。

(2)牺牲阳极。

埋在地下的油罐或管道,由于长期与土壤接触而发生腐蚀。最常用的阳极材料为镁、锌、钛等,这些金属块比铁或钢更活跃,也更容易氧化腐蚀,故称牺牲阳极。作为阴极的罐体或管道,由于阳极的牺牲保护而完好。牺牲阳极的使用寿命可达20年。

牺牲阳极应遵照《埋地钢质管道阴极保护技术规范》(GB/T 21448—2017),《埋地钢质管道阴极保护参数测量方法》(GB/T 21246—2020),《镁合金牺牲阳极》(GB/T 17731—2015),《钢质管道外腐蚀控制规范》(GB/T 21447—2018)和《防腐蚀工程经济计算方法标准》(SY/T 0042—2002)执行。

3.3.18 标定气体

标定气体瓶存放室内气瓶上方的控制阀及管线安装需要专业气体公司完成。标定气体种类与浓度因试验不同和所装备的分析仪不同而不同。标签上一般包括:气体种类、生产厂家、气瓶编号、合同号、厂家电话、气瓶容积(例如T40)、出厂压力(例如12.5MPa)和定值日期。多数标定气体有效期为1年。表3-13所列为气瓶标志举例。

气瓶标志举例 表3-13

气瓶1		气瓶2	
组分	浓度(V/V)	组分	浓度(mol/mol)
二氧化碳	17.9%	丙烷	3.2ppm
氮气	其余	合成空气	其余

标定气体遵照《质量管理体系要求》(GB/T 19001—2016),《质量管理体系要求》(ISO/DIS 9001:2015)执行。环境温度:-15℃~50℃,湿度:10%~85%RH。

气体分为工作气(N_2,O_2,H_2/H_e,合成气)、量距气(例如O_2在N_2中,浓度20.68V%;CH_4在合成气中,浓度282ppm,等)和零气(即SA合成气)。

气瓶间主要组件:气瓶、气瓶架、调压器、阻火器、快速接头阀、吹扫管道系统、气管等。图3-24所示为标定气体存放室。

(1)分析仪标定。所有气体分析仪都需要标定或校准其零位和量距点,每次测量前或至少每天一次,具体取决于应用程序。零气和标定气(即量距气)由气体提供给分析仪,然后实施测量,若所测值与量距点浓度不一致,则调整到一致或对齐。标定是全自动的,如图3-25a)所示。

(2)分析仪线性化。执行线性化以确保分析仪零点与量距点之间的测量值是准确的,如图3-25b)所示。为此,分散在整个测量范围内的不同气体浓度提供给分析仪并将测量值与预期浓度相比较。当偏差大于2%时,对测量值进行数学修正(线性化曲线)。这样的线性化通常每3个月执行一次或至少检查一次。

a) 气瓶间　　b) 气瓶与控制阀

图3-24　标定气体存放室

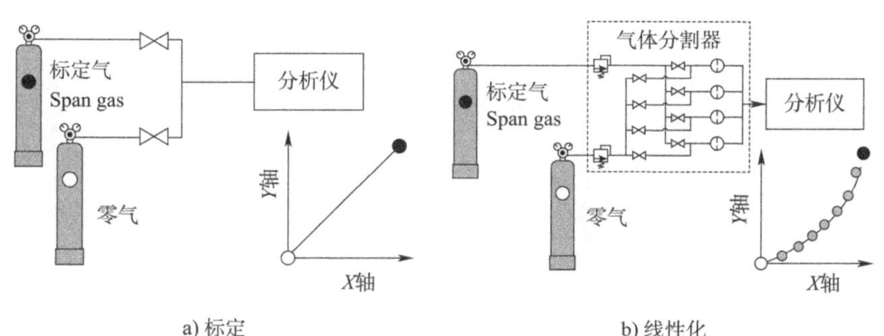

a) 标定　　b) 线性化

图3-25　标定与线性化示意图

3.3.19　试验台基础

3.3.19.1　基础种类

试验台基础包括大质量基础、机械弹簧基础、空气弹簧基础和其他类型基础。

(1)大质量基础。基础质量至少为负载总质量的5~8倍,负载为如发动机和测功机等。混凝土基础的要求:上平面平整度为2.0mm,承载能力为3000kg/m²。钢筋混凝土大质量基础如图3-26所示。

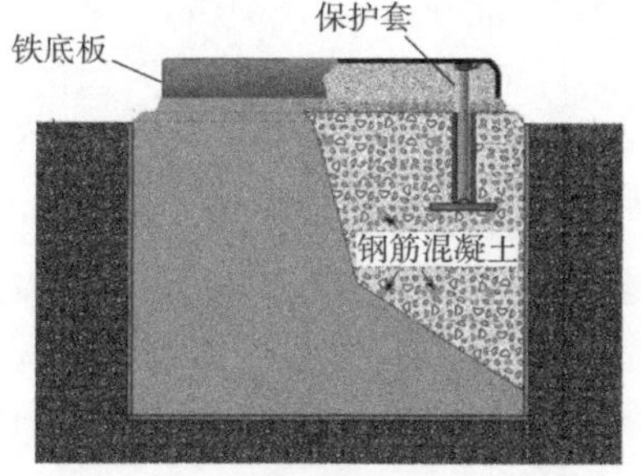

图3-26　钢筋混凝土大质量基础

大质量基础的物理原理是动量守恒和动能守恒。设发动机质量为m_1,混凝土基础质量为m_2,m_2初始状态为静止,碰撞前m_1速度为v_{i1},碰撞后m_1速度为v_{f1},m_2速度为v_{f2},则:

$$v_{f1} = \frac{m_1 - m_2}{m_1 + m_2} v_{i1} \tag{3-15}$$

$$v_{f2} = \frac{2m_1}{m_1 + m_2} v_{i1} \tag{3-16}$$

如果 $m_1 = m_2$,则$v_{f1} = 0$,$v_{f2} = v_{i1}$。这种情况应当避免发生。

如果 $m_1 \ll m_2$,则$v_{f1} = -v_{i1}$,$v_{f2} = 0$。这种情况是我们的设计目标。

(2)机械弹簧基础。由于金属疲劳,机械弹簧可能会产生机械变形。支持弹簧高度随时间流逝变得不一致,导致铁底板倾斜,因此对转矩标定精确度产生影响,尤其在长期超载情况下,会造成永久变形。倾斜会使标定有效力臂缩短,产生结果失真。机械弹簧变形引起扭矩标定误差如图 3-27 所示。图中是以横向倾斜为例。实际由于机械弹簧金属疲劳,可能还存在纵向铁底板倾斜。

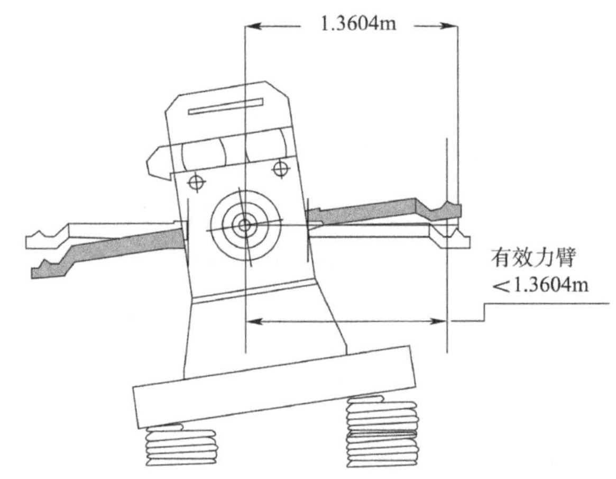

图 3-27　机械弹簧变形引起扭矩标定误差

施加的重量和指示扭矩之间的关系是:

$$M = m \times g \times l \tag{3-17}$$

式中:M——转矩,N·m;

m——施加质量,kg;

g——重力加速度,m/s^2,例如,北京 $g = 9.8010\text{m/s}^2$;

l——臂长,m,$l = 1.3604\text{m}$,自定子轴心至标定臂刀口的距离。

(3)空气弹簧基础。空气弹簧工作媒介是空气,不存在金属疲劳现象,但需要压缩空气源。地坑是振动隔离先决条件。地坑宽度根据需要设计,应当可以容纳各类热交换器的上下水管、燃油馈管、回油管、电缆桥架等,并留出空气弹簧服务空间。铁底板放置在自调平空气弹簧上,给出组合质量系统固有频率 2Hz 左右。弹簧使平台加设备的振动频率在 2Hz 左右。地板振动频率典型值为 5～30Hz 范围。这个频率差允许隔离平台在地板振动到达设备之前被“滤除”。

(4)其他类型基础。机械弹性基座、混凝土块与铁底板结合基础、大质量混凝块坐落于弹簧上的 NVH 台架等。

3.3.19.2 服务空间

基础应预留 500mm 服务空间。铁底板落座基台平整度不大于 2mm。防滑板或网格板与水泥地面间隙保证 15±5mm,无论采用哪种地沟盖板,防滑板或网格板、液管都需要经由 U 形孔自地沟导出,保证盖板可以掀起,如图 3-28 所示。

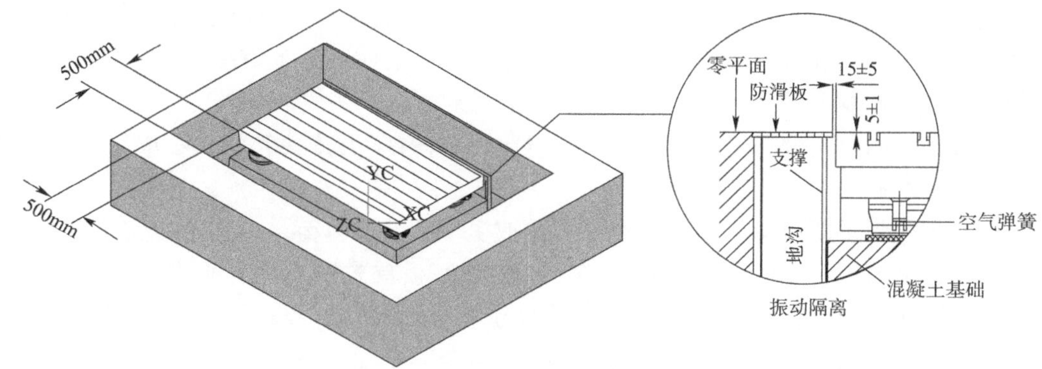

图 3-28 留出 500mm 服务空间与振动隔离

从广义上说,几乎所有试验设备都需要服务空间,例如测功机变频柜、发动机冷却液温控仪。曾经有设计人员将冷却液温控仪布置在墙角,结果造成工程师扳手没有转动空间。

3.3.19.3 振动隔离

空气弹簧充气状态下,铁底板上表面应当与零平面平齐(从高度方向考虑)。铁底板四周与防滑板留出 15±5mm 间隙的目的是振动隔离(从前后左右方向考虑)。为了隔离振动,还应注意防止存在刚性连接拉拽铁底板,例如动力电缆的拉拽。必须将动力电缆托起固定,保留长度裕量,形成柔性连接,也可以采用门形支架方式支持重型电缆。

消除所有非柔性连接确保隔离,电缆桥架柔性耦接(例如,桥架进入地沟结合部一处仅使用金属辫状线连接,撤掉桥架搭接桥板)、柔性水管、柔性气管和发动机废气管柔性过渡。

振动隔离的措施有若干种,在许多场合可以应用。譬如,测量机油消耗的电容传感器必须以连通器的形式放在发动机附近就面临不利的振动因素,但是在传感器底部加入 10mm 橡胶垫之后,振动就有明显的改善,这是利用弹性元件(或隔振器)的效果。

3.3.19.4 水泥与混凝土

普通混凝土是由水泥、石子、沙子和水按适当比例混合,经过均匀搅拌、养护硬化制成的一种人造石材。水泥是组成混凝土不可缺少的材料,化学成分有 SiO_2、Al_2O_3、Fe_2O_3、CaO、MgO、SO_3,不同水泥,其各种化学成分含量不同。水泥的品质指标以《通用硅酸盐水泥》(GB 175—2020)规定为准。不同品种的水泥不能混合使用,否则,试验台地基质量受到影响。同一品种水泥,强度等级不同,或出厂日期相差太久的水泥,也不可混合使用。水泥硬化分初始反应期(10min)、潜伏期(1h)、凝结期(6h)和硬化期(6h 至若干年)几个阶段。

我国混凝土强度共有14个等级。例如,C30表示立方体抗压强度标准值为30N/mm²。数字越大,强度越大,但脆度增加。混凝土比重近似2500kg/m³。C35的弹性模量 $Ee = 3.15 \times 10^4 N/mm^2$。对于发动机试验台和转鼓试验台地基,C30 ~ C35为宜。混凝土搅拌站提供商业混凝土,简称“商混”。

3.3.19.5 铁底板

铁底板坐落在空气弹簧上,空气弹簧将铁底板及其负载与建筑其他部分隔离,防止振动。铁底板尺寸举例:长宽高6500mm×1900mm×400mm,T形槽槽距200mm,外侧槽距边缘距离150mm。倒T形槽尺寸举例:上窄宽28mm,下宽宽50mm,下宽高20mm,总高48mm。铁底板体还应当预制泄液孔,接地绑定螺纹孔,连接25 mm²铜质辫状线。一字形铁底板接地绑定螺纹孔4~6个,分布于各角。铁底板材料为灰铸铁,由铸铁和球状石墨组成,也称球墨铸铁,固有频率2Hz。

基础系统包括混凝土块、铁底板、空气弹簧或机械弹簧及负荷。地沟上方铺设防滑板或格栅板,铺设格栅板可以保证地沟通风。安装时,铁底板首先安放在混凝土基台上,继而塞入所有空气弹簧,不充气,铁底板上表面必须低于零平面,例如 $-5mm \pm 1mm$。低于零平面更多时是可以补救的,但不能高出零平面,充气后以与零平面平齐为准。

3.3.19.6 空气弹簧

(1)原理。比尔茨双腔室空气弹簧具有自动调平功能。空气弹簧高度不因压在其上负载质量不同而不同,也不因质量分布不同或质量变化而变化。通过快速加压与泄压,空气弹簧吸收了铁底板自然频率,并且它们的刚度或软硬度可调。图3-29所示为空气弹簧结构,图3-30所示为高度调节阀。

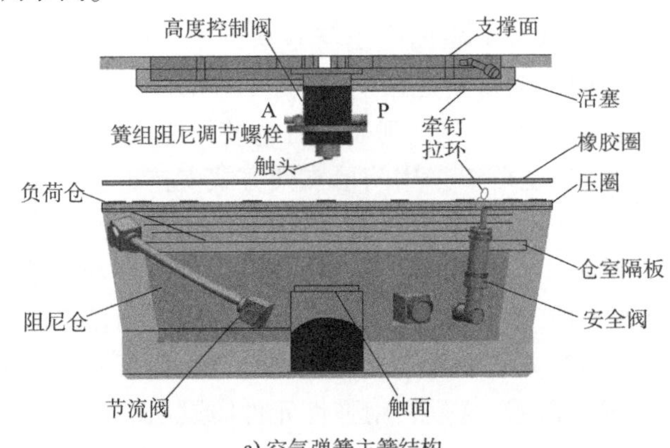

a) 空气弹簧主簧结构

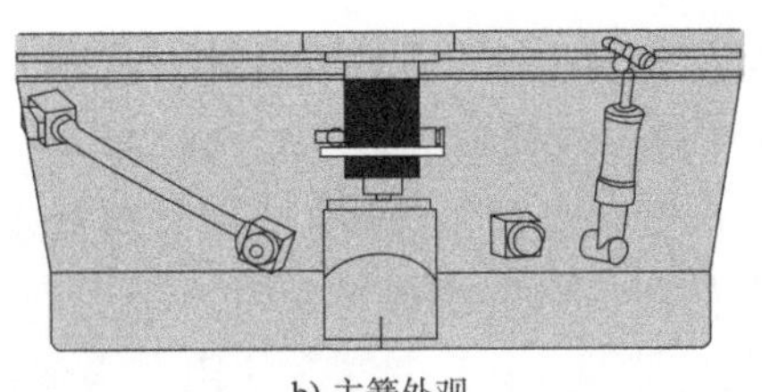
b) 主簧外观

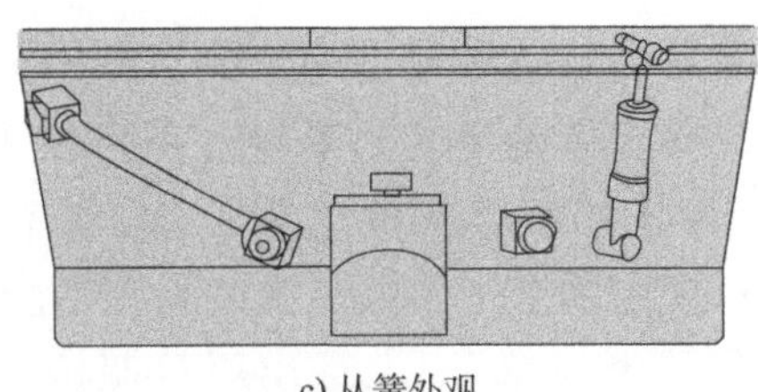
c) 从簧外观

图3-29 空气弹簧结构

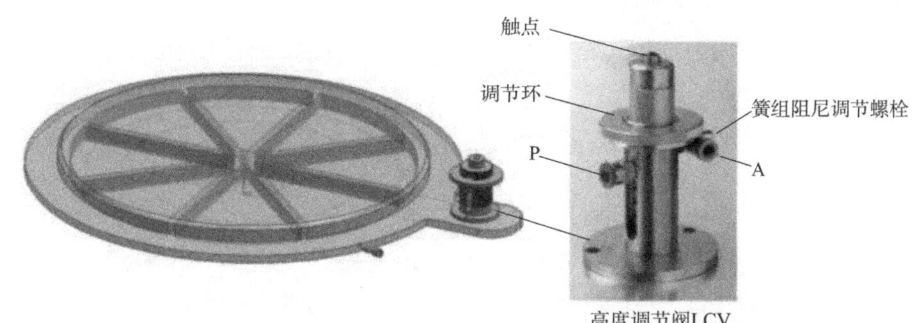

图 3-30　高度调节阀

高度调节阀主要由阀基底、滑膛、滑阀、触点、弹簧和调节环组成。滑阀上有 P 口、A 口、柱塞、触点(或称传感器)。调节环有一个高度调节范围,在该范围内,触点可以可靠地与触面接触。在调试过程中,如果触点与触面未接触,则空气弹簧处在失去作用的错误状态。

主簧装备高度调节阀气压为 6bar 时,可承负荷为 5000kg,工作高度为 158mm。从簧不带高度调节阀,气压 6bar 时可承负荷 5000kg,顶面直径为 382mm,底面直径为 348mm。

(2)调整。调整目标是空气弹簧通气浮起后铁底板上表面与零平面共面,供气切断后铁底板低于零平面若干毫米。人走上铁底板有放气及补气声音,人离开铁底板后无激励时,补气完毕无气流声音。

调整工具与材料包括千斤顶、1mm 厚正方形调平垫片若干,长宽如 400mm × 400mm、辅助支撑如木方、塔尺、水准仪、手电钻。调平垫片材料为聚四氟乙烯垫片或不锈钢片。

空气弹簧连接布局与调试步骤如下:三点(空气弹簧)可以确定一个平面(铁底板)的高度。所以,图 3-31a)中只有 3 只空气弹簧配有压力调节阀。如果由于铁底板面积或负载原因需要更多的空气弹簧,则系统仍必须以三个控制组形式设置,否则系统是不确定的。

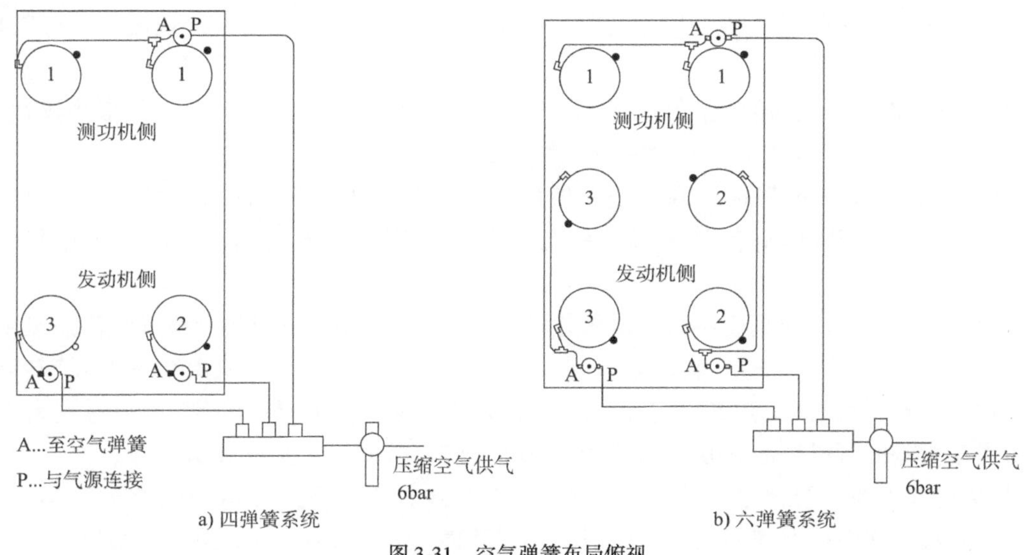

图 3-31　空气弹簧布局俯视

①移去活塞顶上的3只运输安全螺栓。

②掀开活塞,置于侧旁,用内六角扳手重新紧固每只压圈螺栓,力矩14N·m。

③放置橡胶圈:用净布将压圈擦抚,将气膜表面擦净。对准同心圆圆心,放上橡胶圈。橡胶圈无任何螺栓固定(橡胶圈依靠压在其上的活塞而稳定不动)。将活塞落压在橡胶圈上。

④将圆片用强力胶粘到触面上。

⑤连接气管:有P、A字母标于高度阀上,P口接气源,A口接空气弹簧。将每只弹簧上的牵钉、圆环和安全阀调到一直线上。设法固定压缩空气软管,不使其接近热源与尖锐物体或被挤压。

⑥将空气弹簧塞入铁底板下,将主簧、从簧各就各位(图3-30)。空气弹簧的高度阀部分朝外(即人可触及的方向)放置。

⑦静态调整水平,即不接通压缩空气条件下调整水平。将水准仪安置固定,使其可看到铁底板各角位置,塔尺立在各角地表"X"处。"X"为各角塔尺测点位置,可用记号笔或粉笔标明(图3-32)。

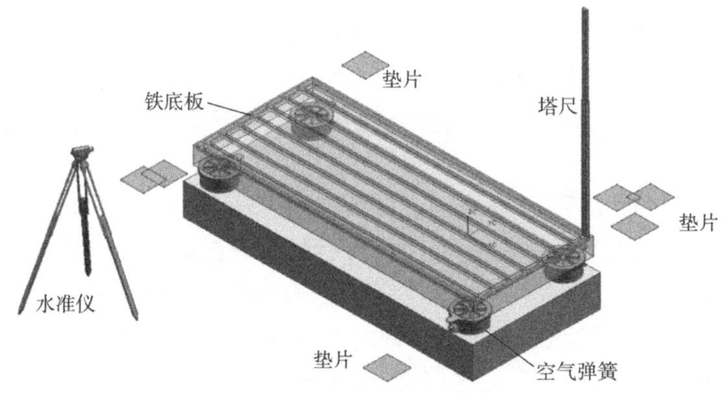

图3-32　安装调节示意图

⑧使用塔尺,标尺刻度必须稳定,无上下窜动,或将卷尺固定在木质条板上,刻度毫无移动。

⑨将塔尺设于某角,转动云台,观察水准仪内水平刻度线在塔尺上重合刻度线读数,记下读数,如365。将塔尺先后移动至另外三个角,分别记下读数。

⑩选择最高点作为基准,最高点铁底板角应当在零平面以下。向低于最高点的角的弹簧下塞入垫板,向基准靠齐,使水准仪线与塔尺基准刻线在各角均重合。各角相差应小于2mm。

⑪充入压缩空气,铁底板浮起。再放置塔尺在铁底板各角,使用云台检查最高点刻度与其他点刻度高程差,若有不同,转动调节环,使高度差消失。顺时针(从上往下看)旋转调节环,待触头接触到触面后,弹簧支撑盖上浮。如需要,调整各簧浮起高度,最终达到台面平齐,高程相对差值可以控制在0.5mm以内。逆时针转动调节环,空气弹簧下降。

为空气弹簧通气的过程可逐渐增加气压。开始选择2kg压力,1min后,增加至4kg。转动调节环,直至铁底板上表面与零平面对齐。弹簧最大升程5±1mm。最后提高气压到6bar

(注:一般塔尺刻度由下向上数字递增)。

空气弹簧由两个分离空气仓室组成,分别是负荷仓和阻尼仓(图3-29)。两个仓室经由一根管子连通。负荷仓由一薄型柔性抗压膜构成,浮动活塞坐落在该膜上,被负载推入负载仓的空气域内。此种设计产生了高效振动隔离。阻尼大小可由调节外部节流阀方便地改变。

安全阀保护由于空气过量导致气膜可能的损坏。当活塞升起太高时,拉动安全阀,引发弹簧放气。安全阀在规定的最大弹簧升程时打开,保护系统。

节流阀螺栓顺时针旋到头,节流阀关闭。此时,两个仓室空气几乎不相往来,弹簧最"硬"。相反,逆时针旋转螺钉到与外沿面平齐,相当于节流阀完全打开,弹簧最"软"。主簧和从簧都有此阀,它是调节本簧软硬度的阀。

簧组阻尼调节螺栓用来调节A端口后面所连接空气弹簧的进气量。注意簧组阻尼调节螺栓不能完全关闭,否则,空气弹簧中没有空气。所有弹簧的软硬度应当设定在同样值。

空气弹簧元件高度:橡胶环就位后,未充压缩空气条件下,静止高度153mm。充气后空气弹簧相应工作高度为158±1.0mm。

3.3.20 试验室墙体

一般发动机室空间很有限,所有仿真、测量和控制设备都尽量靠近发动机,以便产生最佳效果。所有内墙被指定安装若干设备,比如数据采集箱、油耗仪、油温控制器、空气流量计等。因此,试验室墙体必须是承重墙、垂直墙、固定墙,避免秫秸墙、空心砖墙等。

3.3.20.1 采集控制模块箱墙体

数据采集控制模块箱就近发动机布局的优点是将信号衰减降到最低。模块箱内装有模拟与数字信号采样控制电子模块,连接温度、压力、扭矩、湿度等各类传感器。箱体高度(H)以最低位置在1900mm~2300mm为准。太低会受发动机蒸气干扰,太高不方便操作人员接近。还要防止吊架摇动时与其他物体碰撞。被测体如发动机的传感器,通过短连接线连接到模块箱中,传感器信号线和压力软管穿过密封唇(泡沫橡胶密封)进入模块箱。密封作用是防治发动机蒸气进入信号箱。采集控制箱安装如图3-33所示。

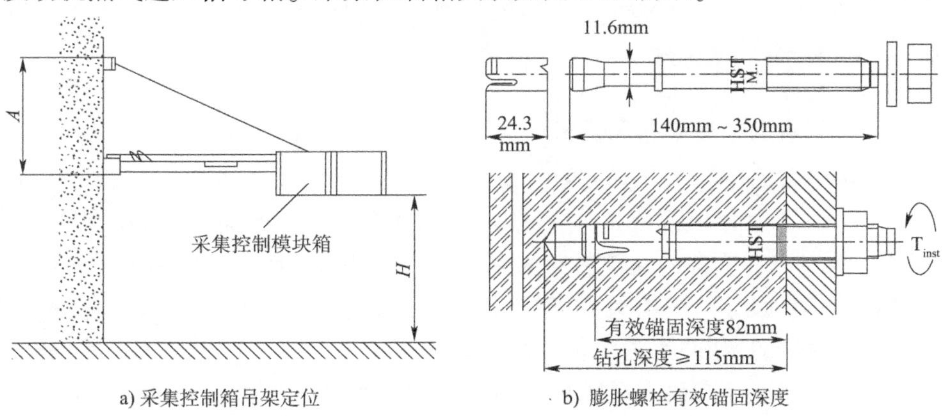

a) 采集控制箱吊架定位 b) 膨胀螺栓有效锚固深度

图3-33 采集控制箱安装

(1)要求。采集控制箱墙体强度应达到混凝土抗压强度等级C30/37。喜利得Hilti公司膨胀螺栓埋设墙体质地要求为混凝土。以3m长摇臂为例,$A=1200$mm,拉索重60kg,铝型材18kg/m,模块箱空重60kg,携带模块时按90kg计算。

(2)安装。发动机室内采集控制模块箱的三种安装方式如下。

①膨胀螺栓型。无预埋钢板,电缆吊杆通过膨胀螺栓安装在墙上,墙体必须足够坚固,最小厚度为250mm,如混凝土墙体。锚栓Hilti HST M16/50用来将电缆吊杆固定在墙上,最小孔深为115mm和需要16mm的钻孔直径。锚栓上紧力矩为125N·m。

②焊接安装。用户在墙体上预埋两块钢板,采用焊接方式安装。

③钢板抱墙法。用户在墙壁的另一侧安装一块背板。用穿墙螺栓将供应商安装板与背板固定,需要在墙上钻孔。

3.3.20.2 试验室消声与法拉第屏蔽

发动机室内墙消音屏蔽如图3-34所示。穿孔板加吸音棉厚度为80~100mm。该结构墙至少具备两个功能:一是吸收并降低噪声;二是形成抗干扰法拉第屏蔽层。其中,最外层2mm厚穿孔板为金属EMC电磁兼容材料制成,穿孔率为30%。

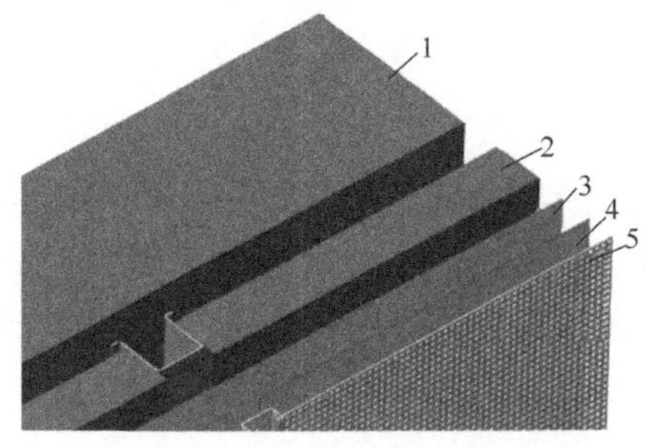

图3-34 发动机室内墙消音屏蔽

1-实体墙;2-80mm玻璃纤维棉毡;3-0.8mm防水阻燃玻璃纤维布;4-0.8mm防水阻燃玻璃纤维布;5-2mm金属穿孔板

发动机运转时,最大噪声范围为105~110dB。室内墙体与天花板采用吸音、防火和静电屏蔽材料敷设。试验室采用隔音门及双层玻璃观察窗。为了听到发动机运转声音,可以设置音响设备。操作控制间噪声应小于70dB。邻间噪声小于75dB。室外距试验室1m处噪声小于65dB。对于NVH噪声振动试验室,墙体材料与安装由专业厂家负责。

3.3.21 测功机变频柜

3.3.21.1 测功机变频柜布局优劣

测功机变频柜布局位置关系到其对外电磁干扰的最小化与变频器的寿命。关于其就位布局利弊见表3-14。变频柜的噪声主要来自冷却风扇,噪声级别约90dB(真空吸尘器为85dB)。所以,变频柜不适合放在控制室内,也不要放在发动机室内,因为电子元件可能受到废气腐蚀、热源辐射、服务空间不足、电磁干扰的风险危害。变频柜也不要放在粉尘超标或有化学粉状材料存储的空间,因为机柜冷却需要的是清洁空气。机柜四周留出500mm服务空间最佳。变频柜位置还受动力电缆长度制约,所以,考虑在发动机室的同一层的另一房间或二楼设立变频柜最可取。

测功机变频柜布局优劣 表3-14

变频柜位置	可能缺点	评价
安排在地下室	潮气大,存在洪水威胁,影响寿命	避免
安排在控制室	干扰发生可能性最大; 噪声超标	极力避免
安排在第二层楼	防止尘埃超标、环境温度过低; 动力电缆长度不应超过50m; 保证服务空间	推荐
安排在发动机室	污染大、热辐射、服务空间小、影响寿命	极力避免
安排在室外	危险	禁止
安排在同一层设备间	设备间四壁及天花板加设金属屏蔽网、动力电缆不超过50m	推荐

3.3.21.2 变频柜安装环境空气标准

DIN IEC721 规定变频柜工作条件:3K3/3Z1/3Z8/3B1/3C2/3S2/3M3。DIN 0558 规定变频柜工作条件:0~45℃。机柜环境低尘埃,相关标准见表3-15。

IEC 60721-3-32002 标准 表3-15

环境参数	单位	级别3S2
沙粒	mg/m^3	30
悬浮尘埃	mg/m^3	0.2
沉淀尘埃	$mg/(m^2 \cdot h)$	1.5

3.3.22 一般管道

有两种常见的管道尺寸标准:美国(ANSI/ASME/API)标准,尺寸以英寸为单位,欧洲/德国(DIN)标准,尺寸以毫米陈述。在美国标准中,管道直径被称为"标准管道尺寸(NPS)"或"标称孔径"(NB)。在欧洲标准中,管道直径被称为"标准直径"(DN)。每种标准直径都有不同的壁厚,以匹配工作压力和温度。水管管径规格 DN32,即 32mm,以 NPS 表示为 $1\frac{1}{4}$in。

不论是水管还是油管,安装后都要完成以下目测、加压、检漏和清洗的过程。

(1)目测。检查所有管道是否支撑牢固。

(2)系统应当分段充满。打开所查管道最高排放点以将空气排出。测试分段进行,更易找出泄漏点。需要连接一台测压泵,检漏压力为系统工作压力的1.5~2倍,测试压力维持至少1h,如图3-35a)所示。

(3)系统清洗和去污。清洗沉积物、麻线、密封带等,需要打开所有龙头、泄放阀。对于热水系统,还应加注热水,此举更利于移去沉积物。将管道与容器内细铁屑清洗。

(4)每个龙头或泄放点需要检查压力与流量。由有经验管道工完成。

(5)检查管道是否存在"水锤"噪声。若存在,找出原因,设法消除。

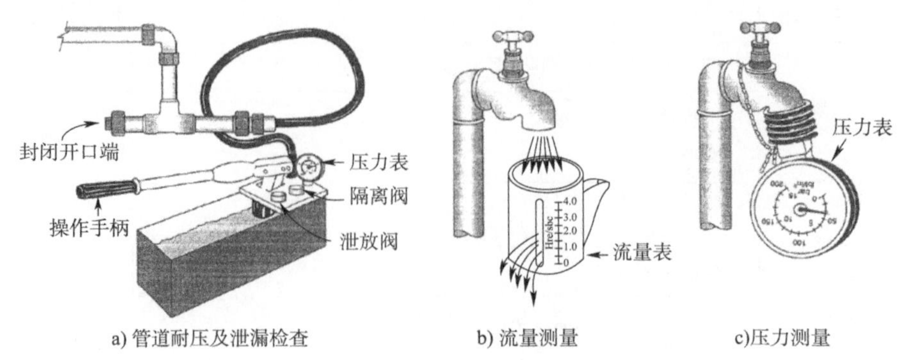

a) 管道耐压及泄漏检查　　b) 流量测量　　c)压力测量

图 3-35　管道安装检测

3.3.23　安装工具与特殊安装材料

合格与正确的安装工具对工作顺利进行和高质量安装至关重要。主要安装工具见表 3-16。

安装工具　　表 3-16

适用范围	工具名称
安全	梯子、照明灯、护目镜、钢头安全鞋、安全头盔(玻璃钢)、安全带、口罩
发动机试验室/动力总成试验室	千斤顶(5t)、地牛(3t)、叉车(≥10t)、水准仪、塔尺、千分表、磁力表座、激光对中仪、测振仪、厚薄规、水平尺、撬棍、橡胶锤、木槌、铁锤、电锤、手枪钻、扭力扳手及扳手头、电动开箱工具、临时配电箱、电动切管套丝机、试压泵、不锈钢割管器、水管扳手、角向磨光机、弯管机、型材切割机、开孔钻头、混凝土打孔钻、磁力钻孔机、氩弧焊机、电焊机。 安装采集控制系统: 一字端子螺栓刀 4×100mm、万用表 Fluke;电烙铁和松香焊锡(63/37 合金)、压线钳 YAC8 0.08~6mm、剥皮钳、一字螺丝刀(套)、十字螺丝刀(套)、仪表螺丝刀(套)、吸锡器、两用扳手(公制 7~19mm)、活扳手、内六角扳手、梅花扳手(公制 6~32mm,10 件)、油性笔(标注电缆号)、红色水笔(标注图纸改动)、荧光笔(标注安装已完成部分)、热风枪(220V,1600W~2000W)、行灯 36V 及变压器、手电筒、3m 盒尺、游标卡尺、相序表、接地电阻仪、兆欧表、剥线钳、重型压线钳(重型电缆线鼻子压接)、重型电缆截线钳、压线钳(压接 PE 针式线鼻子)、电工刀、尖嘴钳、桃嘴钳、虎钳、套管润滑油、梯子 1750mm、皮带扳手
底盘测功机	手拉葫芦、吊装带、坦克车、叉车(≥10t)、起重车(20t)、龙门架、水准仪、塔尺、激光自动安平标线仪、激光测距仪、水平尺、三相倒顺开关、6~32mm 开口梅花扳手 24 件、10~32mm 棘轮套筒扳手 18 件、撬棍、橡胶锤、木槌、铁锤、电锤、手枪钻、临时配电箱、气焊机
排放设备	割管器、弯管器、十字螺丝刀、一字螺丝刀、桃嘴钳

必要工具如图 3-36 所示,采集控制系统常用工具如图 3-37 所示。4WD 底盘测功机部分重要安装工具图 3-38 所示。

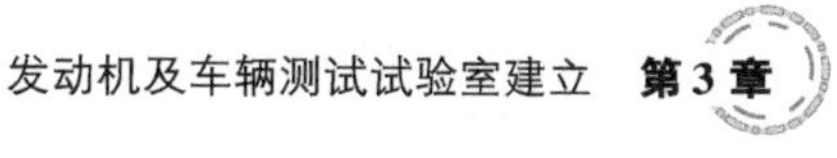

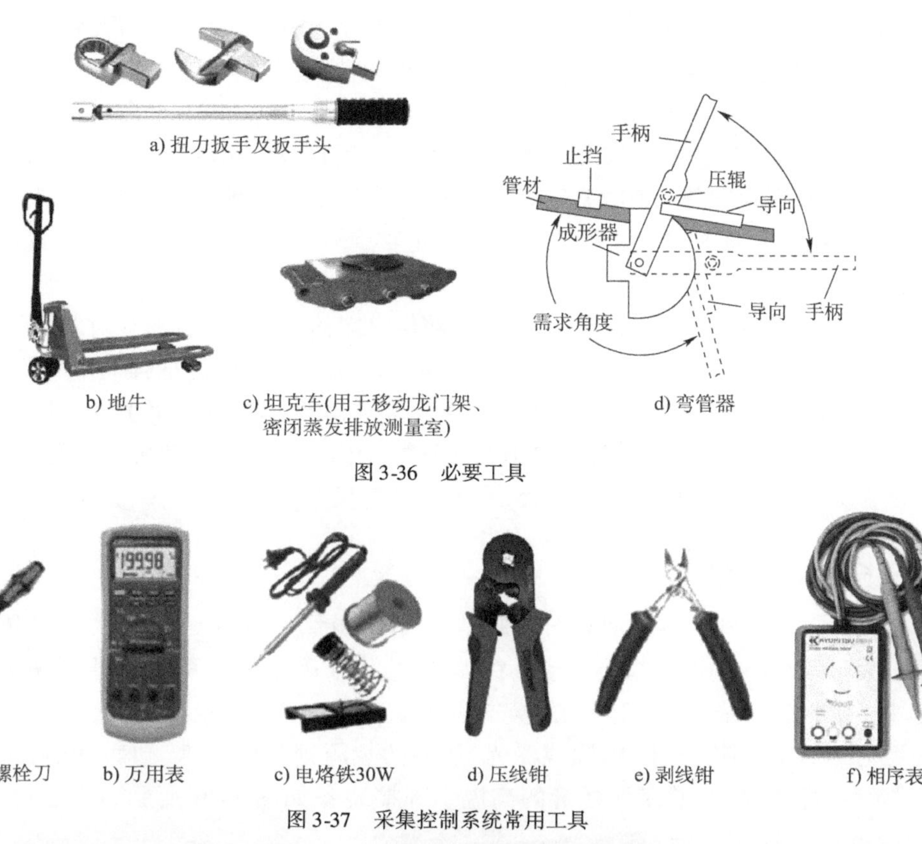

a) 扭力扳手及扳手头

b) 地牛　c) 坦克车(用于移动龙门架、密闭蒸发排放测量室)　d) 弯管器

图3-36　必要工具

a) 一字端子螺栓刀　b) 万用表　c) 电烙铁30W　d) 压线钳　e) 剥线钳　f) 相序表

图3-37　采集控制系统常用工具

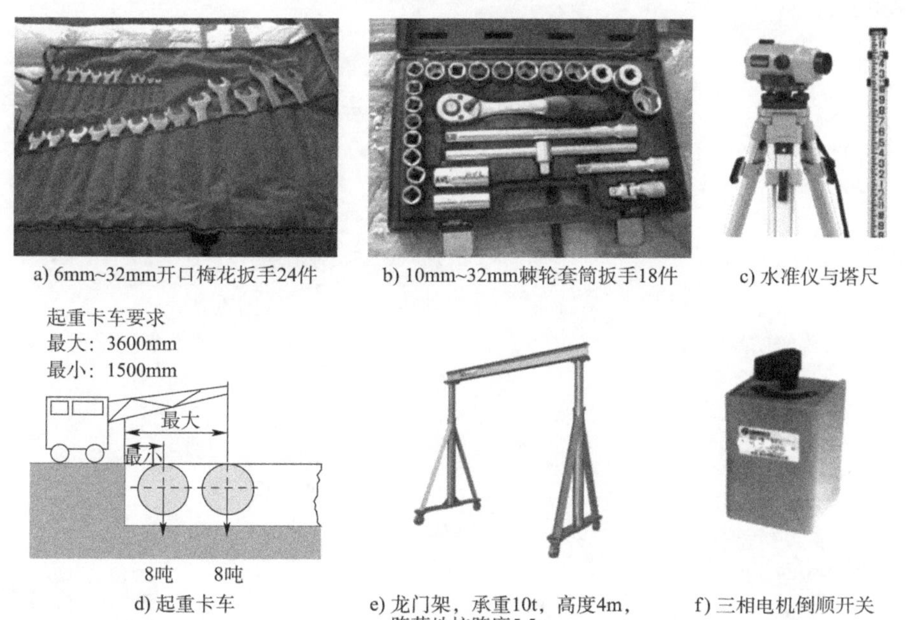

a) 6mm~32mm开口梅花扳手24件　b) 10mm~32mm棘轮套筒扳手18件　c) 水准仪与塔尺

d) 起重卡车　e) 龙门架，承重10t，高度4m，跨落地坑跨度5.5m　f) 三相电机倒顺开关

图3-38　4WD底盘测功机部分重要安装工具

(1)相序表。有些设备不允许电机朝着设计方向相反的方向运转，所以，在通电前必须确定电源相序为正确的。在使用相序表之前，必须知道设备或电机所要求电机旋转方向或

相序表旋转方向。测量时,倘若相序表旋转方向与要求的方向相反,则需要将动力电源线任意两相对调;倘若相序表旋转方向与要求的方向相同,则符合相序要求。

相序是三相电源的每个相达到最大值的顺序。三相电源的正常相序是棕-黑-灰(对应中国色标:黄-绿-红),这意味着首先是棕色,然后是黑色,最后是灰色相达到最大值。相序测试仪可以是一个指示器,实际上是一个微型感应电动机,带有三个清晰颜色编码的连接表笔。带有箭头的转盘显示相序为棕-黑-灰色(黄-绿-红)的为正常旋转。如果顺序相反,则光盘将以与箭头相反的方向旋转。IEC 标准规定,当将电网相 L1、L2、L3 依次连接到电机端子 U、V、W 时,电机应顺时针旋转。如果相序不正确,则需要断电,将供电端其中任意两相相线对调即可。

(2)特殊安装材料。特殊安装材料如能承受发动机进气负压的加强筋空气软管,用于进气空调;薄垫片,用于测功电机软脚消除;耐温不小于 140℃ 橡胶管,用于发动机冷却液温控单元;耐油橡胶管,用于输油油管;0 ~ 250℃ 硅胶管,用于中冷器;发动机废气管柔性过渡管,用于隔离振动;管道保温材料,用于油管、水管和气管保温。

3.3.24 焊接装备

焊接工作频繁遇到不锈钢油管的氩弧焊接、空调铜管焊接和废气管焊接,这几项焊接的熔融温度大于 450℃,而不是指锡焊接。锡焊接(应用于采集控制系统信号、印刷电路板)熔融温度小于 450℃。高于 450℃ 焊接的英文表达是 Welding,锡焊接英文表达为 Soldering。前者的热源为等离子气体、电弧、电阻或激光,后者的热源则为电烙铁、超声、电阻或烤箱。显然,使用后种方法应对不了废气尾管的高温。焊接装备如图 3-39 所示。表 3-17 给出大于 450℃ 焊接种类及应用场合。

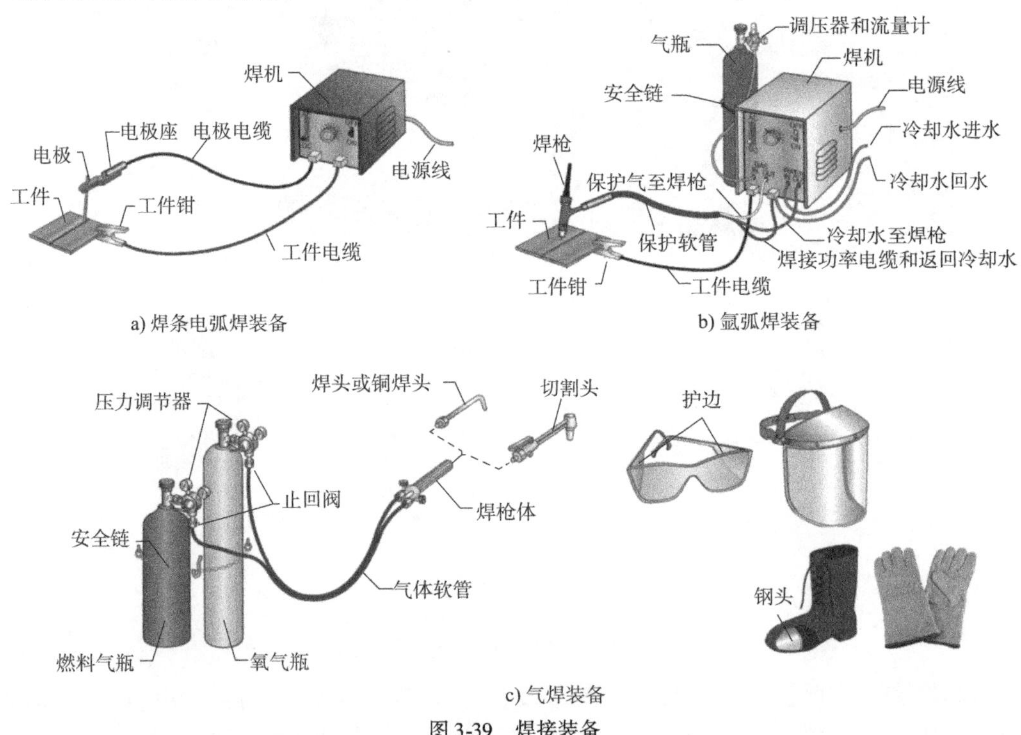

图 3-39 焊接装备

大于450℃焊接种类及应用 表3-17

焊接种类	应用或焊接对象	所需保护气/燃料
焊条电弧焊	铝、青铜、碳钢、铸铁、高强度钢、低合金钢、镍、不锈钢	无
氩弧焊	不锈钢	氩气、氦、氢、氮或两者或更多混合
气焊	铜、青铜、铅、低合金钢、铸铁、熟铁	氧气;乙炔、天然气、氢气、丙烷等
氧乙炔焊	铜、青铜、铅、低合金钢、铸铁、熟铁	氧气、乙炔
气体金属电弧焊	铝、碳钢、铜、低合金钢、镁、镍、不锈钢、钛	氩气、氦气
药芯焊丝电弧焊	仅含铁金属和镍合金;所有低中碳钢、某些低合金钢、不锈钢	氩气、氦气

氧乙炔焊(acetylene-C_2H_2)也是气焊的一种,其装备即气焊装备,燃料气瓶内为乙炔燃料。保护气或屏蔽气,避免大气中氧气、氮气进入焊接池污染焊接。

3.4 试验室设备安装

3.4.1 安装依据

3.4.1.1 设备布局图

设备布局图由工程设计部门应用绘图软件绘制,例如SOLIDWORKS。工程师按照合同规定设备供货范围、设计范围及工程预算,与用户沟通和现场考察后,完成设备布局图绘制,交付安装调试部门使用。设备布局图是现场施工的重要依据,也是施工开始的第一文件。在不违反设备工作条件与要求和安装规定情况下,可以认为布局图是正确可实施的。

设备布局图可以根据工程的复杂程度不同分许多种类,例如,每台设备物理位置布局图(简称设备布局图)、电缆桥架布局图(图3-5包含了部分电缆桥架)、水管布局图、供油管路布局图、标定气体布局图、压缩空气布局图、安全接地布局图、安全设备布局图等。

3.4.1.2 电气原理图与E-Plan

工程师使用E-Plan软件设计电气原理图。EPLAN公司于1984年在德国成立,提供电气、自动化和机电工程领域软件解决方案。电气原理图是安装与调试工作最重要的依据,是系统集成的高度体现。

E-Plan软件电气符号遵守《工业系统、安装和设备以及工业产品—结构原理和参考名称》(IEC 81346-2)和《图表的图形符号》(IEC 60617)规定。例如,第303号电缆表示其为内部电缆,因为303前没有前缀W。反之,电缆W463是外部电缆,W代表外部。内部电缆在交货前已经在厂家工厂完成,现场安装不需考虑,也不要改动。外部电缆则必须由现场安装人员完成安装。换句话说,电气安装就是完成所有带有前缀W的电缆安装。Cores代表芯数,$\phi1$(mm^2)代表电缆截面积,total cores是总芯数,used cores是使用芯数,Stock No.是库存

编号。

在原理图中，设备之间的连接使用电缆端编号索引，先读索引，然后找到相关页数，借助每页横坐标（页眉与页底）与纵坐标（页左与页右）交点找到线头位置，在本页或另一页上。在图纸上找到某根电缆一端的公式为：

$$页字母/页号.横坐标数(.纵坐标) \tag{3-18}$$

例如，某电缆端头在 + A/10.1 处，即在 + A10 页上，横坐标 1 的纵向上寻找。

一般电路图所示状态为断电状态。在一页图上信号流向，由上至下，上方是输入，下方是输出。

电压表用于测量某个点与公共参考点之间的电位差，这个公共参考点被称为“地”并且被认为具有零电位（或者说电位接近 0V 的点被选为信号地）。电路中电位最低点往往被认为是参考点。例如，运算放大器某输入端电位事实上接近零值，称为虚拟地，或认为是地。对于一个系统，它的系统地若未连接到另一个电路或未与大地相连，常常称作浮地。图 3-40 给出一些 E-Plan 图形符号解释。

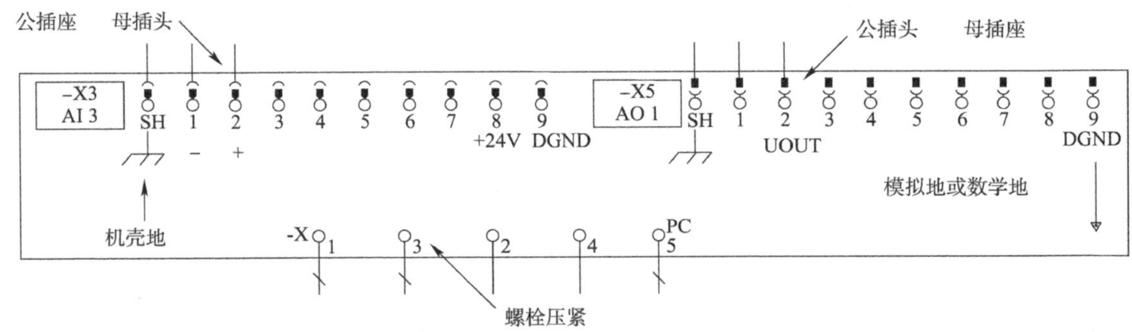

图 3-40 E-PLAN 图形符号解释

3.4.1.3 电缆安装工艺

在试验室系统中，电缆正如印刷电路板上的印刷电路一样，将各个设备相连，电缆根数达到几百条已是常态，并由信号电缆、控制电缆和动力电缆多种电缆组成。

(1)设备布局。

设备布局图即各设备就位位置图。合格的布局图需要遵照以下原则。

①设备位置符合功能使用的要求。例如，活塞漏气量计位置。

②设备布局符合订货线长的制约。例如，变频柜位置、测量设备位置（信号电缆标准长度一般 15m）。

③设备位置符合售后技术服务空间。

④设备位置消除设备安全和人身安全的隐患。

⑤设备布局受人性化制约。

⑥美观考虑。例如管道或电缆桥架横平竖直，尺寸得当。

⑦可靠性。安装不是权宜之计，而应永久牢靠。

(2)电缆铺设与连接。

电缆安装工艺分为编线、铺设和连接。编线即将同一设备、同一类别或同一物理路径的

电缆编在一起，一次性铺设，中间分支(像高速公路出口一样)，而不是一根根地铺设。连接可分为直接插接(插头已预制)、端子螺栓压接(线鼻子)、焊接后插接等。

铺设电缆要诀与工序如下。

布线以仪器为出发点，即铺线由发动机室设备向控制室铺设为要诀。

①选定一台设备。

②列出该设备所有电缆号。

③配线。将安装材料中电源电缆、控制电缆和信号电缆分类放置，以方便查找出需要的电缆。

④估长。估计电缆长度时可使用卷尺测量，也可放一根模拟电缆模拟长度，尤其对价格昂贵的测功机电缆为是。

⑤截缆。根据所需长度截断电缆。

⑥展开。电缘展开时需要至少20m长开阔空间，以便将电缆舒展成为直线，释放应力、扭力。注意带插头的预制成线电缆插头的朝向，同时注意插头(公头、母头)与插座的匹配。

⑦加号。在一根电缆的两端加号最好逐根完成，避免错误地交叉加号。

⑧编线。

⑨摔线。将电缆摔直，释放应力。

⑩绑扎。使用线卡子绑扎电缆，间距自定义。

⑪铺线。铺线即将电缆束铺入桥架，需要两人配合完成，避免电缆形成切角。电缆过长时将缆线双起来叠靠，可减小干扰，即双线无感原理，如图3-41所示。

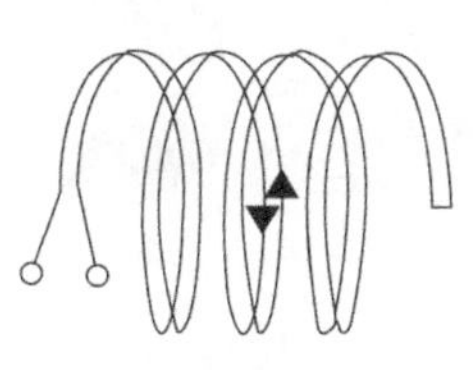

a) 双线无感原理

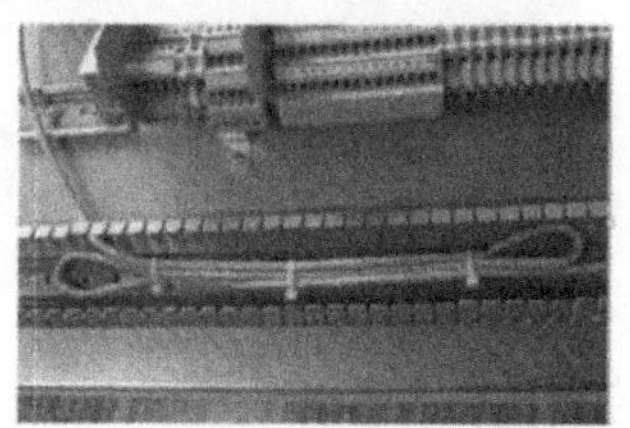

b) 电缆太长时的处理

图3-41 双线无感原理及电缆过长处理

⑫连接(端子螺栓、焊接插头、直接插接)。端子螺栓压接的电缆必须加线鼻子。弹簧压紧的线头不加线鼻子，如图3-43所示。端子块上螺栓压接电缆时，避免一个端子点压接多线，万不得已情况下最多压接两条线。电力线同理。

信号线、控制线与动力电源线使用不同桥架，或者在一个桥架中建立金属隔板，必须事先按照电缆横截面积与根数计算出桥架横截面积。最好在一个槽中所有电缆安放完毕后仍然至少有三分之一剩余空间。空间预留除了有利于散热，还减少了电缆周围小磁场的彼此干扰，也是为将来添加设备考虑。带孔散热型桥架是有益的。

不可将废气采样管(常态温度191℃)放在电缆桥架中。若信号电缆太长，盘绕存放也需要方法得当。采用双向无感原理可抵消感应磁场(图3-41)。信号和控制电缆与动力电缆正交跨越时，干扰可忽略不计。信号和控制电缆与动力电缆依靠一个金属隔断分开是避免干扰的最低要求。另外，若与变频柜有关的重型动力电缆太长，千万不可不截短而将其盘绕存放在机柜中。

(3)光导纤维转弯半径。

光导纤维转弯半径为:

$$R_{bendradius} = 20 \times 光缆外径 \tag{3-19}$$

检查光缆是否损坏的简单方法之一是,使用手电筒照射光缆的一端,然后观察另一端,若看到相应的亮度,则可断定光缆无恙;若有明显减弱或暗淡,说明光缆已损坏。

(4)避免接点接触不良。

端子接线必须使用线鼻子并防止线径与线鼻子套管不匹配,如线径相对套管较小致使脱落,还要防止固紧螺栓压在线鼻子塑料部分上以及防止压紧螺栓力矩不足,上紧螺栓后,应当以中等力量拽拉电缆以确认已上紧。插头弹簧片虚接也是一种接触不良,表现为随机性地停机。动力电缆接线柱螺栓上紧力矩不足,造成虚接、打火、冒烟,进而烧毁接点,如图3-42所示。查找接触不良的方法有逻辑分析法、分段排查排查法。例如利用PUMA软件将FEM电子模块逐个弃用,找到虚接点。

图3-42　测功机电源端子上紧力矩不足导致接点烧毁

减小接触不良概率的方法之一是采用航空插头或特种插头座。这些插头一般需要专用工具,例如,使用Harting公司插头座,不过插接时仍然需要确认针脚接实。

注意:不要将电气螺栓上紧力矩与机械螺栓上紧力矩相混淆。动力电源接线柱螺栓由黄铜制作,而非钢制。电气螺栓上紧力矩与机械螺栓上紧力矩比较见表3-18。

电气螺栓上紧力矩与机械螺栓上紧力矩比较　　表3-18

螺栓尺寸	电源接线柱力矩(N·m)(铜质螺栓)	机械力矩(N·m)(钢螺栓)
M4	1.2	2.9
M5	2	6.0
M6	3	10
M8	6	25
M10	10	49
M12	15.5	86
M14	—	135

续上表

螺栓尺寸	电源接线柱力矩(N·m)(铜质螺栓)	机械力矩(N·m)(钢螺栓)
M16	30	210
M18	—	290
M20	52	410
M22	—	550
M24	80	710

(5)弹簧压接。

弹簧压紧端子连接示范如图3-43所示。

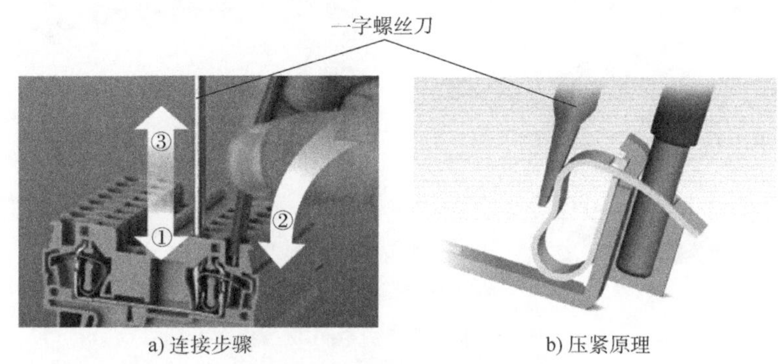

a)连接步骤　　b)压紧原理

图3-43　弹簧压紧端子连接示范

弹簧压紧端子连接步骤如下。

①插入一字螺丝刀,挤出容线空间;

②将剥皮后的裸铜线部分插入;

③拔出螺丝刀,弹簧片归位,压紧铜线头(图3-43b)。

(6)锡焊接。

C091抗电磁干扰金属插头分两种:C091A螺纹式插头和C091B刺刀式插头。与C091连接的电缆为屏蔽信号线,例如Lapp公司的LiYCY、LiYY型电缆。锡焊接如图3-44所示,注意各部分套入顺序。

①C091信号插头连接工艺步骤如下。

A.剥去塑料皮。

B.将金属屏蔽推向后方。

C.使用铜胶带包裹金属网。

D.按照顺序将各部分套入。

E.焊接。

F.组装。

②DB型插座与信号电缆连接工艺步骤。

最常用DB型插头是DB9,其次是DB25,前者在计算机中用作串行口,后者为并行口,也称D型插头,连接步骤如图3-45所示。

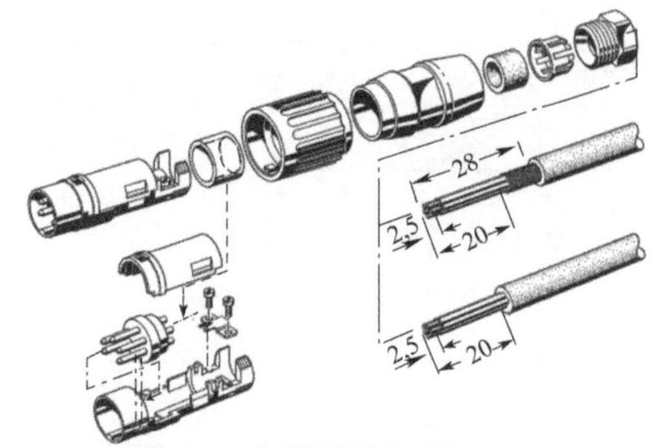

a) C091信号插头结构(单位：mm)

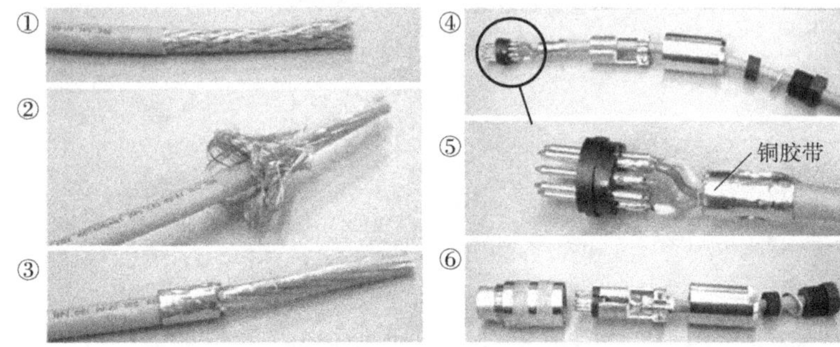

b) C091插头连接工艺步骤

图 3-44　信号线插头 C091 锡焊接

A. 剥去塑料皮约 70mm。

B. 将辫状屏蔽向后推。

C. 用铜胶带包裹辫状屏蔽并剪去多余长度。

D. 焊接。

E. 将铜胶带压实在插座盒上，加盖。

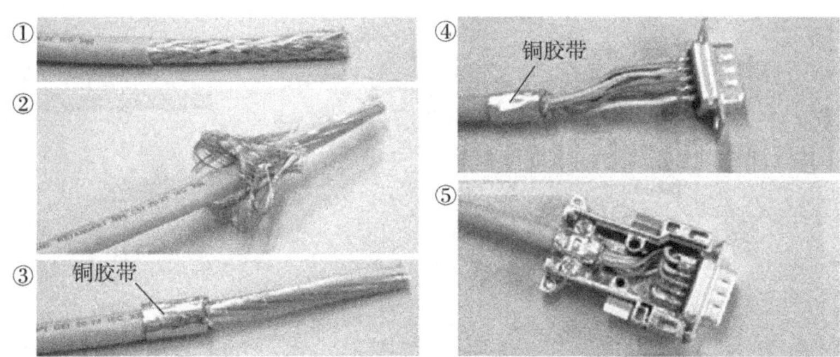

图 3-45　DB 型插座与信号电缆连接工艺步骤

(7) BNC 插座与连接。

BNC 代表 Bayonet Neill Concelman，英文 Bayonet 为刺刀之意，代表其拆装方式如步枪刺刀一样，Neill Concelman 代表其设计者 Paul Neill 和 Carl Concelman，他们在 20 世纪 40 年代发明了该类型插座。这是一种用于与同轴电缆快速连接与断开微型射频插座。插座频率带宽 0 ~ 40GHz。BNC 插座如图 3-46 所示。

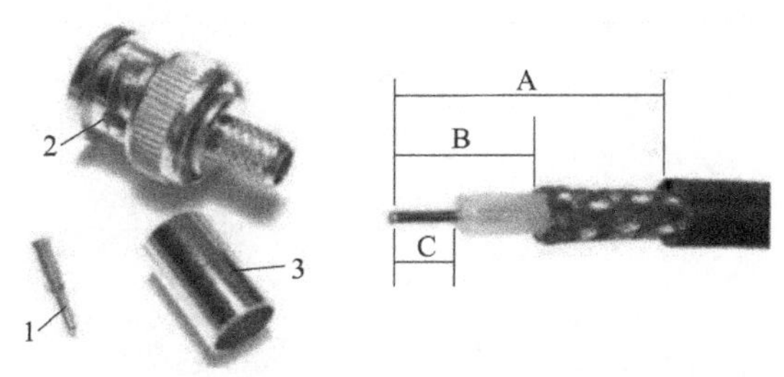

图 3-46 BNC 插座

1-接触针;2-主体;3-护套;A = 15.1mm;B = 6.4mm;C = 4.0mm

同轴电缆由两个导体组成,一个是缆芯单股导体(C),另一个是屏蔽线(A-B)。缆芯线是信号源,屏蔽充当地线。同轴电缆本质是一种用于无线电频率信号电线,其特点是无论你在何处截断电缆,其交流阻抗恒定。恒定阻抗有利于阻抗匹配。传输电缆阻抗与信号源阻抗相匹配,其结果是最大化两者之间的功率传输。电缆的阻抗由中心线与屏蔽之间的距离决定,而不由电缆的长度确定。如果电缆被压碎,阻抗可能会变化。不良安装实践或恶化环境的因素会导致不良连接。同轴电缆有许多种,RG-58 阻抗为 50Ω,RG-59 阻抗为 72Ω, 应用于视频。同轴电缆在发动机汽缸信号采集中被大量使用。

市场上焊锡丝或以卷轴式或以牙膏筒状式销售。焊锡丝由两部分组成,即焊锡与助焊剂。一般助焊剂制作在焊锡丝线的芯部,焊锡丝直径为 0.25 ~ 1.27mm。

助焊剂的作用是去除待连接表面的氧化物和防止焊接过程中形成新氧化物。所以,助焊剂是还原剂,它还原被氧化金属到原来状态。

焊剂分为两类:松香芯和水溶性焊剂,采集系统焊接不使用后者。助焊剂重量百分比有三种标准:1.1%、2.2%和 3.3%。助焊剂百分比越大,意味着更大的清洁工作。不要使用酸芯助焊剂在电子线路上,这类助焊剂用于管道焊接。适合电子焊接的助焊剂型号如 RO、RMA、RA 和 IN。

“40/60”焊锡指 40%锡和 60%铅,为最常用焊丝,35/65、40/60、50/50 和 63/37 由于它们的低液相温度也很受欢迎。BNC 插头与同轴电缆连接方法如图 3-47 所示。

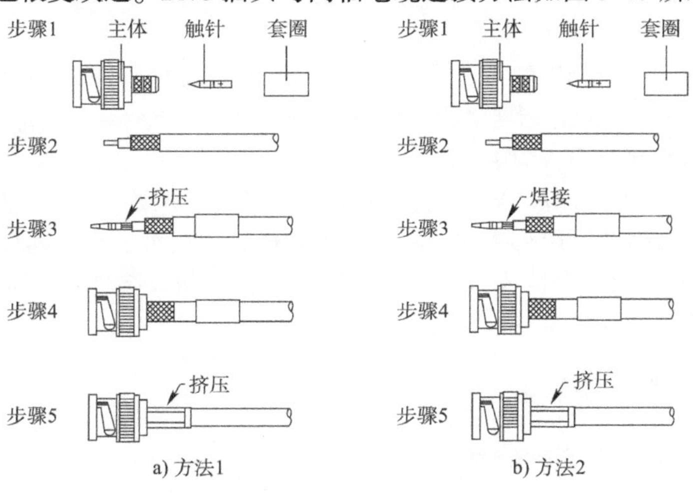

图 3-47 BNC 插头与同轴电缆连接方法

(8)测功机动力线360°电磁兼容制作。

360°EMC抗静电干扰电缆密封如图3-48所示。

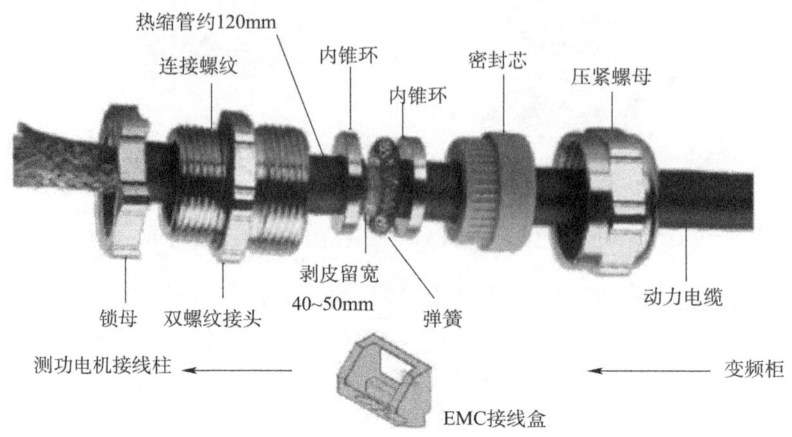

图3-48　360°EMC抗静电干扰电缆密封

锁母和双螺纹接管安装在EMC接线盒上。当压紧螺母被压紧时,密封芯压在两个内锥环上,弹簧被夹在两个内锥环之间,这样,这个弹簧环的直径逐渐缩小,最终被压在先前剥去护皮露出的屏蔽上。编织屏蔽层沿其整个圆周360°绑定。屏蔽与密封套之间建立低电阻或低阻抗连接。

(9)防静电保护ESD。

若一个带静电人员,无意中碰触了印刷电路板的电路部分,存在瞬间击毁电路的极大可能性。这是有真实经历的。在接触电子线路板的工作场合佩戴ESD腕带,并在防静电垫子上执行所有工作是必要的。垫子和腕带与皮肤接触并为杂散电荷提供接地的通路。当然,必须为防静电腕带、脚带和工作垫提供良好接地点。

其他防静电措施如下。

将湿度控制在40%~60%,40%为减少静电建立,60%为多数人感觉最舒适湿度。确保地板具有防静电表面。确保所用手套或指套经过防静电批准。使用的胶带必须是聚酰亚胺(polyimide)胶带。

两个物体表面摩擦会产生静电,至少一个表面是电绝缘体。例如,人在地板上行走,人坐在椅子上站起来。气体或液体剧烈流经管道或软管时,也会产生静电。人站在静电荷产生的电场中也会因为感应而带静电。

试验室内地面铺设抗静电环氧地坪涂料,可形成安全、防滑的表面,保护用户健康。防静电地板或垫子的有效使用取决于在地板和接地物体之间提供适当的连接点。当用作人员接地的方法时,通常包括导电鞋或腕带;当用于设备时,应包含接地带。本地桌垫通常与本地地垫和腕带配套。ESD安全符合IEC-61340-5-1标准。

3.4.2　电力测功机安装

3.4.2.1　电力测功机铭牌举例

电力测功电机铭牌举例见表3-19。

电力测功电机铭牌举例 表3-19

系列号	元件表号
功率:220/200kW	速度:0～12000r/min
电压:500V,3 相	保护等级:IP23
电流:290A,3 相	重量:1050kg
频率:200Hz	惯量:0.32kgm^2
绝缘等级:H	标准:EN60034-1
KLUBER ISOFLEX NCA 15:10000h 9g	—

变频机柜由三个机柜连接组成。变频机柜铭牌举例见表3-20。

变频机柜铭牌举例 表3-20

变频机柜	系列号	图纸号
电网侧	重量:158kg	条码
	输入:3 相 AC 400V,50Hz,315A	输出:3 相 AC 400V,50Hz,315A
直流环节	重量:420kg	条码
	输入:3 相 AC 400V,50Hz,315A	输出:DC 780V,283A
电机侧	重量:242kg	条码
	输入:DC 780V,283A	输出:3 相 AC 0～500V,0～400Hz,310A

3.4.2.2 进线方式

(1)测功电机动力线进线方式。

测功电机动力线可由地沟内引出。动力线铺设在桥架内,桥架不可使用测功电机为依托,避免由于电缆连接不当破坏台架与外界振动隔离。可使用门形支架固定电缆,留出长度裕度,避免电缆对测功机拖拽,因此,在电机电缆接线盒与门形架之间,或电缆在电缆槽内,需要留出缆长裕度,满足柔性接口要求。

(2)变频柜动力线进线。

中国采用变频柜动力线由机柜底部进线,上进线为日本标准。冷却风自柜门底部吸入,由机柜顶部喷出。测功机底部需要定制金属底座,U 形通孔用于通风冷却,不可缺少。考虑重型电缆转弯半径(不同厂家电缆转弯半径可能不同),金属底座需要足够高度,例如200mm,防止未过滤风进入测功机柜。厂家交付专用黑色泡沫带用于堵漏。一般动力电缆允许的最小弯曲半径相当于外径的4倍。

(3)测功电机电源线连接。

上紧螺栓扭矩值见附表。若线鼻子孔径小,应当另外购买或由厂家订货,不可扩孔使用。因为线鼻子面积减小会降低承载电流。

在感应测功电机侧，从变频柜至电机的动力线仅使用三条相线 U、V、W 和保护地线 PE。电机端多数采用三角形接法，高压情况下，也有采用星形接法的。在电机 U、V、W 各接线端子上，只能有一种线色。在接线盒中的 U、V、W 和 PE 线应有一定裕度。

3.4.2.3 安装举例

以 220kW AVL APA 感应测功机为例，测功机柜供电 3 相 400V ± 10%，50Hz，电流 320A/过载 400A。推荐 TN-S(即 L1，L2，L3，N，PE)供电与接地制式，测功机柜与配电室之间禁止连接中性线 N，仅需连接 L1、L2、L3、PE 线。变频柜与测功电机之间动力线也为四条线，U、V、W 和 PE 线。测功机柜与测功电机之间电流 290A(过载 363A)。电缆规格为：$(3\times70^2+3\times16^2)\times2$。推荐从变频柜到电机电缆长度不超过 50m$(3\times70^2+3\times16^2)$的外径为 40.6mm，最小弯曲半径 163mm 即 4 倍直径。电缆两端应分别使用线鼻子，且用液压钳挤压。进出变频机柜的电缆应经由机柜下方，而不由机柜顶部进入。所有电缆应铺入电缆桥架，桥架内设金属隔板将信号和控制电缆与动力电缆隔离，桥架之间除连接桥板之外还需加设接地绑定线。220kW 变频机柜尺寸长高深为 2212mm × 2020mm × 616mm。测功电机尺寸长高宽为 1058mm × 780mm × 1005mm(另外留出标定臂空间，约 1200mm。不同测功电机标定空间要求不同)。测功电机重量 1225kg，测功机柜 820kg。注意：不需要在供电变压器与变频柜之间加装外部电抗电容补偿电路，测功机返回电网功率因数接近 $\cos\varphi=1$，功率 220kW，扭矩 525N · m 和转速 12000r/min(发电态)。冷却方式采用风冷。测功电机冷却风量为 1.44M^3/h。机柜冷却风量为 1.455 M^3/h。测功电机冷却风向由上盖百叶窗吸入，由电机下方百叶窗吹出。变频柜冷却风由底座 U 型孔/柜门下部吸入，由柜顶风扇吹出。机柜和电机运输过程中不可倒伏，必须保持垂直状态。包装箱上印有重心显示。变频柜不可拆解运输，使用叉车移动变频柜或兜吊，由于某种原因，不要使用机柜上方吊环吊运。

测功机与发动机之间连接部分必须加设护罩。发动机—测功机轴向应当与控制室观察窗平面垂直，绝对不可与观察窗平行布设。测功电机需要定位、调平和对中。注意在设计阶段，就要确认测功机转子轴中心高与用户发动机曲轴高重合。测功机柜上方与后方留出至少 500mm 空间，正面留 1000mm 空间。测功机柜上方不宜铺设水管、油管等，不可避免时需要加设隔离板。禁止将变频机柜就位于发动机废气管附近。机柜环境应少尘埃、干燥、无鼠迹。避免变频柜邻近存在其他变频设备，如变频风扇。测功电机左右需留出扭矩标定空间 1425mm × 2(视测功机型号而定)。工作环境温度 +5 ~ +45℃，室内无凝结。推荐测功机柜与采集系统由不同变压器供电，但不是必须。供电系统接地电阻应小于 4Ω(国标)，厂家推荐小于 1Ω。

在一个试验室区域有多台电力测功机安装时，一定要保证变频柜系列号与测功电机系列号配套。因为在出厂预调试期间，参数设定与优化是一对一配套完成的。

测功电机结构标准 EN60034-1，结构设计 IM 1001(IM-B3)，保护等级 IP23，冷却 IC06，工作制 S1，绝缘等级 H，气候类别 AA5，AD1，AF1，AG1，AH1。电压 3 相 400V，频率 200Hz，电流 278A，功率 220kW，极对数 2，扭矩 525N · m，速度范围 0 ~ 4000/8500/12000r/min，功率损耗近似 8600W，效率 96%，不连接负载自身振动小于 2.5mm/s，连接负载允许振动小于 7.0mm/s，危险速度 16570r/min，转子转动惯量 0.313kgm^2，转子质量近似 93.58kg，总质量近似 1225kg，冷却风速近似 2 × 0.27m^3/s，风扇电源 3 相 380 ~ 420V/50Hz，风扇电流 1.36A/50Hz，

2×550/630W，固定孔4×(34×28)mm，电缆接线端子接线柱3×M12+1×M10(PE)，力矩传感器为应变片式，速度传感器为增量译码器式。力矩传感器额定负载500kg，绕组预报警温度160℃，绕组停机温度180℃，轴承停机温度80℃，轴线倾斜±2°。径向倾斜±2°。转子允许附加重量，请查阅使用手册。

安装海拔不大于1000m，工作温度+5℃～+45℃，存放温度−20℃～+65℃，定子摆轴承润滑油MOBIL D. T. E OIL Light 20cSt，转子轴承润滑脂KLUBER ISOFLEX NCA 15，缓冲油AK100。

法兰力矩传感器安装步骤如下，如图3-49所示。

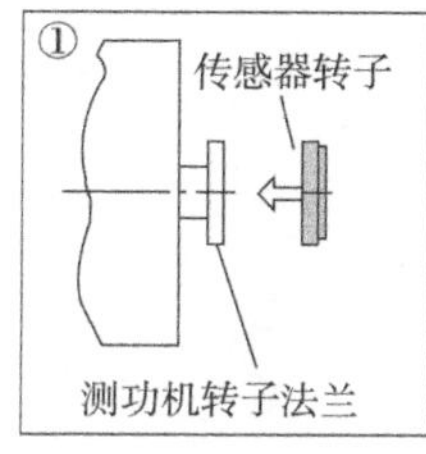

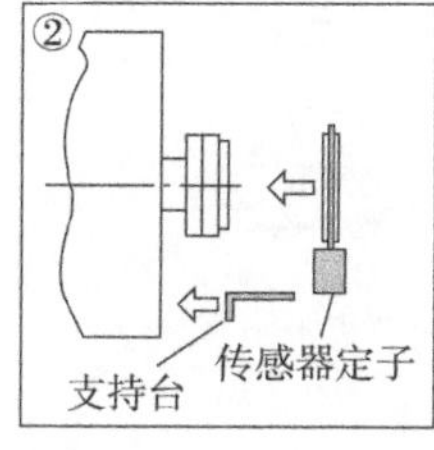

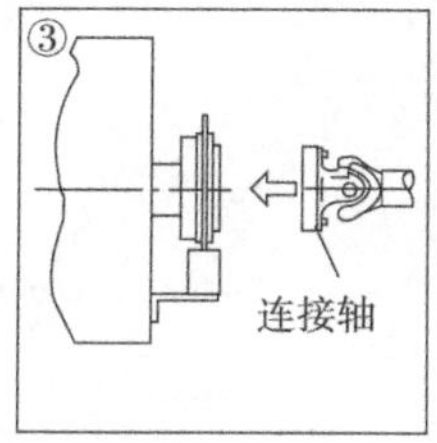

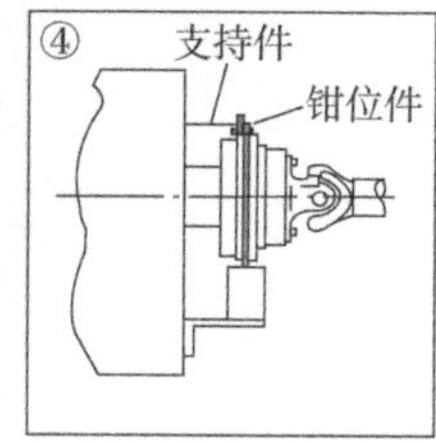

图3-49　法兰力矩传感器安装

①安装传感器转子。

②安装传感器定子。

③安装连接轴。

④安装支持件。

一般来说，转子铭牌在安装连接轴后就看不见了。因此，安装连接轴前最好将传感器体上不干胶标签数据拍照(虽然由其他处获得也是一种可能)，以供调试设置参数使用。安装传感器测量体，使用八个DIN EN ISO 4762内六角螺钉，性能等级10.9，适当的长度。使用螺钉锁定材料(例如LOCTITE 242)将螺钉胶粘在反螺纹中以防止松动和失去预紧力。HBM法兰力矩传感器转子螺钉紧固力矩值见表3-21。

HBM法兰力矩传感器转子螺钉紧固力矩值　　表3-21

标称(额定)力矩(N·m)	紧固螺钉	紧固螺钉强度等级	适配器法兰中最大螺纹深度(Y)(mm)	规定紧固力矩(N·m)
50	M6	10.9	7.5	14
100				
200	M8		11	34
500	M12		18	115
1k	M12		18	115
2k	M14		18	185
3k	M14		26	185
5k	M18		33.5	400
10k	M18	12.9	33.5	470

以 HBM T10F 为例,固定螺栓 M12,强度等级 10.9,规定紧固力矩 115N・m,过渡法兰中最大螺纹深度 18mm。法兰扭矩传感器护罩不可距离天线太近,否则干涉天线磁场。

3.4.2.4 测功电机调节螺栓

测功电机位置调节螺栓如图 3-50 所示。测功电机与中间支架之间装备有定位螺栓。定位前,可用煤油或柴油清洗各接触面。垂直方向调整的准则是转子轴端中心高。

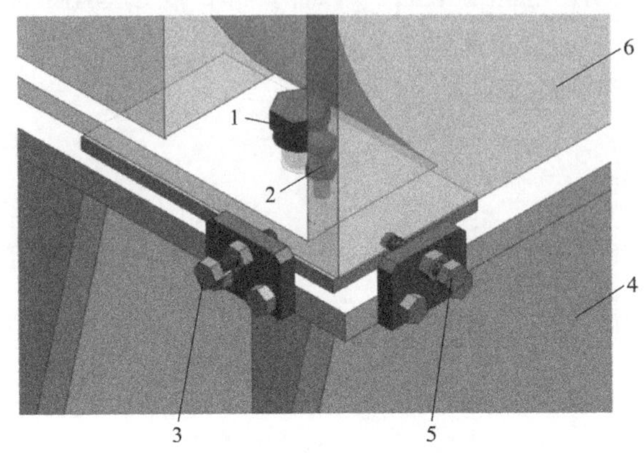

图 3-50 测功电机位置调节螺栓

1-固定螺栓;2-调高度螺栓;3-调左右螺栓;4-中间支架;5-调轴向位置;6-测功电机体

在每个角对中完成后,调节螺栓都应退出与测功电机底框的接触,最后通过上紧固定螺栓完成测功机定位安装。

在退出"调上下螺栓"之前,在测功电机下表面与中间支架之间,应按退出前的间隙准备 U 形垫片,然后塞入、固紧。垫铁最薄为 0.01mm。

3.4.3 电涡流测功机安装

3.4.3.1 电涡流测功机铭牌举例

电涡流测功机铭牌与技术规格见表 3-22。

电涡流测功机铭牌与技术规格　　表 3-22

参数	规格
最大允许功率 P	240kW
最大允许转速 n	10000r/min
励磁线圈电气数据	功率单元 LSE511 线圈电阻 4R1/12R3,I_{Nmin}7.5(A)I_{max}8.0(A),1Ph/N/PE,240VAC,功耗 1955VA
最大允许转矩	600N・m
转子振动惯量 J	0.385kgm^2
冷却水规格水流量 q_s	43(l/h)/kW(Δt20K);28.7(l/h)/kW(Δt30K)
最大允许功率时水流量Q_{wmax}	6.9m^3/h(Δt30K)

续上表

参数	规格
最小冷却水流量Q_{wmin}	$1.5m^3/h$
所需冷却水压 P	参考流量特性
转子与定子之间空气隙(设计值)	S_{max}:0.4730mm,S_{min}:0.4259mm

3.4.3.2 电涡流测功机安装

电涡流测功机工作的三个先决条件是:水质、水流量(或水压力差)和入水口水温。

(1)水质。冷却水质要求石灰和镁的总硬度<30°dH;pH 值 7~9;碳酸盐硬度(CH)<4°dH;自由二氧化碳 CO_2<3mg/L;总盐量<2000mg/L;铁<1.0mg/L;锰(Mn)<0.15mg/L;氯化物(Cl)<150mg/L;硫酸盐(SO_4)<150mg/L;硝酸盐(NO_3)<50mg/L;油含量:尽量避免。固体颗粒与机械污染(mm):不可。藻类:不可。以上为德国硬度。另外,在入水口处紧靠手动阀前必须安装水过滤器,其滤芯为不锈钢材料,网孔 500μm。

(2)入水口温度。最大冷却水出口温度是60℃(60℃时测功机自动停机)。冷却水出口温度不超过50℃为宜。$\Delta t = t_0 - t_1$,t_0是冷却水出口温度,t_1是冷却水入口温度,Δt 是温差,其范围是15℃~40℃,则t_1范围是10℃~35℃。冷却塔应提供适当温度。为了测功机技术服务与诊断,应在水入口和出口处分别安装温度传感器以此诊断是否工作正常。35℃是最坏情况,应当避免。

(3)水流量。水流量Q_w为:

$$Q_w = \frac{\text{功率} \times 0.86}{\Delta t} \tag{3-20}$$

依据式(3-20)计算出对水流量的要求。例如,240kW 工作在 Δt = 30℃,则 Q_w = $6.88m^3/h$。考虑 Δt 的全范围 15℃~40℃,则要求的水流量范围是 $13.76 \sim 5.16m^3/h$。谁来满足该水流量?测功机入口与出口间的水压差来满足。查阅下面Q_w对 ΔP 曲线(表3-23),则可能的压差约为3.6~0.5bar。设计人员选择正确的水泵扬程与水路图,以便提供至少此压力差能力。所以,应在水入口和出口处分别安装压力表(或在入水口安装一玻璃刻度流量计),监视压力值。在冷却水系统中水流量是决定因素,或者说在测功机上的水压差是决定因素。

240kW 压力差与水流量的对应 表3-23

压力差 ΔP(Bar)	0.5	1	1.5	2	2.5	3	3.5	4	4.5	5	5.5	6
水流量Q_w(m^3/h)	5	7.4	9	10.3	11.6	12.9	13.8	14.7	15.6	16.6	17	18

表3-23 中压力差与水流量的对应之前题是一个干净的测功机,即内无磷锈、泥沙。一个长久使用失于保养的测功机,在同等水流量下,压力差 ΔP 值会升高。设计时可考虑 1~6bar 压差。其他型号测功机型也有对应表格或曲线。电涡流测功机水路图如图3-51所示。

240kW 测功机其他规格:重量 700kg。单相 220VAC 供电,相线、中性线和保护地线,8.5A,1955VA。测功机安放在中间支架上,需要完成调平、对中、紧固。连接发动机后,机械振动必须小于7mm/s。外尺寸长高宽为875mm×855mm×(1500×2mm标定臂占空),轴中心高为630mm。为了确认测功机工作条件是否合格及是否应当进行维护,可在水路上串接金属管浮子流量计(图3-52)。

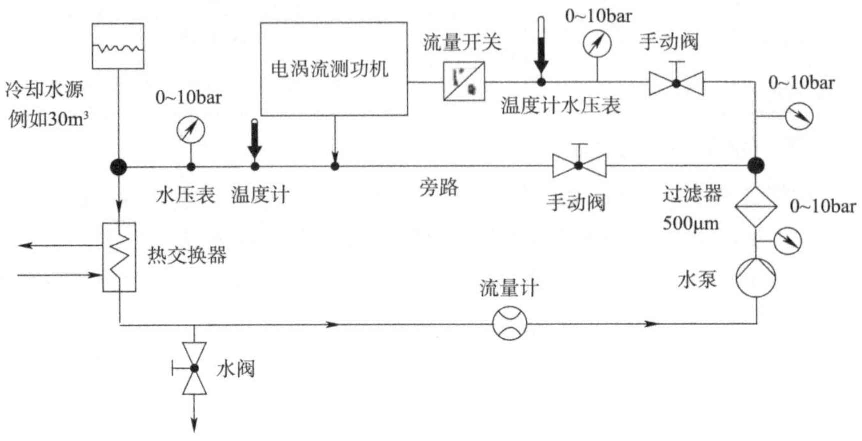

图3-51　电涡流测功机工作先决条件-水路图

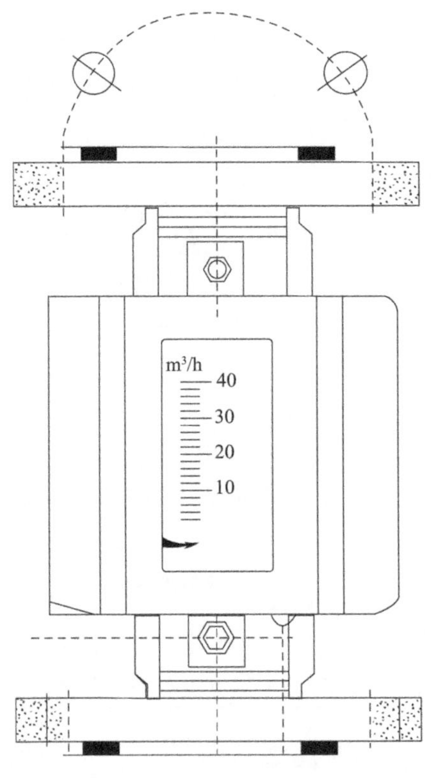

图3-52　金属管浮子流量计

3.4.4　水力测功机安装

(1)使用振动隔离基础。

(2)使用振动吸收基础。发动机制造商需要完成整个系统(发动机、连接轴、测功机)振

动吸收和制动计算。应当在整个性能范围内保证低振动工作。水力测功机可固定在混凝土或钢底板上。固定测功机平面水平度:轴向平面度偏移小于±5°,径向平面度偏移小于±10°。

(3)水路系统。水力测功机绝对不能在无水情况下工作,水既是工作媒介又是冷却媒介。水力测功机水路准备如图3-53所示。

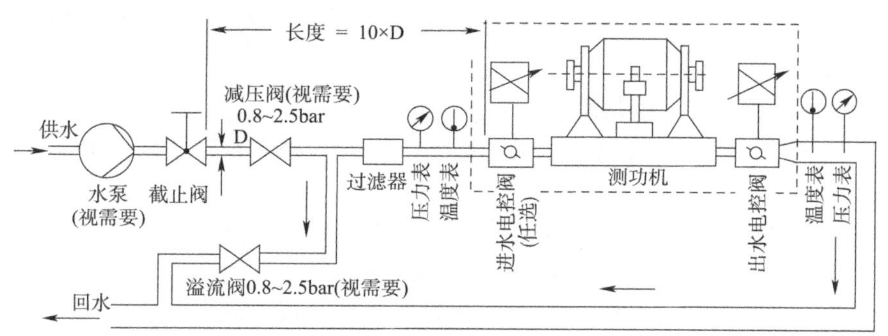

图3-53 水力测功机水路准备

(4)供水要求:工作期间1.0bar的稳定入水口压力。水压波动不超过±0.1bar。最大入水口压力不超过2.5bar。供水无气泡。当工作在最大功率、最大出水口温度、高入水口温度时,需要更高入水口压力。在截止阀前应加装水过滤器。当出水口温度大于60℃时,控制系统预报警,但系统不停止工作。此时操作员必须增加供水流量。出水口温度超高会引起气泡形成和工作不稳定。计算所要求冷却水量 Q_w 公式:

$$Q_w = \frac{P \times 0.86}{T_a - T_e} \tag{3-21}$$

式中:Q_w——所需冷却水量,m^3/h;

P——吸收功率,kW;

T_a——出水温度,℃;

T_e——入水温度,℃。

(5)水力测功机水质要求:pH值为7.0~8.5。碳酸盐硬度:最大为10°dH。总盐含量:最大为2000mg/L。固态颗粒:最大直径为0.5mm。可应用两种供水方式:一是靠重力产生压力,例如将供水池建在大于5m高处;二是使用泵产生压力。

3.4.5 底盘测功机安装

底盘测功机安装主要分两个阶段:第一阶段是地坑制作。第二阶段是底盘测功机安装。对齐图纸要求的尺寸精度,是工程顺利进行的关键。第一阶段工程质量决定第二阶段工作是否可以按时展开。

3.4.5.1 地坑制作

(1)地坑。

地坑指零平面以下承载底盘测功机转鼓机械钢架的基础,其材料为钢筋混凝土。混凝土标号以C开头,例如C35。混凝土C30/37皆可,遵守标准EN 206-1。严肃认真按照图纸要求尺寸制作坑底与墙体,并设置预埋件。

①坑壁不得偏离铅垂向坑中心方向超过 5mm 和偏离坑中心相对于地坑上边缘超过 15mm。

②在坑口周围 250mm 以内区域内成品地板表面不得偏离理想水平平面超过 2mm。

③所有基础平板表面都完美构建在一个共同水平平原上。单块基础平板不能偏离那个平原 2mm、倾斜或水平移位。基础平板规格尺寸可能不同，例如 130mm 厚或 150mm 厚。

(2)预埋件。

设置预埋件需要注意以下几点。

①有两个地墩靠得很近，这是一个识别特征。靠近两地墩右侧是固定鼓，分立式预埋件如图 3-54 所示。

②在接近固定鼓的坑畔，设置了栓车柱预埋件，不要忘记埋设。

③钢轨连接式预埋是分立式预埋。螺栓焊接在钢轨上(图 3-55d)。因为分立式预埋件钢螺栓会偏离竖直或定位，机械支柱落坑时对齐不易，地墩对齐也不易，所以，改良使用钢轨式预埋。如果螺栓出现偏离，重新焊接螺栓即可。地坑净尺寸长深宽为 8200mm × 1715mm × 5280mm。

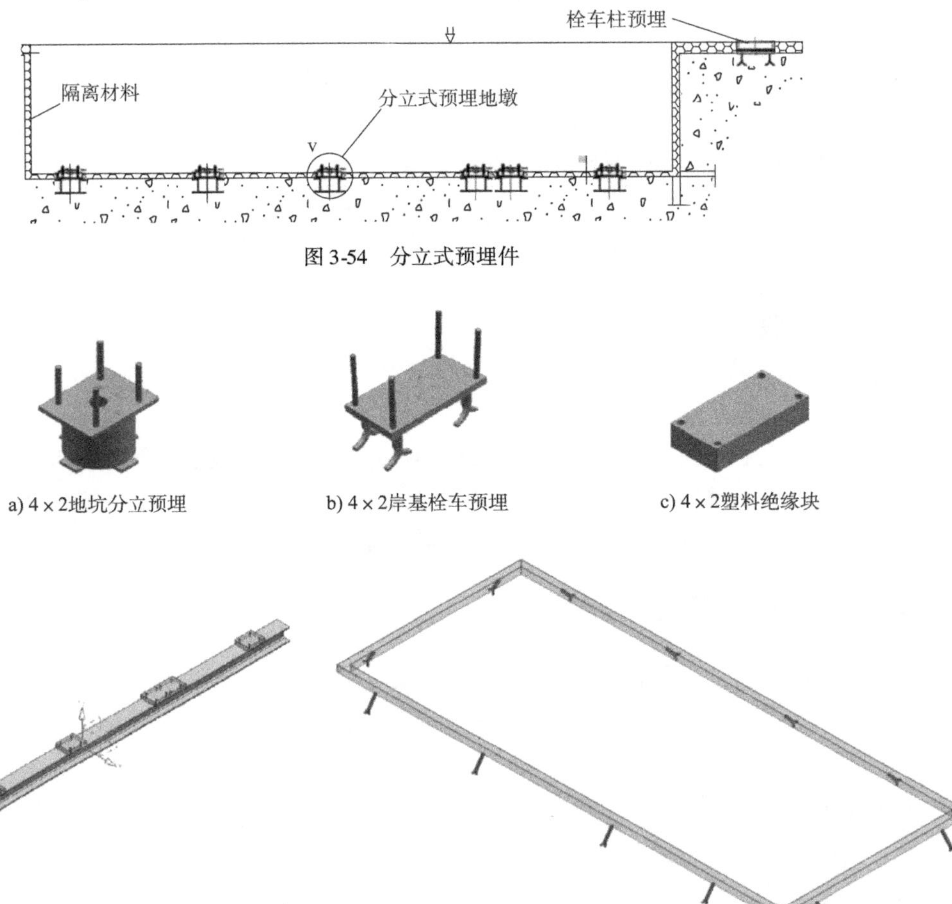

图 3-54 分立式预埋件

图 3-55 预埋件

3.4.5.2 底盘测功机安装

在地坑中安装底盘测功机就像搭建一座大型积木那样。以 4×2 底盘测功机为例，其共有两个转鼓：固定鼓和移动鼓。移动鼓可在一段钢架上移动，调准轴距(图 3-3)，组装接近完成，下一步是安装人行道和盖板，铺设电缆。注意：千万不要误将第一阶段制作的接地金属带剪掉！接地金属带需要与地坑内接地绑定金属排连接。

以两驱和四驱底盘测功机为例，需要置备以下组件：计算机控制工作站、操作控制盘、底盘测功电机转鼓、变频柜、机械支架、车前风机、预埋件、司机助、机器人、车轮自动对中装置、车辆固紧、车轮限位、信号接口箱、遥控键盘、温度压力信号采集箱、车轮失位报警器、加油系统、电缆桥架与电缆、声光信号报警器、有害气体报警器等。

3.4.6 油耗仪安装

在试验台架上，发动机是现实世界的真实发动机，而车辆上迎风水冷器则用发动机冷却液温控器代替。其他设备也作为模拟设备围绕在发动机周边。

3.4.6.1 称重法燃油消耗仪安装

称重法燃油消耗仪安装如图 3-56 所示。

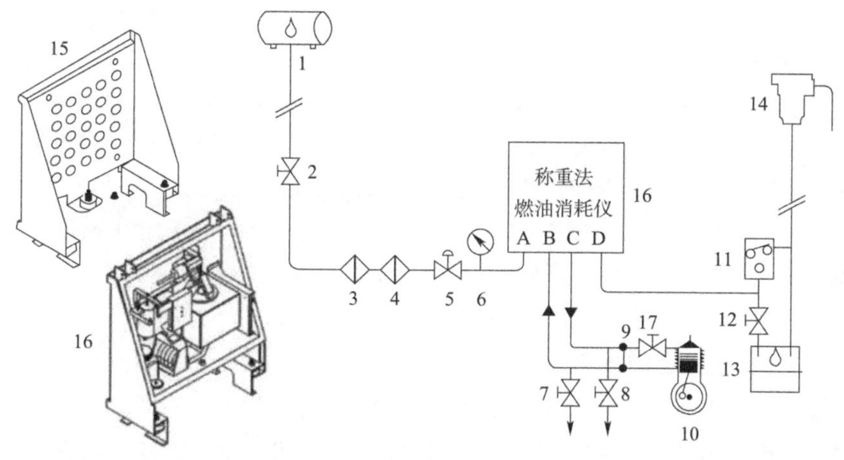

图 3-56 称重法燃油消耗仪安装

1-油库；2-手动阀；3-粗过滤器 60μm；4-细过滤器 25μm；5-气动截止阀；6-压力表(0～2bar)；7、8-泄液阀；9-旁通管；10-发动机；11-溢流传感器；12-手动阀；13-油桶；14-火焰过滤器；15-油耗仪托架；16-油耗仪；17-手动阀；A-油库供油；B-发动机回油；C-供油至发动机；D-通气

0～2bar 压力表可换为压力调节器，例如采用仙童公司 10243JN 0.2～4bar。可以在气动截止阀与溢流传感器之间建立联动，即当溢流传感器内部浮子浮起时，其内部接点状态变化，气动截止阀切断油路。

接 D 口的通气管末端或火焰过滤器的高度应高于油耗仪机箱，但不要伸入天花板夹层内或伸出试验室室外，其原因是，倘若充油阀损坏，同时溢流传感器与截止阀未建立连锁关系，则油液可能由通气口喷出，这是很危险的。在防火滤引出管下方放置容器，接收万一溢出的油液。通气管必须畅通，任何堵塞会导致测量值荒谬，通气管口不要朝天。

油管外皮需要接地连接。油路不可存在任何泄漏,需要加压检查泄漏。油管尽量短。同时远离热源。避免油管与热源如废气管平行铺设。安装油管前使用洁净燃油涮洗油管并用压缩空气吹净。油管需要保温材料包裹。燃油管道避免螺纹分段连接,接口越多,泄漏概率越大,维护量越大,氩弧焊连接较佳。

避免油管出现直角弯而采用有转弯半径的圆弯。需要泰氟龙软管连接时,外部应带金属网格套保护。如果柴油机回油油温太高,可在回油管路上加设冷却器。在下线台架中,若回油太脏污染油耗仪,可考虑在回油管上加装 60μm 过滤器。

进油路中燃油过滤器粗滤 60μm,细滤 25μm。安装时,注意过滤器壳体上箭头。过滤器下方需要留有 80mm 空间更换滤芯。第一次安装需要检查是否滤芯已装入。安装过滤器盖子前,用硅油润滑 O 形圈,用手拧紧盖帽即可。过滤器安装在压力表上游,必须考虑过滤器压力损耗。压力表的作用有两个:一是可判断用户储油罐内是否有油,二是过滤器是否需要清洗。称重法油耗仪要求进油口处(Fuel Supply)(相对)压力在 0.1 ~ 0.8bar(对应充油速率 200 ~ 650kg/h),才可正常工作。

安装机箱墙体应为稳定墙、垂直墙、无振墙。油耗仪机箱底面应高于发动机上表面一定高度,例如 0.5 ~ 1m。若用户储油罐海拔高度低于称重法油耗仪机箱,则需要在供油管上加设油泵,进油管路上则必须安装调压器。油耗仪机箱不可安装在控制室内。若燃油不干净,推荐另加 500cm^{2}前置过滤器。使用不锈钢管材,内径至少 10mm。若需观察是否有气泡发生,可安装任选观察窗。

通气管规格要求:$L \leqslant 5$m,内径 10mm;$5 \leqslant L \leqslant 10$m,内径 12mm;$10 \leqslant L \leqslant 20$m,内径 14mm。旁通管(9)的作用是为多余供油提供路径返回供油系统。旁通管位置应靠近发动机。油耗仪电源(以 AVL 733S 为例)24VDC,功耗 1.6A。油耗仪通过 RS232 串行口(D 型插头,2-Tx 3-Rx 5-GND)与计算机通信。环境温度范围为 0 ~ +60℃,无冷凝;允许燃油温度为 -10 ~ +70℃。可测媒介:适用于所有市售燃料,例如,柴油、汽油燃料、汽油添加 20% 体积的甲醇、汽油添加 20% 体积的乙醇、100% 甲醇、100% 乙醇。

3.4.6.2 燃油温度控制器与油耗仪集成安装

油耗测量期间,测量仪器和发动机中燃油温度必须保持恒定。管路中气泡会对所有测量仪器的测量结果造成失真影响。发动机研发需要设定某个燃油温度,以保证发动机条件可再现,所以控制燃油温度成为必要之事,于是需要装备燃油温度控制器。图 3-57 是科里奥利油耗仪与燃油温控连接的例子。

燃油循环流速 250L/h(标准)、500L/h、600L/h(任选)。燃油耗量小于 60kg/h(标准)、小于 125kg/h(任选)。温度控制范围:柴油 10 ~ 80℃,汽油和酒精 10 ~ 20℃。设定点/实际值偏移:最大 ±1℃。最大许可燃油压力 6bar。供油温度:10 ~ 30℃。来自发动机中的回油温度,在入口处,最大 110℃。冷却介质:水,带有最大乙二醇含量 52%,乙二醇必须没有胺类、亚硝酸盐和硝酸盐。水入口温度:5 ~ 35℃。入口水压:0.5 ~ 6bar。RS232 接口,适用 AK 协议,电源电压 230V ±10%,50Hz,功耗 2.25kW。

燃油油温控制器应尽量邻近发动机安装,也需要设置旁通管。当温控器指示灯闪烁报警时,首先检查是否因为陷污器太脏而堵塞。温控仪油泵能力必须至少较发动机油泵能力高 10%,或高于发动机最大油耗 10%。称重法油耗仪与燃油温控的集成与图 3-57 相近似,不同之处是前者溢流传感器是外置的。

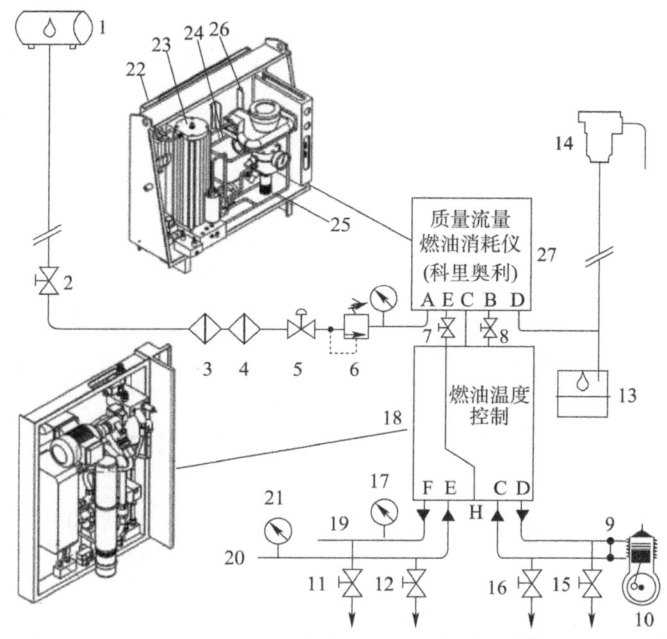

图 3-57 质量流量仪与油温控制器集成安装

1-油库;2、7、8、11、12、15、16-手动阀;3-粗过滤器 60μm;4-细过滤器 25μm;5-气动截止阀;6-调压器;9-旁通管;10-发动机;13-油桶;14-火焰过滤器;17、21-压力表;18-燃油油温控制器(其中,C-发动机回油;D-供油至发动机;E-冷却水进水;F-冷却水回水;H-泄油口);19-冷却水回水;20-冷却水进水;22-安装底座;23-溢流传感器;24-油管;25-压力控制器调节;26-科里奥利传感器;27-质量流量油耗仪(其中, A-进油;B-供油至发动机;C-发动机回油;D-通气;E-溢流排油)

3.4.6.3 试验室燃油供应

发动机燃料种类包括汽油、柴油、醇类、天然气(CNG)、液化石油气(LNG)等。对于一种以上燃油供应,管道必须加设燃油标号标志,不同油品油管不宜共享同一管道,而应一品一管,可以使用不锈钢快速接头选择油品。油管安装不可有直角弯,或称硬拐点。为减少漏油概率与维修频度,采用氩弧焊而避免螺纹连接。法兰连接处加设等电位连接桥。油管及快速接头材质为不锈钢。

3.4.6.4 油路与压力

譬如发动机耗油 50L/h,油耗仪或温控器供油若小于此值,发动机则工作异常,所以,有必要设置泵。如恒体积流量泵提供 450L/h,发动机入口容许一定量的过量供油,但若过大,油路不畅,会使油耗仪测量显示荒谬值,旁通管设置使油路畅通,自然调节。有一种特例可无旁通管,即供油恰恰等于发动机油耗,此种情形很少遇到。我们的目的是将供油系统泵供油流量与发动机耗油流量相匹配。因为供油流量高于发动机最大耗油流量,多余燃油需要经过旁路流回供油系统。

当发动机无回油时,图 3-58c)和 d)都是可能的连接。旁路管上压力调节器不是必需的,在没有特殊馈油压力要求下不需要。若发动机需要高供油压力,则需要调压器。

在图 3-59 中,图 b)和图 c)可以正常工作;图 a)和图 d)却不能。各图中,供油口 F 点压力等于 0Bar。R 代表发动机回油口。

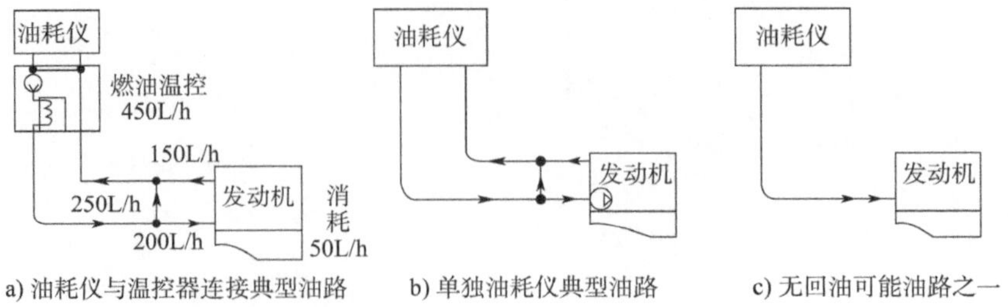
油耗仪
燃油温控
450L/h
150L/h
250L/h
200L/h
发动机
消
耗
50L/h
a) 油耗仪与温控器连接典型油路
油耗仪
发动机
b) 单独油耗仪典型油路
油耗仪
发动机
c) 无回油可能油路之一
油耗仪
发动机
d) 无回油可能油路之二
油耗仪
发动机
e) 旁路加设调压器油路

图 3-58　不同油路连接

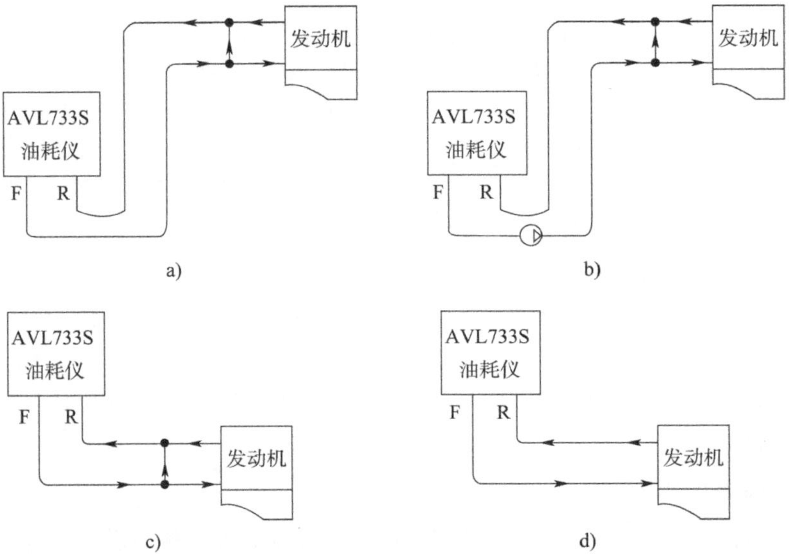
发动机
AVL733S
油耗仪
F
R
a)
发动机
AVL733S
油耗仪
F
R
b)
AVL733S
油耗仪
F
R
发动机
c)
AVL733S
油耗仪
F
R
发动机
d)

图 3-59　安装方法的正确与错误

3.4.7　冷却液温控单元布局位置与安装

冷却液温控单元集成于发动机冷却液回路中，取代整车发动机散热器和冷却液循环泵，并保持发动机冷却液温度在指定值及提供良好重复性。冷却液温控单元尽可能靠近发动机（≤6m）并水平就位，如图 3-60 所示。靠近发动机必须设置外部旁通管。膨胀水箱底部必须高于发动机最高点，所以，若打算将此单元放置在地下室，则必须将单元上半部（含膨胀水箱和电气箱）与下半部分开，将上半部放置于另一新支架上（尺寸可与原支架相同），新支架与发动机相对位置仍然如图 3-60 所示（原支架与下半部在地下室）。

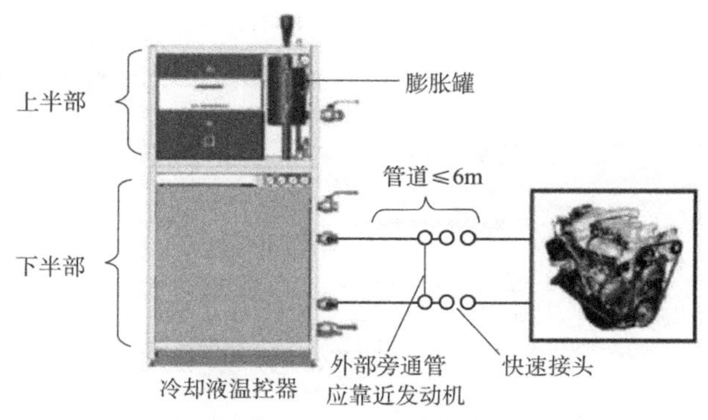

图 3-60 发动机冷却液温控系统安装要点

推荐将发动机出气口与膨胀水箱相连,进一步分离气泡。温控器借助热交换器将冷却水温传导给发动机冷却液。气泡观察窗可安装在冷却水路上任何位置。

发动机冷却液回路称为初级回路或内循环。冷却介质:水 50% 与乙二醇 50% 混合,25L;工作温度:20~140℃;冷却液温度设定值:70~125℃;控制精度:发动机入口 ±0.7℃,发动机出口,±2℃;加热功率:18kW;最大系统压力 120kPa,开启压力安全阀:140kPa;额定压力:600kPa;冷却液纯度(悬浮粒子):50g/m^3。需要拆除或阻断发动机节温器。

冷却水回路称为次级回路或外循环。冷却介质:软化水;流量:15m^3/h;入口温度范围:5~30℃;最大温度变化:5min 内 4℃;工作温度:5~85℃;所需差压:150kPa;入口最大压力:600kPa;最大系统压力:600kPa;工作压力安全阀:800kPa;额定压力:1000kPa。

安装位置与管材:冷却液软管耐热 140℃,耐压 10bar。管材耐乙二醇。无缝钢管为镀锌或不锈钢管,额定压力大于 PN1000kPa。管道铺设中使用有转弯半径弯头,即避免硬拐弯。推荐液路连接正对发动机。密封材料要求耐温,应大于 130℃,如麻油、聚四氟乙烯密封带或密封胶。温控器位置应尽量靠近发动机以获得最好的动态响应特性。安装位置应满足冷却液朝着温控器最高点方向流动。液路管长不得超过 6m。发动机冷却液温控系统安装要点如图 3-60 所示。

3.4.8 机油温控仪布局位置与安装

发动机机油(初级)回路——介质:SAE 机油;机油体积:无加热装置 6L,有加热装置 9.5L;油路工作温度 20~150℃;设定机油温度范围 70~140℃;稳态控制精度:发动机入口 1℃,发动机出口 3℃;加热容量 9kW。

冷却水(次级)回路——介质:水;流量:2.5m^3/h;入口处温度范围 5~30℃;最大工作温度:70℃;返回管开启下压力差:200kPa;压力波动:最大 20kPa;入口处最大压力:600kPa;最大系统压力:600kPa;安全阀工作压力:800kPa;额定压力:1000kPa。

压缩空气供应:3.5~10bar;最大冷却能力:25kW/50kW。机油温控利用热交换器将冷却水温传导至发动机机油。机油温控尽可能靠近发动机安装,供油管 A、回油管 B 面对发动机,以减小压力损耗和附加机油体积,优化动态响应。充油考虑油膨胀后不超过最大油位。发动机机油底壳高于温控器,以此避免机油涌入或淹没油底盘。保证液流向上流动,以便适当放气。机油温控器系统连接如图 3-61 所示。

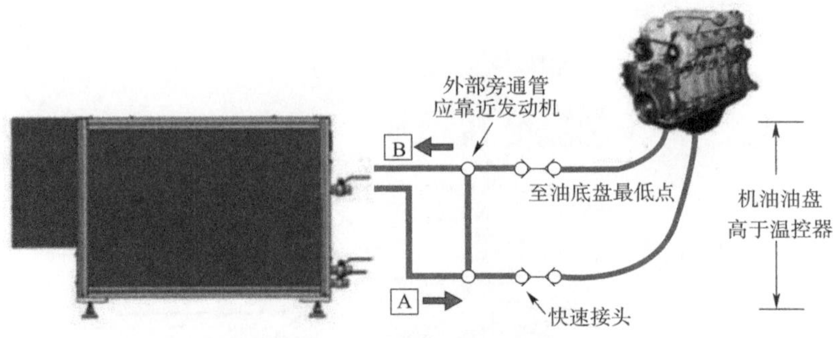

图 3-61　机油温控器系统连接

安装位置与材料：机油软管耐热 160℃，压力 1600kPa，真空度 60kPa。冷却水软管耐热 130℃，压力 1000kPa。机油管密封材料耐温应大于 200℃，如聚四氟乙烯密封带或密封胶。冷却水管密封材料耐温应大于 120℃，如油麻、聚四氟乙烯密封带或密封胶。无缝钢管额定压力 PN16bar。无缝不锈钢管额定压力大于 PN16bar。安装应减少管弯头，以避免压力衰减。管路安装应无泄漏。组装管道前用净油清洗初级回路，用净水清洗次级回路，然后使用压缩空气吹净。

3.4.9　空气质量流量计布局位置与安装

以热膜风速计为测量原理的空气质量流量计为例。传感器与采样管需要水平安装，因为 1% 精度是气管连接传感器一起水平放置标定达成的。安装前需要考虑设计托架，以支撑传感器与采样管。推荐墙装式，落地安装的缺点是占用操作空间。流量计出口与发动机之间连接使用加强筋柔性管。发动机进气为负压，无加强筋软管会被吸瘪。空气质量流量计组成如图 3-62 所示。A 端接发动机进气空调机，B 接发动机进气阀。

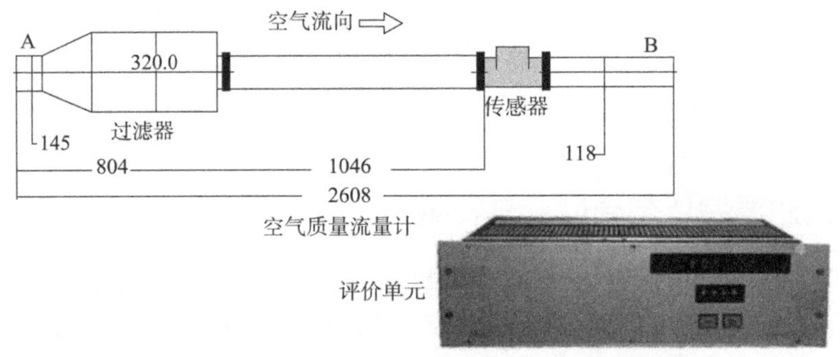

图 3-62　空气质量流量计组成(1200kg/h 为例)

输出信号：模拟 0 ~ 10V 或 0 ~ 20mA 或 4 ~ 20mA。精度：读数 1%。推荐稳定长度：入口段为 10 × D(管直径)，出口段为 5 × D。大气条件：传感器为 −25 ~ 80℃；评价单元为 −25 ~ 50℃。工作压力(绝对)：0 ~ 2.5bar。评价单元电源：220VAC，功耗 38W。传感器功耗 10W。测量范围为 0(20) ~ 720kg/h，管标称尺寸 NW 80；0(40) ~ 1200kg/h 对应 NW 100；0(80) ~ 2400kg/h 对应 NW 150。

空气质量流速的计算为：

$$V = P\left(\frac{b_e}{1000}\right)\frac{A}{F}\lambda \tag{3-22}$$

式中：V——空气质量流速，kg/h；

P——发动机功率，kW；

b_e——比油耗，g/kWh；

$\frac{A}{F}$——理想配比空燃比；

λ——空燃比。

空燃比典型值：汽油机 $\lambda=1$，柴油机（自然吸气）$\lambda=1.3$，柴油机（增压器）$\lambda=1.6$。

例如：汽油机 $P=160$kW，典型值 $b_e=290$g/kWh，$A/F=14.5$，$\lambda=1$，$V=673$kg/h。

3.4.10 发动机进气空调布局位置与安装

从试验间内吸入空气主要缺点是使用了空气温度和质量不受控的空气变量，而温度与质量受试验间空气流和其他干扰因素影响，包括废气和其他烟雾污染，并且可能由于使用现场风扇而加重。用于研发测试，尤其是关键废气排气工作，有必要提供最少污染和恒定条件的温度、压力和湿度的燃烧空气。发动机试验台燃烧空气规格通常是：湿度范围为7～20g H_2O/kg干燥空气；温度范围为15～70℃；压力范围（绝对）为600～1050mbar。

发动机进气空调模拟了工作环境，保证了试验条件的确定性与再现性。使用特殊的附加装置，例如在发动机尾管处安装废气真空泵，可扩展压力控制范围，模拟海拔高至5000m高度。

发动机进气空调有三种工作模式：ACS工作方式、TCS工作方式和DYN工作方式，如图3-63所示。ACS：控制温度，可控制湿度（任选），稳态进气压力控制。无废气压力控制。TCS：可控制温度，可控制湿度（任选），不控制压力（因为开口）。无废气压力控制。DYN：控制温度，可控制湿度（任选），动态进气压力控制和动态废气压力控制。入口压力控制不仅模拟真实高度，还需要进气和排气都以相同的压力加压，使用AVL公司动态压力控制系统可以模拟这种状况。此类系统可用于赛车运动和其他专业应用。

进气空调至发动机管道应当包裹保温材料，以免受外界气温影响。所有管道应免泄漏。装在三通过渡管上的温度与压力传感器应与地面垂直，且探头置于管道中轴处。压力传感头或可装在进气口减少最大过压。凝结水排出时温度可达到100℃，汽水皆有，需要提前设计排水沟路径。

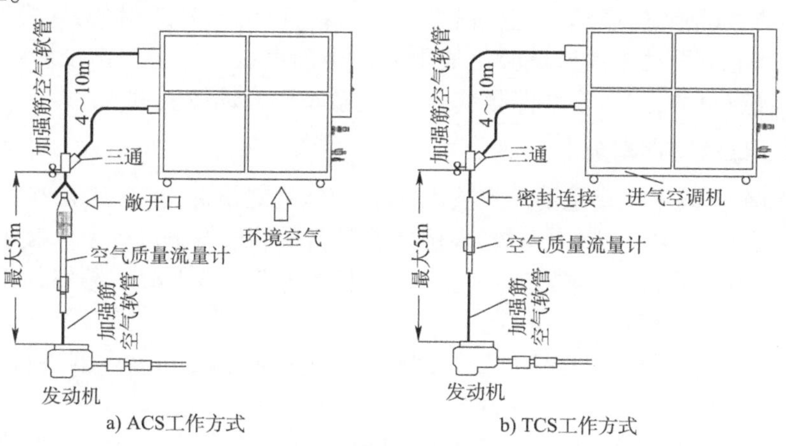

图 3-63

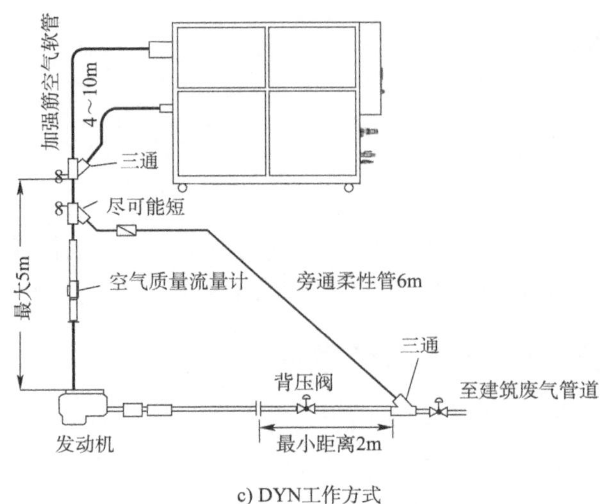

c) DYN工作方式

图 3-63　发动机进气空调工作方式

3.4.11　噪声振动与舒适性测试 NVH 台架安装

噪声、振动与舒适性测试台简称噪声试验台，用于测量发动机或车辆噪声。例如，发动机排气噪声、空气动力噪声、制动噪声（长而尖的噪声）、燃烧噪声、发动机进气噪声、前端附件噪声（发动机风扇噪声）、轮胎噪声等。

譬如，轰鸣（0～200Hz）、摩擦（200～350Hz）、一般发动机噪声（350～700Hz，最高达到20000Hz。人类可听到的频率范围是20～20000Hz）。就发动机部件而言，有些振动可能十分危险，产生噪声的零部件很可能会提前出现故障。机械运动部件产生不同频率的振动，有助于帮助找到潜在振动源。

噪声通常被认为是不想要的声音。这不同于所需声音（反馈驾驶员）和要求声音（来自车辆声音系统）。振动是受测体的振荡，通常是由驾驶员和乘客感受到的，而不是被听到。“刺耳”用于描述猛烈和不舒适不想要的声音或振动，特别来自短期事件。

消声意指没有回声。为了定性和定量地调查噪声特性，不使声源的回声破坏信号测量十分关键。半消声试验室：墙和天花板铺设吸声材料，而地板是反射的，它模拟车辆在一个开放空间的道路上。发动机消声试验室通常采用半消声设计。全消声试验室：即所有表面包括地面铺设吸声材料，用于零部件测试，而不是整车和发动机测试。

3.4.11.1　试验室声学要求

（1）截止频率。截止频率是消声室技术规格一个关键指标，指在此频率以上，墙面的吸声系统能够保证达到99%的吸声系数，即保证准确测量的最低下限频率。截止频率越低，真正自由场模拟越好。通常要求汽车消声室（发动机和车辆）最大截止频率约120Hz，但许多现代设施的截止频率低至60Hz。

试验间消声特性验收测试使用放置在试验间几何中心的宽带发生器进行。声音衰减水平由一个麦克风测量。

（2）本底噪声。要求其声压级至少比被测声源声压级低6dB，最好低12dB。根据

ISO3745-2003,发动机测试用 NVH 试验室截止频率要求达到 80Hz 以下,本底噪声应能达到 20dB 以下。注意:评测本底噪声时,一定要检查和保证消音室的密封性。

在总体布局上,要将发动机消声室与测功机室分开设置。整个试验室以“房中房”形式建设。测功机室噪声小于 40dB。试验室的隔声主要靠隔声结构(隔音墙、隔声门窗)来实现。

隔振设计的目的是降低外界振动对试验室内部的影响。因此,将 NVH 试验室仓体建筑在弹性基础之上。常用弹性支撑有螺旋钢制弹簧、空气弹簧等,即采用大质量混凝土块下设阻尼弹簧减振的方案。台架基础需与周边结构留出缝隙隔开,同时与发动机连接的管道采用软管。供应商应采取措施消除管道噪声,例如来自油管、水管、风管的噪声。

设计半消声动力试验室目的是让通风、照明与流体等所有系统都尽可能降低噪声。通风设备存在“风噪声”,为了产生安静试验室环境必须减小风噪声。措施是使空气流过足够体积的试验室,并以尽可能低的空气速度进入与离开,如此减少喷嘴噪声和风噪声。可将进气和出口管道设计得尽可能大来实现空气速度的减小。

多数吸音材料吸收液体并易燃,故若废气管布置在消声室内就增添了火灾隐患。解决方案是发动机废气管导入地下室区域,固定在地板上的运输管需要有一个非刚性的去耦部分作为过渡接口,即柔性连接,使用快速接头。管道尽可能在地板下铺设。消声室较一般试验室存在更大火灾隐患,所以,消声室必需装备灭火系统和烟感探测器。

测功电机应安装在另一房间内,被测发动机必须位于消声室空间水平中心。测功机与发动机坐落在彼此分立的铁底板上,各侧铁底板通过弹簧坐落在钢筋混凝土台基上。此种布局要求超长连接轴,轴系统被分为两段,消声室内设置中间轴承支架。连接轴穿墙而过,测功机法兰与中间轴承支架间的“轴”被制造成吸声“静音管”传输动力,以减小来自测功电机室的传输噪声。中间轴承再与发动机飞轮端连接。噪声、振动与舒适性测试试验室举例如图 3-64 所示。

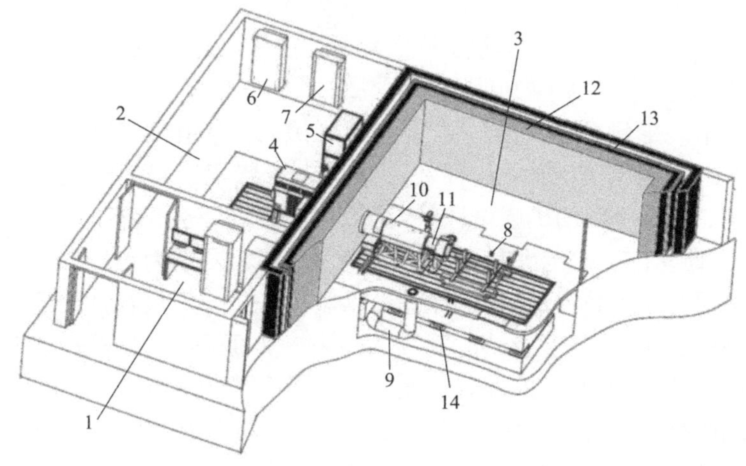

图 3-64 噪声、振动与舒适性测试试验室举例

1-控制室;2-设备室;3-半消声室;4-测功电机;5-冷却液温控单元;6-发动机电源;7-油耗仪;8-燃油接口;9-废气管;10-消音管;11-中间轴承;12-NVH 吸音材料墙;13-混凝土墙;14-弹簧

3.4.11.2 微雾水消防系统

环绕发动机铁底板设置了微雾喷孔或高压雾灭火系统。与其他水基灭火系统相比,微雾水消防系统具有很大优势。一个优点是它可从火源和周围环境中带走热量,从而降低重新点燃的风险。微雾水消防系统使用非常少量的水并将其发散为非常细的喷雾,在大型试验间内特别有效,例如车辆消声室,消防系统的喷孔环绕发动机下方周边,瞄准火源。另一个优点是水雾可带走黑色烟雾颗粒,从而避免或减少了火灾后对天花板和墙壁的清洁工作。

3.4.12 废气排放柜(AMA)安装和CVS安装

3.4.12.1 废气直采位置和采样气调节

(1)废气直采探头相对位置如图3-65所示。

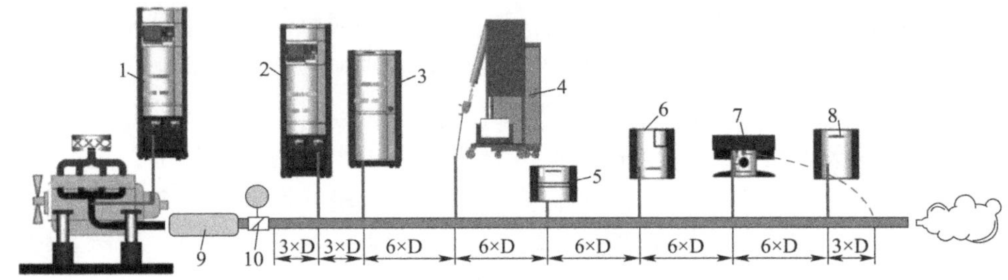

图3-65 直采废气排放探头位置

1-直采排放柜(EGR);2-直采排放柜(尾管);3-红外光谱仪;4-智能颗粒采样器;5-微颗粒传感器;6-颗粒计数器;7-不透光烟度计;8-滤纸烟度计;9-消声器;10-背压阀(D 废气管直径)

在图3-65中,直采排放柜、红外光谱仪实际经过HSS(加热采样器)连接至废气管;智能颗粒采样器需要经过稀释通道;微颗粒传感器、滤纸烟度计与废气管的连接都有高压过渡任选项。

不透光烟度计的回流管必须安装在最后一个测量设备以后的管段,以避免干扰其他设备的测量。若使用滤纸烟度计,必须考虑每次测量后的自动回吹功能,如果不将滤纸烟度计安装在废气管最后位置,则会影响其他设备测量结果。

(2)采样气调节。少量发动机废气样气(近似10L/min)由废气管吸出并经由管、泵、阀等导入分析仪,为此,必须调节废气,以便使废气适合于测量和避免样气在途中发生化学转换、沉积或凝结等。当测量发动机废气原气(直采)时,遵照下列细节。

①在采样探头处允许压力范围是:-200~200mbar(相对压力,表压)。当测量气体废气成分时,所有固态颗粒物质必须从样品中滤除,以避免污染分析仪及其他零件。

②碳氢可能在下降的温度下凝结。凝结的碳氢一方面测不到,另一方面不但污染系统而且造成测量失真。这就是所说的碳氢吸附效应。为了防止这一现象发生,从采样点到碳氢分析仪内测量室的整个路径上,所有运输废气管道和器件被加热至约190℃。当然,不测量碳氢的其他分析仪工作在较低温度下。碳氢甚至在低于170℃以下都可以发生凝结。

废气的主要成分之一是水。为了避免凝结,所有传输废气管道、器件都被加热至废气露点以上的温度,典型值为40~55℃。

在测量 CO、CO_2 的 NDIR 分析仪以及测量 O_2 的 PMD 分析仪中，存在 CO、CO_2、O_2 与水蒸气的交叉干扰，所以，使用了干燥器/冷却器将废气冷却至约 4℃，然后将凝结水排出。然而，如此就提高了在"干燥"废气样品中剩余废气成分的浓度。由于水的比例降低了总废气量，所以分析仪所测的干燥浓度需要校正，然后再使用结果进一步计算。该测量浓度校正根据移去水量，由数学计算完成。它不是测量出的，而是由废气成分 CO、CO_2、HC 以及燃油成分计算出来的。

采样气调节系统包括前置过滤器或加热采样单元 HSS、切换系统以及 GPU 气体准备单元。切换系统可完成：第一，将排放柜在采样点之间切换，比如，催化器前和催化器后；第二，将排放柜在试验室之间切换，即若干试验台架共享同一排放系统。

在测量稀释废气时，如在 CVS 中，采样气调节系统相对简单，因为废气已被稀释，稀释已经防止了水凝结，测量点处没有大的压力波动。

③气体准备。气体准备单元功能：调节采样废气温度和湿度避免凝结物进入分析仪；废气采样泵提供运输废气进入测量系统的吸入力；压缩机冷却器为直采废气除湿；通过凝结而除湿，形成的水由蠕动泵排出；过滤废气，保护采样泵和分析仪。

AMA 机柜后下方：电源线、数据线、加热采样管。量距气。废液口，参照图 3-66。机柜后上方：经由风扇抽至屋顶外。系统检查工具：气体分配器（GDU/NGU）或 NO_x 转化效率检查器。量距气，标定气。由不同种类和浓度组成的用于标定分析仪所用之气。标定和线性化分析仪，使用不同的量距气。量距气可由一种气体成分构成，也可由多种气体混合构成。一般讲，量距气浓度必须适合被标定的测量范围。满量程与量距气之间关系被规定在不同法规中，例如 EPA、ECE 等。除了用于两点标定的零气以外，还应有量距气，在量程范围内，满量程确定后，量距气浓度必须大于满量程的 80%（量距气浓度应约为全量程偏转的 80%）。因此，不可能给出一个普遍适用量距气浓度选择的推荐。从供气盘至排放柜可用泰弗龙管连接。压力 3.5bar。C_3H_8 丙烷压力 8 ~ 10bar。浓度误差 < ±2%。

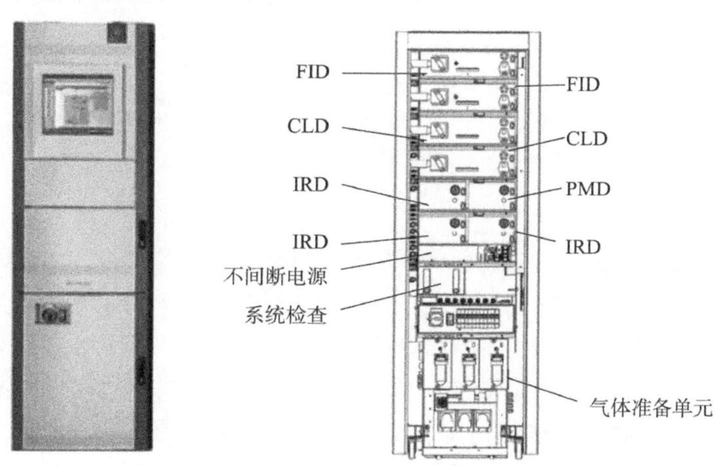

图 3-66 多气体分析仪排放柜举例

3.4.12.2 AMA 废气排放柜安装

AMA 废气排放柜安装位置应无日光直晒、无机械振动、低尘埃，且应有足够操作空间与服务空间;环境温度为5℃ ~40℃,空气湿度为5% ~80%。排放柜机柜宽深高为665mm×900mm×2000mm;重量约为450kg。排放柜机柜上方不要设置消防喷洒头,不要设置任何液体管道。排放柜机柜后设置地沟(例如500mm宽)容纳电缆与气管。直采采样管外径约为60mm,其温度高,需要放置在散热桥架内,若多根穿墙,需要制作支架,以免粘连。

提醒供应商将所有量距气管道出口制作在排放柜邻近处后方或上方,每一管道附有气体标识。量距气管道使用特氟龙软管连接。

废气排出设备功率为9m³/h。电源电压:400V/3P/N/PE ±10% 50Hz,功耗:3.6/5.7kVA(取决于不同配置)。软管材料:特氟龙。量距气和工作气压力:3.5bar。压缩空气:2.8bar~3.8bar。样气冷却器冷却剂:R134a。应设法将废气由屋顶排至室外。机柜排出废液需要收集交付专业有害废物处理公司处理。

3.4.12.3 CVS 安装

轻型车废气排放CVS如图3-67所示。

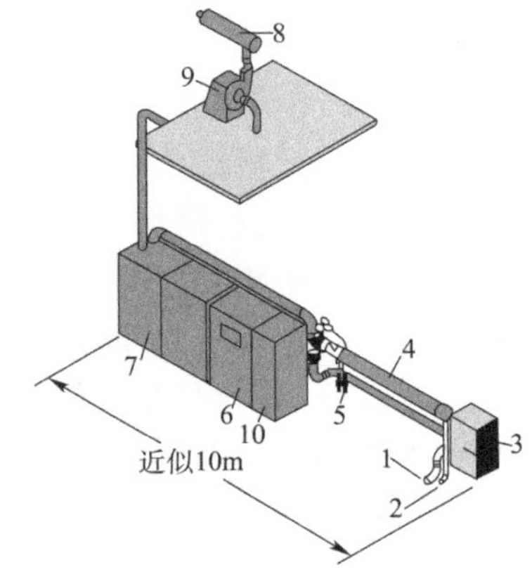

a) 轻型车废气排放CVS俯视

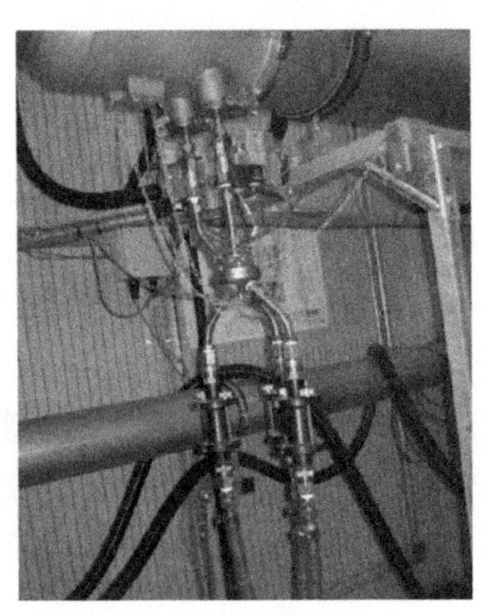
b) 颗粒收集器

图3-67 轻型车废气排放CVS

1-汽油机废气入口(来自混合三通,图中未画出);2-柴油机废气入口;3-空气过滤器;4-稀释通道;5-颗粒收集器;6-AMA分析仪;7-文丘里管柜;8-消音器(二楼);9-风机(二楼);10-气袋柜

CVS必须遵守下列细节。

(1)由于发动机废气已使用空气稀释,防止了在室温下水凝结发生,所以,废气测量系统通常不需要加热,也不需要冷却系统由废气采样气中移去水分。这解释了为什么被测浓度是"湿"浓度,并且也不像直采测量那样需要校正结果,即CVS测量结果无须校正。在法规排放测试领域,不允许像直采测量那样使用冷却器排出凝结水,不过必须检查分析仪以建立对水可能交叉干扰的灵敏度。法规指定了交叉干扰最大可接受水准。

测量超低排放发动机时,CVS和废气排放分析系统被加热到30℃ ~40℃,这提高了露点,废气不需要太多稀释防止水凝结。

(2)碳氢分析仪从稀释通道中采样:甚至在稀释废气中也要预防重度碳氢凝结,就像柴油发动机中可能发生的那样。为此,整个测量链,包括碳氢分析仪,必须加热至190℃。不像

CVS 使用袋完成测量，而是从稀释的废气中连续直接进行测量。

稀释通道、空气过滤器、消声器等需要使用型材支撑。管道连接使用专门抱箍，防止漏气。消声器与风机设置于二楼，消声器出口通向房顶，使气体排出。

CVS 机柜铭牌信息包括：生产年、型号、系列号、额定电压、频率、额定电流、机柜允许温度。通信：Ethernet/LAN(TCP/IP)，RS232，CAN Bus。采样袋：材料 Tedlar/kynar/Dyneon，容量 100L。CVS 径向抽气机：15kW(20 m^3)，22kW(30^3)。变频器安培数：32A(20 m^3)，45A(30^3)。混合三通：高宽深 1235×630×630(mm)；粗滤过滤器/细滤过滤器：Cam-GPAC3；活性炭过滤器：FKC-DA 13。

3.4.13 活塞漏气量计安装

活塞漏气量计安装位置如图 3-68 所示。

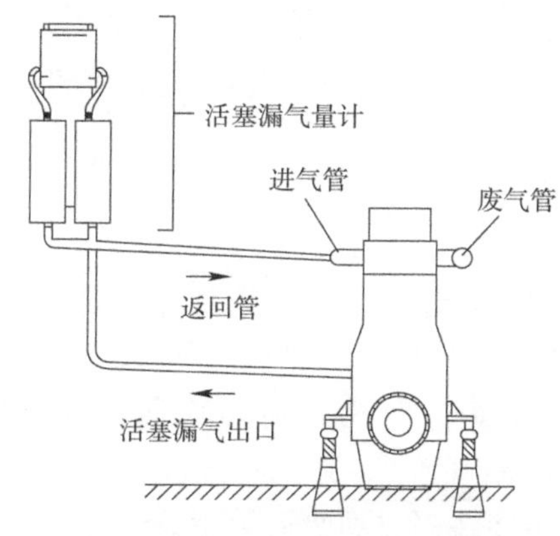

图 3-68 活塞漏气量计安装位置

注意遵循漏气量计必须放置在较曲轴箱口更高位置；电子评价单元盖子必须关闭，因为压力传感器对光敏感，会影响测量结果。确保整个气路无泄漏。自缓冲罐下部口至发动机曲轴箱口气管应当连续下降而无下垂。避免气管泄漏，可使用喷涂液检查。采样管必须按照标定证书与测量电子单元匹配。电源电压：24VDC。功耗：24W。最大允许漏气温度为 80℃。工作温度为 -10 ~ +55℃。

3.4.14 滤纸烟度计安装

滤纸烟度计安装如图 3-69 所示。注意不要从垂直布设的废气管采样，那样采样口会迅速堵塞。水平直管段废气波动最小，适宜安装探头。从采样点至机箱入口，采样管应保持连续上升状态，以避免凝结和颗粒沉积。上游直段距离至少六倍于废气管直径，下游直段距离至少三倍于废气管直径。不锈钢采样管可与地面垂直方向安装，或可与垂直方向成一角度(30°~60°)安装。废气管打孔 16mm，然后将过渡连接件气焊至废气管上。

测量范围：0~10FSN(滤纸烟度数)。炭灰浓度：0~32000mg/m^3。污染级：0~100%。电源：230VAC，50Hz。功耗：695VA。宽高深：560mm×620mm×240mm。质量：31kg。允许废气温度：600℃(标准)。仪器环境工作温度：5℃ ~55℃。工作时废气背压范围：-100 ~ +750mbar 在采样点(背压指在管道、气体出口处存在的对运动流体的阻力，阻力方向与流体流动方向相反。阻力由于障碍或锐弯造成。例如汽车消声器内部多有卷弯、弯匝和直角,可说是具有特高背压)。

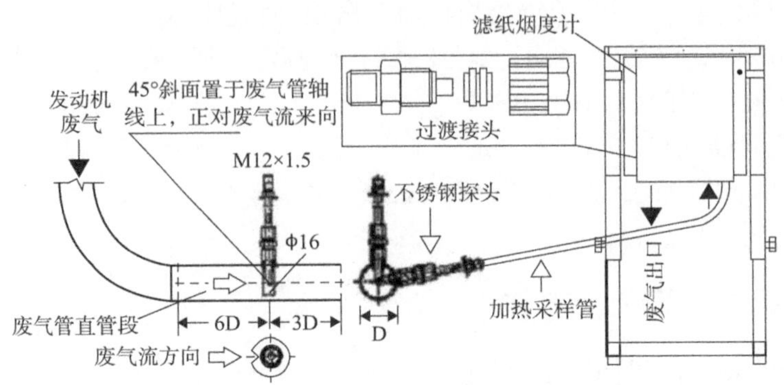

图 3-69 滤纸烟度计安装

滤纸应存储在无污染环境中,不受光、热、潮湿、尘埃影响。存储温度为 15℃ ~28℃,相对湿度为 30% ~65%。

3.4.15 不透光烟度计安装

不透光烟度计安装有墙式安装或手推车车载,如图 3-70 所示,自仪器至废气管采样点应从高至低无垂凹。采样管 7 和回气管 2 的探头的斜口应面对废气来向,使用方向标对准。探头可以与地面垂直方向焊接在废气管上,也可与垂直方向成 30° ~60°角度焊接在废气管上。所有气管不要出现折弯(阻断气流)。分别在连接采样管(7)和回气管(2)的采点处用钻头打两个 16mm 孔,将过渡连接件铜焊到废气管上。

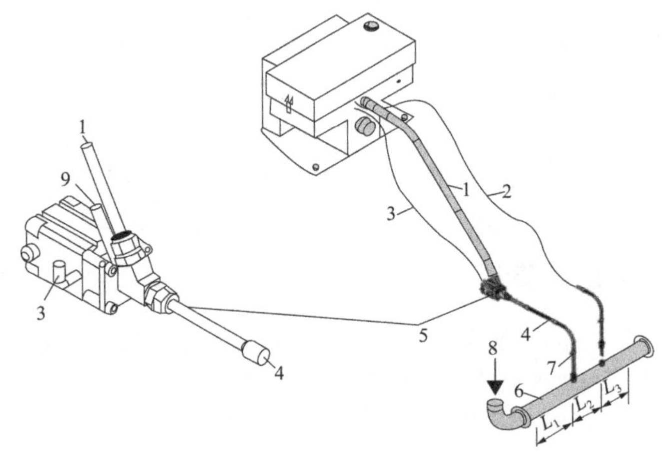

图 3-70 不透光烟度计安装

1-调温管(1.5m);2-回气管(2.5m);3-控制气管(1.5m);4-废气采样管(1.5m);5-零空气阀;6-废气管;7-采样管及方向标(对准来气方向);8-发动机废气排出;9-零空气入口(大气入口),敞口即可;L_1-6 倍管直径;L_2-约 200mm;L_3-3 倍管直径

零空气阀是一只气动两路三通阀,可能路径是当设定零点时,大气由零空气入口进入调温管,或当执行测量时,废气由探头管进入调温管。

采样点选在催化器后为宜。注意:不要从垂直布设的废气管采样,否则采样口会迅速堵塞。

测量对象：发动机废气0～600℃，压力－100～＋400mbar。宽高深为650mm×420mm×450mm。质量：47kg。电源：230VAC±10%，50Hz。功耗1kVA。工作环境温度：5℃～50℃。串行RS232C接口。AK命令适用。压缩空气供气要求100L/min流量，无油干燥，4～10bar。输出测量值：不透光度N(%)或吸收数k(1/m)。测量范围：N＝0～100%，或k＝0～10(L/min)。测量值分辨率：0.1%或0.0025L/min。

3.4.16 智能颗粒采样器安装

3.4.16.1 工作条件与布局

压缩空气压力：6.2～10bar；流量：800L/min；无油、无水、无污染物(标准ISO8573.1)。工作环境温度：控制柜和滤纸通道5℃～45℃；工作环境湿度：最大95%，无冷凝；控制柜、滤纸架和DAC布设在发动机室内。

3.4.16.2 设备组件

智能颗粒采样器安装如图3-71所示。

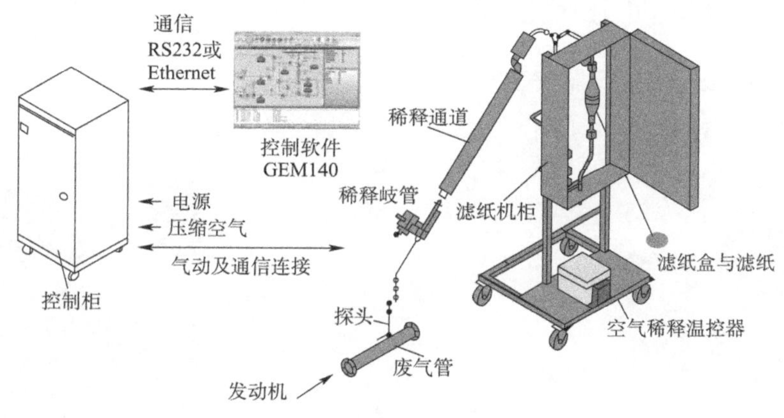

图3-71 智能颗粒采样器安装

(1)控制柜。控制柜电源380V，2kW。通信RS232串行口与带GEM 140软件PC机通信，适用AK命令。RS232串行口与滤纸架通信。V1，V2是模拟电压口，V3数字口与采集系统通信。

控制柜内包括流量控制器、采样泵、阀、压缩空气和嵌入式计算机及软件。控制柜主要任务是控制总流量G_{tot}在设定点如1.2g/s和控制冷却空气流G_{dil}以维持设定稀释比。控制柜还控制压力和温度。

(2)滤纸架或滤纸机柜。电源220V，1200W。压缩空气4.8bar。流量：0.6g/s。连接管内径6mm。滤纸通道工作环境温度5℃～45℃。滤纸柜包括滤纸盒、旁路气路与PLC控制器。图3-71中以一个滤纸盒机柜为例，任选项可多至4个滤纸盒，即4路气路。

(3)稀释空气空调或冷却器(DAC)。电源要求单相220VAC。功耗750W。工作环境温度10℃～40℃。预热时间：30min。稀释率q：$4<q<50$。

(4)计算机(带控制软件GEM140)。

(5)稀释通道/混合器、AV40 阀。

(6)滤纸取出器。

(7)特氟龙气管。

(8)石棉布。

(9)高温箔带。箔带一面涂有胶,受热时,胶会冒烟,烟无毒。

(10)圆形滤纸。

(11)金属绑线。绑扎稀释通道。

(12)不锈钢管/传送管。

(13)塑料泡沫绝热保温套。

(14)柔性辨状加热线(220VAC)。

(15)滤芯。

(16)金属接头。

(17)滤纸盒。

3.4.17 发动机油门执行器安装

3.4.17.1 机械油门执行器安装

机械油门执行器如图 3-72 所示。

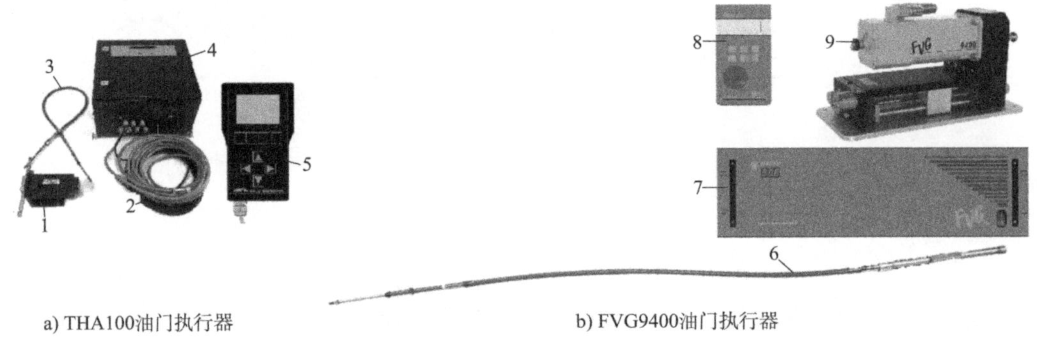

图 3-72 机械油门执行器

1-伺服电机;2-电缆;3-拉杆(Bowden 鲍登钢缆);4-控制箱;5-手操控制盘;6- FVG9400 执行器拉杆(鲍登钢缆);7-控制箱;8-手操控制盘;9-伺服电机

在发动机台架上,油门执行器的作用相当于汽车加速踏板,执行器通过钢缆或连杆驱动汽油机化油器或节流阀、柴油机喷油泵。

油门执行器用于调节发动机节流阀或喷油泵的开度。举例 AVL THA100:包括控制箱、伺服电机、驱动线、控制电缆和手持标定盒。最大拉力或推力 120N。最大进退行程 110mm,移动速度 0.5m/s。控制箱为墙装,正面需要留出 500mm 服务空间。伺服电机为落地安装,伺服电机一般就位于测功机某一侧,固定在铁底板上。控制箱的电缆分两路,一路至控制采集操作台,另一路至伺服电机。手持标定盒或控制台操作面板可定义油门开度 0% ~100%。控制箱电源 380VAC,功耗 2KVA。伺服电机高宽深为 172mm × 350mm × 285mm,质量为 11kg,环境温度为 -30℃ ~50℃,相对湿度为 20% ~85%,无冷凝。控制电箱:20kg,环境温度为5℃ ~50℃,相对湿度为20% ~85%,无冷凝。模拟输出:0 ~10V/2mA,模拟输入:0 ~10V/Ri =100kΩ。手持终端连接:CAN 接口。在执行器端或采集柜端,有时直接将实际值(模拟输入)连接至需求值/设定值(模拟输出)的针脚(视产品而定)。

油门执行器 FVG9400 适用于高动态发动机测试台。其为螺杆驱动,重复精度高,就位响应快,由控制箱、伺服电机、驱动线、控制电缆和手持标定盒组成。最大拉力或推力400N;最大进退行程 160mm;就位响应速度 1.6m/s。重复精度:< ±0.05mm。允许范围:0℃ ~70℃。与外围设备的接口:RS232。模拟接口:模拟输出行程实际值 0 ~10V/5mA。操作面板外部连接类型:RS422。控制箱电源三相 380VAC,中性线 N/PE。功耗1.4kVA。

调节单元 FVG 9400 是一种多功能线性执行器,用来操作发动机油门或喷油泵以及自动变速器选挡杆。FVG 9400 执行器包括一个无刷伺服电机和精确线性引导机制。控制电子单元集成于采集控制柜上。

3.4.17.2 电动节流阀(Drive by wire)安装

电动节气门如图 3-73 所示。节流阀蝶阀由电动机和电磁离合器操作。加速踏板位置传感器(需求值)和节流阀位置传感器(实际值)发送模拟信号至计算机,然后,计算机程序决定发送到控制直流电机和电磁离合器的信号组成。节流阀风门实际位置通过连接在蝶形节流阀轴上的传感器或可变电阻器测量。可变电阻所得值送至 ECU 或 PUMA(发动机试验台采集系统)。

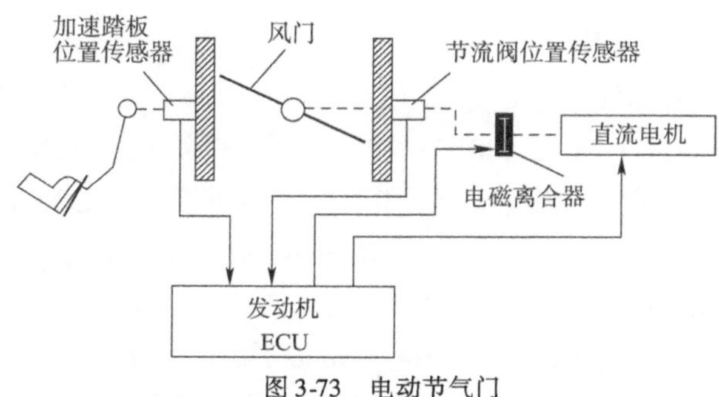

图 3-73 电动节气门

3.4.18 轻型发动机在快装系统上安装

被测试发动机在推入试验台之前已于预备间内被安装在手推车或快装系统上。要从日益昂贵的测试设备中获得最大可能使用效益,意味着大多数被测体安装需要在预备车间内、在特别设计的货盘(使用叉车运输)或手推车上预先完成,然后推入试验台与固定关键接口盘(包括油、水、电、气、废气法兰接口)快速地对接,从而最小化试验室内非生产性安装时间。油、水、电、气可采用不锈钢快速接头。

注意:在没有快装系统(Docking)台架上,一般以测功机为基准对中;而在装备快装系统情况下,就以快装系统为基准对中了。

3.4.19 传感器安装

温度湿度和压力传感器安装位置如图 3-74 所示。

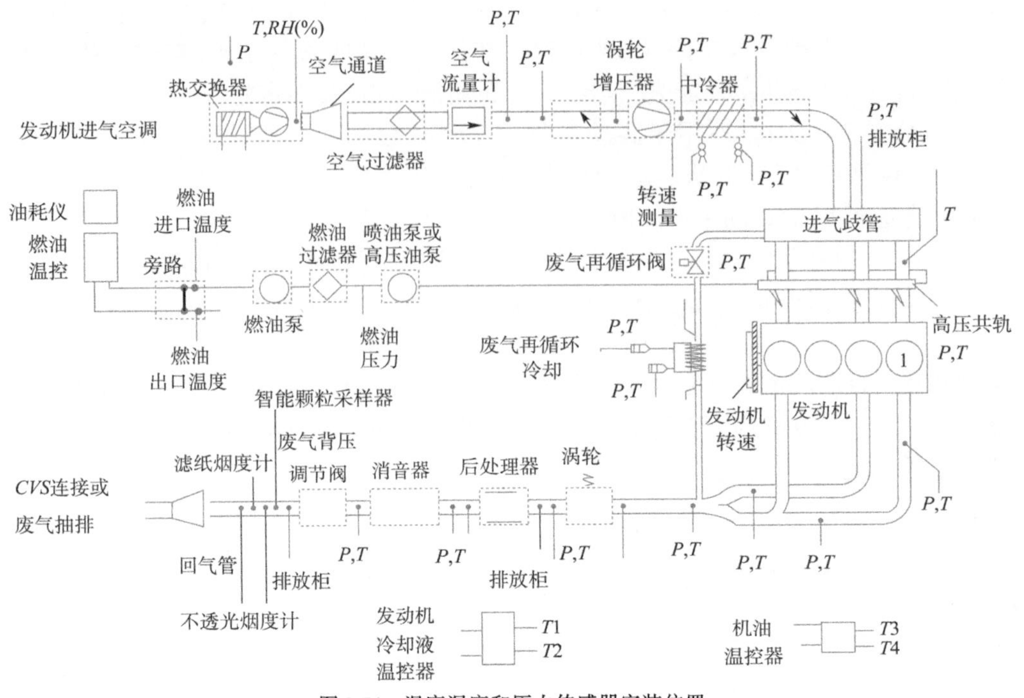

图 3-74　温度湿度和压力传感器安装位置

P-压力;T-温度;RH(%)-相对湿度

3.4.19.1　温度传感器安装

对于 PT100,0℃对应 100Ω,100℃对应 138.5Ω;铂金 +0.385 Ω/℃。满量程 -50℃ ~ 650℃;对于 PT1000,0℃对应 1000Ω,100℃对应 1385Ω,铂金 +3.85Ω/℃。满量程 -50℃ ~ 650℃。PT100 精度执行《工业铂电阻温度计和铂温度传感器(INTERNATIONAL STANDARD Industrial platinum resistance thermometers and platinum temperature sensors)》(IEC 60751)简称 IEC 751,A 级容差 ±0.15℃,在 0℃;B 级容差 ±0.3℃,在 0℃。PT100 传感器使用铂金材料,是具有正温度系数特性的电阻温度计(Resistance Thermometers Detector,RTD)。PT 是铂(白)金(platinum)的符号,“100”来自该类电阻在 0℃时阻值为 100Ω。

K 型热电偶温度传感器(Nickel-Chromium-Nickel,镍-铬-镍)量程为 -50℃ ~1372℃,测量精度为 1.5℃或 0.004 × 温度。为了保护内部电路,安装时避免弯折或压扁探头部分。为保证寿命,避免将探头安装于振动物体上。低温传感器 PT100 电气连接如图 3-75 所示。

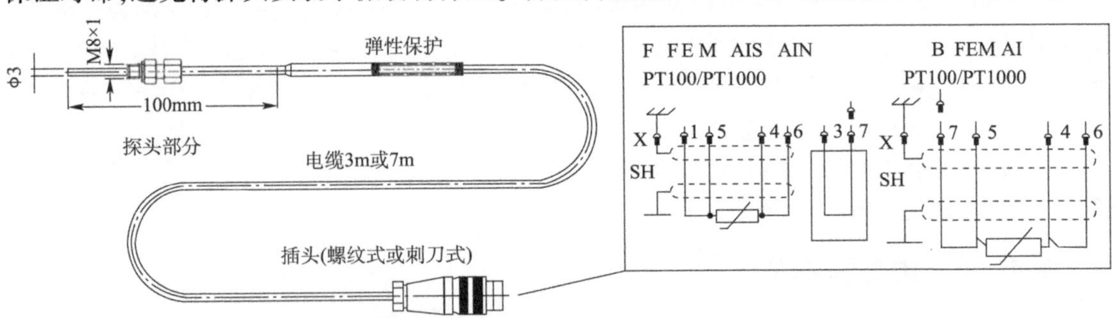

图 3-75　低温传感器 PT100 电气连接

厂家一般使用不同颜色区分 PT100 低温传感器与热电偶高温传感器,以免用错。例如低温传感器电缆为灰色,高温传感器电缆使用绿色。

3.4.19.2 压力传感器安装

温度传感器与模拟输入模块(例如 AVL FEM-AI)连接。压力传感器则是由传感器与变送器封装为一体的模块,模块编成组,经由 RS-465 或 CAN 与采集控制系统通信。典型发动机压力测量传感器如下:-150~50mbar,进气真空;-1~0bar,进气压力;-1~2.5bar,进气压力或增压器压力;-1~5bar,进气压力或增压器压力;0~600mbar 或 0~1bar,废气背压;0~2.5bar,增压器进气;0~6bar,燃油压力;0~10bar 或 0~16bar。这些传感器测量压力值可称"表压"。表压可为正值也可为负值。大气压力传感器(绝对压力)量程 0.8~1.2bar。在试验台上插接气管之前,一定要看清压力传感器铭牌上所注量程范围值,避免插错而损坏传感器。压力模块安装时,需要将传感器铭牌转到可看到的位置。热电偶高温温度传感器与连接如图 3-76 所示。

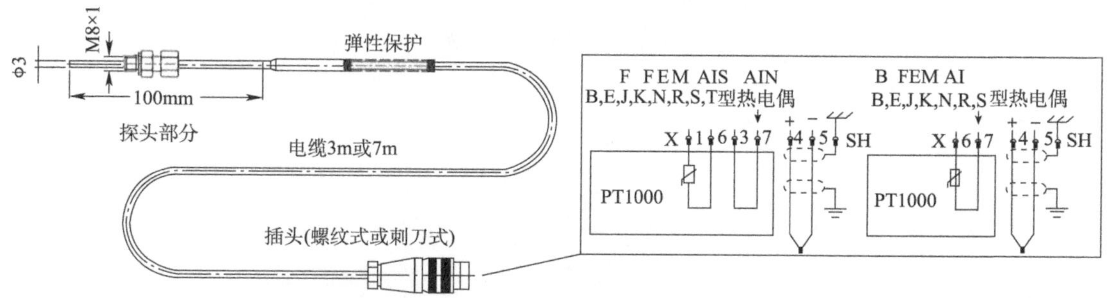

图 3-76 热电偶高温温度传感器与连接

3.4.19.3 湿度传感器安装

湿度传感器有两种型制与安装方法:一种型制适合墙装或吊箱装,根据采样点的需要而定;另一种型制适合安装在发动机进气口,安装位置取决于需要采样的湿度点位,原则是真实反映环境,尽可能清洁。湿度传感及变送器 Vaisala HMP231 墙装,探头指向朝下,即地面。若使用测量管道内流体时,其指向应与流向垂直。无论哪种安装,探头不可在空中晃来晃去。投入使用前,一定摘除探头保护塑料帽。

Vaisala 湿度计机箱输出信号连接至模拟输入模块。相对湿度测量范围为:0~100%。模拟输出 0~20mA,4~20mA,或 0~10V。功耗为:24VDC,180mA。电源为 24VDC。工作环境温度为:-40℃~+60℃。电缆长度为 2~10m。

3.4.20 废气背压阀安装

装在尾气管上的三元催化转化器会改变发动机背压,背压的变化对发动机功率有明显的影响。废气背压阀即可模拟三元催化转化器设定发动机废气背压。废气背压阀分两种型号:DN80 和 DN150。在图 3-77 中,"NW80"表示真空法兰和接头内径 80mm,NW 是两个法兰进行定心和密封的一种标准,有时也称为 DN。DN80 适用于最大 250kW 发动机,DN150 适用最大 400kW 发动机。

执行电机电源为单相 230VAC,L/N/PE,50Hz。控制线:0~10VDC。0V 对应 0%,叶门

关闭;10V 对应 100%,叶片完全打开。最大废气温度 650℃。

废气背压阀安装完毕必须做泄漏检查。在电动阀断电态下,可手动调节叶片位置。在正常工作态即电控态,应设电动阀在自动模式。

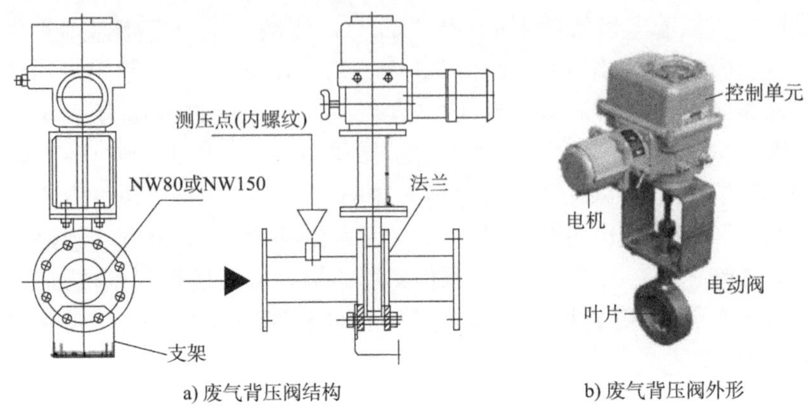

a) 废气背压阀结构　　b) 废气背压阀外形

图 3-77　废气背压阀举例

CHAPTER 4

第4章

测试项目实施

4.1 试验室工作流程

发动机试验台日常测量操作步骤如下。

(1)目测和手动检查所有试验室设备。发动机与测功机应连接完毕,轴保护套应盖好,油、水、电、气设置正确,不存在机械松动。检查油耗仪进油口处油压在0.1~0.8bar范围内,检查油库内燃油足够。开启各压缩空气阀。确认测功机变频柜已合闸通电。PUMA控制台合闸通电。开启排烟风机。

(2)旋转控制台左侧电源总开关,如图4-1所示。

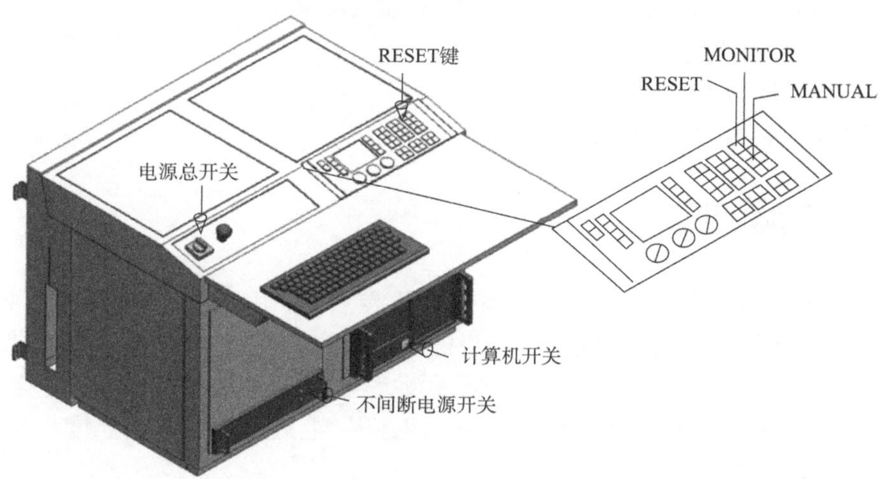

图4-1 发动机试验台日常测量操作举例

(3)开启UPS不间断电源开关。

(4)开启计算机开关,进入Windows,等待屏幕右下角实时操作系统INTIME图标处显示"INTIME is running",即实时操作系统已开始运行。

(5)在桌面上双击PUMA OPEN文件夹。

(6)在打开的文件夹中双击图标AVL PUMA OPEN Application。

(7)在弹出的 logon 窗口输入用户名、口令、项目名。

(8)点击 Start PUMA。

(9)等待几分钟,软件 PUMA 将进入 MONITOR 监视状态窗口,屏幕左上角有 MONITOR 字样显示。

(10)按压控制键盘右侧上 RESET 键,直至液晶屏显示"SYSTEM OK"。

(11)为了开始发动机试验,需要进入手动状态 MANUAL 窗口,选择所需文件名 UUT-xxx、TSTxxx 文件后,点击软键 MANUAL 或在控制键盘上按压 MANUAL 键。

(12)填写弹出的第一对话窗口 Result(结果),填写空栏:Test series(试验系列号);Name(名称);Storage Method(测试结果存储方法)等,点 OK。

(13)填写弹出第二对话窗口发动机参数检查表,点 OK。进入手动 MANUAL。在 MANUAL 状态下,可开始手动试验,或选择 AUTOMATIC,自动运行试验程序。

(14)在此时的 MANUAL 状态可以开始试验,比如选择"速度/油门"控制模式,速度选 3500r/min,油门开度 50%,运行 5min,按压"测量"键,系统完成测量并自动存储。

(15)完成测量后,按压 STOP 停止发动机运转。若运行自动程序时(若程序中未包括停机命令)需要停止发动机运转,则先回到手动 MANUAL 状态,再完成停机操作。现在试验结束,关闭 PUMA 试验系统。

(16)按压 MONITOR 键。

(17)填写弹出的结束对话窗口 End Dialog(Result Definition)后,点 OK。

(18)系统回到 MONITOR 状态。

(19)在软件左下方按压软键 Shutdown 关闭 PUMA,等待系统退出。

(20)关掉 Application Desktop 应用程序窗口,按 Yes,等待片刻。

(21)正常关掉计算机。

(22)关掉控制台电源总开关。

(23)关断油、水、电、气供应,确认所有人员撤离。

4.2 控制器调整

"控制器"这个词似乎很学院气,有可能令人生畏。我们用两个例子解释它。比如,把控制器当作你家中卫生间淋浴的水阀。当你想把水调得热点而将阀门转动一个角度时,水温不是你想要的稍高,而是忽冷忽热地波动,甚或没完没了地如此,或者许久才稳定在如愿的温度,不是烫得你叫唤,就是冷得你发抖。或者过了片刻,就达到心仪的温度。这些都是热水器控制器的不同表现。

再比如,夏天太热,你打开一台电风扇给房间降温,开了一会儿,房间有点冷,你就关掉电风扇。可过了一会儿,房间又热了起来,你又打开电风扇,这样来回来去把你累的不亦乐乎。于是,人们想到能否找一个"代理人"做这件事。设定一个所需温度,当室温高于设定,打开电风扇;当室温低于设定,关掉电风扇。于是,人们引入自动控制系统(图 4-2),引入了监视的因素,即借助传感器,那么电风扇就是执行器了。

但由于一个系统中人们选择的变量(比如两个)对应的关系不同,也或执行器的特性不同,控制方法或控制器也因此不同。但目标总是执行器的输出使得“温度”达到所需要的值或你定义的物理量需求值。

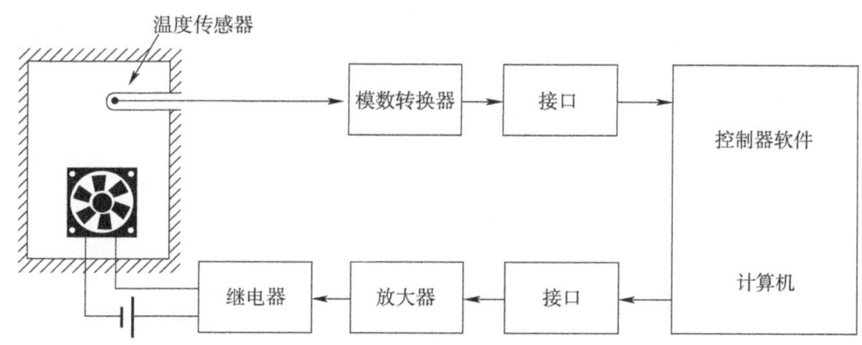

图4-2 温度控制系统

4.2.1 控制器基本形式

目前工业所用控制器90%以上是PID控制器。PID控制的改进形式,如I-PD控制和二自由度PID控制目前也正在工业中使用。PID控制的有用性在于它们对大多数控制系统的一般适用性。特别是,当“工厂”数学模型未知并因此不能使用分析设计方法时,PID控制被证明是最有用的。PID控制也应用在非线性系统中,发动机控制就是证明。

一般称任何需要控制的物理对象(如热炉、发动机或航天器)为工厂。工厂可能是一台设备,也可能只是一组一起运作的机器零件,其目的是执行特定的操作。

图4-3所示为一典型控制系统框图,由于被控变量被反馈,这称为闭路时域控制系统或反馈控制系统。如果被控变量没有反馈,则该过程称为开路控制。

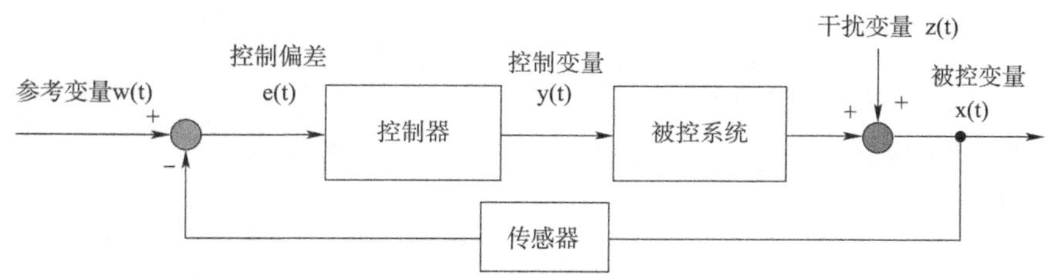

图4-3 典型闭路时域控制系统框图

图4-4表示两种基本形式的PID控制器。对应时域方程为式(4-1)。

$$y(t) = K_p \cdot e(t) + K_i \int e(t) dt + K_d \frac{d}{dt} e(t) \tag{4-1}$$

如果$K_i = K_p / T_i$,$K_d = K_p \cdot T_d$,则式(4-1)写成式:

$$y(t) = K_p \cdot \left[e(t) + \frac{1}{T_I} \int e(\tau) d\tau + T_d \cdot \frac{d}{dt} e(t) \right] \tag{4-2}$$

$K_i = K_p / T_i$决定控制器将容忍输出持续高于或低于设定点的时间;$K_d = K_p \cdot T_d$是控制器努力接近设定点使用的时间常数。

为了分析闭路时域控制系统,既定做法是使用拉普拉斯变换将时域表达转换为频域。式(4-3)对应式(4-1),式(4-4)对应式(4-2)。

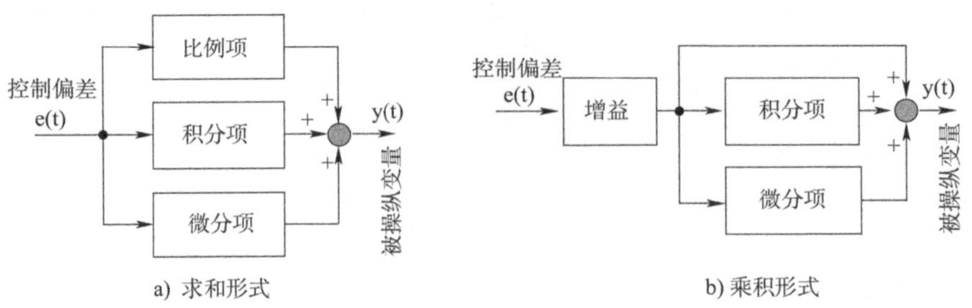

图 4-4 两种基本形式的 PID 控制器

$$\frac{Y(s)}{E(s)}=K_p+K_i\frac{1}{s}+K_d s \tag{4-3}$$

$$\frac{Y(s)}{E(s)}=K_p\left(1+\frac{1}{T_I s}+T_d s\right) \tag{4-4}$$

4.2.2 控制器调整方式

我们至少遇到以下三种控制器调整方式。

(1)在液晶面板上写入需求温度值后即可,如 25℃,一切调整运作由设备自己完成,例如,AVL 753 燃油温控器。

(2)工程师调节由电子电路硬件组成的 PID 控制器,如调节 Barber Colman 油门执行器的电位器。

(3)工程师在发动机试验室现场调试软件 PID 控制器的参数,控制测功机或发动机,如发动机扭矩控制器。

PID 控制即可以应用模拟电路硬件又可以应用软件来实现,图 4-5 和式(4-5)给出一个示例。

$$\mathrm{G}(s)=\frac{E_0(s)}{E_i(s)}=\frac{R_4}{R_3}\frac{R_2}{R_1}\frac{(R_1C_1s+1)(R_2C_2s+1)}{R_2C_2s} \tag{4-5}$$

图 4-6 所示为发动机试验室控制台操作面板主要控制器按键。

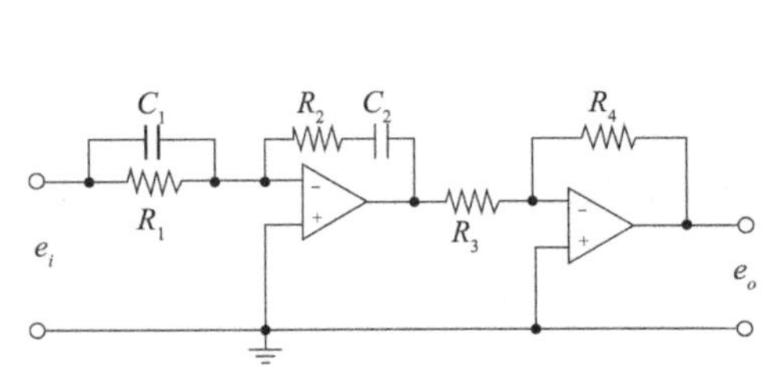

图 4-5 运算放大器构成的 PID 放大器

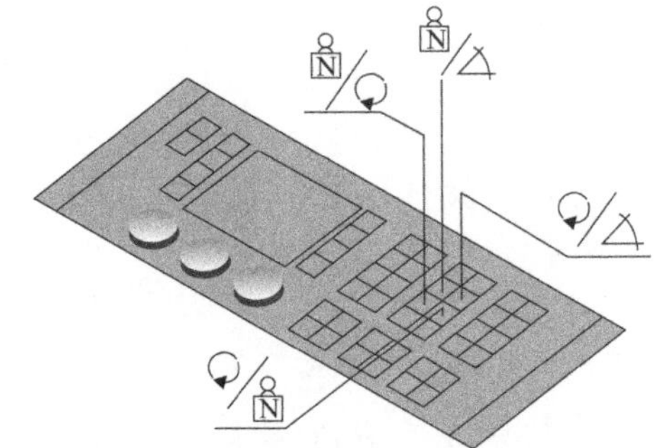

图 4-6 发动机试验室控制台操作面板主要控制器按键

图 4-6 中列出四个控制器按钮,当你按下四个按钮中任何一个,就有两个控制器生效。斜线两侧符号分别代表控制器,斜线左侧代表测功机控制器,右侧代表发动机控制器。圆圈符号代表转速 n,角度符号代表油门开度 α,标有字符 N 的砝码代表扭矩 T。

例如，当按压 n/α 按钮，即图4-5最右边的按键，就同时启用了测功机速度控制器和发动机油门控制器。表4-1列出这些常用控制器应用场合。

测功机和发动机控制器及应用 表4-1

按键(测功机/发动机)	控制模式与应用
n/α	测功机控制转速，发动机控制油门。适用于满负荷试验、万有特性试验
T/α	测功机控制扭矩，发动机控制油门
T/n	测功机控制扭矩，发动机控制转速
n/T	测功机控制转速，发动机控制扭矩。万有特性、CAMEO、排放法规
n/X	测功机控制转速，发动机控制 X 变量。X 可以是发动机内部变量，例如进气压力、油门配合适应

4.2.3 控制器调整目标

一个控制器设定的阶跃变化无论多快，执行的硬件都要有一个反应时间，所以出现斜坡是必然的。如图4-7所示，给出一个阶跃变化定义。

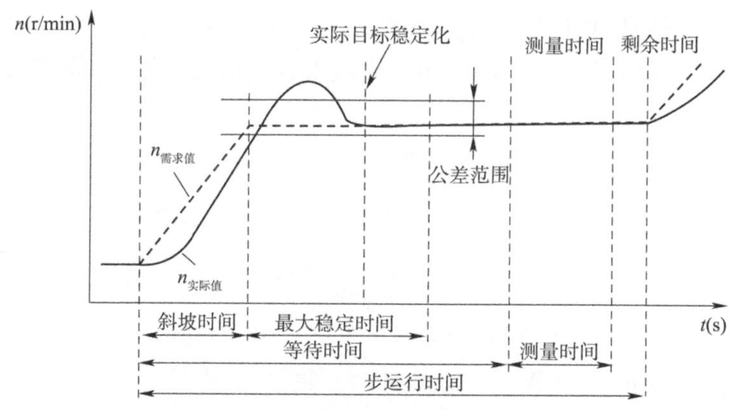

图4-7 被控制量阶跃变化与定义-转速

实际的阶跃响应执行需要斜波时间。软件设计规定在一定时间内系统必须将实际值控制到需求值，其过程允许有一定公差。若在规定时间内，控制对象值达不到需求，则采集系统显示“Out of control”，控制失败。

当然，控制完成所需时间越短越好。对发动机来讲，实现控制的时间越短，意味控制具有良好的动态性能。一般测功机的控制在1s内即可完成，因为发动机的变量 X 或油门本身是通过控制油门实现的，略慢一点，约2.5s左右也可控制到需求值。典型步稳运行时间可定义为30s，30s内稳定及测量都应当完成。

大多数PID控制器自动整定方法都是基于阶跃响应实验。工业中的大多数PID控制器都是由仪器工程师手动调整的。调节是根据过去的经验和启发式方法完成的。通过变化设定点观察闭环响应图形，工程师决定控制器参数。

4.2.4 控制器种类

表4-2列出发动机试验台控制器例子。

发动机试验台控制器举例 表4-2

测功机控制器	发动机控制器
测功机转速斜坡发生器 测功机扭矩斜坡发生器 测功机停止斜坡发生器 测功机突然停机斜坡发生器 测功机道路坡度斜坡发生器 测功机扭矩校正控制器 测功机速度PI控制器 测功机停机速度PI控制器 测功机硬停机速度PI控制器 道路梯度模拟控制器(PIL road grade) 测功机轴扭矩控制器(SHTC)	发动机转速斜坡发生器 发动机扭矩斜坡发生器 发动机油门斜坡发生器 发动机变量斜坡发生器 车辆速度斜坡发生器 发动机速度渐进适应控制器 发动机扭矩渐进适应控制器 ENPAC车辆速度控制器 模拟制动控制器

(1)测功机转速斜坡发生器。图4-8所示为针对测功机转速斜坡发生器。当系统响应需求值时,斜坡发生器的任务是最小化过冲和下冲。Max. d/dt:最大梯度,定义需求值斜坡最大梯度,它决定了需求值单位时间内添加(或减去)实际值的数量。有意义的取值范围为:$0 \leqslant n \leqslant 50000$(unit/s)。

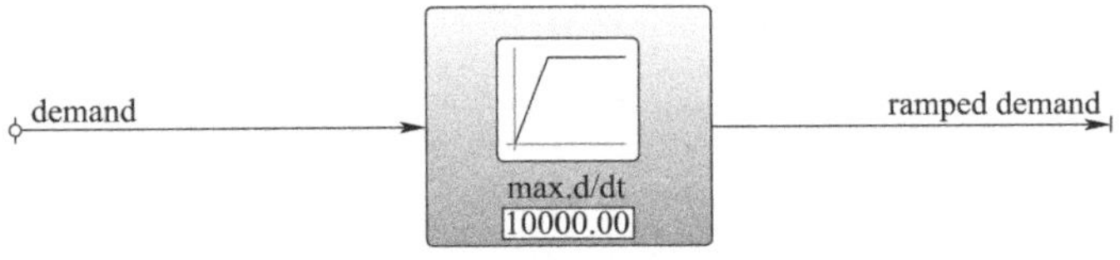

图4-8 测功机转速斜坡发生器(RAMP dyno speed)

(2)测功机扭矩校正控制器(CORRECTT)。图4-9所示为测功机扭矩校正控制器。demand代表需求值(对应Normname和系统名分别为T_dem_D,sv_setp_dyno_torque)。Actual即实际值(对应T_shaft)。Set代表设定值(对应T_set_D,sv_dyno_torque_set)。

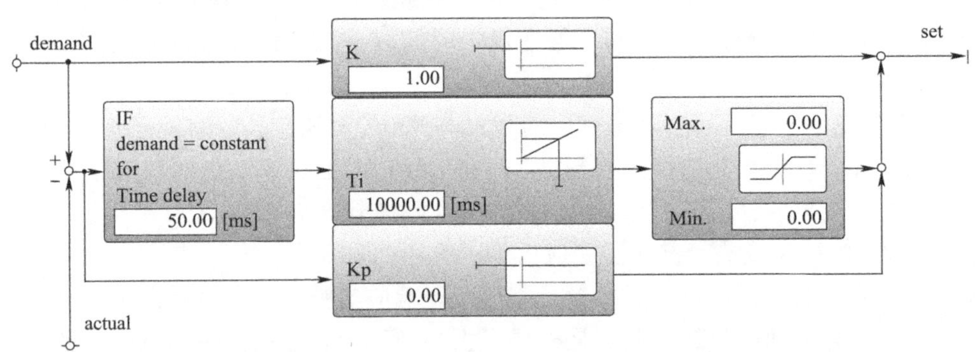

图4-9 测功机扭矩校正控制器(CORRECTT-Corrdynotorgue)

测功机扭矩校正控制器取值见表4-3。

测功机扭矩校正控制器 表4-3

控制器类型	全称	值	取值范围	解释
CORRECTT	测功机扭矩校正控制器	IF	1≤n≤10000(ms)	激活时间
		K	—	放大系数
		Ti	—	积分作用时间 Ti大,积分作用小;Ti小,实际值接近demand值越快。若Ti太小,控制器会接近振荡
		Kp	—	比例增益
		Max	-10~10(%)	—
		Min	-10~10(%)	最小值前必须有负号

(3)测功机速度PI控制器。图4-10所示为测功机速度PI控制器。

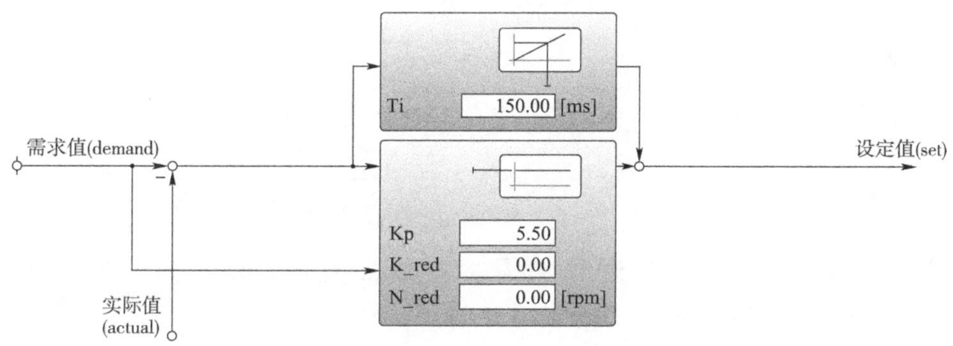

图4-10 测功机速度PI控制器

测功机速度控制器取值见表4-4。

测功机速度控制器 表4-4

控制器类型	全称	值	取值范围	解释
PICONTN	测功机PI控制器	Ti	1≤ n ≤ 1000 (ms)	积分作用时间 Ti大,积分作用小;Ti小,实际值接近需求值越快。若Ti太小,控制器会接近振荡
		Kp	0.0≤ n ≤ 50.0	比例增益
		k_red	0.0≤ n ≤ 1.0	最小减小系数 Demand speed = 0 时的比例增益值。它较通常时低。Red-reduction 注:某版本手册使用k_low
		N_red	酌情	测功机速度减小 注:某版本手册使用N_low

如果实际速度与需求速度值相差太大,则必须继续调整 PI 控制器。过程如下:

①为积分作用时间 Ti 设定一高值使积分成分失效,比如 9999。

②设定 K_red 为 1.0 和 N_red 为 10r/min。

③执行需求值阶跃运行,增加比例增益,以 Kp = 1 开始。

④增加 Kp 直至控制回路变得不稳定了。

⑤减小 Kp 到不稳值的 70%。当控制器输出值似乎稳定,在高频分辨率下(最高至 50Hz),就找到了一个较理想的比例增益值。

⑥减小积分作用时间 Ti。逐渐减少 Ti 的高值直到得到所需阶跃响应。

⑦设定 K_red 为一小于 0.1 的值以求需求值达到时得到一平滑性能。

(4)发动机速度渐进适应控制器。发动机速度渐进适应控制器如图 4-11 所示。

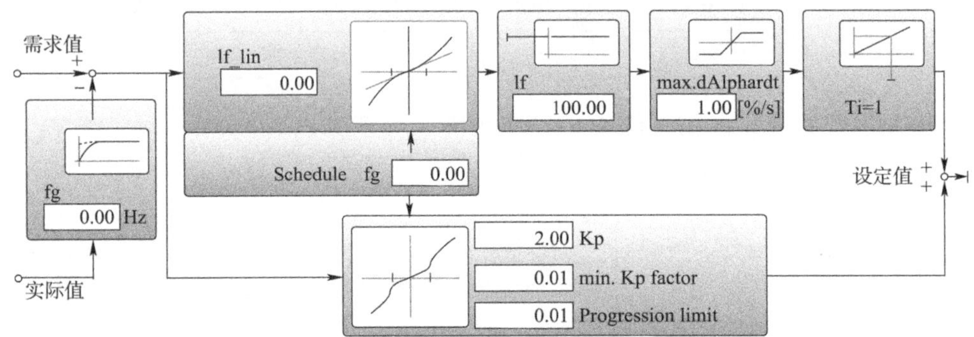

图 4-11 发动机速度渐进适应控制器

该控制器输出为油门执行器设定值。需求值:N_dem_E;actual。实际值:N_ENGINE。设定值:Alpha_d。发动机速度渐近控制器取值见表 4-5。

发动机速度渐近控制器取值 表 4-5

控制器类型	全称	值	取值范围	解释
ENPAC	发动机速度渐进适应控制器	Fg	0	噪声滤波器截止频率
		If_lin	0 < If_lin < 1	0 = 不起作用 1 = 在全范围内为线性关系
		Schedule fg	1 ~ 5 Hz	若 fg 设为 0,调度变量滤波器的截止频率被设为 25Hz
		If	0 ~ 9999	积分增益
		Max. dAlpha/dt	0 < max. dAlpha/dt < 100 (%/s)	—
		Kp	0 < Kp < 1000	
		Min. Kp factor	0 ~ 1	0.5 代表 50%,1 代表 100%
		进程限值	0 ~ 10%	当设为 0 时,增益降值无作用

ENPAC(发动机渐进式自适应控制器)控制器为试验台系统中发动机控制而设计。它

们基于 PI 控制器。ENPAC 控制器有两个输入和一个输出。输出总是用于传输油门开度设定点。

ENPAC 发动机速度控制器调节方法如下：

①设 If_lin，If，进程限值为 0。

②设 max. dAlpha/dt 为 100。

③执行若干阶跃测试，逐渐增加 Kp 直到控制回路开始振荡。

④找到进程上限：通过增加进程限值稳定闭路响应。在进程上限处，回路稳定。

⑤找到进程下限：减小进程限值。在进程下限处，控制回路开始再次振荡。

⑥设定进程限值为一个粗略位于进程上限与进程下限之间的某个值。

⑦如需重新调整 Kp。

⑧逐渐增加 If 直至闭路开始振荡。

⑨减小 max. dAlpha/dt 使回路稳定下来。

⑩增加 If_lin 以便移去稳态误差。

PID 控制律的不同项可以解释如下：比例项考虑现在，积分项考虑过去（基于过去的积累）和导数项是对未来的预测（基于变化率）。调节需要在三个点，怠速、中等负载和满负荷上完成。

（5）发动机扭矩渐进适应控制器。

发动机扭矩渐进适应控制器如图 4-12 所示。

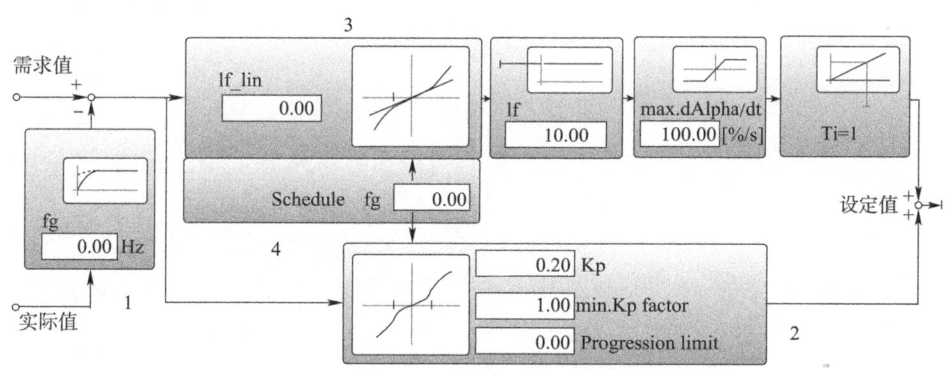

图 4-12　发动机扭矩渐进适应控制器

发动机扭矩控制器取值见表 4-6。

发动机扭矩渐进适应控制器调节方法如下：

①运转发动机与最大扭矩下的转速。

②设 If 为 0。

③设噪声滤波器截止频率 fg 为 0。

④设 max. dAlpha/dt 为 0。

⑤执行一系列工况阶跃试验并逐渐增加 Kp 到控制回路开始振荡的点。

⑥减小 Kp 回到一稳定点。

⑦同时逐渐增加 max. dAlpha/dt 和 If 直至控制回路又开始振荡。

⑧减少 If 回到一稳定点，然后设定 max. dAlpha/dt 至一小值。

⑨检查是否控制回路在整个工况范围内是稳定的。如必要,重复调节过程。

⑩设噪声滤波器截止频率 15Hz < fg < 30Hz。

发动机扭矩控制器取值 表 4-6

控制器类型	全称	值	取值范围	解释
ENPAC	发动机扭矩渐进适应控制器	Fg	约 15Hz	噪声滤波器截止频率
		If_lin	0 < If_lin < 1	0 = 不起作用 1 = 在全范围内为线性关系
		Schedule fg	1 ~ 5 Hz	若 fg 设为 0,调度变量滤波器的截止频率被设为 25Hz
		If	0 ~ 9999	积分增益
		Max. dAlpha/dt	0 < max. dAlpha/dt < 100 (%/s)	—
		Kp	0 < Kp < 1000	—
		Min. kp factor	0 ~ 1	0.5 代表 50%,1 代表 100%
		进程限值	0 ~ 10%	当设为 0 时,增益降值无作用

电机调速的任务是控制转速,而转速变化是通过转矩变化来实现的。转速和转矩的关系表达式为 $T_d - T_L = I\dfrac{\mathrm{d}\omega}{\mathrm{d}t}$,$I$ 为转动惯量。由此可见,除转矩外,再没有其他控制量可以影响转速,调速的关键也是转矩控制。

4.2.5 PID 变形控制器举例

在实际控制器框图中,也许推导中发现最终传输函数不是基本型或标准型,我们称其为修改型或变型。

在基本形式 PID 控制器中(图 4-4b),如果参考输入是阶跃函数,那么,由于控制动作时微分项的存在,被操纵变量 $y(t)$ 将涉及冲击函数(δ 函数)。在实际的 PID 控制器中,我们使用的不是纯微分项,而是

$$\frac{T_d s}{1 + \gamma T_d s} \tag{4-6}$$

其中 $\gamma \approx 0.1$。因此,当参考输入为阶跃函数时,操纵变量 $y(t)$ 避免了冲击函数,但会涉及尖脉冲功能。这种现象称为"罚点球"(set-point kick)。

此处未使用纯微分项 $T_d S$,而使用 $\dfrac{T_d S}{(1 + T_d S)}$,其中 $T = \gamma T_d$。因为式(4-1)纯微分组件不能实现,所以,在微分项中添加了一阶低通滤波器,成为式(4-6)。低通滤波器还确保任何干扰变量不会进一步放大。T 是低通滤波器的时间常数。

4.2.6 控制器理论与实践

4.2.6.1 罗斯稳定性判据

线性控制系统中最重要的问题涉及稳定性,即系统在什么情况下会变得不稳定?如果

不稳定，我们应该如何稳定系统？我们已经知道，当且仅当所有闭环极点都位于 $s(s=\sigma+j\omega)$ 平面的左半平面时，控制系统是稳定的。图4-13所示是一个闭路系统。其传输函数可以式(4-7)表示。

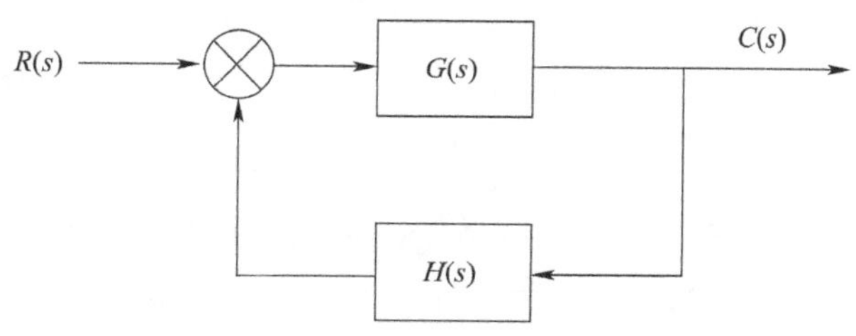

图4-13 闭路系统

大多数线性闭环系统具有以下形式的闭环传递函数：

$$\frac{C(s)}{R(s)}=\frac{G(s)}{1+G(s)H(s)}=\frac{b_0S^m+b_1S^{m-1}+\cdots+b_{m-1}s+b_m}{a_0S^n+a_1S^{n-1}+\cdots+a_{n-1}S+a_n} \tag{4-7}$$

式中：$C(s)$——系统输出；

$R(s)$——系统输入；

a,b——常数；

m,n——常数，$m\leqslant n$。

罗斯稳定性判据步骤如下。

(1)将分母写为方程式。

$$a_0S^n+a_1S^{n-1}+\cdots+a_{n-1}S+a_0=0 \tag{4-8}$$

其中，系数是实数。设 $a_n\neq0$。

(2)在至少一个正系数在场情况下，如果任何系数是0或负值，系统不是稳定的。稳定的必要条件是所有系数必须是正值。所有系数是正的不是决定系统是否稳定的充分条件，所以，必要但不充分条件是公式(4-8)的所有系数存在，且所有有正号。

$$\begin{array}{c|c|cccc}
s^n & a_0 & a_2 & a_4 & a_6 & \cdots \\
s^{n-1} & a_1 & a_3 & a_5 & a_7 & \cdots \\
s^{n-2} & b_1 & b_2 & b_3 & b_4 & \cdots \\
s^{n-3} & c_1 & c_2 & c_3 & c_4 & \cdots \\
s^{n-4} & d_1 & d_2 & d_3 & d_4 & \cdots \\
\vdots & \vdots & \vdots & & & \\
s^2 & e_1 & e_2 & & & \\
s^1 & f_1 & & & & \\
s^0 & g_1 & & & &
\end{array}$$

$$
\begin{aligned}
b_1 &= \frac{a_1a_2 - a_0a_3}{a_1} & c_1 &= \frac{b_1a_3 - a_1b_2}{b_1} & d_1 &= \frac{c_1b_2 - b_1c_2}{c_1} \\
b_2 &= \frac{a_1a_4 - a_0a_5}{a_1} & c_2 &= \frac{b_1a_5 - a_1b_3}{b_1} & d_2 &= \frac{c_1b_3 - b_1c_3}{c_1} \\
b_3 &= \frac{a_1a_6 - a_0a_7}{a_1} & c_3 &= \frac{b_1a_7 - a_1b_4}{b_1} & & \cdots \\
& & & \cdots
\end{aligned}
\tag{4-9}
$$

(3)若所有系数是正的,按下列格式或数组(array)写出系数。

系统稳定的充分且必要条件,或者说方程(4-8)所有根都落在S左平面的充要条件是:

第一,方程(4-8)所有系数是正的;

第二,在(4-9)罗斯数组第一列(方框内)所有项有正号。

应用罗斯准则至三阶多项式为:

$$
a_0S^3 + a_1S^2 + a_2S + a_3 = 0 \tag{4-10}
$$

其中,所有系数均为正数。系数数组变为:

$$
\begin{array}{lcc}
s^3 & a_0 & a_2 \\
s^2 & a_1 & a_3 \\
s^1 & \dfrac{a_1a_2 - a_0a_3}{a_1} & \\
s^0 & a_3 &
\end{array}
\tag{4-11}
$$

所有根都具有负实部的条件,即系统稳定条件:$a_1a_2 > a_0a_3$。

4.2.6.2 齐格勒·尼科尔斯(Ziegler Nichols)第二调节方法

图4-14所示的带控制器闭环系统,不仅有控制器,还涵盖被控系统或工厂。工厂可理解为执行器,或这里假设是发动机。$c(t)$是被控制量,譬如扭矩、温度。K_{cr}或可记作$K_{\text{oscillating}}$或$K_{\text{振荡}}$,cr代表临界。齐格勒·尼科尔斯第二调节方法(简称齐格勒第二调节方法)见表4-7。

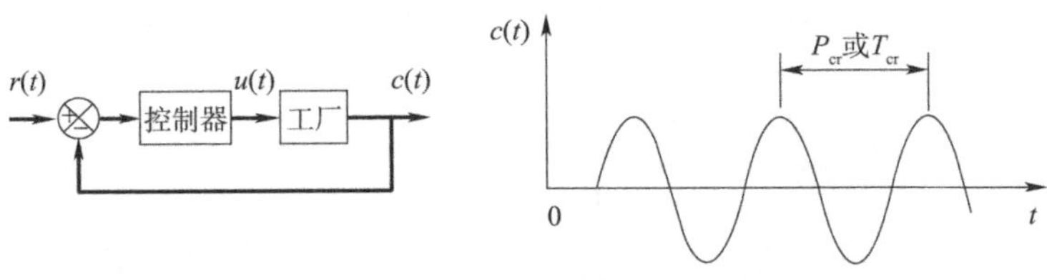

a) 带控制器闭环系统　b) 持续振荡周期(以秒为单位)

图4-14　闭环系统

齐格勒第二调节方法　表4-7

控制算法	K_p	T_i	T_d
P	$0.5K_{cr}$	∞	0
PI	$0.45K_{cr}$	$0.83P_{cr}$	0
PID	$0.6K_{cr}$	$0.5P_{cr}$	$0.125P_{cr}$

齐格勒第二调节方法中,我们首先设置$T_i = \infty$,$T_d = 0$,以及仅使用比例控制作用(图4-14),将Kp从0增加到一个临界值Kcr,在该临界值下,输出首先显示出持续的振荡(如果对于任何取值Kp,输出都没有表现出持续振荡,则该方法不适用)。临界增益K_{cr}和周期P_{cr}由实验或调试确定,如图4-14b)所示。齐格勒·尼科尔斯(Ziegler Nichols)建议我们根据表4-7设置参数K_p,T_i和T_d的值。

齐格勒·尼科尔斯调整规则已被广泛用于过程控制系统中调节PID控制器,包括在那些无法精确了解工厂动态的过程。多年来,这种调整规则被证明是非常有用的。齐格勒·尼科尔斯调整规则当然可以应用于已知动态的工厂。

4.2.6.3 理论分析解决PID控制问题

假如我们已知需要控制工厂的动态如图4-15所示。

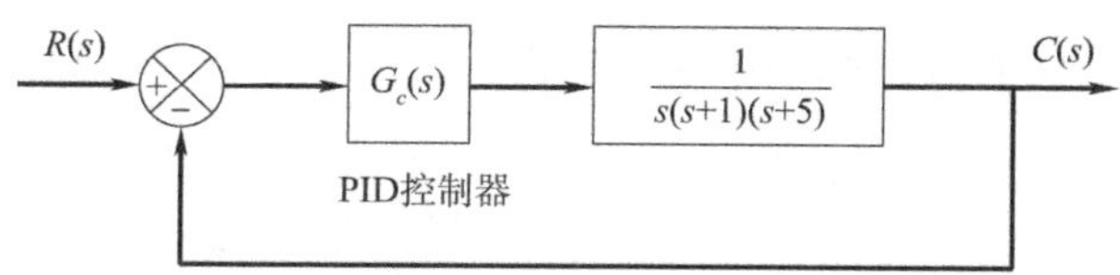

图4-15 PID控制举例

我们使用PID控制器,控制函数为:

$$G_c = K_p\left(1 + \frac{1}{T_i s} + T_d s\right) \tag{4-12}$$

应用齐格勒第二方法确定K_p、T_i和T_d参数值,然后得到一条阶跃响应曲线,观察是否系统呈现最大25%过冲。如果过冲达到40%或更大,则需要精调,减小最大过冲量,使达到最大25%或更少。

解:设积分作用时间$T_i = \infty$,微分时间$T_d = 0$,得到闭路传输函数如下:

$$\frac{C(s)}{R(s)} = \frac{K_p}{s(s+1)(s+5)+K_p} \tag{4-13}$$

使用罗斯稳定性准则可以获得使系统"压线"或"边界"稳定的K_p值,以便持续发生振荡。由于该闭环系统特征方程是:

$$S^3 + 6S^2 + 5S + K_p = 0 \tag{4-14}$$

使用罗斯准则,

步骤1: $S^3 + 6S^2 + 5S + K_p = 0$

步骤2:

$$\begin{array}{lll} S^3 & 1 & 5 \\ S^2 & 6 & Kp \\ S^1 & \dfrac{30-Kp}{6} & \\ S^0 & Kp & \end{array} \tag{4-15}$$

$30 - Kp > 0$,$Kp < 30$,若$Kp = 30$,系统维持振荡。所以,临界增益$K_{cr} = 30$,则特征方程成为$S^3 + 6S^2 + 5S + 30 = 0$。为了找到振荡频率,将$s = j\omega$代入特征方程:

$$(j\omega)^3 + 6(j\omega)^2 + 5(j\omega) + 30 = 0 \tag{4-16}$$

$$6(5-\omega^2)+j\omega(5-\omega^2)=0$$

$$\omega=\sqrt{5}$$

维持振荡周期为：

$$T_{cr}=\frac{2\pi}{\omega}=\frac{2\pi}{\sqrt{5}}=2.8099$$

根据齐格勒第二调节法：

$$\mathrm{Kp}=0.6K_{cr}=18;T_i=0.5T_{cr}=1.405;T_d=0.125T_{cr}=0.35124$$

所以，PID 控制器传输函数为：

$$G_s(s)=K_p\left(1+\frac{1}{T_is}+T_ds\right)=18\left(1+\frac{1}{1.405s}+0.35124s\right)=\frac{6.3223\ (s+1.4235)^2}{s} \tag{4-17}$$

得到调整 PID 控制器系统框图如图 4-16 所示。

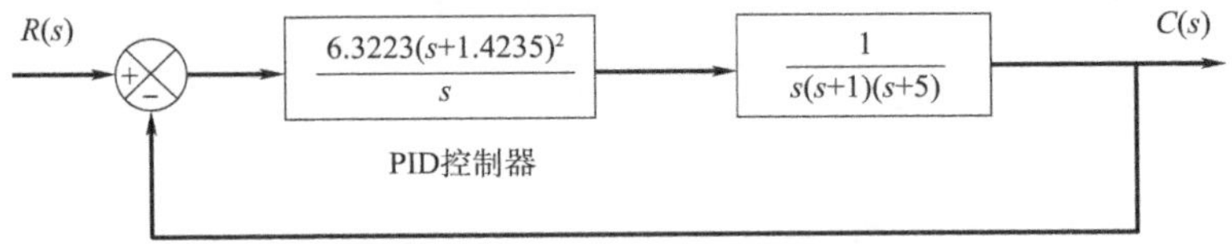

图 4-16　使用齐格勒第二调节法调整 PID 控制器系统框图

所以，可以得到闭路传输函数为：

$$\frac{C(s)}{R(s)}=\frac{6.3223s^2+18s+12.811}{s^4+6s^3+11.3222s^2+18s+12.811} \tag{4-18}$$

使用 MATLAB 软件检查该系统的单位阶跃响应，或者控制器是否理想。工程师现场改变控制器参数，即在现场完成控制器设计。

注意：(1)对应系统稳定的参数不是唯一的，可能有很多套。这是因为左半平面是个广大区域。

(2)被控对象(发动机)型号不同，控制参数可能不同。这也是控制器参数可调的原因之一。

图 4-17 所示为不同参数对应的不同阶跃响应。

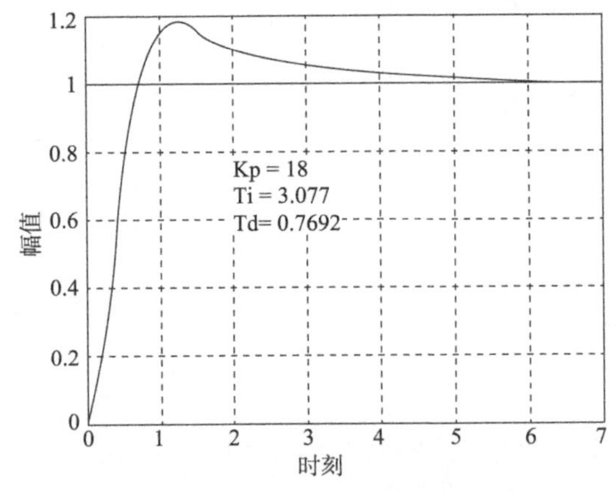

a) 不同参数对应不同阶跃响应

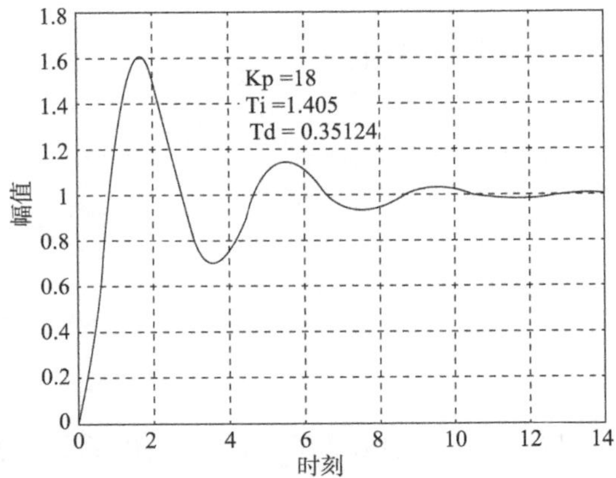

b) 不同参数对应不同阶跃响应

图　4-17

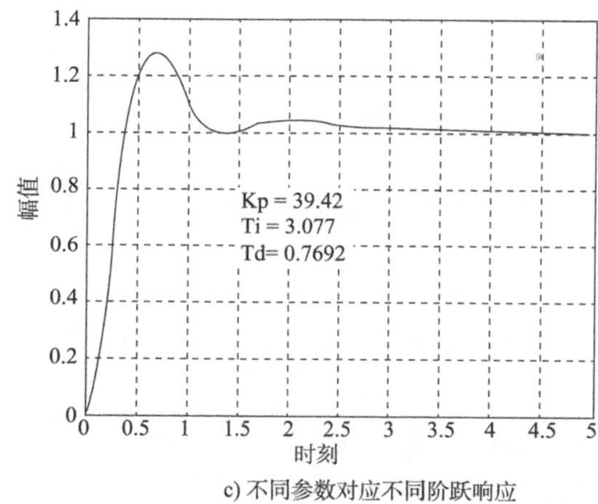

c) 不同参数对应不同阶跃响应

```
MATLAB Program

%---------- Unit-step response ---------------

num = [6.3223 18 12.811];
den = [ 1 611.3223 18 12.811];
step(num,den)
grid
title('Unit-Step Response')
```

d) 绘图程序

图 4-17 不同参数下对应的不同阶跃响应

图 4-17a)过冲较大，达到 62%。在计算机上精调控制器参数，阶跃响应的最大过冲减小到 18%，即图 4-17b)；保持K_p，调节T_i和T_d，过冲减小。再增加K_p，实际值快速趋近需求值，响应快于图 4-17b)。稳定时间更短。最大过冲 28%，相当接近 25%的目标。

$K_p=39.42$，大于 30！罗斯准则不是要求 Kp 小于 30 吗？在图 4-17c)中却出现$K_p=39.42$。齐格勒第二种方法调整规则又算得$K_p=18$，这是怎么回事？实际上，罗斯准则给出了稳定与不稳定的分界线。或许你想说“齐格勒调节规则为提供了起始点或边界值”，但是图 4-17c)的控制效果较图 4-17a)和图 4-17b)更佳，更接近理想的情形。两种方法的结合使用可以帮助我们判断理想稳定参数的方向。有趣的是，图 4-17c)中参数值分别是 Ziegler-Nichols 第二种方法调整规则建议值的两倍，所以图 4-17c)的效果最可取。

以上例子有助于对控制器深入了解，但在现场无法获得受控对象的传输函数。即使得不到数学模型，我们想着控制器的要点也可以尽早使系统控制调节完成。

例如 Barber Colman 油门执行器控制器调节(参看图 4-18)，其调节步骤是首先调节电位器使驱动杆振荡起来，找到振荡点(此时极点落在纵轴上)。振荡点找到后就确定了电位器调整方向，进一步调整，使控制器进入稳定区成为稳定点。可以记住调节圈数，以争取稳定裕度。

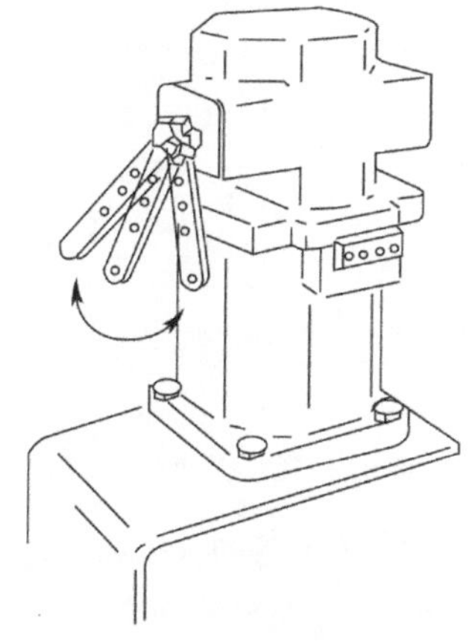

图 4-18 Barber Colman 油门执行器在(左右平面)分界线上振动起来

下面从一个调试实例理解控制器,Barber Colman 油门执行器调节步骤如下。

①在 EMCON K57 上设定 Alpha 电位器在 50% 的位置。

②调节 Barber Colman 顶部控制器的若干电位器(这属于调节硬件 PID)。转动 OFFSET 电位器使驱动杆在行程的中心位置。

③顺时针旋转 GAIN 电位器直至驱动杆发生抖动,然后慢慢地反时针转动 GAIN(P)电位器使驱动杆稳定下来。

④在 EMCON K57(采集控制系统控制面板)上,快速转动 Alpha 电位器朝两个方向(即朝 0% 方向和 100% 方向)。如果驱动杆发生过冲,稍稍反时针转动 I(integration)电位器,并重复这一步骤,直至满意为止。

⑤在 EMCON K57 上,反时针将 Alpha 电位器转到头,驱动杆应恰好在最小位置。如果驱动杆在停止位,反时针转动 SPAN 电位器,以便将驱动杆调整刚刚离开停止位。

⑥在 EMCON K57 上,顺时针将 Alpha 电位器转到头,驱动杆应恰好在最大位置。如果驱动杆是在停止位,稍稍顺时针转动 OFFSET 电位器,然后重复步骤⑤和⑥至满意位置。

⑦在 EMCON K57 上,转动 Alpha 电位器使驱动杆在行程 50% 位置,并重新检查 GAIN 电位器和 I 电位器,如步骤③和步骤④所定义,直至满意为止。

注意步骤③的陈述"顺时针旋转 GAIN 电位器直至驱动杆发生抖动",这意味发生振荡,极点落在复平面的 $j\omega$ 轴上。调整油门执行器使极点落在左侧复平面上,控制就可趋向理想。

调节控制器过程中需要人为制造工况阶跃变化。增益项增大,跟随强度增大。积分作用是消除静差。

图 4-19 所示为稳定与不稳定平面区域。

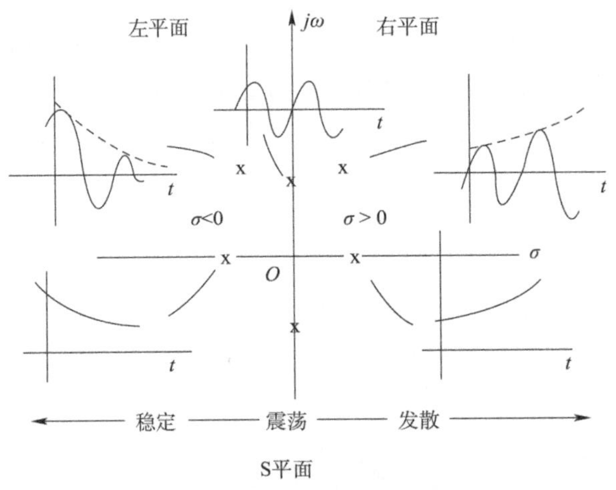

图 4-19　稳定与不稳定平面区域($s=\sigma+j\omega$)

图 4-20 所示为二阶系统单位阶跃响应各种曲线。该图表示不同 PID 控制器参数设定后时域曲线发展趋势。纵坐标可以理解为被控制的物理量,数值范围是 $c(t)$:0~2.0。

PID 调节过程开始,先关掉积分,若是 Ti,令 Ti =9999.9,或若是 If,令 If =0。然后调节比例增益 Kp。人为制造阶跃,如转速为 1000 ~ 2000r/min;如扭矩为 59 ~ 100N·m。

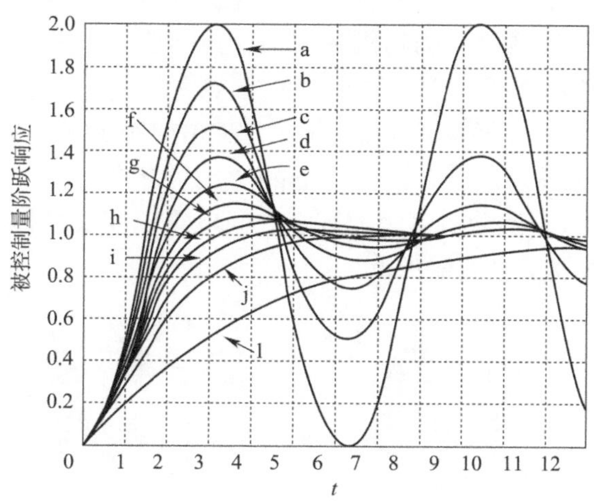

图4-20 二阶系统单位阶跃响应各种曲线

a-振荡;b、c、d、e-过冲;f、g、h、i-控制效果可以接受;j、l-达到需求值太迟缓,不可接受

4.3 发动机试验室干扰防治

发动机试验室有许多精密测量设备,这些设备在使用过程中由于各种原因受到干扰,而其中测功机变频柜可能是最大干扰源,因为变频器中含有非线性电子元件,会产生谐波并以射频方式发射出来,对周围设备形成干扰。除此以外,还有一些原因构成对设备干扰。

电感性干扰是由电流产生磁通量引起的,磁通量在附近导体中产生电压。电容性干扰可能固具有不同电压电平的信号线被密切靠近铺设而产生,当电源线靠近信号线铺设时,也会引起电容性干扰。电磁干扰即可以在信号电缆中感应出电流和电压,它可能由许多“噪声”发射器引起,范围从火花塞到移动通信设备。

可见,变频柜既可能是干扰源,也可能是被火花塞干扰的被干扰者。下面以若干实例说明干扰现象与对策措施。

4.3.1 干扰案例

案例1:燃烧分析仪测量信号受到干扰。

某柴油机厂研发部验收 AVL 燃烧分析仪,欲将其应用于柴油发动机 CA6110 排放测试与评价。

测试环境如下:

220kW AVL ELIN 电力感应测功机,包括测功电机和 IGBT 变频柜、增量脉冲速度传感器、应变力型扭矩传感器、发动机控制与采集系统 AVL PUMA 和 EMCON。AVL 617 Indimeter 燃烧分析仪,包括发动机曲轴转角坐标仪 365、发动机汽缸压力传感器、电荷放大器与变送器、缸压传感器冷却循环系统、带信号采集与数据分析软件的计算机。AVL 403 发动机机油消耗测量仪,包括连通器法电容原理传感器、电子评价单元、标定单元和评价智能软件。

试验设备布局如图4-21a)。发动机室与控制室处于建筑物第一层。发动机室四壁与天花板安装有吸音棉和金属屏蔽网。测功机变频柜安置于控制室内,发动机采集控制台、燃烧分析仪采集模块与燃烧分析软件计算机、403 油耗仪评价单元与回归分析软件计算机就位于控制室。控制室四壁及天花板采用普通墙面。变频柜距 PUMA 控制台直线距离约 4m。测功电机至变频柜动力电缆采用缆普公司(Lapp)电力屏蔽电缆。电缆自然放置于混凝土地板表面(未铺入电缆桥架)。发动机室至控制室之间电缆以及变频柜至控制台电缆都未铺入金属桥架,而是自然地散放于水泥地板上。

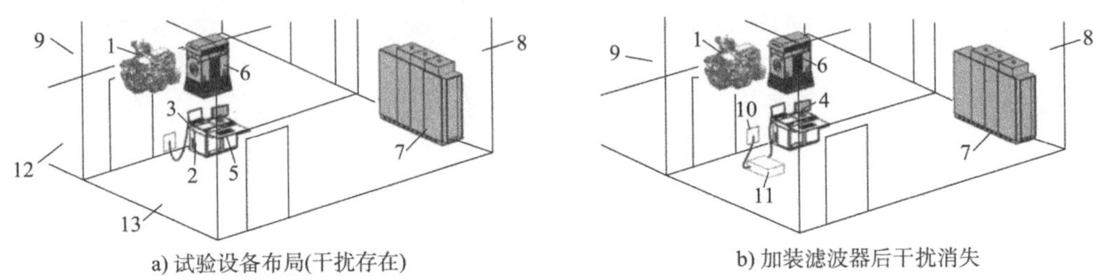

图 4-21 试验室布局

1-发动机(安装有角标仪、缸压传感器、管压和针阀升程传感器);2-PUMA 控制台;3-燃烧分析计算机及采集模块;4-PUMA 计算机显示屏;5-PUMA 控制台;6-测功电机;7-变频柜;8-控制室墙;9-发动机室墙;10-墙装三孔(L,N,PE)单相插座或两相 380V 交流供电插座;11-滤波器;12-发动机室;13-控制室

当系统按正常设置与操作开始测量时得到图 4-22 的结果,显然 AVL 617Indimeter 燃烧分析仪测量信号受到干扰。

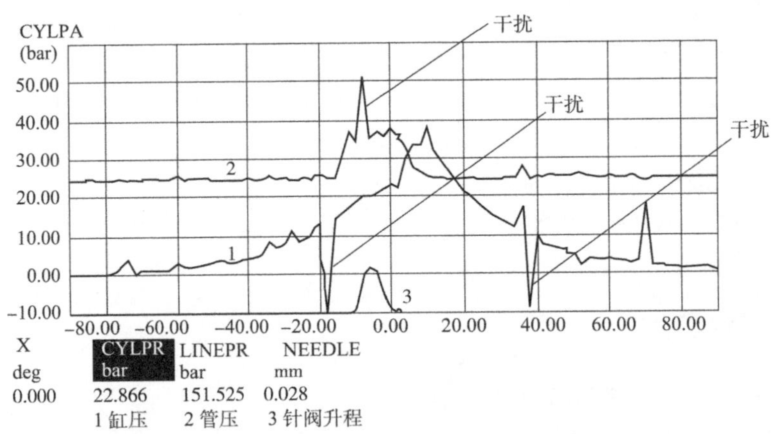

图 4-22 变频柜正常供电,发动机驱动测功电机情况下,燃烧分析仪测得波形

为了找到干扰源,测功机电源切断,断开连接轴,仅发动机运转时,仍使用 AVL 617 测量缸压信号,结果显示如图 4-23 所示,此时工况为 2160r/min,0N · m。可见,干扰消失了,说明变频柜是燃烧分析仪的干扰源。

AVL617 燃烧分析仪的 220V 交流电源是由控制室内墙装三孔插座取得的,使用示波器测量供电插座电源波形,得到图 4-24a)的畸变波形。这说明电网供电已被污染。为了消除干扰,设计与加设了图 4-24b)滤波器模块。模块由电容、电感、隔离变压器组成(请读者思考设计图中电感与电容参数)。模块输入连接控制室内配电 380VAC 两相交流源,滤波模块输出V_o为 AVL617 燃烧分析仪供电(图 4-21b)物品 11。

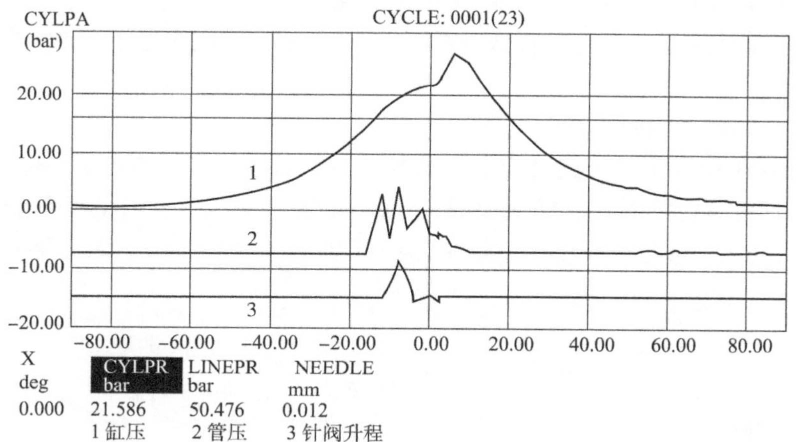

图 4-23 测功机变频柜电源切断,仅发动机运转时,燃烧分析仪测得波形

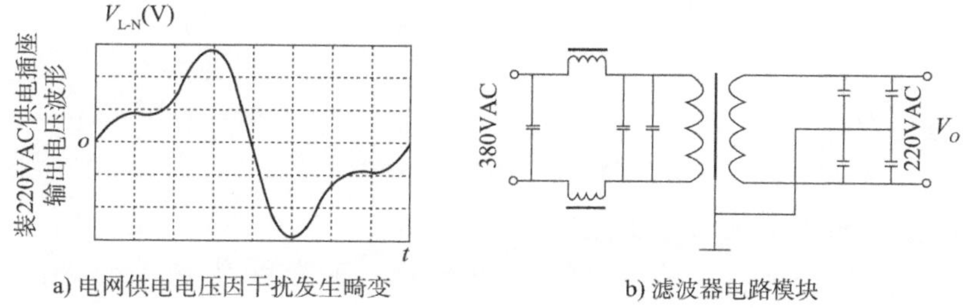

a) 电网供电电压因干扰发生畸变

b) 滤波器电路模块

图 4-24 案例 1 示意图

安装连接轴,通电变频柜和测功电机进入正常试验状态。重新运转系统后得到图 4-25。该图显示干扰已成功去除,波形良好。可见加设滤波单元和隔离变压器是解决干扰问题的方法之一。

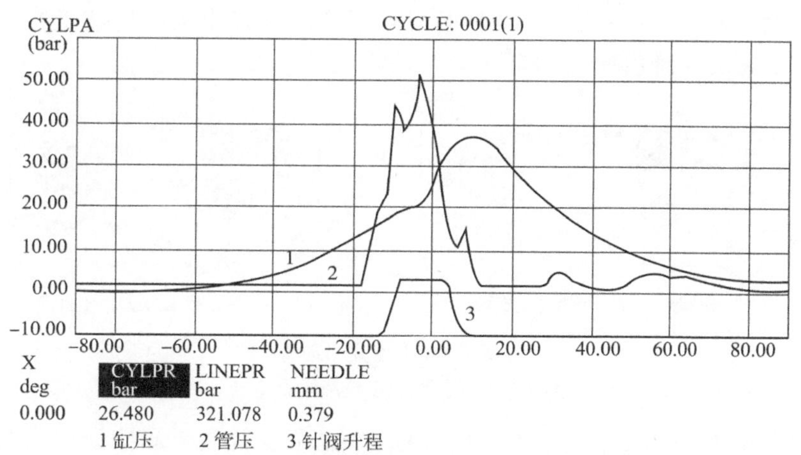

图 4-25 加设滤波器后,燃烧分析仪测得的缸压、管压和针阀升程曲线

在案例 1 中发现,电磁波污染了用户墙内的 220V 电源线,而自然搁置在地板上的信号线,由于线材本身采用的是高质量屏蔽线,在 PUMA 显示中并未看到其他干扰现象。

案例 2:AVL403 机油消耗仪测量结果受到干扰。

1997 年,某柴油机厂研发部验收 AVL403 机油消耗仪,应用于柴油发动机机油消耗测试与评价。

测试环境与案例 1 相同。

应用 AVL 403 机油消耗仪测量柴油发动机在一定时间内机油消耗是一件既费时又耗油的挑战性工作,在运行发动机定义数小时期间(例如 6h),发动机任何部件不能失效,否则测量需要重新计时。油耗曲线是实时采集的,计算机显示 AVL 403S 机油油耗测量结果如图 4-26所示。

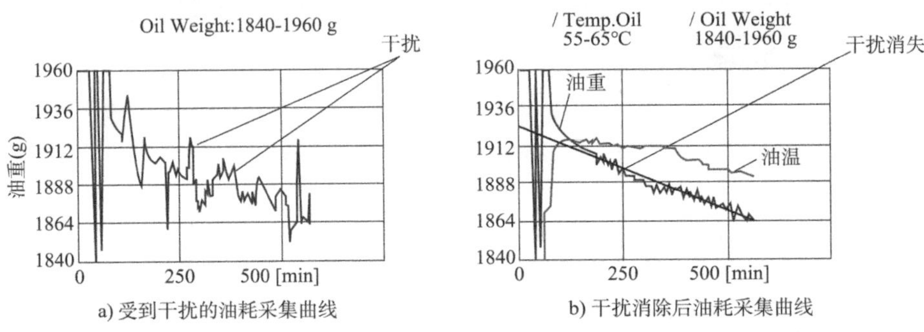

a) 受到干扰的油耗采集曲线　　b) 干扰消除后油耗采集曲线

图 4-26　案例 2 示意图

在图 4-26a) 中,由于干扰的存在,软件无法评价。而在 4-26b) 中,干扰被消除,软件完成评价。评价方法是回归法,测量时间为 400min.,油重变化是 -43.8g,机油消耗为 6.57g/h。

问题产生在哪里呢?我们让评价单元与软件计算机也从滤波器出口获取电源,结果无效!麻烦依旧。

考虑到干扰可能来自空中,将放在 PUMA 控制台上的 403 评价单元(图 4-27a)由控制室移入发动机室(如图 4-27b)。奇迹发生了!我们得到图 4-26b),机油消耗曲线趋势如期所现。这是因为发动机室四壁安装有金属网,屏蔽了变频器发出的电磁波干扰。可见加设金属屏蔽是抗干扰的又一种手段。

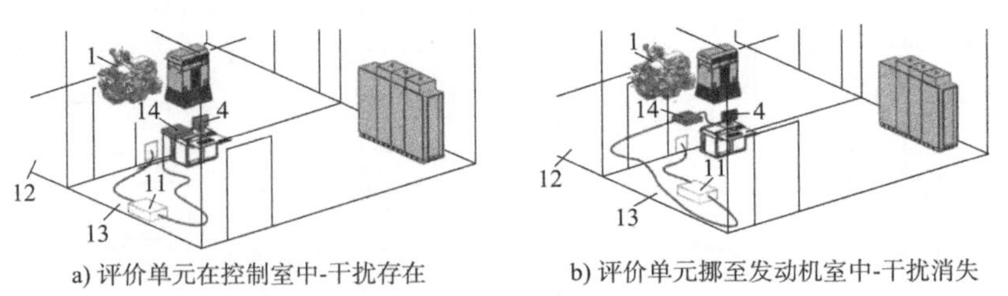

a) 评价单元在控制室中-干扰存在　　b) 评价单元挪至发动机室中-干扰消失

图 4-27　试验室布局

14-403 评价单元;其余注释同图 4-21

案例 2 更明确地证明干扰是由空中传播的。变频柜就位布局错误引发麻烦。回顾发现,在案例 2 的 AVL 机油消耗仪 403 上,使用了案例 1 设计出的滤波器模块后,干扰依然存在,而燃烧分析仪使用滤波器后,干扰就消除了。这说明测量仪器的抗干扰能力与仪器原理或制造技术相关。

案例3:数据采集工作站采集控制软件 PUMA POI 图像扭曲。

海南某摩托车有限公司调试与验收 AVL PUMA/EMCON 测功系统。相关试验设备:第三方交流电力测功机。测试对象:摩托车发动机。试验设备布局:变频柜与 PUMA 试验台相距2~2.5m,同时被安置在控制室内。

经过调查,发现用户在距变频柜约10m 处安装了一台变频风机控制柜。每当调频风机起动,人机接口 PUMA 界面就出现干扰。用户将该机柜移到更远位置后,干扰消失。这说明电磁干扰对周边设备影响的严重度可随干扰源搬离受扰设备而减弱或消失。

电磁波辐射强度与距离关系:

$$I=\frac{P}{4\pi r^2} \tag{4-19}$$

式中:r——受扰体距辐射源距离;

P——辐射源功率。

电磁波以球面波辐射,受扰体接受辐射强度 I 与 $1/r^2$ 成正比。

这个风机变频器发出的谐波或者污染了供电电源或者测功机变频柜。变频柜对外界的电磁干扰也是有忍耐要求的,例如,电源电压的总谐波失真必须小于15%。

案例4:计算机操作员界面 PUMA POI 图像随雷电出现忽明忽灭。

某汽车有限公司设备报修。相关试验设备:交流感应测功机与 AVL PUMA 控制台。

故障原因分析:雷电保护系统缺失。安装期间需要建立建筑物雷电保护系统和接地等电位绑定系统。

案例5:供电变压器容量不足导致干扰。

供电变压器容量不足,不满足测功机变频柜要求$\left(即\frac{S_k}{S_N}\geqslant 20\right)$会导致干扰问题。读者可能注意到表3-9中的$\frac{S_k}{S_N}$值越大,对电网的谐波影响越小。

案例6:用户抱怨 PUMA 测量信号存在干扰。

将信号线某一端屏蔽与插头外壳压接断开,干扰消失,如图4-28所示。此种方法有时奏效,有时无用。防止电容耦合的一种可能性是使用屏蔽测量线,屏蔽只在一侧接地,而在电感耦合场合,电缆两端屏蔽与外壳压接必须有低电感接地。此类干扰被称作接地回路干扰。如果屏蔽在两端连接,可能产生接地回路电流。

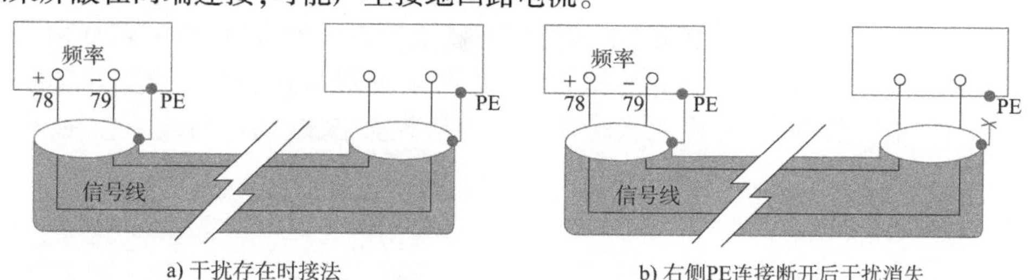

a) 干扰存在时接法

b) 右侧PE连接断开后干扰消失

图4-28 案例6示意图

案例 7：电涡流测功机系统存在干扰现象。

某电涡流测功机客户反映系统存在“干扰”现象。

检查后发现，功率单元中性线（N）与接地保护线（PE）接反。将中性线（N）与接地保护线（PE）对调后，故障消除。

4.3.2 半导体器件对干扰的影响

基于快速开关器件 IGBT 的脉宽调制驱动技术与交流测功电机一起使用，降低了电源中的总谐波失真 THD，从由直流晶闸管控制的驱动器产生的 THD 接近 30% 至 IGBT 控制的驱动器 THD 小于 4.5%。

随着固态半导体器件技术的飞跃和变频器质量的改善，变频器产生的谐波成分与强度也有所不同，也减轻了产生电磁干扰的程度。20 世纪 90 年代，可控硅相控测功机变频器仍在使用中，即由可控硅组成的整流器或逆变器功率模块，它利用导通角 α 控制能量流向与大小。图 4-29 所示是可控硅 AC-DC-AC（或称背对背）三相变频器，设采用相位控制。该电路对应电压极性不同功率传输可以朝任一方向，电流流动总是在一个方向。由于导通角在一个半周期内使负载电压成为一个残缺半波，其傅里叶分解后波形进行 THD 计算后，总谐波失真系数较大。

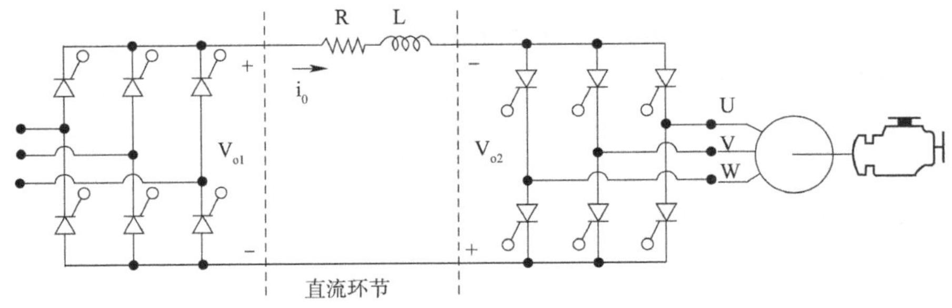

图 4-29 可控硅相控测功机变频器

$$0<\alpha<90°, V_{01}>0 \rightarrow \text{整流器工作方式（倒拖）} \tag{4-20}$$

$$90°<\alpha<180°, V_{01}<0 \rightarrow \text{逆变器工作方式（测功、发电）} \tag{4-21}$$

α 是延迟导通角。

该种原理变频柜的缺点包括充当直流环节的滤波电感成本昂贵并产生损耗和增大机柜体积等。

可控硅变频柜以后，出现了 IGBT 组成的功率模块和电容构成直流环节（DC-Link）的背对背变频器（图 2-85），采用六台阶控制方法，总谐波失真可达 7%。谐波频率成分变为 6k ±1，k 为自然数。其中，不存在三次谐波和三的倍数次谐波，偶数谐波不存在，得到的是 1，5，7，13，…，次谐波，见表 4-8。总谐波失真 THD_I 为：

$$THD_I=\frac{\sqrt{\sum_{n=2}^{\infty} I_{n,rms}^2}}{I_{1,rms}} \approx \frac{\sqrt{0.23^2+0.12^2+0.05^2+0.04^2}}{3.59}=0.07=7\% \tag{4-22}$$

式中：n——谐波次数；

$I_{n,rms}$——有效值。

六台阶控制方法傅立叶谐波分量 表4-8

n	$I_{n,rms}(A)$
1	3.59
5	0.23
7	0.12
11	0.05
13	0.04

图2-85采用了脉宽调制PWM的控制方法，电源电压的总谐波失真可以做到不大于4.5%。

从可控硅变频器到IGBT变频器进化的进步是巨大的，这归功于固态半导体器件IGBT的出现，归功于IGBT元件开关速度或频率飞跃性的提高，可控硅切换频率为0.5kHz，IGBT模块为20kHz。同时，彼此的控制方法也截然不同。

由于测功机中的高频涡流损耗，PWM逆变器必须为异步电机提供大体上没有谐波的电流，以限制功耗，这一点至关重要。PWM逆变器中的开关元件的开关周期越短，提供给电机的电流中的谐波含量就越低。这意味着谐波含量直接取决于开关频率。现代变频器的开关频率范围为2.5~10kHz。然而，开关频率过高，变频器中的损耗就越大，这意味着必须在电机与变频器之间就整体系统最大使用寿命课题，找到合理的折中方案。

PWM控制方法更为优越。它包括许多开关方案，例如，编程谐波消除开关技术可以在大规模集成电路帮助下轻松消除逆变器输出中的特定谐波。

在脉宽调制方法中，在每半周期间，开关被打开和关闭几次，脉冲宽度被改变以便改变输出电压。选择PWM类型和半周期脉冲数即可消除或减弱低次谐波。高次谐波可能会增加，但应用滤波器容易将它们滤除。在正弦PWM控制中，每半周期4个脉冲对应最低次谐波为5次谐波。每半周期6个脉冲的最低次谐波为7次谐波。可以做到$THD<4.5\%$。

由于半导体器件IGBT和PWM控制技术的应用，变频柜除了谐波干扰得到改良，在向电网输电时，也做到$\cos\varphi=1$。用户无须在变频柜前再加设滤波单元。

4.4 测功机台架振动治理

4.4.1 振动检查与对策

测试系统已经运行一段时间了，突然试验间内噪声大作，按下急停按钮，冲进试验间，眼前看到的是一片狼藉。“轴断了！为什么？”这是工程师经常遇到的问题。测功机台架振动开始很微小，但可能在很短时间内振幅变得巨大，甚至造成断轴。振动原因与对策见表4-9。

振动原因与对策 表4-9

类别	序号	检查项目	原因与对策
上紧	1	发动机侧所有螺栓固紧扭矩是否达到规定值	按照规定上紧扭矩值重新加固各螺栓;使用带显示扭矩扳手
	2	测功机侧所有螺栓固紧扭矩是否达到规定值	按照规定上紧扭矩值重新加固各螺栓;使用带显示扭矩扳手
软脚	3	测功机独立运转,振动是否超过限值	检查螺栓上紧扭矩; 检查和消除软脚
对中	4	连接轴、测功电机转子、发动机曲轴三者是否已对中并达标;外圆、端面是否已查,并误差不大于规定值(mm)	不对中造成测功机轴承、发动机轴承发热、变形或崩裂;使用激光对中仪对中
	5	某旋转件是否失去动平衡	实现动平衡
涡动	6	用户是否在轴系加装了额外的连接件,而其不在连接轴设计阶段用户提供的数据资料内。运行速度超过涡动容许	过长/过重连接件会使轴涡动超标,产生不平衡,螺栓松动、轴断裂。去除额外连接件,或重新设计连接轴。查阅轴重与转速关系曲线
隔离	7	空气弹簧	减震环节未起作用,例如空气弹簧系统工作不当;重新调整空气弹簧
	8	测功电机及铁底板被重型电缆拉拽,振动隔离失败	采用柔性连接
	9	铁底板与周边是否隔离	铁底板与周边未实行隔离,有横向振动传入系统;实行隔离,铁底板与外围地板之间间距至少10mm
	10	铁底板是否为拼接而成	铁底板是拼接而成,振动互相传递;加固相互连接
	11	用户是否使用强度不够安装螺栓	按照厂家说明书安装要求
	12	用户是否自行在连接环节加装额外垫片	按照厂家说明书安装要求
	13	发动机独立运行是否超标	检查发动机本身振动
	14	振动评测是否已完成	参考测功机说明书,了解测功电机振动最大允许值
	15		机械上紧手法不当,例如,某些部件要求交叉上紧;阅读厂家说明书,重新安装
	16	轴承是否磨损、损坏或松动	连接失中、润滑脂流失会使轴承进一步发热或变形;可使用听诊器诊断或更换轴承
	17	试验台基础设计是否错误。例如,负载与基础混凝土质量比不正确	设计缺陷;改造基础

续上表

类别	序号	检查项目	原因与对策
共振	18	转动系统是否发生机械共振	按照连接轴说明书(DOSI)找到系统共振点,并避开或快速通过共振速度
	19	连接轴说明书是否已找到并由此确认该轴适合将测试的发动机	确认是否该轴应用包括被试发动机,若否,选出正确连接轴
	20	搬运过程中连接轴是否被摔过	培训安装人员,使用专业运输工具
	21	滑行试验是否已做和是否设定了适宜的起动停止参数	例如在采集控制软件中检查参数设置(UUT|ECT|Start-Stop 起动停止参数)

4.4.2 发动机试验台振动评测

4.4.2.1 测功机单独运转振动测量准备工作

(1)查阅测功电机说明书,找到容许振动限值。例如,测功机独立运转,在轴向、垂直方向、水平方向振动应分别小于2.5mm/s;测功机连接发动机或其他受测体运转,在轴向、垂直方向、水平方向振动应分别小于7.5mm/s。

(2)测功机已完成500r/min试运转。

(3)准备工具:测振仪(显示mm/s),例如,丹麦B&K公司测振仪。带有加速度传感器的测量装置,用于监测振动和试验台部件上的轴承状态,驱动端(DE)为连接发动机一端。

4.4.2.2 振动测量步骤

(1)先后将测振仪探头分别吸附在测功电机的某侧(DE驱动端侧、NDE非驱动端侧)三个方向的测点,工程师完成振动测试报告见表4-10。

BH(水平)、BV(垂直)和BA(轴向)按表4-10所示顺序的转速逐个独立运转测功电机,读取振动仪读数,然后填入表中。例如,探头放在NDE一侧的BH点,读得1.0mm/s。注意:此处速度范围是实例,对于新能源车辆台架,速度上限值会更高。

(2)若所有点都符合小于2.5mm/s,则可以连接发动机,在满负荷运转下对同样方向与测点进行测量。振动合格的条件是所有点振动速度小于2.5mm/s。否则,针对不合格超标之点,找到原因予以排除,重新测量。

(3)若测功机独立运转已通过振动测量,开始测功机转子-驱动轴-发动机一同运转振动测量。该测量需要确认发动机侧安装已合格。

测功机与发动机连接后,做外特性满负荷试验时测振,采样点与测功电机单独运转时相同。仍以表4-10中所示顺序转速填入测量结果值。振动合格的条件是所有点振动速度小于7.5mm/s。否则,针对失败工况点找出原因予以排除,重新测量。

(4)测量报告包括两张表格,即仅仅测功机运转与测功机和受测体一同运转的振动结果数据。

测功电机振动测量 表 4-10

<table>
<tr><th rowspan="3">序号</th><th rowspan="3">转速
(r/min)</th><th colspan="6">有效振动速度(mm/s)
仅仅测功机 □ 测功机和受测体 □</th></tr>
<tr><th colspan="3">驱动端(DE)</th><th colspan="3">非驱动端(NDE)</th></tr>
<tr><th>轴承护套-
水平方向
BH</th><th>轴承护套-
垂直方向
BV</th><th>轴承衬套
轴向
BA</th><th>轴承护套-
水平方向
BH</th><th>轴承护套-
垂直方向
BV</th><th>轴承衬套
轴向
BA</th></tr>
<tr><td>1</td><td>1000</td><td></td><td></td><td></td><td></td><td></td><td></td></tr>
<tr><td>2</td><td>2000</td><td></td><td></td><td></td><td></td><td></td><td></td></tr>
<tr><td>3</td><td>2500</td><td></td><td></td><td></td><td></td><td></td><td></td></tr>
<tr><td>4</td><td>3500</td><td></td><td></td><td></td><td></td><td></td><td></td></tr>
<tr><td>5</td><td>4000</td><td></td><td></td><td></td><td></td><td></td><td></td></tr>
<tr><td>6</td><td>5000</td><td></td><td></td><td></td><td></td><td></td><td></td></tr>
<tr><td>7</td><td>6000</td><td></td><td></td><td></td><td></td><td></td><td></td></tr>
<tr><td>8</td><td>6500</td><td></td><td></td><td></td><td></td><td></td><td></td></tr>
<tr><td>9</td><td>7000</td><td></td><td></td><td></td><td></td><td></td><td></td></tr>
<tr><td>10</td><td>7500</td><td></td><td></td><td></td><td></td><td></td><td></td></tr>
<tr><td>11</td><td>8000</td><td></td><td></td><td></td><td></td><td></td><td></td></tr>
<tr><td>12</td><td>8500</td><td></td><td></td><td></td><td></td><td></td><td></td></tr>
<tr><td>13</td><td>9000</td><td></td><td></td><td></td><td></td><td></td><td></td></tr>
<tr><td>14</td><td>9500</td><td></td><td></td><td></td><td></td><td></td><td></td></tr>
<tr><td>15</td><td>10000</td><td></td><td></td><td></td><td></td><td></td><td></td></tr>
<tr><td>16</td><td>…</td><td></td><td></td><td></td><td></td><td></td><td></td></tr>
<tr><td>17</td><td>…</td><td></td><td></td><td></td><td></td><td></td><td></td></tr>
<tr><td>18</td><td>…</td><td></td><td></td><td></td><td></td><td></td><td></td></tr>
</table>

振动测量点举例-非驱动侧如图 4-30 所示。

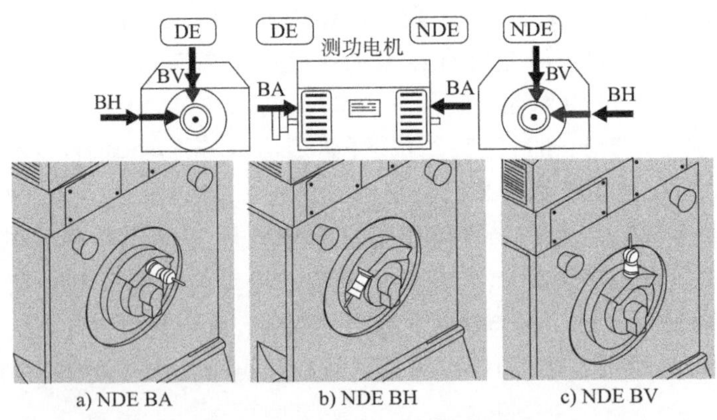

图 4-30 振动测量点举例-非驱动侧

4.4.2.3 选择加速度计的安装位置

加速度计在“A”位置检测到的轴承振动振幅会大于其他位置检测到的。加速度计在“B”检测到轴承振动,可能已受到干扰而不纯。同样,加速度计“C”的位置比加速度计“D”的位置或路径更直接。

加速度计的安装位置及 Büel&kjær 加速度计如图 4-31 所示。

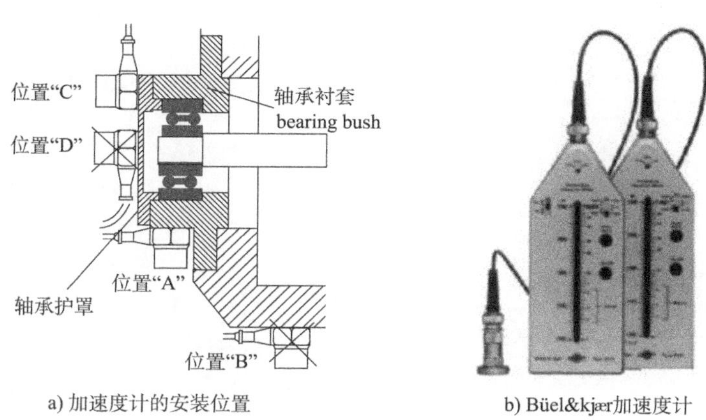

a) 加速度计的安装位置　b) Büel&kjær加速度计

图 4-31　加速度计安装位置及 Büel&kjær 加速度计

4.4.3 振动原因与对策

4.4.3.1 上紧扭矩未达标

中间支架固定在铁底板上,测功电机固定在中间支架上,所有固定螺栓上紧扭矩都需要符合标准值(参考附录)。由于或多或少的振动,固定螺栓可能发生松动,螺栓扭矩需要定期检查。倘若上紧扭矩未达到标准,测功机就很可能通不过振动评测,执意继续运转,振动现象会愈演愈烈。使用带扭矩显示的扭矩扳手是十分必要的。图 4-32 所示为一种检查螺栓松动的经验方法—标记对齐法。

a) 上紧螺栓之后做此标记　b) 检查发现标记不再对齐

图 4-32　标记对齐法

机械螺栓固紧扭矩值至关重要。若在供应商交付(连接轴)技术说明书中附有固紧扭矩值,则使用该值,否则可使用附录中所示值。

固定力 *FM* 和拧紧扭矩 *MA*(在螺纹中的平均摩擦系数 $\mu G = 0,12$ 时计算),根据 DIN 13-13。

在使用公制粗螺纹的轴螺栓进行固定时，屈服应力的使用率为90%，根据DIN EN 24-014的六角头螺钉的头部尺寸和根据DIN 912的内六角螺钉的头部尺寸。图4-33、图4-34和表4-11辅助读者找到正确螺栓规格。

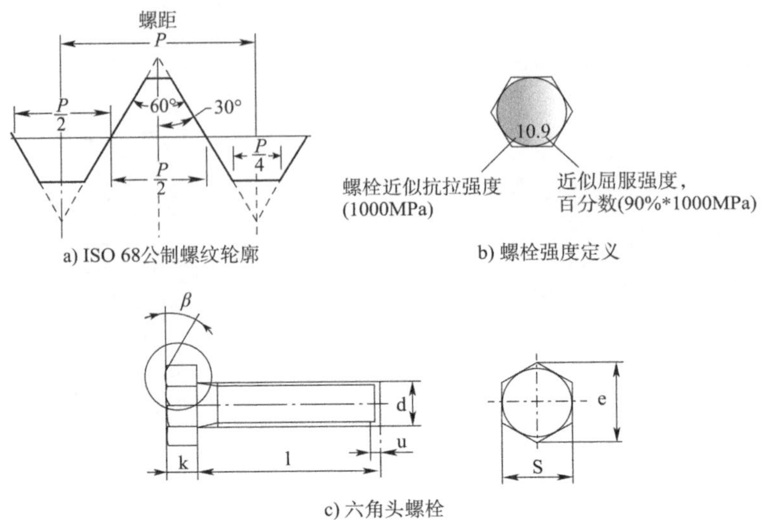

图4-33　公制螺纹轮廓、螺栓强度定义及六角头螺栓尺寸

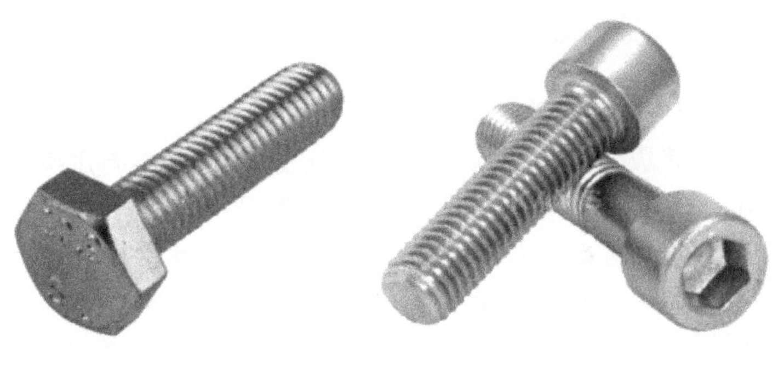

a) 外六角螺栓　　b) 内六角螺栓

图4-34　六角螺栓

表4-11　六角头螺栓(d-S)

d	S	d	S	d	S	d	S	d	S	d	S
M1.6	3.2	M4	7	M10	16	(M18)	27	(M27)	41	M48	75
M2	4	M5	8	M12	18	M20	30	M30	46	M56	85
M2.5	5	M6	10	(M14)	21	(M22)	34	M36	55	M64	95
M3	5.5	M8	13	M16	24	M24	36	M42	65		

注：①带括弧者为非标螺栓。
②GB/T 5783—2000。
③根据S值找到正确扭矩扳手。

4.4.3.2　软脚

软脚是造成振动超限值的原因之一。软脚指机械物体下表面与支持表面之间一个或一

个以上的脚接触不实或完全没有接触。由于机械外壳和(或)支撑面机加工不达标造成扭曲、弓弯、各角不共面。图4-35所示为一个机械上表面(中间支架)与下表面(测功电机)接触的例子。图4-36所示为支撑体上表面平面度不匀造成软脚。

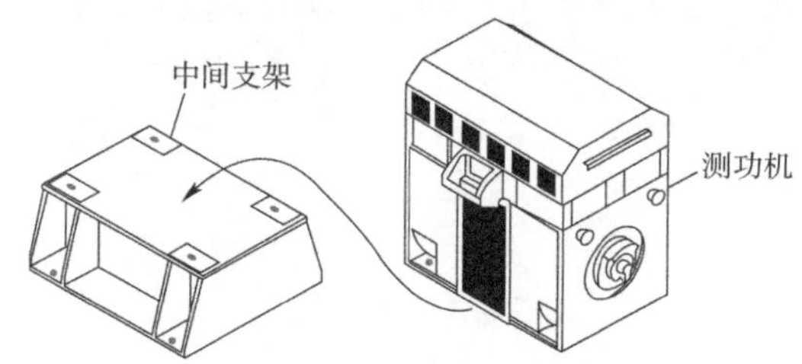

图4-35 测功电机坐落中间支架

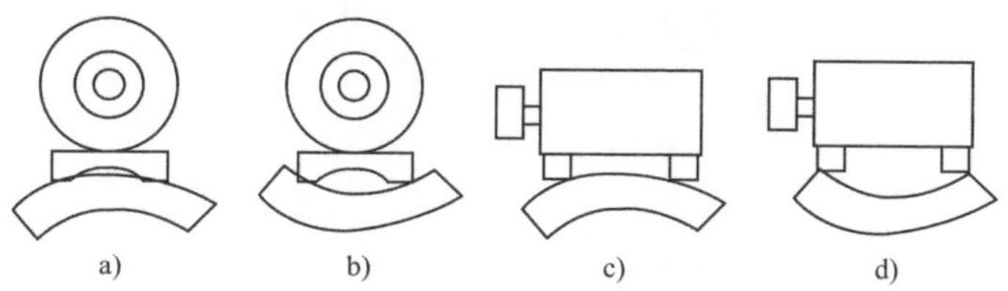

图4-36 支撑体上表面平面度不匀造成软脚

测功机独立运转时即未与发动机连接时振动限值超标,检查各螺栓固紧扭矩值也达标情况下,需要测量软脚。查阅测功机厂家手册,发现振动速度限值:(例如)电机独立运转要求振速小于2.5mm/s;连接发动机后运转要求振速小于7.5mm/s。超限值就存在软脚现象的可能。软脚在哪里呢?需要检测与消除。

软脚会引起更大振动,引起地脚螺栓松动。软脚存在时,螺栓强行压入使机械零件变形,例如轴承、轴封、机械密封、定子空气隙等。若外壳应力过大,时间久后甚至外壳断裂。对中困难增加。

软脚测量与消除的工具与材料包括千分表、扭矩扳手(例如500N·m)、磁力表座、厚薄规、活扳手、薄垫片。软脚测量与消除的步骤如下。

(1)上紧测功电机所有地脚螺栓,即电机与中间支架之间的紧固螺栓。此时假设中间支架与铁底板之间不存在软脚,例如,上紧扭矩为300~500N·m。

(2)在每个脚螺栓位置放置一个千分表。将千分表固定在框架或底座上,将千分表的阀杆尽可能地靠近螺栓孔,确保千分表触头接触到脚表面,并将指示器调零。千分表磁力表座不可定位在被测物体上,可定位在中间支架上。

(3)松开被怀疑螺栓(小心扭矩扳手不要碰触千分表),观察该脚的指示器是否有运动。如果检测到有2~3mil(密耳)的运动,则该脚存在软脚。即若移动量Δ为2~3mil(1mil=0.0254mm),即运动为0.05~0.076mm,则在该脚存在软脚现象。软脚测量如图4-37所示,记录Δ数值如图4-37a),使用厚薄规在孔周围测量四个点间隙并记录值,如图4-37b)。

(4)消除软脚清洗上下表面,必要时用砂纸清理。按尺寸塞入薄垫片以消除软脚,如图4-38所示。重新上紧螺栓,如图4-39所示。上紧本螺栓后再进行下一脚螺栓判断工作。

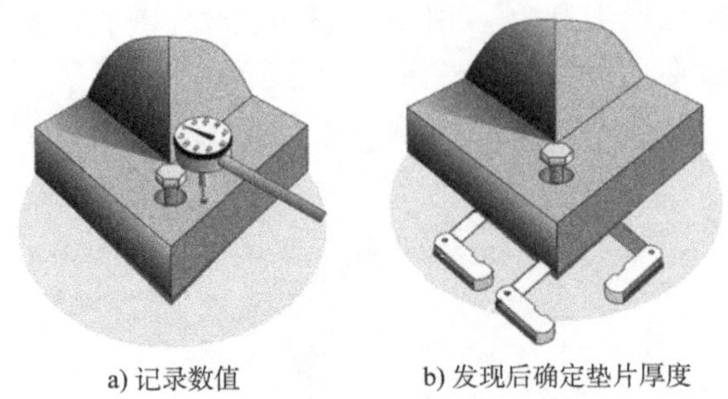

图 4-37　软脚测量

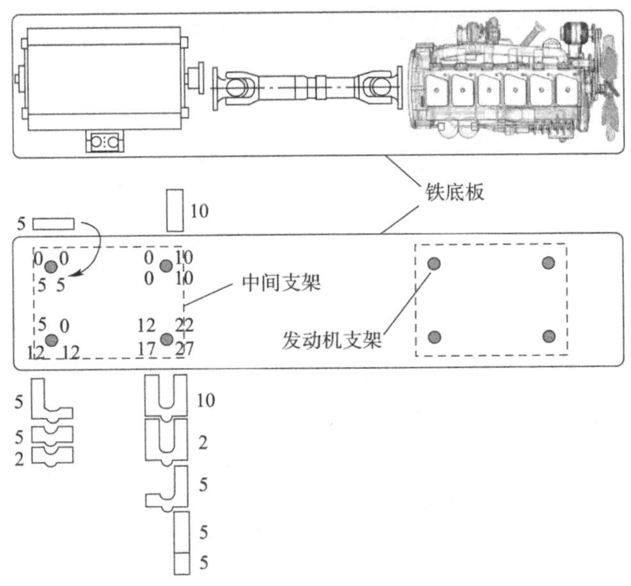

图 4-38　塞入薄垫片消除软脚-第 4 步消除软脚

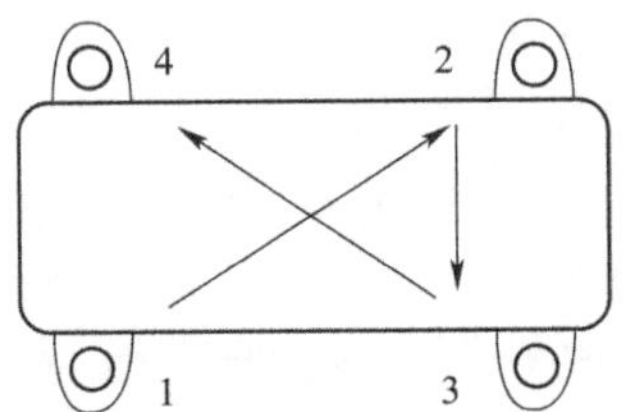

图 4-39　正确螺栓固紧顺序

(5)在其余三点顺序完成测量与消除步骤直至每个脚 Δ 小于 0.05mm。

(6)如果仍存在超标,请重复该步骤。注意:软脚消除后,重新将测功机固紧,重新对中。正确螺栓固紧顺序如图 4-39 所示。

注意:超标情况下,软脚判断工作十分必要。有时判断之前可以目测或使用厚薄规粗测,尽管如此,判断步骤帮助精准消除软脚。

4.4.3.3　轴对中不良

轴对中不合格会引起不平衡,自然引起振动。图 4-40 所示为柔性联轴器与两类轴。

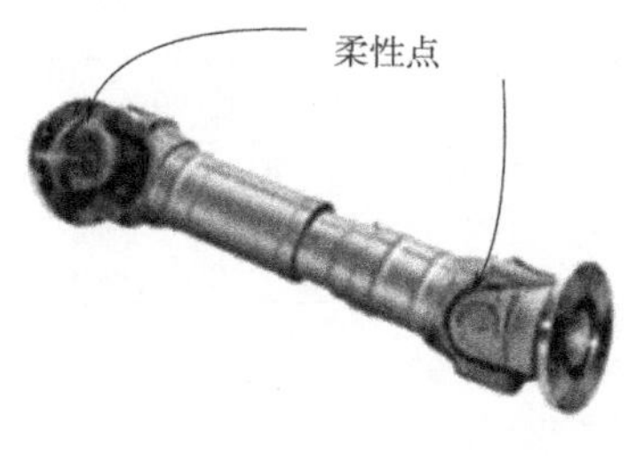

a) 柔性联轴器

b) 万向轴

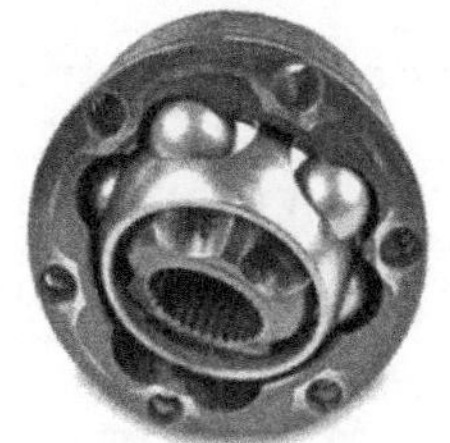

c) 恒速关节轴

图4-40 柔性联轴器与两类轴

(1)失中症状。

失中症状有:机器外壳异常温度梯度,运转不平稳,机器振动值增加,基础螺栓松动、损坏,垫片组或销钉松动,轴承受损,轴承密封处有油泄漏,联轴器螺栓松动或损坏,柔性连接发热,在联轴器附近有橡胶粉末出现,噪声增大,密封件磨损。可能偏差种类如图4-41所示。

a) 径向跑偏X　b) 轴向跑偏Y　c) 轴向间距过大Z

图4-41 偏差种类

对准是通过填隙或移动机器部件或两者同时来完成的。轴必须尽可能完全对齐,因为错位会引起高水平的振动,引起轴承发热,维修频度增加。正确的对中降低了功耗和噪声水平,有助于延长轴承、密封件和联轴器使用寿命。

(2)对中目标。

对中目标就是使两个旋转轴中心线径向共线(该线应与海平面平行),同时,两个旋转轴中心线延长线夹角等于零。或者讲,对中过程就是要达到消除以上两个偏差的目标。

(3)轴对中精度。

这个精度值仅当没有轴制造商指定精度时使用。刚性轴没有失中容差,应当尽最大精准度对齐。当确定正确匹配连接轴后开始安装时,需要从本轴的技术说明书(DOSI)获知轴对中精度。轴对中精度见表4-12。

轴对中精度 表4-12

连接件	平行误差(Parallel)	角度误差(Angular)
联轴器(Coupling shaft)	垂直<0.5mm;水平近似1mm	<0.5mm/100mm
紧凑式联轴器(Compact coupling shaft)	<1mm	<0.5mm/100mm
万向轴(Cardan shaft)	垂直<0.5mm;水平近似2mm	<0.5mm/100mm

续上表

连接件	平行误差(Parallel)	角度误差(Angular)
等速关节轴(CV joint shaft)	<0.5mm	<0.5mm/100mm
弹性轴(Elastic shaft)	<0.5mm	<0.5mm/100mm
重型轴(HD shaft)	垂直 5 ~ 10mm;水平 5 ~ 10mm	<0.5mm
弹性恒速轴 (Elastic CV shaft)	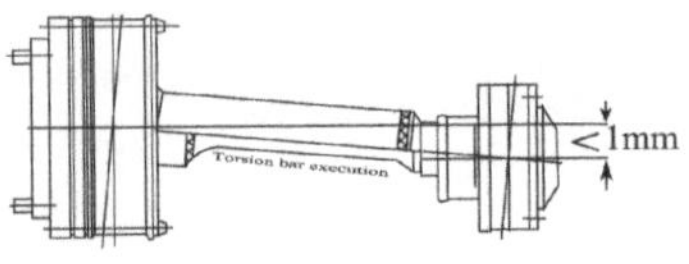 Torsion bar execution <1mm	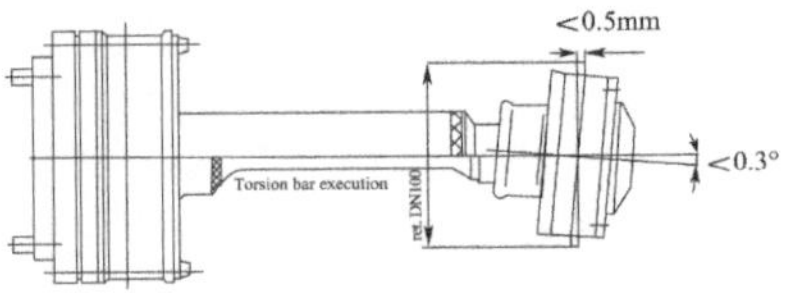 <0.5mm Torsion bar execution ref. DN100 <0.3°
重型弹性万向轴 (HD elastic cardan shaft)	3 ~ 5mm	<0.3°
弹性万向轴 (Elastic cardan shaft)	3 ~ 5mm	<0.3°
高弹性轴 (High elastic shaft)	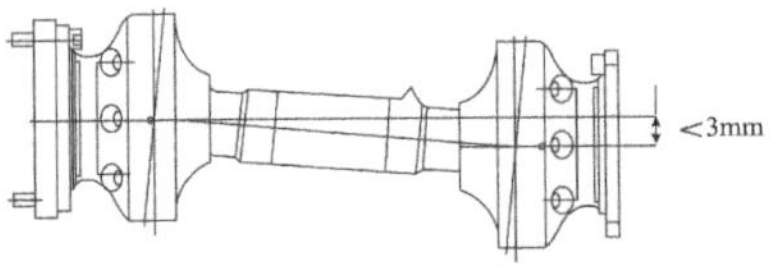 <3mm	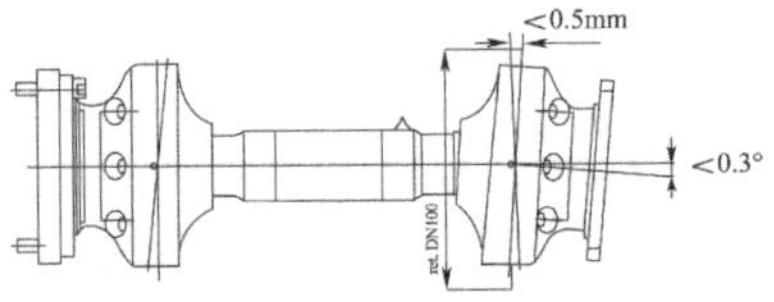 <0.5mm ref. DN100 <0.3°

(4)对中方法。

轴对中是一个过程,即将两个或多个机械旋转轴中心线以共线方式连接。轴对中工具包括直尺、厚薄规、游标卡尺、千分表、水准仪、激光对中仪、磁力表座、扭矩扳手。使用直尺完成对中只有富有多年经验的技师才能完成,精度也不能保证。

①千分表对中法。

A. 选定与发动机匹配的连接轴,确定连接轴长度 L;轴长决定轴向设备定位。

B. 轴向测量(角位移)-测端面:使用磁力表座和千分表,同时旋转两个联轴器(C_1 和 C_2)90°后在四个测量点各测量一次。通过在发动机侧安装垫片来平衡差异(或其他手段调整)。

C. 径向测量(中心位移)-测外圆:同时旋转两个联轴器(C_1 和 C_2)90°后在四个测量点各测量一次。

D. 必要时设计辅助工装。连接对中测量如图 4-42 所示。

②激光仪对中法。

1984 年,德国 Prüftechnik 公司首先设计出使用激光轴对中系统。系统由激光发生器、接受探测器及安装附件组成。接受探测器使用屋脊棱镜将激光束反射回原点。后来,其他公司相继设计的对中系统也有采用五角棱镜(pentaprism)将光束精确折射 90°到接收器上再做处理等不同原理。轴激光对中原理如图 4-43 所示。

三点(3 点、9 点、12 点)采样即可确定对中数据。还可用连续扫描测量模式,最少仅需转动转轴60°。在对中过程中,连接轴的安全护套很可能会妨碍对中仪的转动,有必要时要拆去轴保护套。

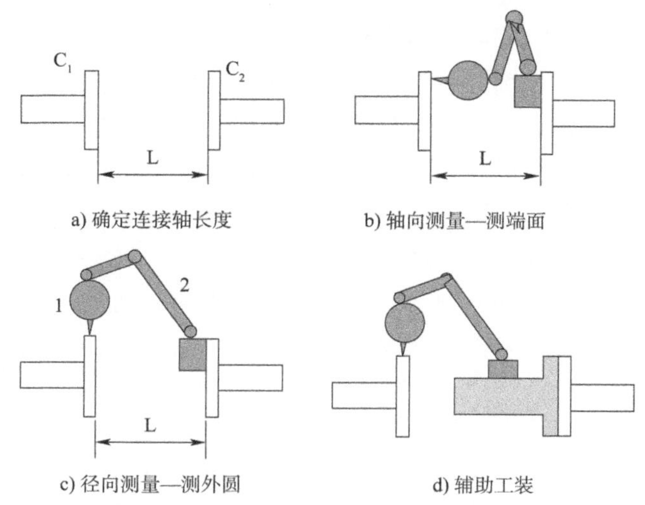

a) 确定连接轴长度　　b) 轴向测量—测端面

c) 径向测量—测外圆　　d) 辅助工装

图4-42　连接对中测量

1-千分表;2-磁力表座;C_1,C_2-联轴器

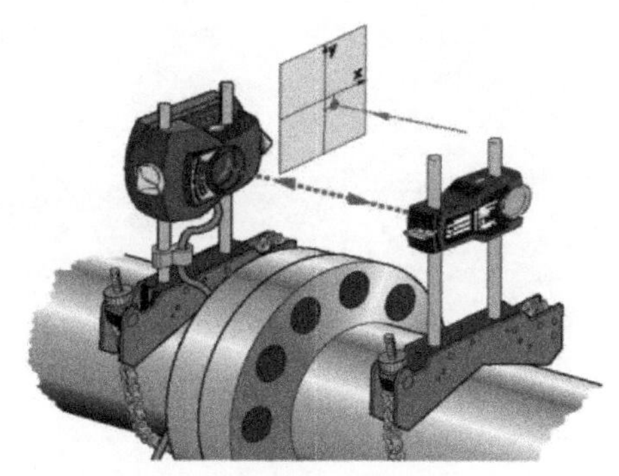

图4-43　轴激光对中原理

(5)对中频度。

机械故障或损坏,50%的原因来自未对中,所有耦合机械的定期对中检查被视为预防性维保计划的最好工具之一。这种检查很重要,因为错位的振动效应会严重损坏设备。超过千分之几英寸的偏差会导致振动,由此显著降低设备寿命。

尽管机器在安装过程中或在以前检查时可能已正确对齐,但失中或偏差可能在很短的时间内出现。潜在的原因包括基础沉降或运动,发生颠簸、热膨胀、压紧螺母松开等。

4.4.3.4　轴的涡动

不平衡量和其他一些因素使轴在以某一确定的速度旋转时产生复杂的弯曲变形,这个转速称为涡动转速。涡动是指由两轴承的中心线和变形以后的轴所组成的平面的转动。

由此可见,试验台的振动是复杂的。有轴本身的振动,有激励源发动机活塞、测功机转子对系统作用引起的振动,有来自系统安装隔离缺陷引起的振动,有附加不当连接件引起的超标涡动等。

速度限值与连接件尺寸关系如图4-44所示。G为所有已安装的原有设计与额外附加重量的累加(联轴器、驱动轴、皮带轮等),A为质心至轴端之间的距离,n为速度。

测功机与发动机之间连接部分越长、越重,产生的涡转动越大。重量越大,转动体安全转动上限值越小。考虑弯曲振动,选择时尽量使用最小重量和最小长度的轴。临界弯曲频率必须高于工作范围。临界弯曲频率将随着轴长度的增加和重量的增加而减小。临界弯曲频率将随着轴弯曲刚度的增加而增加。

类似图4-44的图线可由测功机说明书中查到。如果用户在设计轴时未通知设计者而后来附加零部件,则必须考虑该图线表示的安全运行条件。

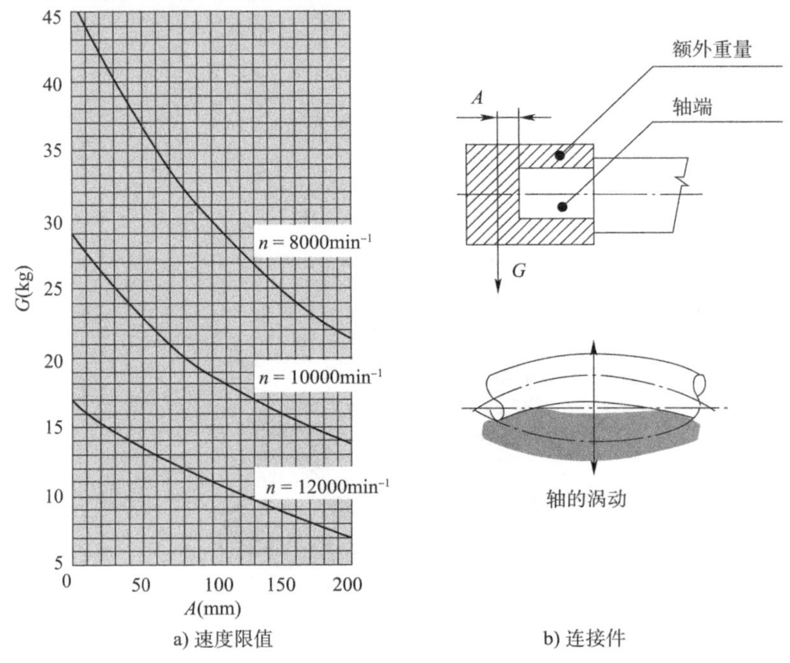

图4-44　速度限值与连接件尺寸关系

4.4.3.5　试验室共振处理

(1)共振概念。

所有物体具有自身的固有频率,当一个受激物体的固有频率与激励物体频率相等时,两个物体组成的系统振幅最大,此种物理现象称为共振。共振也会在受扭动激励力的旋转体发生。

图4-45所示为共振现象演示装置——共振环。

这个装置将扬声器的振动传送给金属圆环。随振动频率增大,一开始大圆环振动,小圆环静止,随频率提高,较大圆环趋向静止,更小圆环激动起来。大圆环固有频率低,小圆环固有频率高(表4-13)。第六环质量最大。第一环质量最小。当振源频率与固有频率相等或成整数倍时,共振发生。物体质量越大,物体的固有频率越小。当振源的振动频率等于静物的固有频率时,静物开始振动起来,振幅达到最大,发生共振。

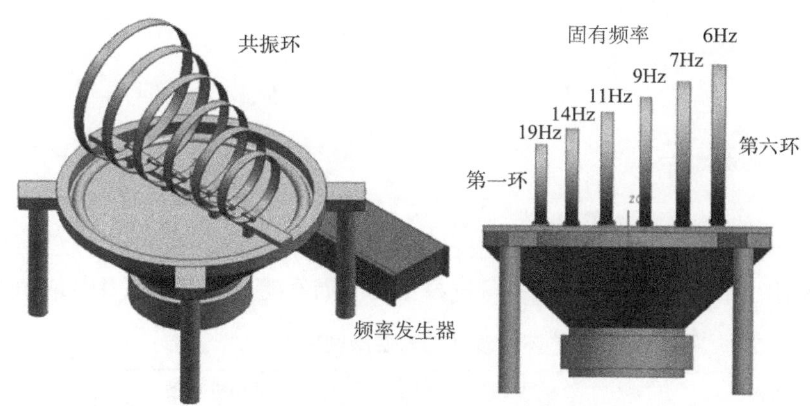

图4-45　共振现象演示装置——共振环

共振环各环固有频率　　表4-13

共振环	第一环	第二环	第三环	第四环	第五环	第六环
固有频率(Hz)	19	14	11	9	7	6

固有频率为单一频率。对转动物体,固有频率或写为自然扭频率,共振或写为扭共振。扭振是在旋转方向的共振。由表4-14中发现,每个环发生了两次共振。第二次发生振动的频率约等于第一次振动频率的4倍。

共振环呈现共振现象　　表4-14

共振环	扬声器(震源)频率范围(f=5.0-70.8Hz)												
	5.0	6.0	7.1	8.8	11.0	14.2	18.8	23.0	26.3	32.3	40.4	52.0	67.5
第六环	—	共振	—	—	—	—	—	共振	—	—	—	—	—
第五环	—	—	共振	—	—	—	—	—	共振	—	—	—	—
第四环	—	—	—	共振	—	—	—	—	—	共振	—	—	—
第三环	—	—	—	—	共振	—	—	—	—	—	共振	—	—
第二环	—	—	—	—	—	共振	—	—	—	—	—	共振	—
第一环	—	—	—	—	—	—	共振	—	—	—	—	—	共振

注:“—”表示什么都未发生。

(2)转动系统扭振理论计算与设计考虑。

在最简单的形式中,发动机—测功机系统可以被等效视为通过柔性轴连接的两个旋转质量,如图4-46所示。设n_c为系统扭振的共振频率或临界频率,N_C对应共振频率的发动机速度,共振速度,I_E发动机惯量(kgm^2),I_D测功机惯量(kgm^2),C_{dyn}传动轴扭拧刚性(N·m/rad);N_{min}发动机最小转速/怠速;i发动机激励主谐波次数。

$$n_c=\frac{60}{2\pi}\sqrt{C_{dyn}\left(\frac{1}{I_E}+\frac{1}{I_D}\right)} \tag{4-23}$$

$$N_C=\frac{n_c}{i} \tag{4-24}$$

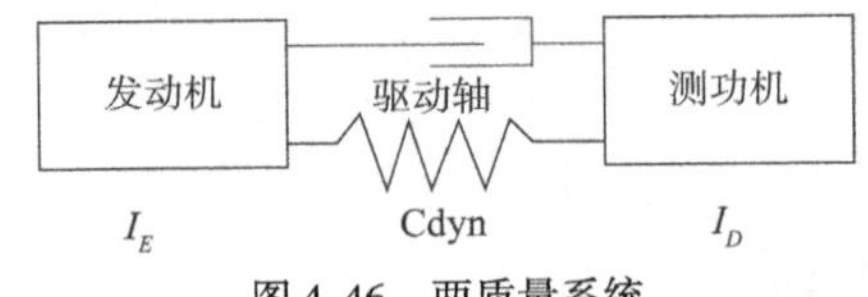

图 4-46　两质量系统

驱动轴设计需要满足：

$$N_{\min} > \sqrt{2} \times N_C \tag{4-25}$$

在发动机台架上，发动机的振动源来自活塞的运动。该系统可视为双质量振荡器。由式(4-26)中看出，由于I_E、I_D已定，唯一可选择或可设计的是C_{dyn}。公式中 i 取值见表 4-15。

不同发动机与主激励次数　　表 4-15

四冲程发动机构型	次数 i	四冲程发动机构型	次数 i
4 缸直列	2	8 缸 V60°	2
6 缸直列	3	8 缸 V90°	4
6 缸 V60°	3	10 缸 V90°	2.5
6 缸 V90°	1.5	12 缸 V60°	6
8 缸直列	4	12 缸 V90°	3

共振时，轴发生断裂，可以说此时轴受到扭力振幅很大。连接测功机与发动机的轴必须设计出有一适当刚性C_{dyn}的轴，以便保证共振频率落在发动机正常工作范围以外，且应设计适当阻尼度以保证系统能够运转通过共振速度而不致共振幅值无限增加。发动机的钟形汽缸压力曲线可分解为一系列正弦波即谐波，其中包含主激励波形。

由此看出，影响振动计算的主要因素有发动机惯量、测功机惯量、驱动轴的动态刚性和发动机结构决定的主激励次数。请应用式(4-23)证明表 4-16 中的计算结果。二冲程发动机构型主激励次数是将表 4-15 对应阶数乘 2。

(3) 连接轴说明书(DSOI)举例。

驱动轴说明书(Drive Shaft Operating Instructions, DSOI)包含所有轴信息、重要参数，例如，该轴配接的发动机型号、测功机型号；对中精度；连接轴安全工作范围图，安装指导。在驱动轴体上一般有钢印打出的轴型号，可以在 DSOI 中找到。两质量转动体振动图线如图 4-47 所示。

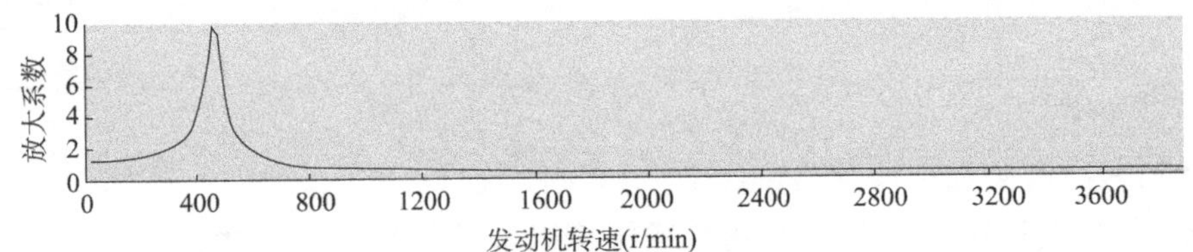

图 4-47　两质量转动体振动图线

$$V = \sqrt{\frac{1 + \left(\frac{1}{V_r}\right)^2}{\left(1 - \frac{n^2}{n_r^2}\right)^2 + \left(\frac{1}{V_r}\right)^2}} \tag{4-26}$$

式中：V——在某个转速时的放大系数；

V_r——在共振速度下的放大系数；

n——某个转速；

n_r——共振转速。

通常不准确知道共振速度下的放大系数，本例使用 $V=10$，这意味如果使驱动轴工作在共振速度，那么扭矩将由这个系数放大，导致弹性连接立即损坏。

4.4.3.6 发动机台架滑行试验

在设计阶段，驱动轴基于理论设计而制造。在调试与应用阶段需要验证临界速度的实际值，并避开危险工况点。例如，上例中发动机应当避免在区域 $317\text{r/min} < n < 634\text{r/min}$ 区间内逗留，发动机试验台连接轴临界转速计算举例见表4-16。

发动机试验台连接轴临界转速计算举例 表4-16

发动机数据	型号：××× 发动机惯量：0.18kgm^2 主阶：2.00 功率：107kW 最大速度：7000r/min 怠速：650r/min
传动轴数据	动态刚度：950N·m/rad 作用于发动机惯量：0.009kgm^2 作用于测功机惯量：0.014kgm^2 放大系数(V_r)：10.00
测功机数据	型号：电涡流测功机 Alpha160 测功机惯量：0.237kgm^2
计算结果	轴共振速度(Critical shaft speed)：448r/min
	最低发动机允许速度(Lowest permissible speed)：634r/min
	最小工作速度(Minimum operation speed)：317r/min
	机械系数(一阶)(Mechanical Fa，1st order)：15Hz
	动态最小频率(Dynamic minimum)：15Hz
	理想动态最大频率(Ideal dynamic maximum)：25Hz

说明：由于某些发动机惯量未知或数值为估算，所以，每种新型号发动机应在试验台上完成滑行试验。滑行试验显示某种发动机与轴结合运转的临界速度范围。危险速度区域必须快速通过！每根驱动轴交付用户时必须附带使用说明书。

(1)滑行试验步骤简述。

在调试现场检查共振速度方法如下。

①加速系统至最大速度的70%～80%。

②关掉测功机控制和发动机点火。

③让系统自行降速。

④使用至少100Hz记录仪记录速度和扭矩值。

具体举例：使用PUMA采集控制系统和感应测功机，测量发动机-驱动轴-测功机转动系共振速度。在软件记录仪Recorder中使用变量名如下。

Normname:SPEED,对应系统名为 SV_dyno_speed;

Normname:T_Shaft,对应系统名为 SV_Torque_shaft(AFA 测功机)。

(2)滑行试验具体步骤(Coast down)。

①测功机倒拖起动发动机。

在操作面板 P400 上按压点火 ignition on/off→按压起动 Start 键(若转到 idle control on 怠速控制生效,表示可使用控制模式)→按压转速/油门 speed/alpha 方式→若扭矩 TORQUE 仍显示负值,加大油门开度使发动机开始驱动测功机,即扭矩 TORQUE 显示正值→调 speed 与 alpha,例如 2000r/min(20%)。

②打开记录仪 Recorder 窗口→应用 speed/alpha 例如 2000r/min(20%)→按压键 ignition on/off 断掉发动机点火→在 Recorder 界面上按 Start(开始记录)→紧接着按 idle(断掉测功机控制。此时发动机曲轴-连接轴-测功机转子完全靠惯性旋转)→当 $n < n_{min}$ 时,系统报警→略等片刻该转动体将完全停止→应用后处理软件 Concerto PUC 找出共振点转速→在速度滑行曲线上将看到某时扭矩振幅最大,此点即为共振速度。在转速的波动段假想一条中心线,假想中心线与最大扭矩振幅交点为共振转速点(图 4-48)。在某时间点,轴扭矩控制器被停用。该图表明轴扭矩显著增加,因为测功机的速度不再跟随内燃机的速度。

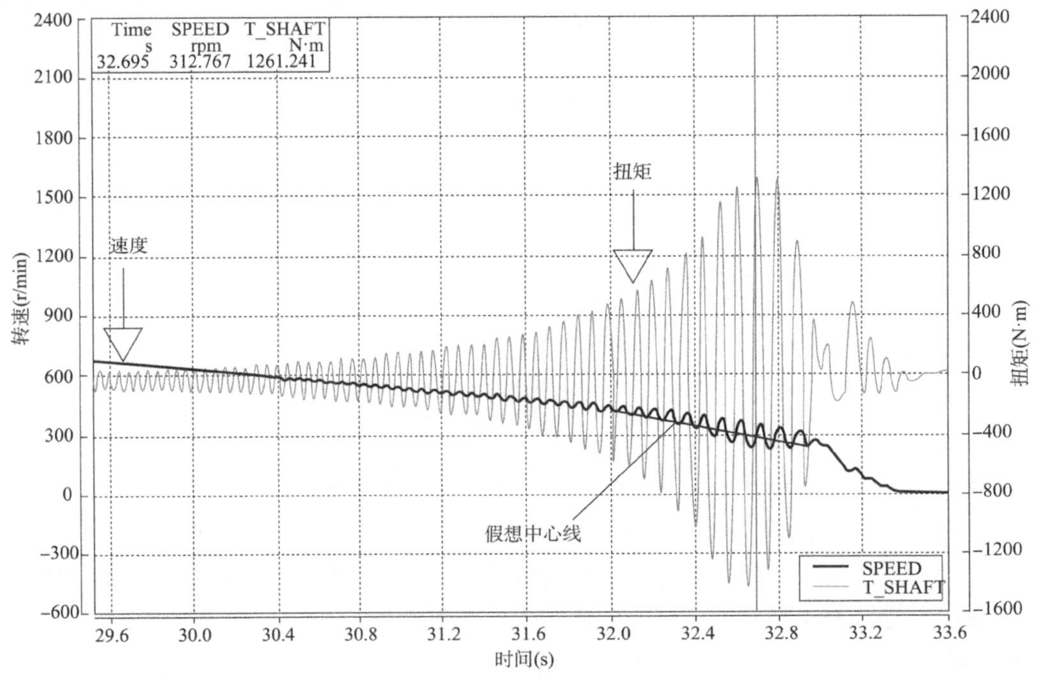

图 4-48 滑行试验

为了快速避开共振转速振动带,设法使发动机快速起动与停机,使用倒拖起动扭矩(主动测功机 Active dyno),起动扭矩默认值为“-50N·m”,如不能快速起动,需考虑增加,例如“-200N·m”。停机扭矩在按压停机键时起作用,默认值 50N·m,断点火油门至 0,停机缓慢时可考虑增加。斜坡时间可设为 1~2s。

在发动机台架上,起动和停机时都要经历自然频率。发动机速度应当快速通过转速“(共振速度/$\sqrt{2}$)至($\sqrt{2}$×共振速度)的范围。”运行工况超过了整个系统的自然频率范围,从而确保安全。

(3)振动方程和转动轴振动的三种方式。

测试台架在垂直方向振动数学模型是带黏性阻尼元件数学模型。微分方程写为:

$$m\frac{\mathrm{d}^2x}{\mathrm{d}t^2}+c\frac{\mathrm{d}x}{\mathrm{d}t}+kx=F\sin\omega t \tag{4-27}$$

式中:m——铁底板和上方设备质量;

x——垂直方向(位移)振幅;

k——物体接触媒介的刚度;

$F\sin\omega t$——激励力;

F——振动激励力幅值;

ω——发动机旋转角速度,激振频率;

c——阻尼系数;

ω_0——物体固有角频率,$\omega_0=\sqrt{\frac{k}{m}}$。

稳态解为:

$$x=\frac{F/k}{\sqrt{\left(1-\frac{\omega^2}{\omega_0{}^2}\right)^2+\frac{\omega^2c^2}{mk\omega_0^2}}}\sin(\omega t-A) \tag{4-28}$$

设 $\omega=\omega_0$,会发现 x 并未趋向无穷大,这是因为阻尼 c 的存在对振幅产生很大限制作用。A 为初相角。空气弹簧属于黏性阻尼,故应使用带黏性阻尼元件数学模型。

$$\tan A=\frac{2\frac{C}{C_c}\frac{\omega}{\omega_0}}{1-\left(\frac{\omega}{\omega_0}\right)^2} \tag{4-29}$$

图4-49所示的转动轴振动的方式以及前面提到的涡动,属于转动体自身的振动。在这三种振动模式中,轴向振动的隐患相对较小。不过轴的制造商还是采取了限制措施阻止其发生。

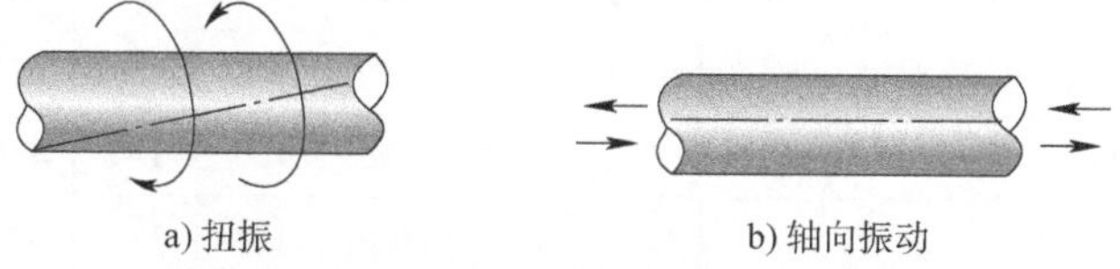

a) 扭振　　b) 轴向振动

图4-49　转动轴振动的方式(和轴的涡动)

有一个现象:新能源电机台架的共振转速比发动机台架的共振转速高很多,这是为什么?请解释原因。

扭振是一种引起轴扭动的振动角运动,该振动运动叠加在旋转电机或往复机稳定的旋转运动上。扭振即扭转振动,旋转轴系的振荡角变形(扭转角)。如果刚体绕着某一特定的参考轴转动时,对应着弹性元件的扭转变形,则将这种运动称为扭振。

如果用 θ 表示轴的扭转角,M 表示引起该轴扭转角的扭矩,则定义轴的旋转刚度 C_{dyn},也即动态刚度为:

$$C_{dyn}=\frac{M}{\theta} \tag{4-30}$$

附　　录

公制粗螺纹螺栓的拧紧扭矩见附表1。

公制粗螺纹螺栓的拧紧扭矩　　附表1

Dim.	Sol.	Fixing Force FM in kN for μG =							Fixing Torque MA in N·m for μK =						
		0.08	0.10	0.12	0.14	0.16	0.20	0.24	0.08	0.10	0.12	0.14	0.16	0.20	0.24
M4	8.8	4.6	4.5	4.4	4.3	4.2	3.9	3.7	2.3	2.6	3.0	3.3	3.6	4.1	4.5
	10.9	6.8	6.7	6.5	6.3	6.1	5.7	5.4	3.3	3.9	4.6	4.8	5.3	6.0	6.6
	12.9	7.98	7.79	7.58	7.37	7.1	6.7	6.3	3.9	4.5	5.1	5.6	6.2	7.0	7.8
M5	8.8	7.6	7.4	7.2	7.0	6.8	6.4	6.0	4.4	5.2	5.9	6.5	7.1	8.1	9.0
	10.9	11.1	10.8	10.6	10.3	10.0	9.4	8.8	6.5	7.6	8.6	9.5	10.4	11.9	13.2
	12.9	13.0	12.7	12.4	12.0	11.7	11.0	10.3	7.6	8.9	10.0	11.2	12.2	14.0	15.5
M6	8.8	10.7	10.4	10.2	9.9	9.6	9.0	8.4	7.7	9.0	10.1	11.3	12.3	14.1	15.6
	10.9	15.7	15.3	14.9	14.5	14.1	13.2	12.4	11.3	13.2	14.9	16.5	18.0	20.7	22.9
	12.9	18.4	17.9	17.5	17.0	16.5	15.5	14.5	13.2	15.4	17.4	19.3	21.1	24.2	26.8
M8	8.8	19.5	19.1	18.6	18.1	17.6	16.5	15.5	18.5	21.6	24.6	27.3	29.8	34.3	38.0
	10.9	28.7	28.0	27.3	26.6	25.8	24.3	22.7	27.2	31.8	36.1	40.1	43.8	50.3	55.8
	12.9	33.6	32.8	32.0	31.1	30.2	28.4	26.6	31.8	37.2	42.2	46.9	51.2	58.9	65.3
M10	8.8	31.0	30.3	29.6	28.8	27.9	26.3	24.7	36	43	48	54	59	68	75
	10.9	45.6	44.5	43.4	42.2	41.0	38.6	36.2	53	63	71	79	87	100	110
	12.9	53.3	52.1	50.8	49.4	48.0	45.2	42.4	62	73	83	93	101	116	129
M12	8.8	45.2	44.1	43.0	41.9	40.7	38.3	35.9	63	73	84	93	102	117	130
	10.9	66.3	64.8	63.2	61.5	59.8	56.3	52.8	92	108	123	137	149	172	191
	12.9	77.6	75.9	74.0	72.0	70.0	65.8	61.8	108	126	144	160	175	201	223
M14	8.8	62.0	60.6	59.1	57.5	55.9	52.6	49.3	100	117	133	148	162	187	207
	10.9	91.0	88.9	86.7	84.4	82.1	77.2	72.5	146	172	195	218	238	274	304
	12.9	106.5	104.1	101.5	98.8	96.0	90.4	84.5	171	201	229	255	279	321	356
M16	8.8	84.7	82.9	80.9	78.8	76.6	72.2	67.8	153	180	206	230	252	291	325
	10.9	124.4	121.7	118.8	115.7	112.6	106.1	99.6	224	264	302	338	370	428	447
	12.9	145.5	142.4	139.0	135.4	131.7	124.1	116.6	262	309	354	395	433	501	558
M18	8.8	107	104	102	99	96	91	85	220	259	295	329	360	415	462
	10.9	152	149	145	141	137	129	121	314	369	421	469	513	592	657
	12.9	178	174	170	165	160	151	142	367	432	492	549	601	692	769

续上表

Dim.	Sol.	Fixing Force FM in kN for μG =							Fixing Torque MA in N · m for μK =						
		0.08	0.10	0.12	0.14	0.16	0.20	0.24	0.08	0.10	0.12	0.14	0.16	0.20	0.24
M20	8.8	136	134	130	127	123	116	109	308	363	415	464	509	588	655
	10.9	194	190	186	181	176	166	156	438	517	592	661	725	838	933
	12.9	227	223	217	212	206	194	182	513	605	692	773	848	980	1092
M22	8.8	170	166	162	158	154	145	137	417	495	567	634	697	808	901
	10.9	242	237	231	225	219	207	194	595	704	807	904	993	1151	1284
	12.9	283	277	271	264	257	242	228	696	824	945	1057	1162	1347	1502
M24	8.8	196	192	188	183	178	168	157	529	625	714	798	875	1011	1126
	10.9	280	274	267	260	253	239	224	754	890	1017	1136	1246	1440	1604
	12.9	327	320	313	305	296	279	262	882	1041	1190	1329	1458	1685	1877
M30	8.8	313	307	300	292	284	268	252	1053	1246	1248	1597	1754	2931	2265
	10.9	446	437	427	416	405	382	359	1500	1775	2033	2274	2498	2893	3226
	12.9	552	511	499	487	474	447	420	1755	2077	2380	2662	2923	3386	3775
M36	8.8	458	448	438	427	415	392	368	1825	2164	2482	2778	3054	3541	3951
	10.9	652	638	623	608	591	558	524	2600	3082	3535	3957	4349	5043	5627
	12.9	763	747	729	711	692	653	614	3042	3607	4136	4657	5089	5902	6585

缩 略 语

AFA Asynchron Fussmaschinen Anlage[德],Asynchronous foot mounted drive system 异步固定定子安装测功机

AMA Gas Analysis Bench 废气排放测量系统,或里程累积循环

APA Asynchron Pendelmaschinen Anlage[德],Asynchronous cradled mounteddyno system 异步摆式测功机

AVL Anstalt für Verbrennungskraftmaschinen Prof. Dr. Hans List[德] 奥地利李斯特内燃机研究所

BME (Bedien und MessEinschub oder Bremsen Monitoring Einheit)发动机与测功机控制器面板

BMEP Brake effective pressure 制动有效压力

BSFC Brake specific fuel consumption 制动比油耗

Cutter 一类 FID,将 NMHC(燃烧)去掉

ELB Elektro Leistungs Bremse[德],Electronic Performance Brake 电涡流测功机

EOL End of Line 下线测试台架

GDU Gas divider unit 气体分割器,用于线性化检查

GNU GDU 和 NGU,合称 GNU

GPU Gas preparation unit 气体准备单元

Hang-ups 吸附在采样管上的碳氢沉积,对测量质量存在不良影响

HLB 水力测功机

LSE Leistungs und steuereinheit)[德],Power unit 电涡流测功机功率单元

NGU NOx Generator Unit NOx 发生器,或称氮氧转化效率检查器(NOx converter checker)

NMHC Non-methane hydrocarbons 非甲烷碳氢

ORVR Onboard Refueling Vapor Recovery 车载加油蒸汽回收

PMM Permanent magnetic machine (synchronous dynamometer) 永磁铁同步测功机

PUMA Prufstands und Messtechnik-Automatisierungs-system[德],Test bed automation and instrumentation 试验台系统集成软件

PAP 试验工况序列

PSS Particle Sampling System 颗粒采样系统

RMU Remote mixing unit 汽油发动机尾气稀释混合单元,俗称混合三通。

SHED Sealed Housing for Evaporative Determination 密闭室蒸发(排放)确定

UUT Unit Under Test 受测体

参 考 文 献

[1] 周熙炜,张彦宁,黄鹤,等. 火灾报警与自动消防工程[M]. 北京:人民交通出版社股份有限公司,2016.

[2] GB 50057—2010 建筑物防雷设计规范[S]. 北京:中国计划出版社,2020.

[3] A J MARTYR, M A PLINT. Engine Testing The Design, Building, Modification and Use of Powertrain Test facilities[M]. 4th Edition. UK:Butterworth-Heinemann, 2012.

[4] MICHAEL PAULWEBER, KLAUS LEBERT. Powertrain Instrumentation and Test Systems Development-Hybridization-Electrification[M]. Switzerland: Springer, 2016.

[5] W LARSEN ANGEL, P E, LEED AP. HVAC Design Sourcebook[M]. USA: Mc Graw Hill, 2012.

[6] JOHN PARK ASD. Practical Data Acquisition for Instrumentation and Control Systems[M]. Australia: Newnes,2003.

[7] RICHARD D ATKINS. An Introduction to Engine Testing and Development[M]. USA: SAE International, 2009.

[8] JOHN W JEWETT, RAYMOND A SERWAY. University Physics for Scientists and Engineers [M]. USA:Thomson-Brooks/Cole, 2004.

[9] CLARENCE W. de SILVA. Sensors and Actuators Control Systems Instrumentation[M]. USA:CRC Press, 2007.

[10] WOLFGANG SCHINDLER, CHRISTOPH HAISCH, HARALD A BECK, et al. A Photoacoustic Sensor System for Time Resolved Quantification of Diesel Soot Emissions[J]. Journal of Fuels and Lubricanta , 2004,113(4): 483-490.

[11] 张乃国. 电子测量技术[M]. 北京:人民邮电出版社,1985.

[12] CLARENCE W. de SILVA. Sensor System Fundamentals and Applications[M]. USA:CRC Press, 2016.

[13] DANIEL W HART. Introduction to Power Electronics[M]. USA: Prentice Hall, 1996.

[14] 周志敏,纪爱华,等. ABB 变频器工程应用与故障处理[M]. 北京:机械工业出版社,2013.

[15] DANIEL W HART. Power Electronics[M]. USA: McGraw-Hill, 2011.

[16] Editors-in-chief, DAVID CROLLA, DAVID E FOSTER, et al. Encyclopedia of Automotive Engineering[M]. http://www.it-ebooks.info, John Wiley & Sons, Ltd., 2014.

[17] M D SINGH, K B KHANCHANDANI. 电力电子[M]. 2 版. 北京:清华大学出版社,2007.

[18] JOHN PIOTROWSKI. Shaft alignment handbook[M]. 3rd Edition. USA: CRC Press, 2007.

[19] ERIK OBERG, FRANKLIN D JONES, HOLBROOK L HORTON, et al. Machinery's Handbook[M]. 29th Edition. USA: Industrial Press, 2012.

[20] 徐海,施利春.变频器原理及应用[M].2 版.北京:清华大学出版社,2017.

[21] GB 17691—2018 重型柴油车污染物排放限值及测量方法[S]. 北京:中国环境科学出版社,2018.

[22] GB 18352.6—2016 轻型汽车污染物排放限值及测量方法(中国第六阶段)[S]. 北京:中国环境科学出版社,2016.

[23] EVAMGELOS G GIAKOUMIS. Driving and Engine Cycles[M]. Switzerland:Springer, 2017.

[24] MAHLE GmbH Editor. Pistons and Engine Testing[M].2nd Edition. Germany: Springer Vieweg, 2016.

[25] JAMES A JAHNKE, PH D. Continuous Emission Monitoring[M].2nd Edition. USA:John Wiley & Sons, Ltd., 2000.

[26] H KLINGENBERG. Automobile Exhaust Emission Testing, Measurement of Regulated and Unregulated Exhaust Gas Componets, Exhaust Emission Tests[M]. Germany: Springer, 1996.

[27] DAVID R ROGERS. Engine Combustion Pressure Measurement and Analysis[M]. USA: SAE International, 2010.

[28] COLIN R FERGUSON, ALLAN T KIRKPATRICK. Internal Combustion Engines Applied Thermosciences[M].3rd Edition. Colorado USA: WILEY, 1985.

[29] KONRAD REIF. Fundamentals of Automotive and Engine Technology:Standard Drives,Hybrid Drives,Brakes,Safety Systems[M]. Germany: Springer Vieweg, 2014.

[30] JUHA PYRHÖNEN,et al. Electrical Machine Drives Control An Introduction[M]. Finland: Wiley, 2016.

[31] 樊宝德,朱焕勤.加油加气站设计与技术管理[M].北京:中国石化出版社,2014.

[32] 韩同群.汽车发动机原理[M].2 版.北京:北京大学出版社,2012.

[33] AGNIESZKA (AGNES) Muszynska. Rotordynamics[M].Nevada, USA: Taylor & Francis, 2005.

[34] KATSUHIKO OGATA. Modern Control Engineering[M]. 4th Edition. USA: Prentice Hall,2010.

[35] NED MOHAN, TORE M UNDELAND, WILLIAN P ROBBINS. Power electronics Converters, Applications, and Design[M].USA:John Wiley&sons,Inc, 2003.